青少年最爱玩的1000个思维游戏

甘肃科学技术出版社

图书在版编目（CIP）数据

青少年最爱玩的1000个思维游戏／徐静茹编著．—兰州：甘肃科学技术出版社，2014.2（2016.8重印）

ISBN 978-7-5424-1889-0

Ⅰ.①青… Ⅱ.①徐… Ⅲ.①智力游戏—青年读物②智力游戏—少年读物 Ⅳ.①G898.2

中国版本图书馆CIP数据核字（2014）第030397号

出 版 人　王永生
责任编辑　何晓东
装帧设计　华文书海
出　　版　甘肃科学技术出版社（兰州市读者大道568号　0931-8773237）
发　　行　甘肃科学技术出版社（联系电话：010-61536005　010-61536213）
印　　刷　北京市房山腾龙印刷厂
开　　本　710mm×1020mm　1/16
印　　张　25
字　　数　356千
版　　次　2014年4月第1版　2016年8月第2次印刷
印　　数　1 001~4 000
书　　号　ISBN 978-7-5424-1889-0
定　　价　52.00元（上、下册）

前言 PREFACE

我们知道，孩子们对大自然充满了好奇，也对周围的事物充满了兴趣，那怎样才能满足他们的好奇心，让他们充分了解这个世界呢？在众多的方式中，直接动手操作更能满足青少年的需求。况且动手做实验不仅能让青少年掌握更多的知识，同时还会锻炼我们的动手能力。

其实，不论是伟大的科学家爱因斯坦，还是杰出的发明家爱迪生，他们取得的成就都是从做实验开始的。假如你恰好也爱思考，假如你恰好也爱做实验，那么恭喜你，这说明你已经踏上追求科学和真理的道路了！

你也许不知道，爱迪生的发明兴趣也是从一本实验书开始的。在爱迪生小时候，妈妈送给了他一个礼物，那就是一本可以亲手操作的科学实验书！有了这本书，小小的爱迪生就按照上面的步骤把所有的实验都做了一遍。在做实验的过程中，爱迪生的兴趣爱好得到了充分的满足，并且他的智力和动手能力也得到了很大的发展。

本书图文并茂、引人入胜，可读性强，可操作性强，能使青少年在实验中学习科学，在实验中收获乐趣。和同类书相比，它分类更细致，更全面，实验更精彩，更好玩，而且操作更简便，知识更丰富，能让青少年在不知不觉中增长知识，提高能力，开发智力，培养创造性思维，激发大脑潜能，全面提升观察力、创新力、挑战力、想象力、创造力和分析解决问题的能力。

另外，本书体例科学简明，集科学性、知识性、实用性和趣味性于一体。

每个实验都设置有“实验器材”、“小手动一动”、“大脑转一转”等栏目。这些小栏目能启发青少年对实验进行观察和思考，激发他们探索新知的欲望。

一个个妙趣横生的实验，犹如一位知心伙伴，陪伴着青少年读者进入科学的奇妙世界，和他们一起在魔术般的实验中见证科学奥秘，感受发现的乐趣，从而增长知识，提高能力，开发智力，激发想象。

总之，实验令人快乐，思考让人智慧，科学改变生活。在实验中动手，在动手中思考，在思考中窥探自然的奥秘，揭开科学的面纱。捧读本书，动手实验，思考问题，追求科学的热情和精神将由此培养起来，新奇的幻想和发明也将从这里诞生，我们的生活也将因科学之光变得便捷、美好。

目录 CONTENTS

第一章　图形类思维游戏

CONTENTS

CONTENTS

CONTENTS

CONTENTS

第四章　文字类思维游戏

CONTENTS

CONTENTS

第六章　演绎类思维游戏

CONTENTS

CONTENTS

CONTENTS

第八章　判断类思维游戏

第十章　综合类思维游戏

CONTENTS

第一章 图形类思维游戏

图形游戏不但可以提高我们的几何机敏性，培养我们的思维能力，还会带给我们很多乐趣，当我们看到这一部分图形游戏的时候，就是你在刁钻难题中寻找解题乐趣的时候，在解答游戏中的问题时，你一定会体会到“山重水复疑无路，柳暗花明又一村”的惊喜。

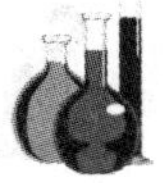

不一样的图形

从下图中找出与其他图形不同的图形。

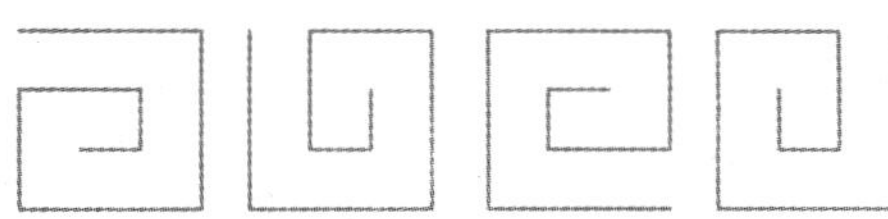

答案

第二个。

巧分图形

将下面图形分割成四份，每一份都相等，而且每一等份都是图形的迷你版。

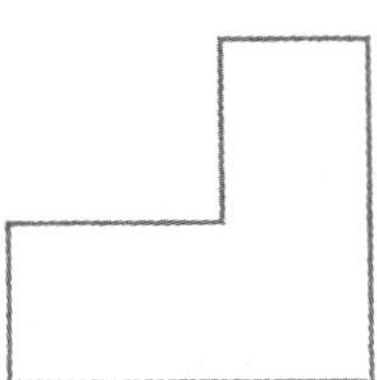

答案

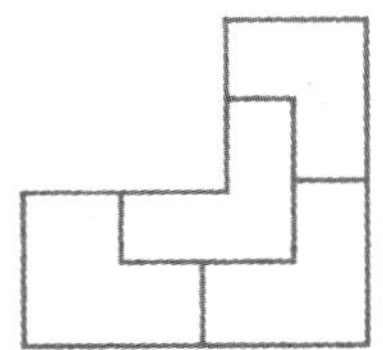

减小一半的面积

12 根火柴可以摆成一个直角三角形。现在你只要移动 4 根火柴就能将它的面积缩小一半。那么，有几种方法呢？

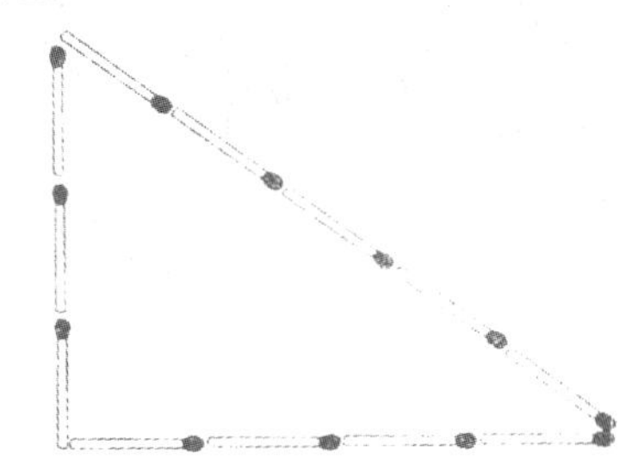

答案

有 5 种方法。

巧分月牙

月亮在月初的时候会是月牙形，请你用两条直线将下面的月牙分为 6 部分

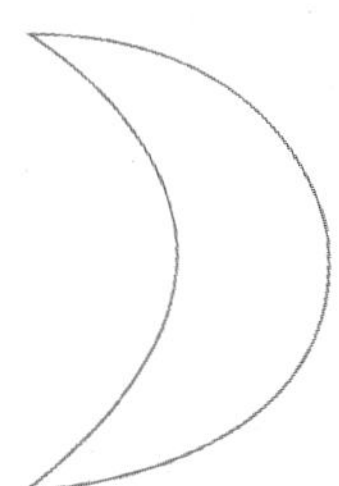

答案

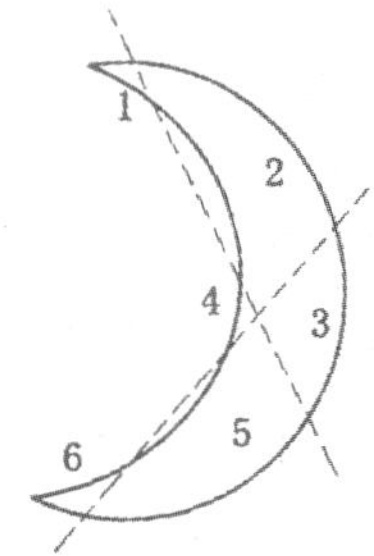

切割不规则图形

现在有一张如图所示的不规则纸，你能用一条线将这个图形分成两个三角形吗？

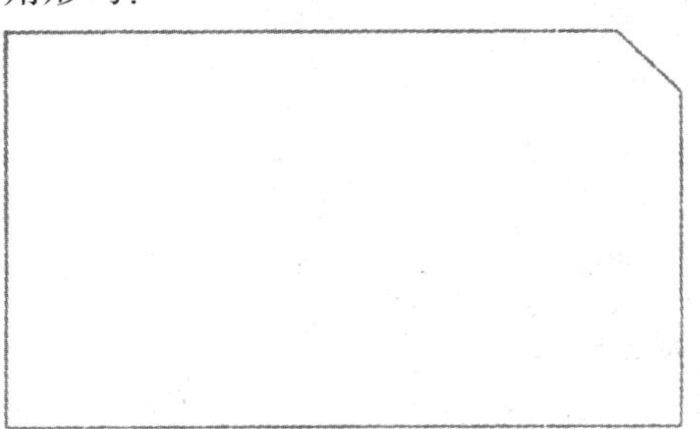

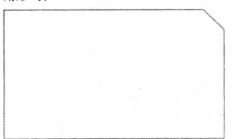

答案

用一支很粗的笔就能画成下图：

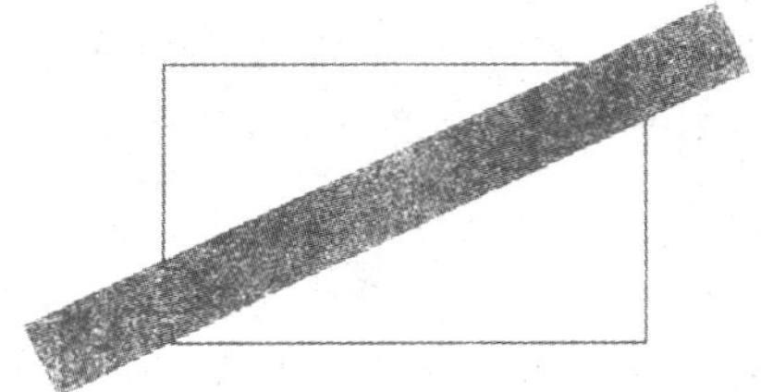

正方形的个数

仔细数一数，下图中有多少个正方形？

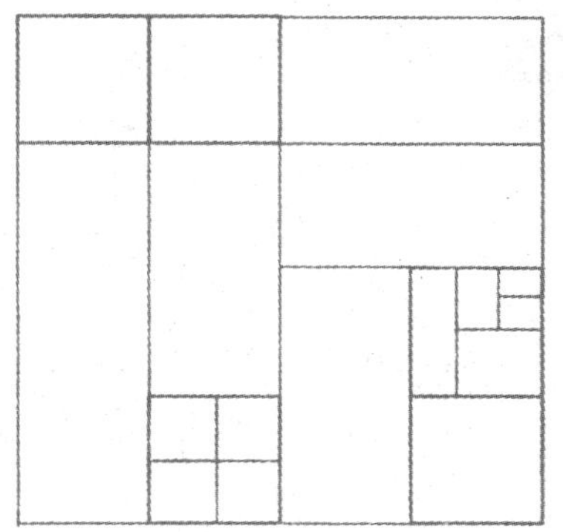

答案

16个。

长方形的角数

一个长方形有四个角，剪掉一个角后，会剩下几个角？有几种可能？

答案

三种可能，会剩下5个、4个和3个角。

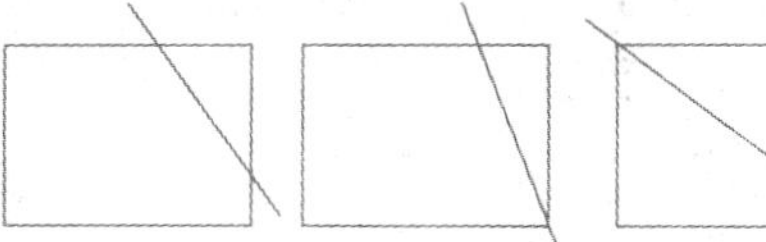

越来越少的三角形

下图是由12根火柴组成的6个正三角形，请你在图中一次移动2根火柴，使它的正三角形个数变为5、4、3、2个（移动成的三角形不必大小一致，但是不可重叠）。

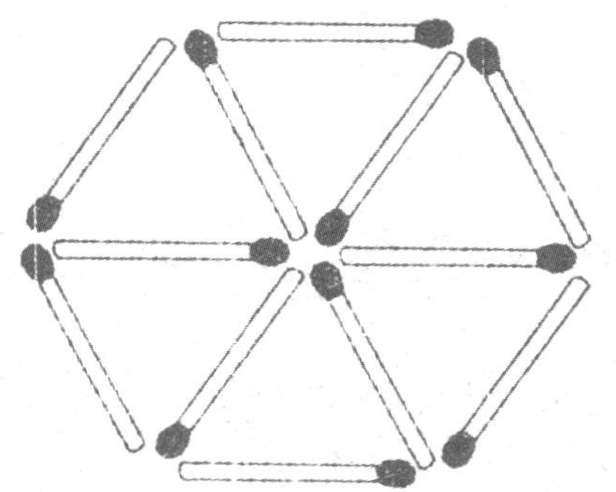

答案

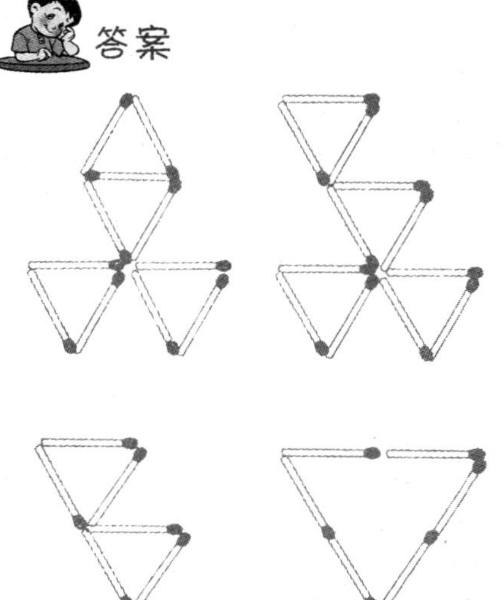

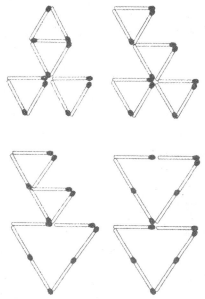

8个变9个

下图是由20根火柴构成的5个正方形，请你移动8根使它变成由9个正方形组成的图案。

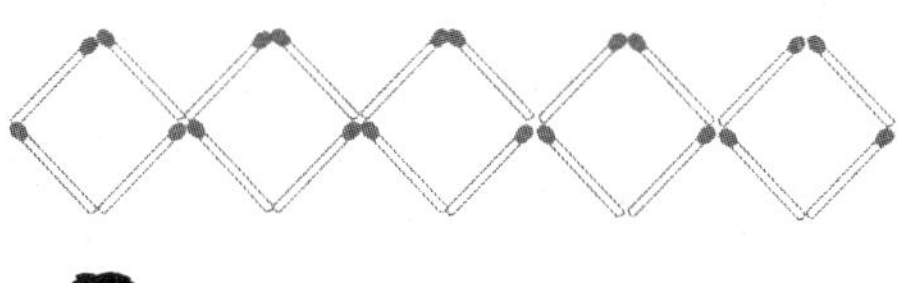

答案

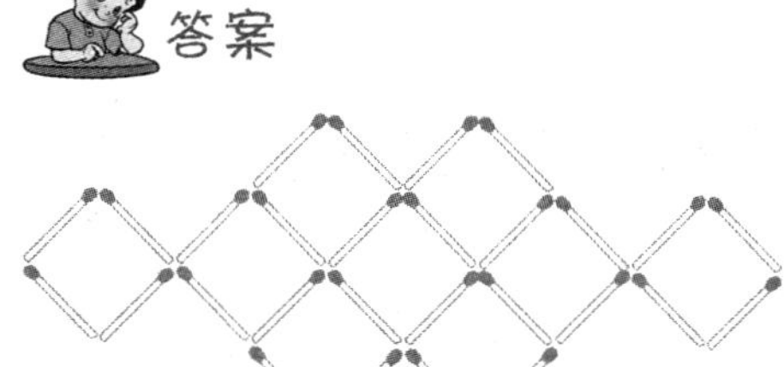

变多的菱形

下面3个大小不同的菱形是由16根火柴组成的，并且每次移动2根火柴，就会增加1个菱形。如果连续移动5次火柴，菱形的数量就会变成8个。你相信吗？

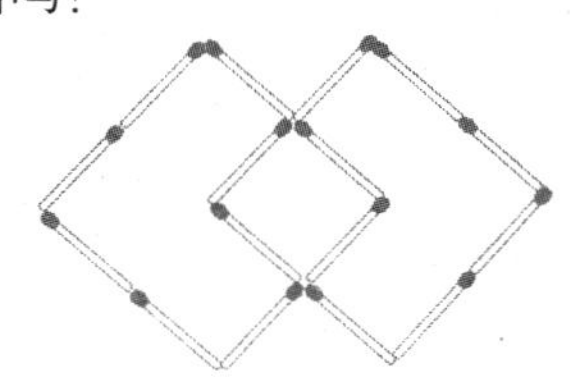

答案

平分菜园

用7根火柴将下图分成形状和面积相等的3块。

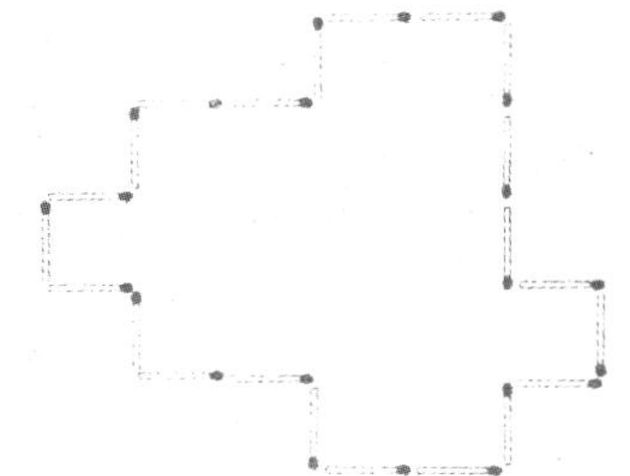

答案

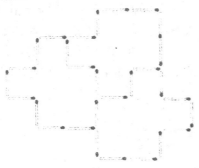

连出最多的正方形

将下图9个点连接起来，你能连出多少正方形？

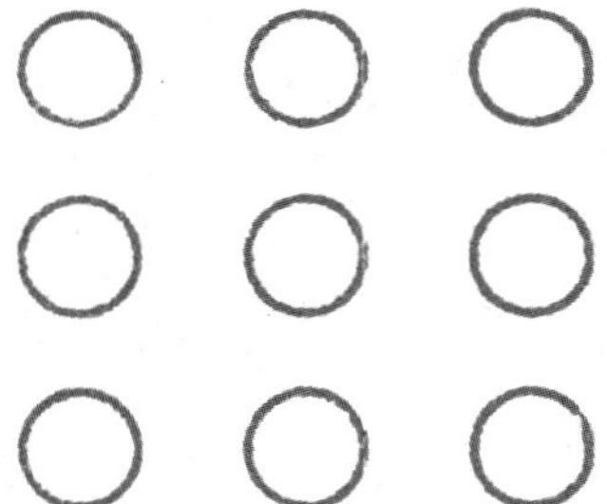

答案

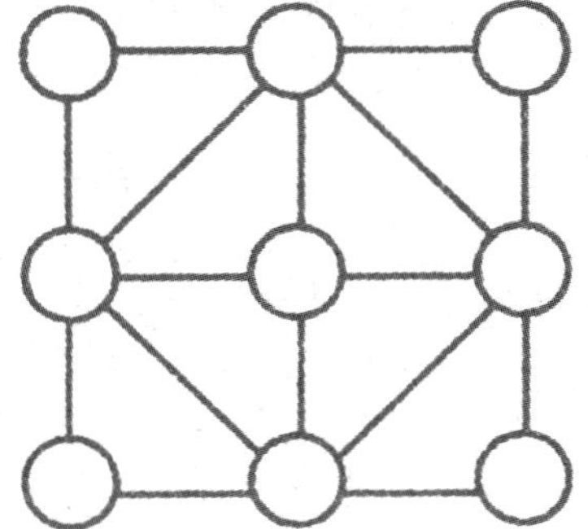

变大的麦田

小鹿家有一个正方形的麦田，麦田的四个角上分别种着4棵老槐树。小鹿的爷爷想扩大麦田的面积，使其变为原来的2倍，但形状不变，而且不能移动老槐树的位置，你知道怎么做吗？

答案

虚线部分为需要扩展的区域，即将树作为每个边的中点。

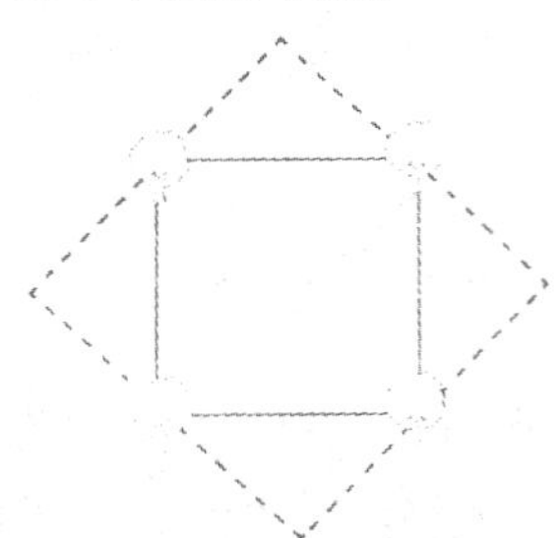

交叉的三个圆

在圆的空白处填入4 ~ 9之间的数字，使三个圆中的数字之和都是21。

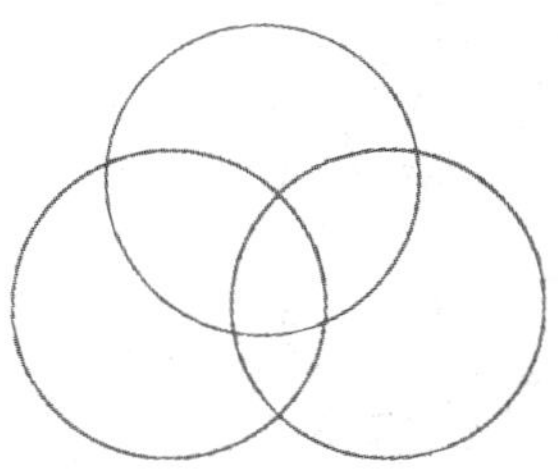

答案

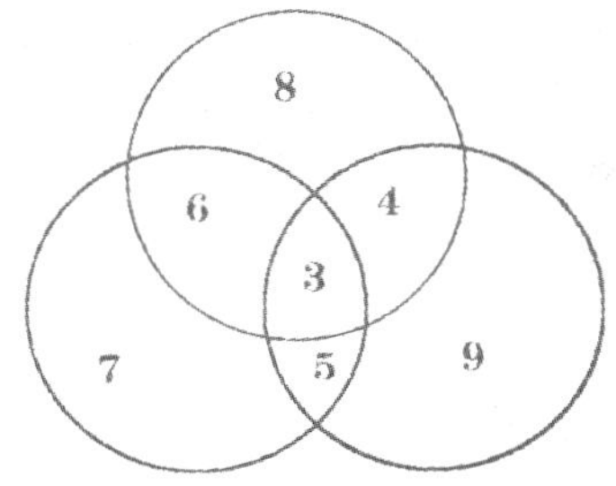

有规律的水果

下面表格中水果的放置和排列是有规律的。找出规律，并说明问号处是什么水果。

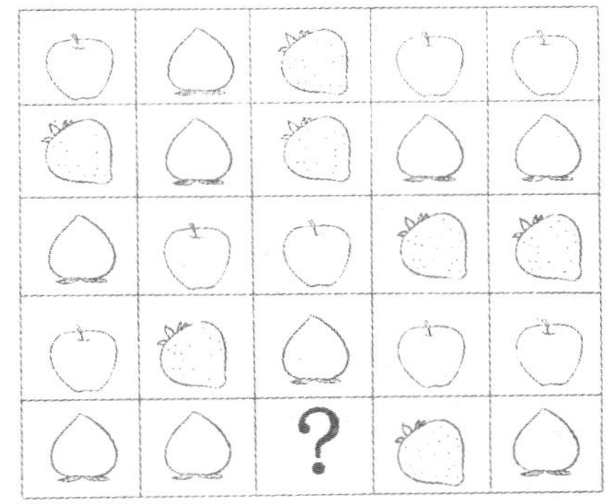

答案

苹果。

难折的图形

找一张纸，试着折出下面这个形状。注意，折的任何部分都不要发生重叠。

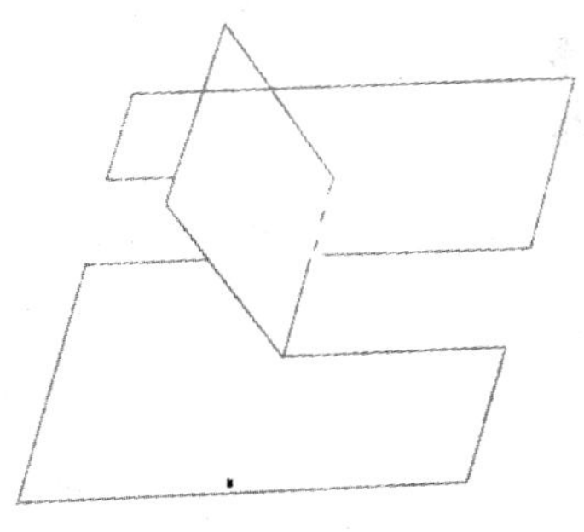

答案

先将外部抛开，核心部分按图中折：

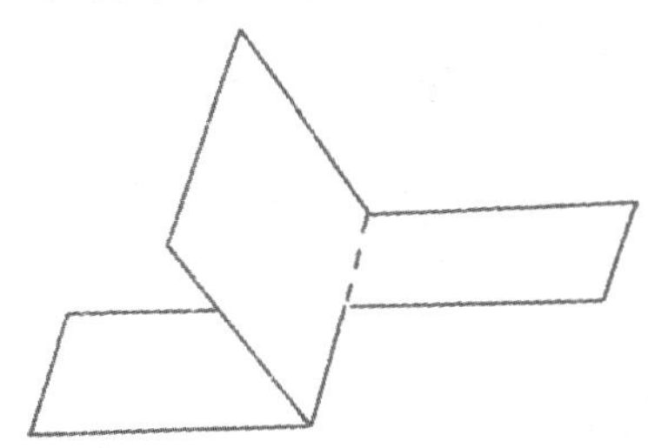

八角格

将 1 ~ 8 八个数字填入下面的八角格中，使相邻的两个数字之间没有直线连接。

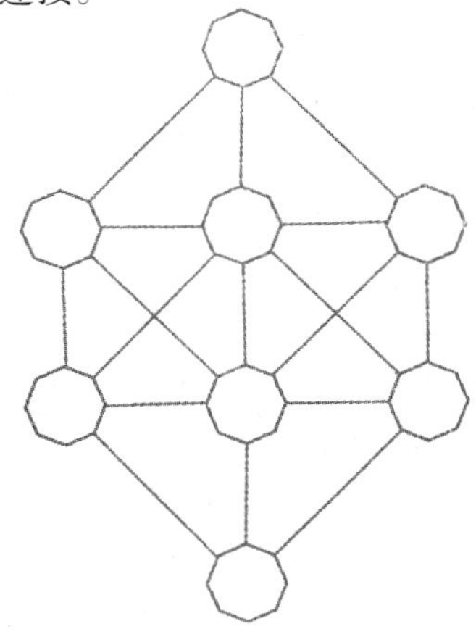

答案

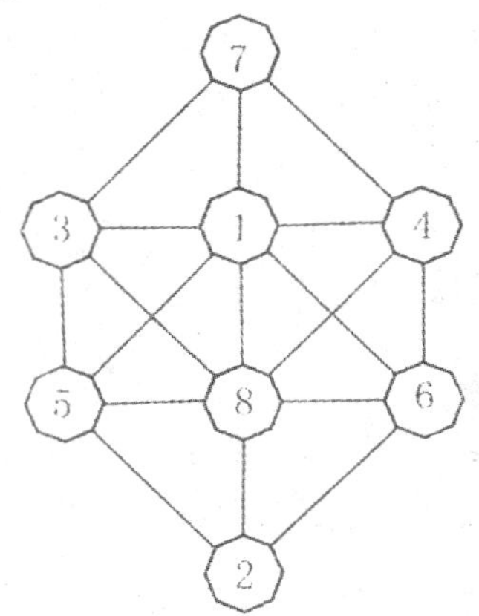

汉字变身

在下面的每个字上移动一根火柴，将它变成另外一个汉字。

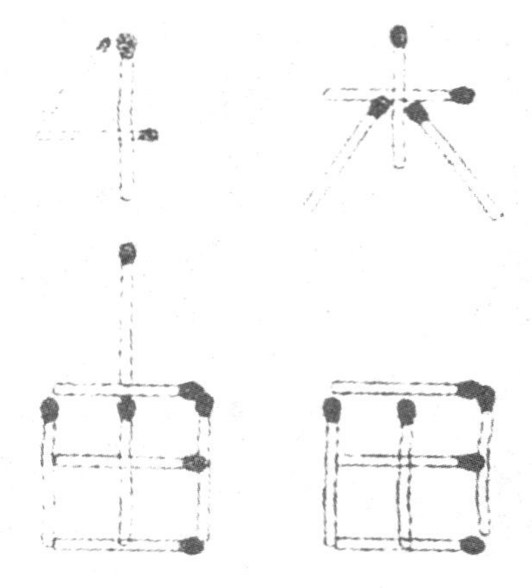

答案

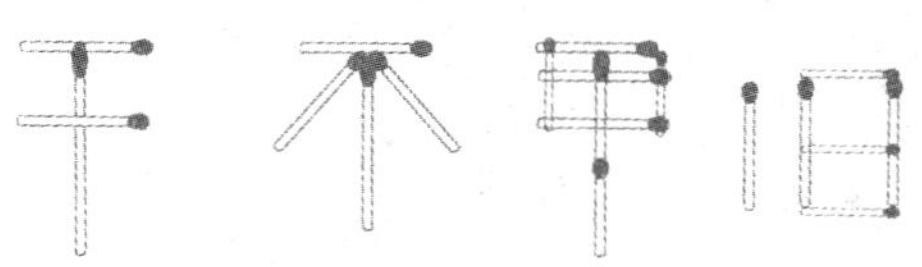

怎样放硬币

你能用10个硬币，放成5行，并且每行都放4个吗？赶快来试一试吧！

答案

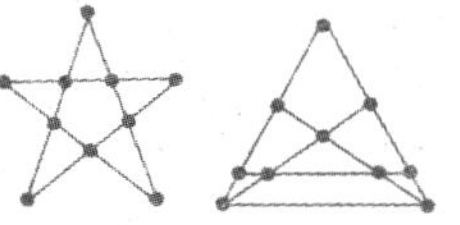

巧切大饼

老张是街口卖大饼的，一次一位顾客想让老张用3刀将一张大饼切成8块，老张很快就满足了顾客的要求。你知道他是怎么切的吗？

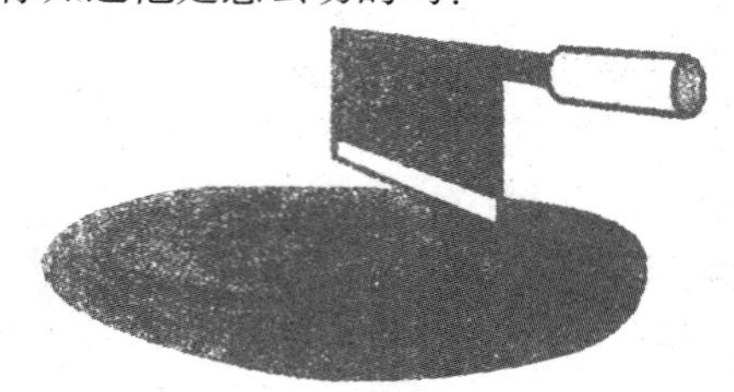

答案

第一刀和第二刀垂直相交切，四块就切好了，然后将四块饼叠起来，第三刀将它们一分为二。

6个正方形

用9根火柴构成6个正方形。该如何摆放？

答案

如图。

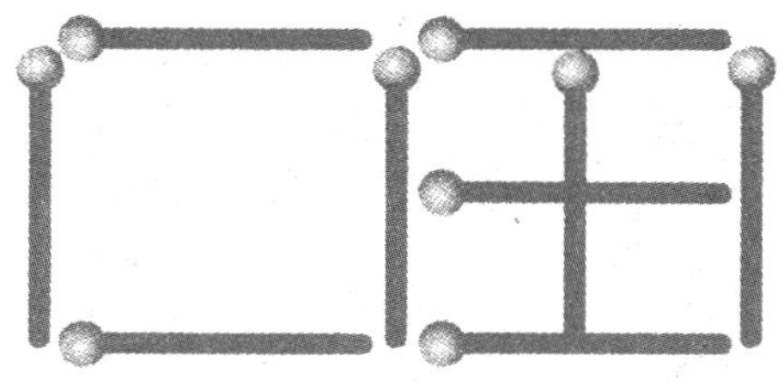

木匠的难题

木工房的木匠有一块上好的木板，面积为木板上最小方格的81倍。也就是说，如果小方格的边长为1厘米，那么另外两个方格边长就分别为4和8厘米。他想用这块木板做成一扇正方形窗门，边长为9厘米，但不能浪费一点木料。这样，他最少需要将木板锯成多少块才能拼成一个正方形呢？

答案

很多人可以锯5次就成功地完成拼凑。其中一些人只把木板锯成4块，极少数的几个人得到了正确答案，即锯成3块。方法如图，照此方法可以把木板拼凑成一个边长为9厘米的正方形。

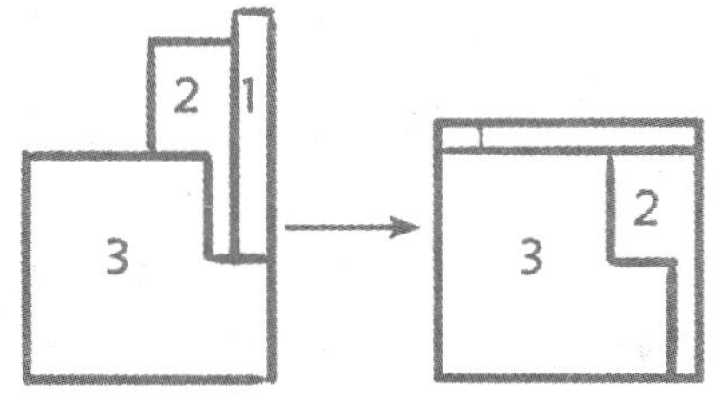

井字图案

这是由12根火柴棍构成的井字。问题是：移动其中3根，使之形成3个彼此接触的全等正方形。

答案

如图。

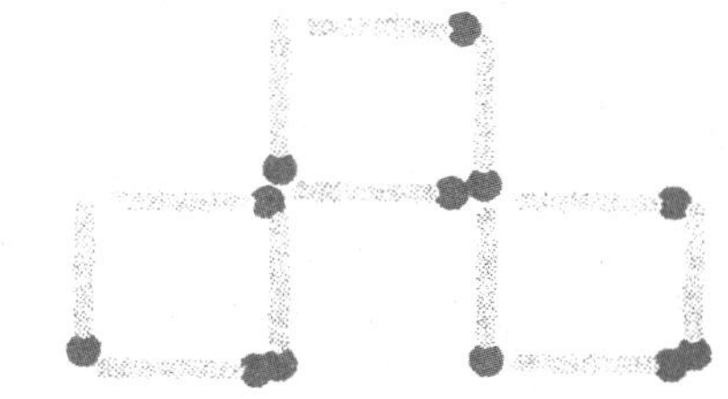

正方形和三角形

你能用9根火柴棍构成3个同样大小的正方形和2个同样大小的三角形吗？

答案

如图。

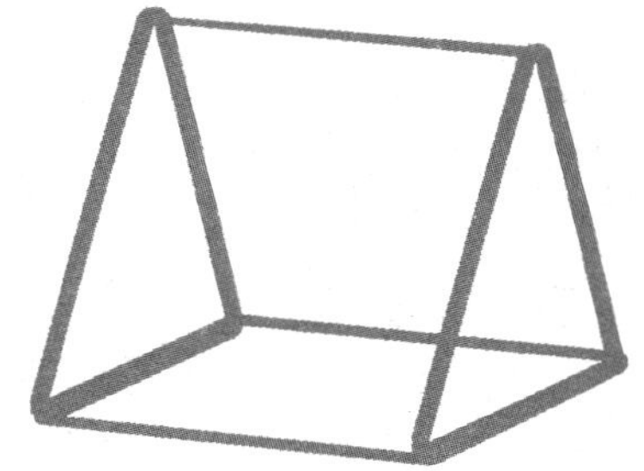

组合瓷

如果按照正确顺序排列，以下瓷砖可以组成一个方形，横向第一排的数字等同于纵向第一列的数字，依次类推。你能成功地组合吗？

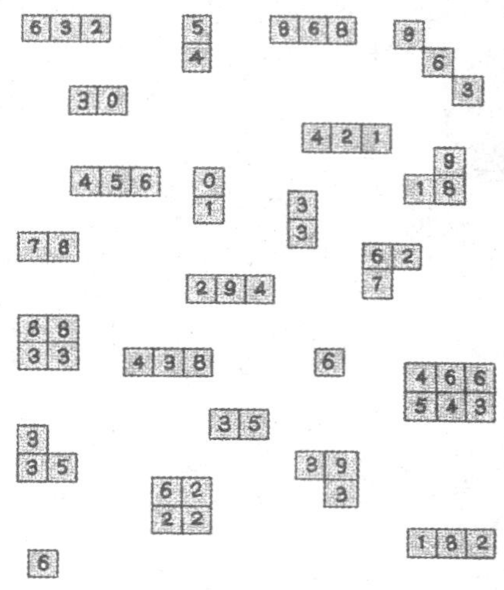

答案

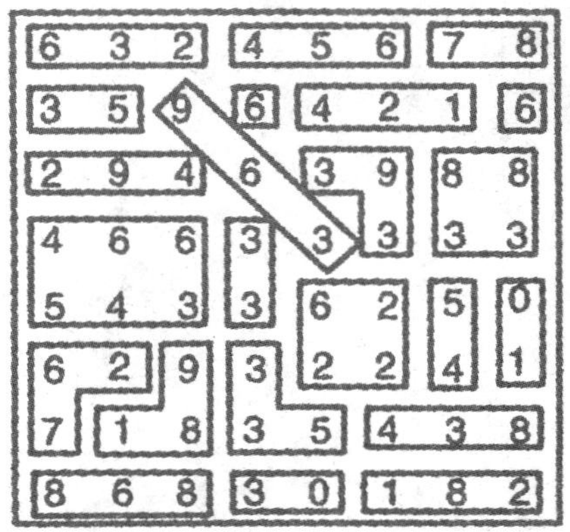

填符号

请在空格中画出正确的符号。

答案

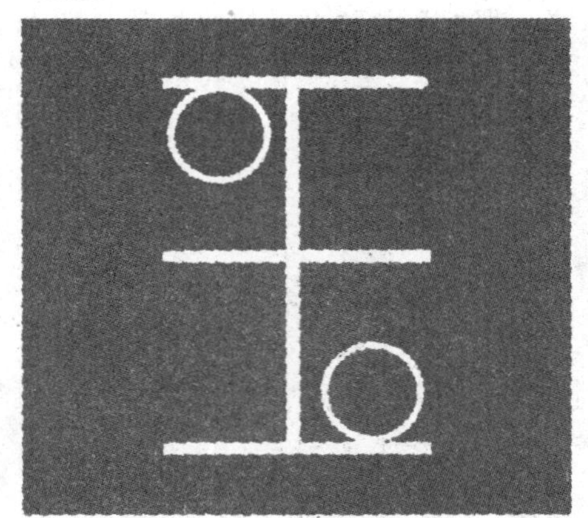

从左向右横向进行，把前2个图形叠加在一起，就可以得到第三个图形。

出现的情况

如图所示，天平右端的盘里装了一条链子，这条链子绕过一个滑轮被

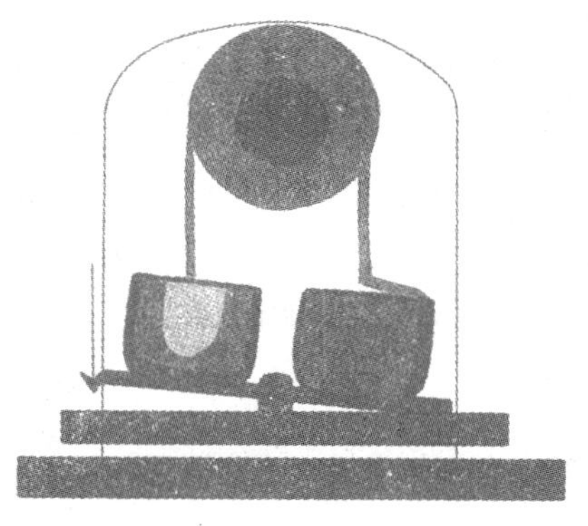

固定在天平左端的盘子上。

如果现在把天平左端翘起的空盘往下压，会出现什么情况？

答案

链条会开始向空盘的这一端滑动，直到左端的“臂”要比右端更长。

我的密码

我的电脑桌旁边的一面墙上有一些小的木柜子，平时可以放一些小东西，我就把自己的收藏分别放在这些柜子里。放的时候我按照了英文字母的排列顺序，如下图所示，这个顺序能够提示我记住密码。

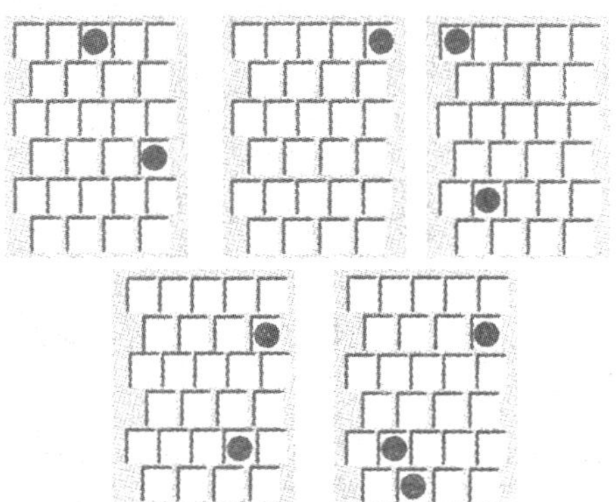

你能猜出我的密码是什么吗？

答案

密码是 CREATIVITY。

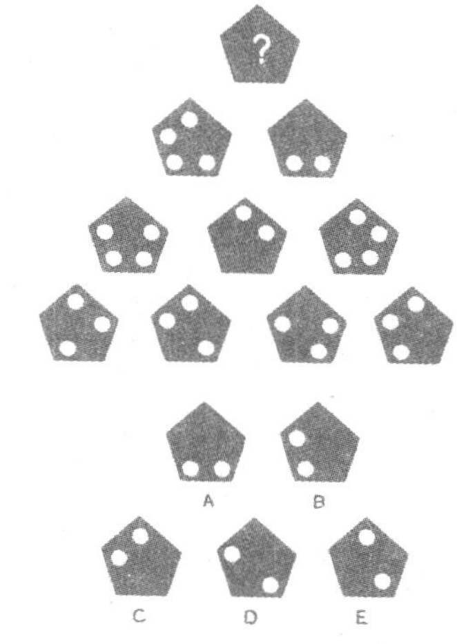

时间显示

根据规律，找出下图第四个钟上应该显示的时间。

答案

1 ： 00。分针朝前走 20 分，时针朝后走 1 个小时。

分解表格

将这个表格分成4个相同的形状，并保证每部分中的数字之和为 50。

8	8	3	6	5	5
8	4	4	7	7	4
5	5	5	8	3	5
9	8	3	4	7	3
7	5	9	3	5	8
6	4	4	8	3	4

答案

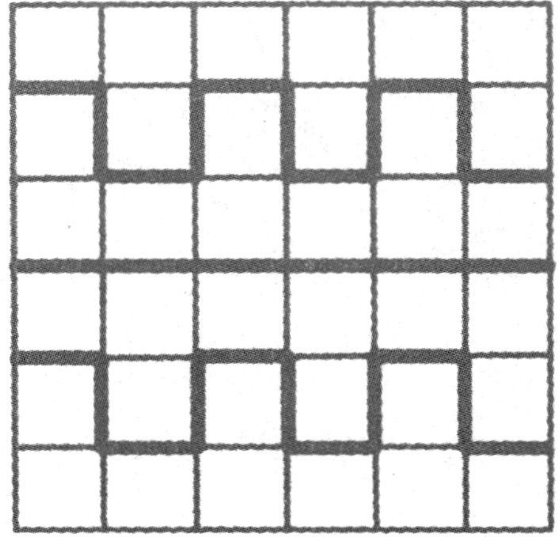

三阶反魔方

在三阶反魔方中，每行、每列以及每条对角线上的和全都不一样。

三阶反魔方可能存在吗？

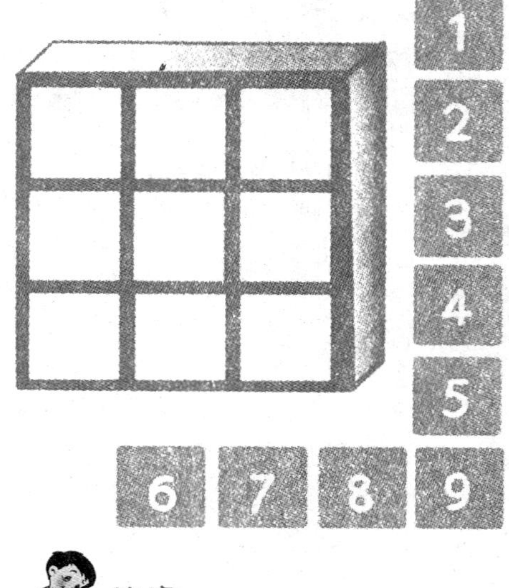

答案

三阶反魔方存在，而且可以有其他答案。

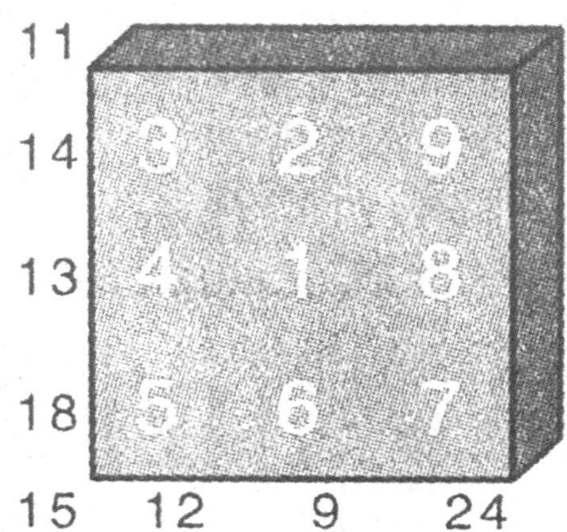

正方形上的图案

选项中的哪个正方形可以取代空着的正方形？

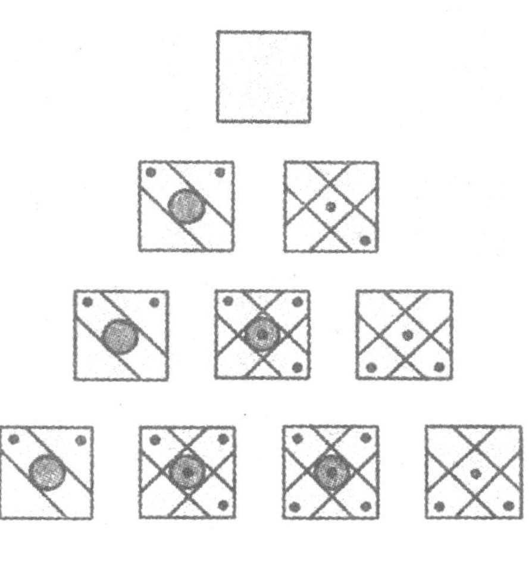

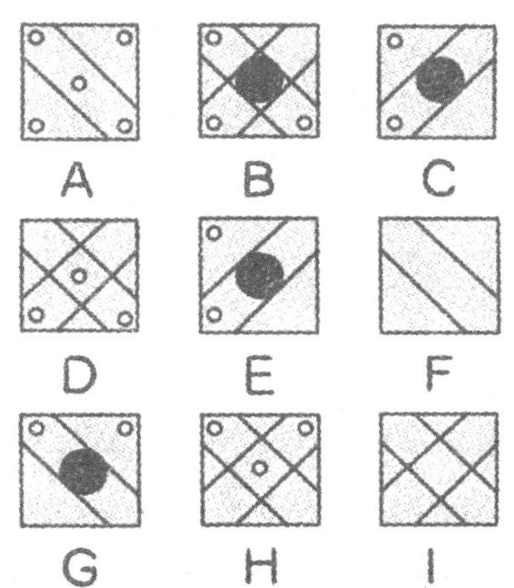

答案

F。每一个模块包含的都是它下面两个图形中共同出现过的图案。

补充问题

6个选项中哪一个可以完成这个问题？

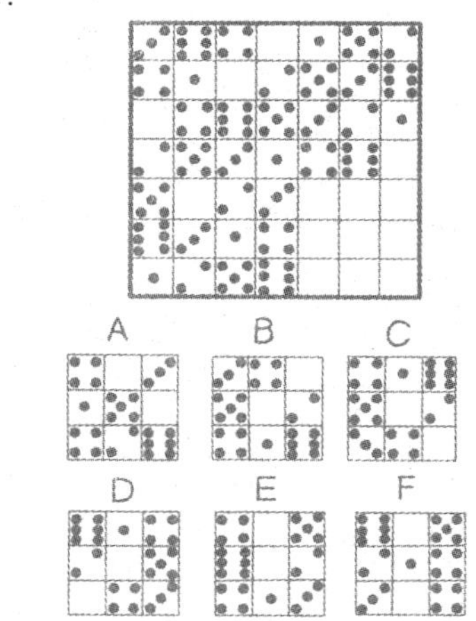

答案

D。每个多米诺骨牌数字（包括空白）在每行、每列中出现1次。

对应的图形

如果图形1对应图形2，那么图形3对应哪一个图形？

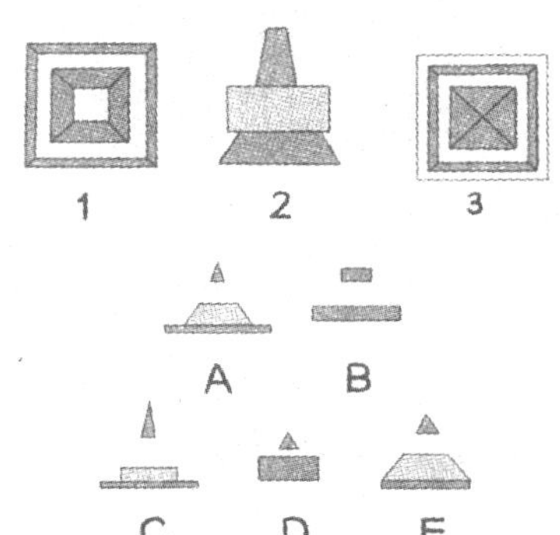

答案

C。

错失的部分

请在空格中画出适当的图形。

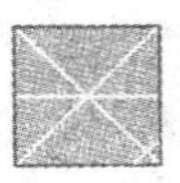
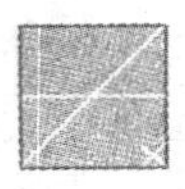

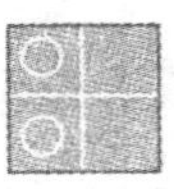
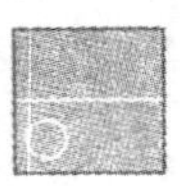
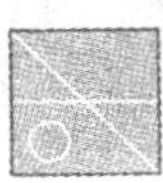

答案

横向进行，把左右两边的图形添加在一起，就可以得到中间的图形。缺失部分如图所示。

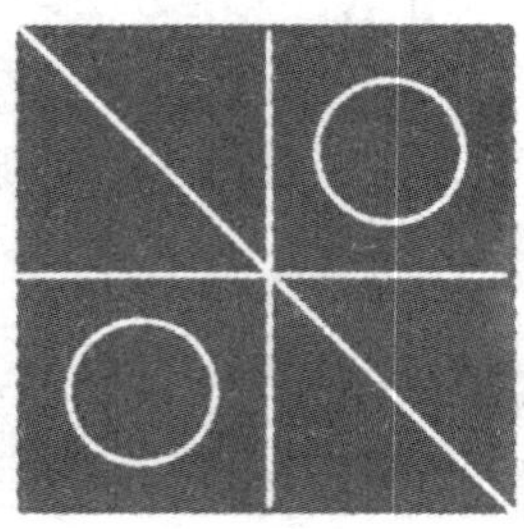

补充图形

如图所示，多边形缺少了一角。从ABCDE中找出正确的答案把它补充完整。

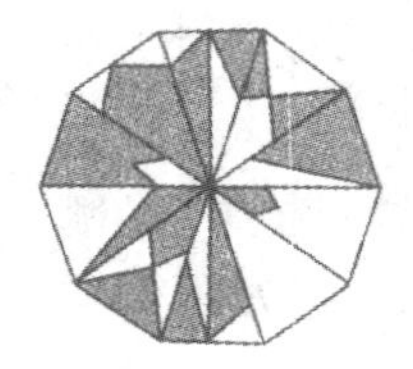

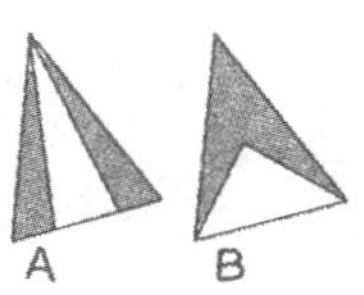
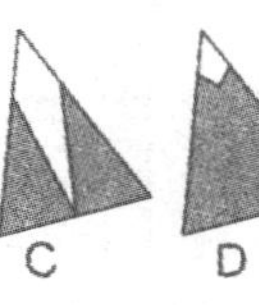
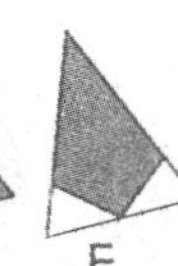

答案

E。多边形中对角的三角形图案相同。

绳捆圆桶

现有5个直径1米的圆桶，欲照图示用绳索捆绑，打结处需要50厘米绳索，试求应该用多长的绳索来捆。圆周率取近似值3。

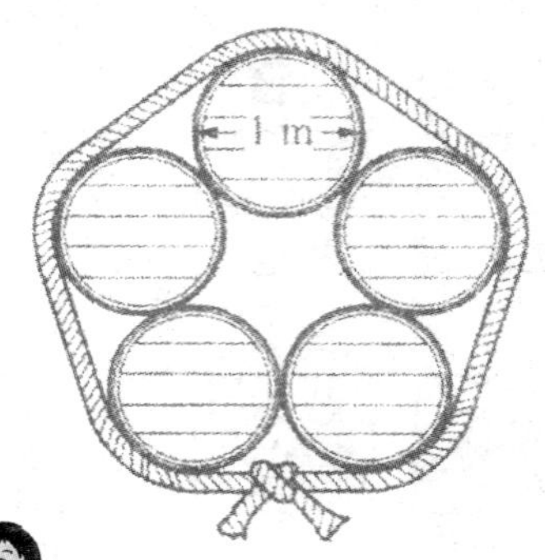

答案

请记住：不管捆多少个圆桶，图中绳索上画斜线的部分加起来都刚好是一个圆周。在本题中，画斜线部分约为3米。另外，直线部分则是所有圆的圆心间的距离，等于圆的直径。所以，直线部分总长 5 米。

以上两个长度再加上打结的长度即可。

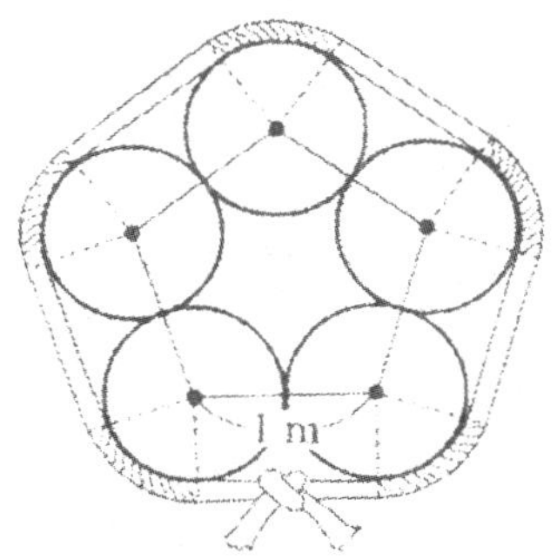

数数看

观察下面的六角形并回答下列问题：

（1）图表中有多少个三角形？

（2）图表中有多少个长方形？

（3）你能够找到多少个六边形？

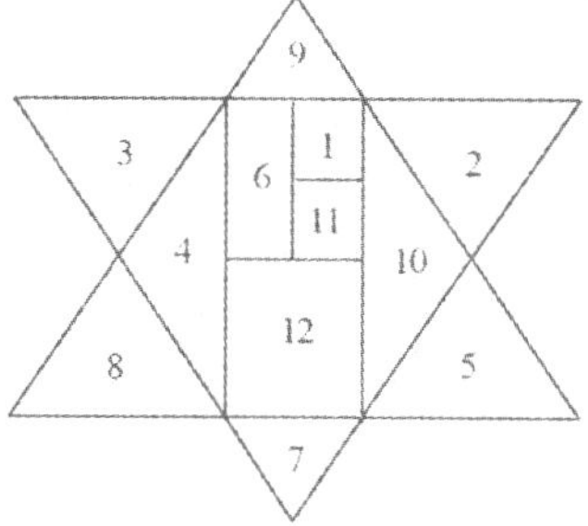

答案

（1）14 个

（2）7 个

（3）2 个（分别由 1、6、7、9、11、12 和 1、4、6、10、12 组成。

超级立方体

将数字 0 ～ 15 填入“超级立方体”中，如图所示，使得每个立方体上的 8 个数字相加之和都等于 60。

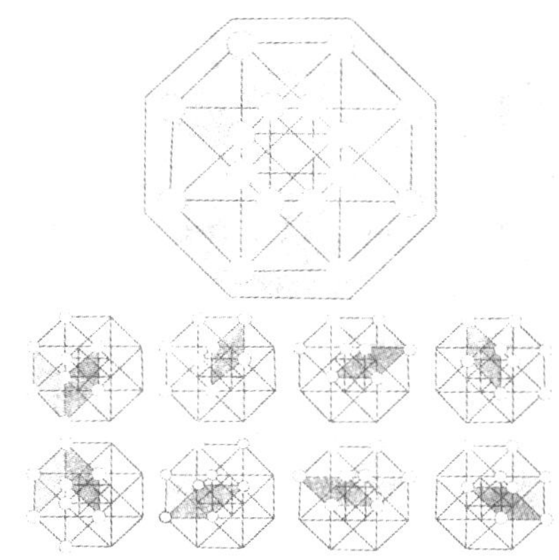

答案

如图：

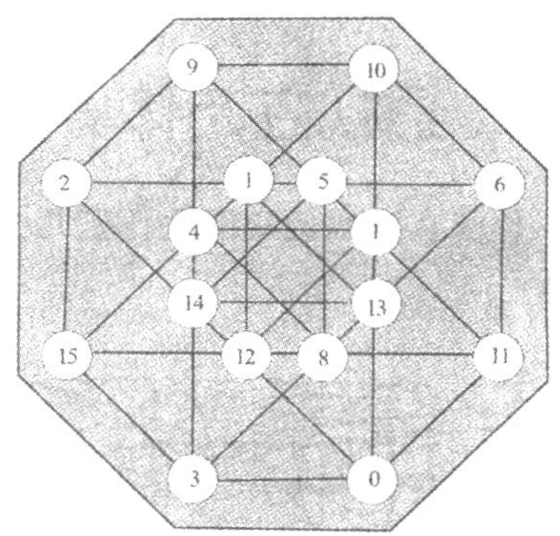

一切为二

如图所示一块立方体。能否选择某一角度的切面同样把它一切为二，使得所得的截面是一个正方形？

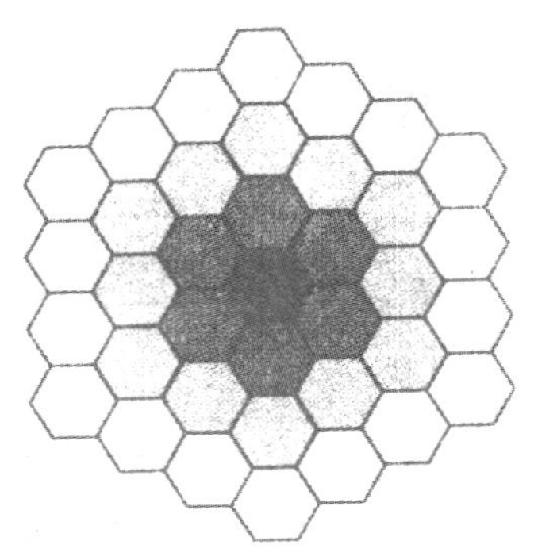

答案

从题的图中可以看出，开始是1个，一周后增加了6个，二周后增了12个，三周后增加了18个。也就是说，每周的新蜂巢数都比上一周多6个，所以，总的蜂巢数为：1+6+12+18+24+30+36=127个。

没有重叠的三角形

画6条连续的直线，你能画出几个没有重叠的三角形？你能比这个例子做得更好吗？

答案

这里给出了7个三角形的解法。

由n条线段围成的无覆盖三角形的最大数目通常是多少呢？通过反复试验，你很快会发现，对于n=3、4、5和6围成的三角形最大数目分别是1、2、5和7。当n=7时，反复试验就不再给出简单的答案了。对任意数字n的一般通式至今仍未解决。

丈量土地

一个地产开发商有一块边界不规则的土地，已经被人画成了精确的地图，现在他想出售这块土地，按规定，对方是按照面积来付钱，你知道该怎样计算它的面积吗？

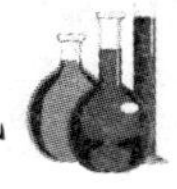

答案

制造一个凹陷的地图塑料，凹陷部分的高度是一样的，放入水中，算一下体积，然后除以塑料块的厚度，然后通过地图上的比例尺得出这块土地的面积。或者，可以把地图复本盖在木板上，做出相应的木板地图，然后画一个任意面积的正方形木板，算一下正方形的面积，然后在天平上称出这两个木板的重量比，列等式：重量比等于面积比，求出面积。

小人快快画

丽丽在学习简单笔画时，画了下图中的8个小人，这8个小人按照一定的排列顺序进行排列，那么你知道第9个小人应该是下边6个小人中的哪一个吗？

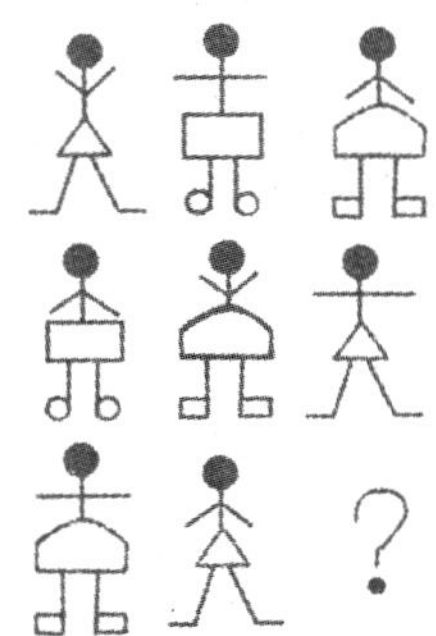

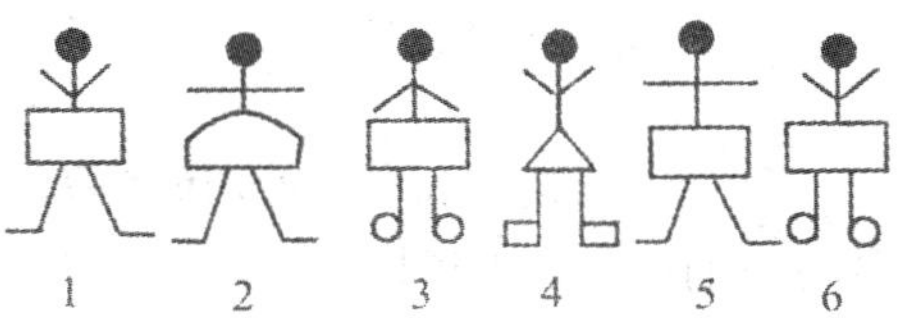

答案

6号。

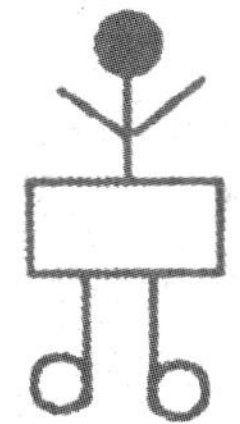

CAD高手

建筑师想建造墙上画的八幢大楼，但这些楼的正视或俯视蓝图都因为别的项目而被搞混了。你能把所有图纸和大楼对上号吗？

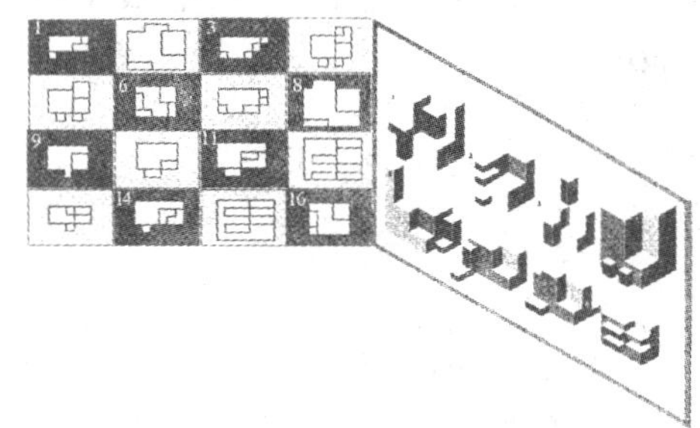

答案

大楼1—图纸11（俯视）

大楼2—图纸9（俯视）；

大楼3—图纸13（俯视）；

大楼4—图纸5（俯视）；

大楼5—图纸7（俯视）；

大楼6—图纸16（正视）；

大楼7—图纸8（正视）；

大楼8—图纸15（正视）。

智慧三维结

这是个由数目最少的单位立方体构成的三维结。每个立方体一样大小，排列紧密，并用整个面与其他立方体相接。

你能说出共有几个立方体吗？

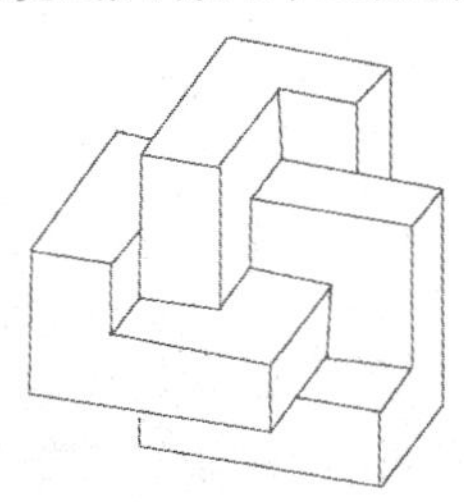

答案

原来的那个立体结包含24个立方体。

巧锯术料

有一个木匠想用锯子把一个边长为3分米的立方体锯成了27个体积为1立方分米的小立方体，如下图所示。显然，他只要锯6次就可以做到。

有一天，木匠突发奇想：能否把锯开的木头巧妙地叠放在一起锯，从而减少锯的次数呢？

请问：木匠的奇思妙想能实现吗？

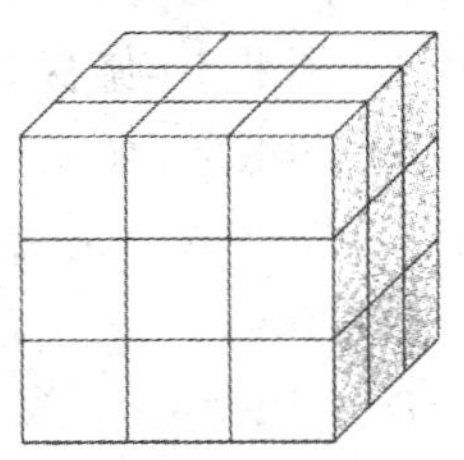

答案

木匠的奇思妙想是不可能实现的。

因为在最终得到的27个小方块中，只有最中央的那个小方块有6个截面。由于锯一次不可能给同一个小方块留下两个或两个以上的截面，所以中央那个小方块一定要被锯6次。

折立方体

以下哪个立方体不能由本图折成？

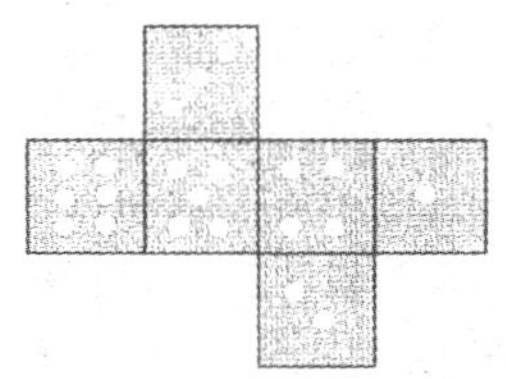

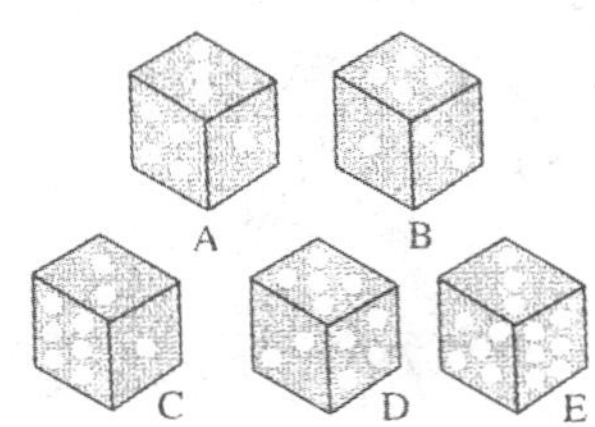

答案

E。

怎样切

请把下面这个表盘图形切成6块，使每块的数加起来都相等。

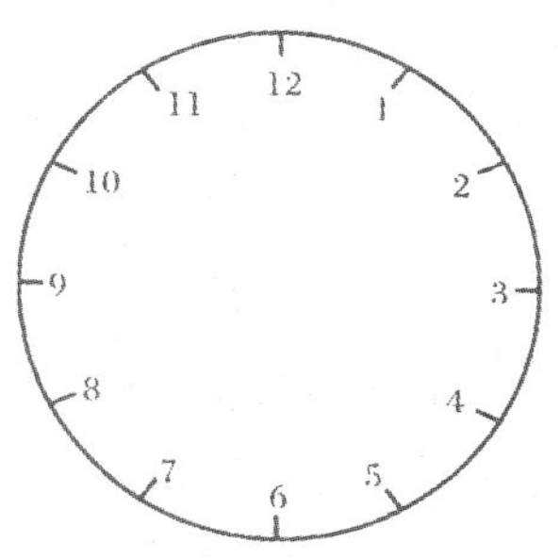

答案

如图：

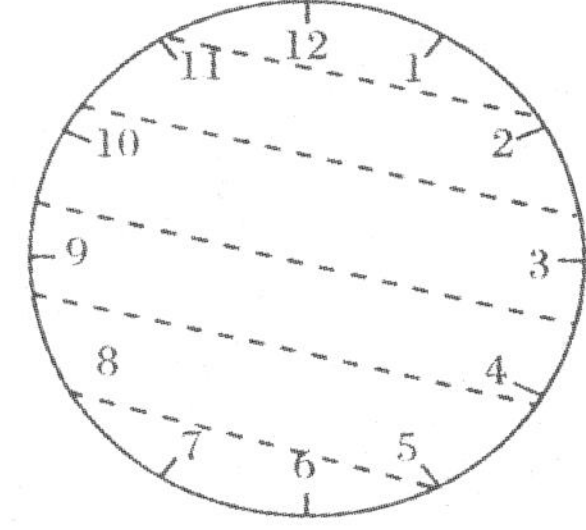

相同标志

在以下立方体中找出含有相同标志的3个面。

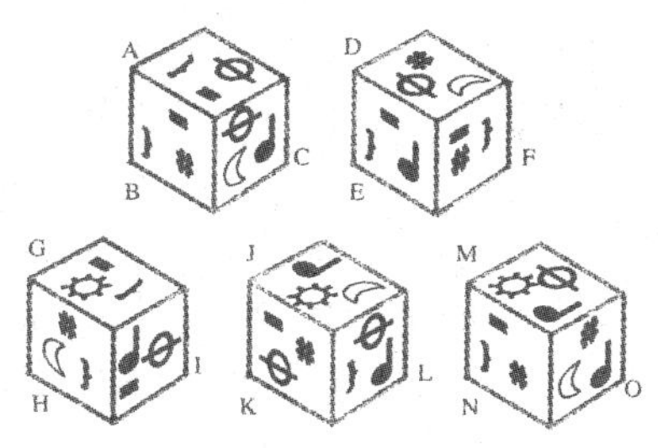

答案

快速观察图形，在各个选项中找到相同的标志，即可确定答案是B、F和N。

透视魔法

有8张同样大小的正方形纸片叠在一起（如图所示）。只有标号为“1”的那张纸能被全部看见，其余的7张纸都只能看到一部分，看谁能从上至下用手中的纸片摆放成图中的样子。

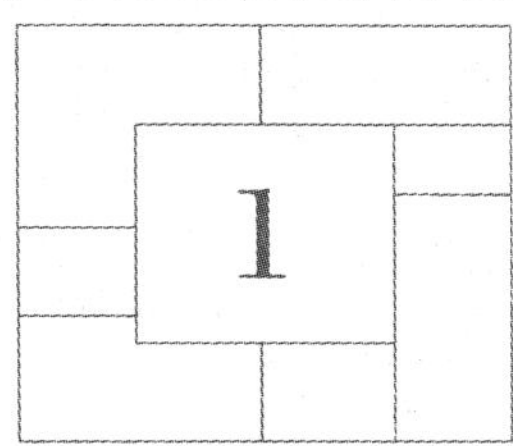

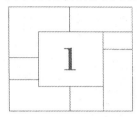

答案

如图：

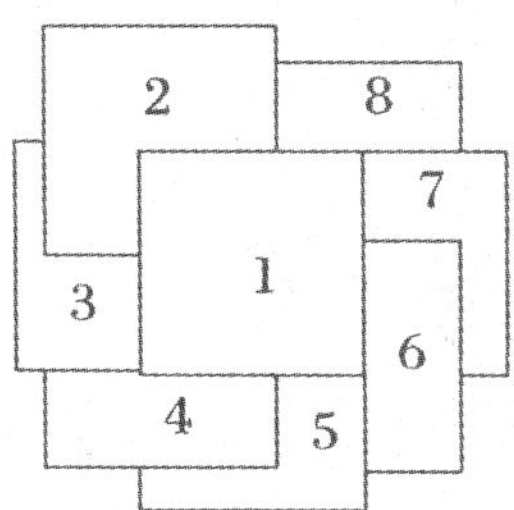

三角形的变换

下面是用16根火柴组成的图形。你有办法拿走其中的4根，让这个图形变成4个大小相等的三角形吗？

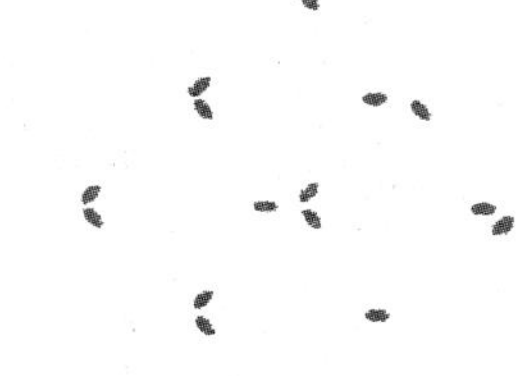

答案

如图：

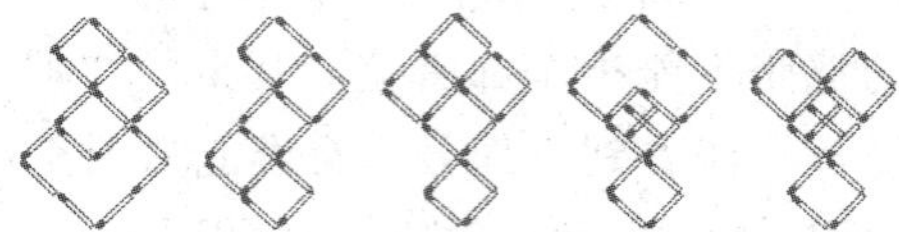

做成立方体

下面四个平面图中哪一个能做成中间的立方体？

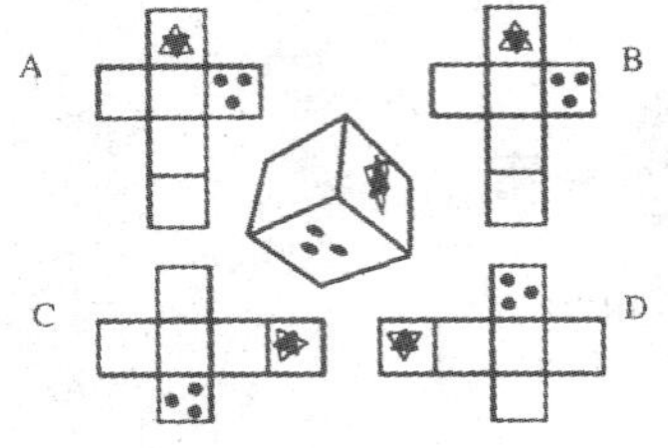

答案

A。

不同形状的图形

不考虑大小，你能数出下面图形中共有多少个不同形状的图形吗？

答案

9 种。

比较木板

下图是两块木板的素描图，若说 B 木板比 A 木板长，其道理何在？

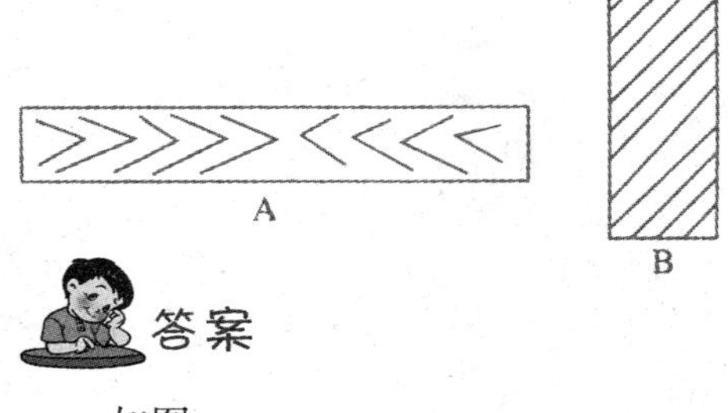

答案

如图：

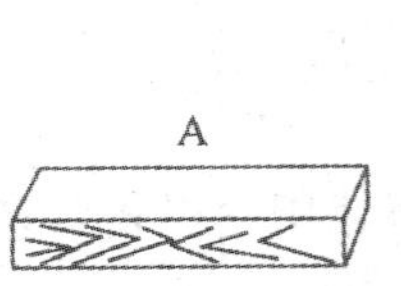

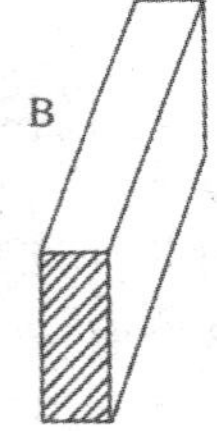

奇怪的莫比斯环

拿出一张长纸条，将其中一端反转之后，再把两端连接固定，形成 1 次的纸环，即莫比斯环（如图 1）。莫比斯环最妙的地方不是如何形成，而是在不断的裁剪中，变化无数，令人倾倒。

先把转折 1 次的纸环沿着宽度 1/2 处剪开（如图中的虚线），这样会形成一个两倍长度、转折 2 次的纸环（如

图2）。接下来把转折1次的纸环从宽度为1/3处剪开。等分后，会出现什么情况呢？请先仔细思考，然后再自己实践。

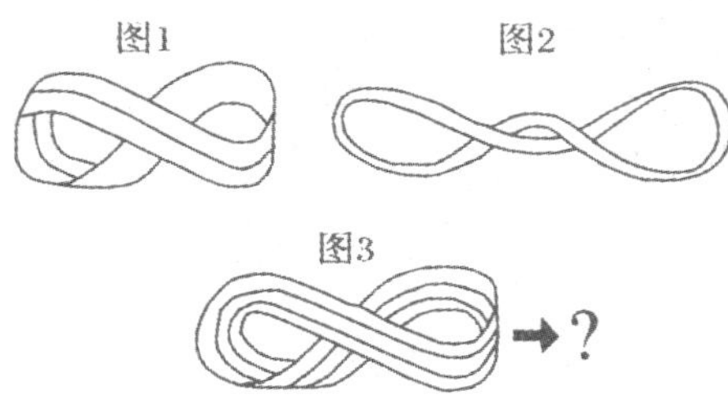

一个大环和一个小环套在一起。

摆线面积

公元1644年，伽利略的学生伊凡格里斯塔·托里拆利发表了第一篇关于摆线的论文，如下图所示。你能计算出摆线与其底所围图形的面积吗？而摆线的长度和构成摆线的点所在的圆又有什么关系呢？

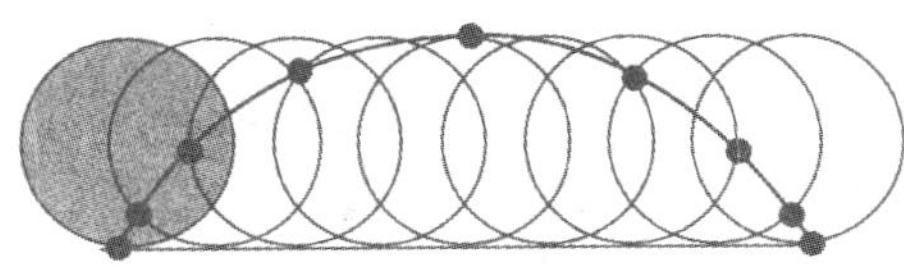

摆线的面积是产生它的圆的3倍。当这个结果首次被发现时，许多数学家大为震惊。而摆线从起点到终点的长度，则是此圆直径的4倍，这又是一个意料不到的结果。数学家肯定它是个无理数，就和圆的周长一样。作为一条曲线，摆线比圆复杂得多，所以不难想象人们对如此简单的结果表示惊讶。

具体如下图所示：

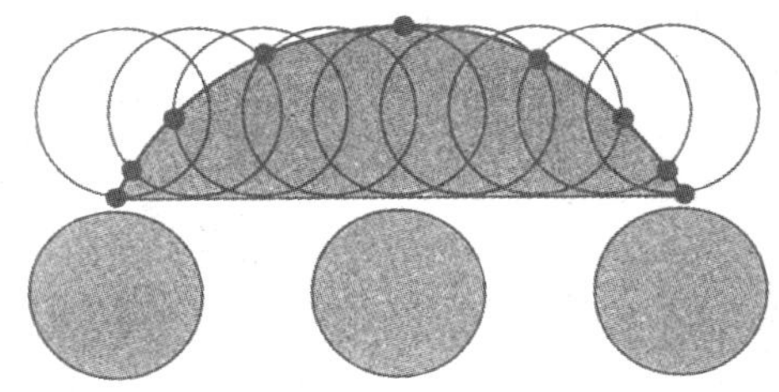

鞋匠刀形

《定理汇编》是一本十分重要的书籍，其阿拉伯文译本至今尚存，包括属于阿基米德等一些天才的几何定理，其中有一些是关于鞋匠刀形（arbelos）的，即由在同一直线上的三个半圆围成的图形被阿基米德称为arbelos（希腊语中是鞋匠刀的意思，如图1所示）。鞋匠刀形是一个十分漂亮又略显诡异的图形，阿基米德在经过艰苦的运算之后求得了与三个半圆都相切的圆的半径关系。500年后，帕普斯把以下事实描绘为一个古代问题的结果：如果在鞋匠刀形内画一连串相切的圆，那么第n个圆的圆心离底线的高度是它的直径的n倍，如图2所示。

请你试着观察一下，鞋匠刀形的面积与线段AC有着什么样的关联呢？

如果鞋匠刀形内两个内切圆位于 AC 的两侧，并与以 AC 为直径的半圆相切，那么这两个圆又有着什么样的关联？

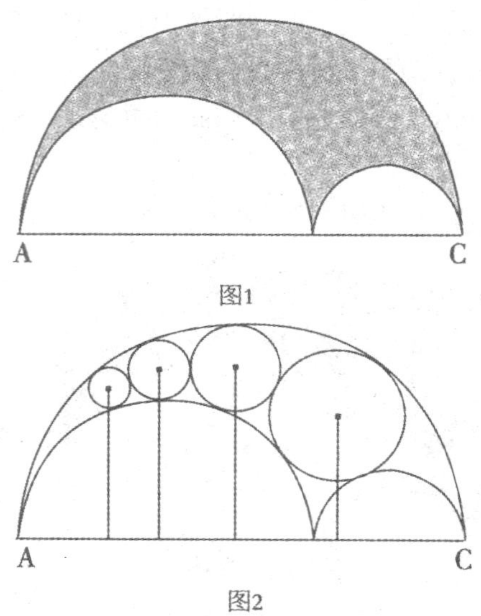

图1

图2

答案

阿基米德证明了鞋匠刀形的面积等于以 AC 为直径的圆的面积。如下图所示，AC 和这两个较小的半圆的另一条切线 BD 组成矩形 ABCD。如果鞋匠刀内两个内切圆位于 AC 的两侧，并与以 AC 为直径的半圆相切，那么这两个圆相等。

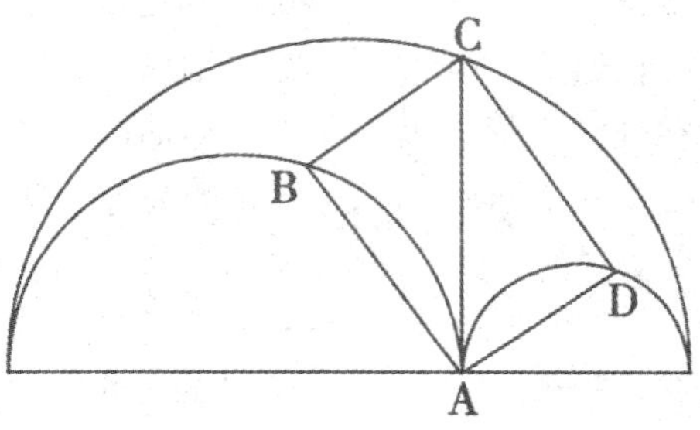

拼凑圆形

有两种简单而又自然的方法把正十二边形分割成若干个菱形。其中一种已经画在下面，如右图所示。请问另一种可以怎样拼接呢？两幅图之间有什么规律可循呢？

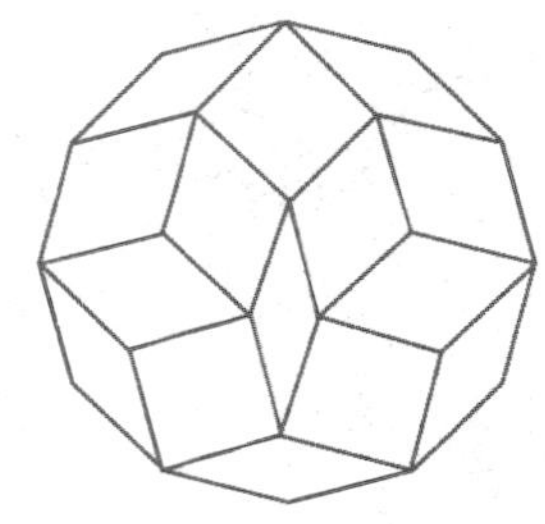

答案

如下图所示：

规律是：每一个都有三种不同形状的菱形，虽然有好几种方法把这个多边形分割成这些基本的形状，但每一种形状的性质是相同的，即有 6 个狭长的和 6 个中等的菱形以及 3 个正方形。

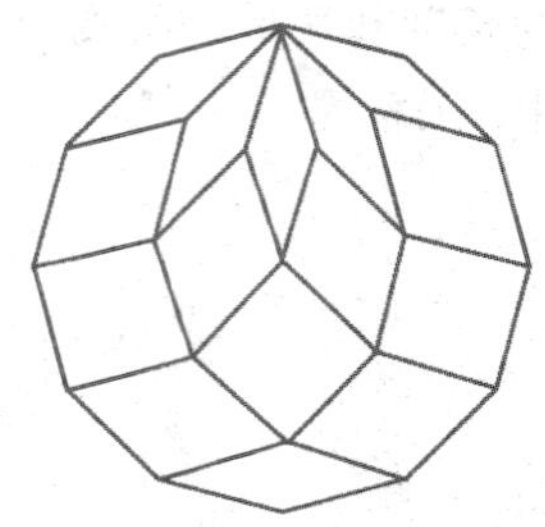

被困天星

在古老的森林里有一个部落，部落中的成年人都具有很强的能力。在

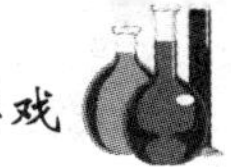

全组成年人的某一次外出狩猎的过程中，一个青年神勇无比地用捆仙绳猎到了一只绿色天星。当他们测量时，发现这个青年人的绳子外缘所围的面积正好是 70。而更为奇特的是，青年所用的捆仙绳连接的几个节点所构成的图案正好为天星的外观，人们不禁高呼这个青年人为最智慧的勇士。

如下图所示，为了更方便看简体图，我们把每个等分的节点都标了字母，请大家算出六边形天星正面的面积的大小。

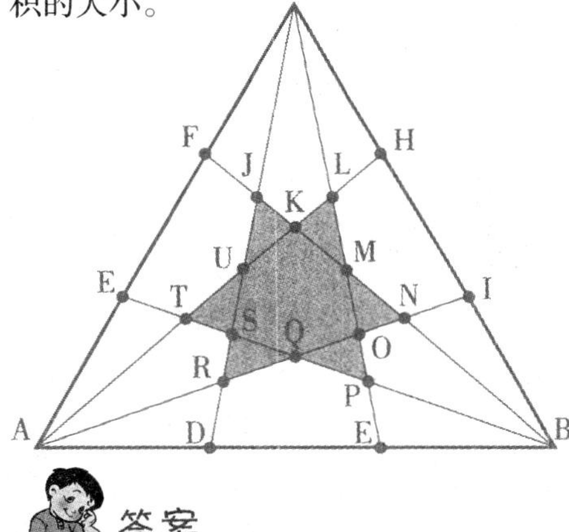

答案

提示：先求出△ PSL 的面积，然后加上三个类似于△ RSQ 的面积，这便是阴影部分的面积，减去三个类似于△ RSQ 的三角形面积就是里面的六边形面积。

完美分割

如图所示，请你将这个图表分割成四个相同的形状，并使每个形状里面的数字相加都等于 134。

5	7	8	15	4	7	5	6
11	6	9	8	16	12	10	10
7	12	10	12	3	11	6	8
6	7	2	5	7	7	15	10
12	15	10	8	5	12	8	7
6	7	11	13	9	6	9	6
9	8	10	6	8	8	1	2
3	6	4	10	10	10	15	15

答案

如图：

5	7	8	15	4	7	5	6
11	6	9	8	16	12	10	10
7	12	10	12	3	11	6	8
6	7	2	5	7	7	15	10
12	15	10	8	5	12	8	7
6	7	11	13	9	6	9	6
9	8	10	6	8	8	1	2
3	6	4	10	10	10	15	15

还原激光路径

一束激光从左上方射出，经过如图所示的 8 个暗箱然后从右下方出来。每个暗箱中都有角度成 45° 的棱镜进行反射。你能够重建激光的前进路线吗?

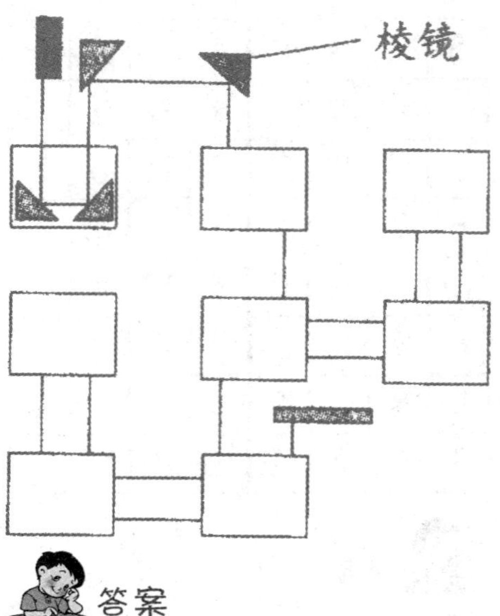

答案

如图:

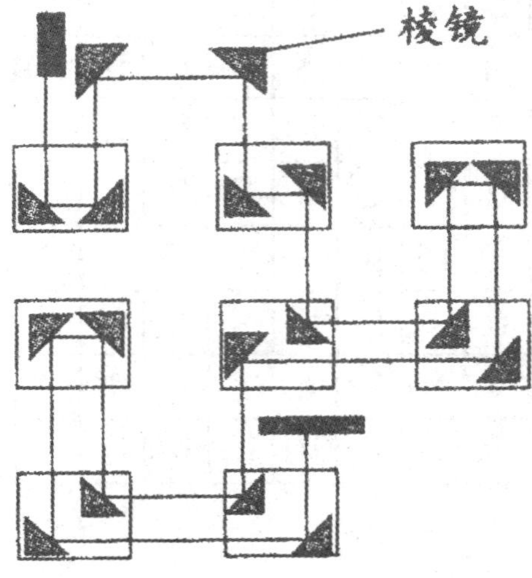

巧取玻璃杯

如图所示，桌子上有两个倒扣的玻璃杯，两个玻璃杯中间支撑着一根火柴，桌子上还放着另外一根火柴。杰克说他可以拿走一个玻璃杯还能让被撑住的那根火柴不掉下来悬空着。请问他是怎么办到的?

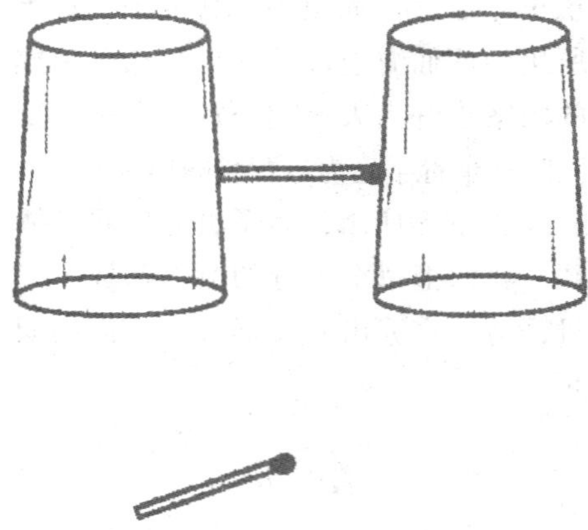

答案

点燃桌子上放着的那根火柴，然后引燃被撑住的那根火柴，一两秒钟左右吹灭被撑住的这根火柴，这时候由于高温燃烧，这根火柴就会熔贴在玻璃杯上，接着轻轻移开未被贴住的那个杯子，这样一来，被撑住的火柴就真的悬空了。

连线游戏

这是一个著名的连线游戏，被称为滑动连接谜题。如图所示，请用直线连接横向或者纵向相邻的黑点，形成一个没有交叉、分支的环。每个数字代表环绕在它周围的线段的数量，没有标注数字的点可以被任意条数的线段围绕。

			3				3		
2	3	0	1				0		
							3	2	0
		0	2	1	1				
		1			2				
		3			1			3	0
		2	2	1	2			2	
								2	
	2			2	1			3	
	0			3	2			3	1
	3								
	2			3	2	0	1		
2	1			0			1		
				2			1		
				0	1	2	2		
1	3	3							
		2				1	3	3	3
		1				1			

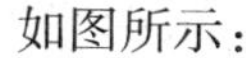

答案

如图所示：

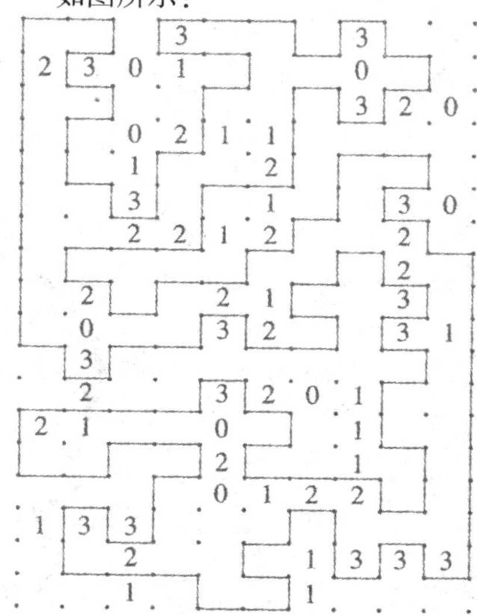

第二章 数字类思维游戏

曾几何时，在社会上流传着这样一句话："学好数理化，走遍天下都不怕。"这句话虽然有它的局限性，但是我们从中也可以看出数学在生活、学习，乃至工作中的重要性。所以，要培养思维能力，首先就要从数学入手。接下来，我们就来开始这段奇妙的数字之旅吧！聪明的你一定能把下面的这些数字摆平的！

奇妙幻方

幻方是起源于我国的一种填数字游戏，而三阶幻方就是在 3×3 的方格内，填上 1 ~ 9 个数，使它的每行、每列和两条对角线上的 3 个数之和都相等。这可不是一件容易的事情，聪明的你能填出来吗？

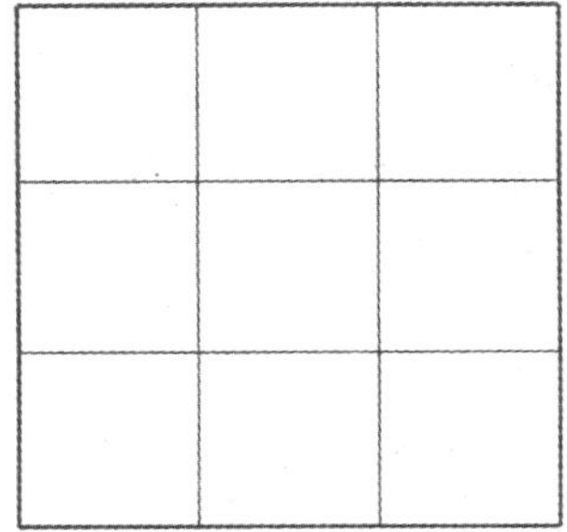

答案

怎样填出这个方阵呢？我国宋朝著名数学家杨辉，对此有四句话："九子斜排，上下对易，左右相更，四维挺出。"这句话可以用下图表示：

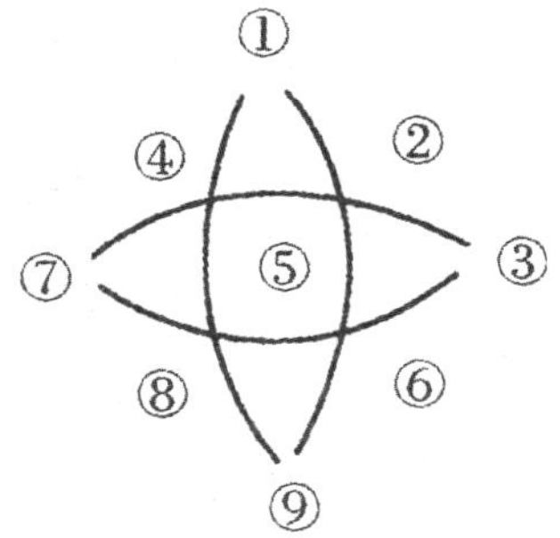

实际上，你只要这样想：1+2+3+…+9：45：45 ÷ 3=15。即每行、每列、每条对角线 3 个数的和一定是 15。有 1+9=10，2+8=10，3+7=10.4+6=10，还剩一个 5。因此可以把 5 放在中间，然后逐次填出其他位置上的数就可以了。

最后答案是：

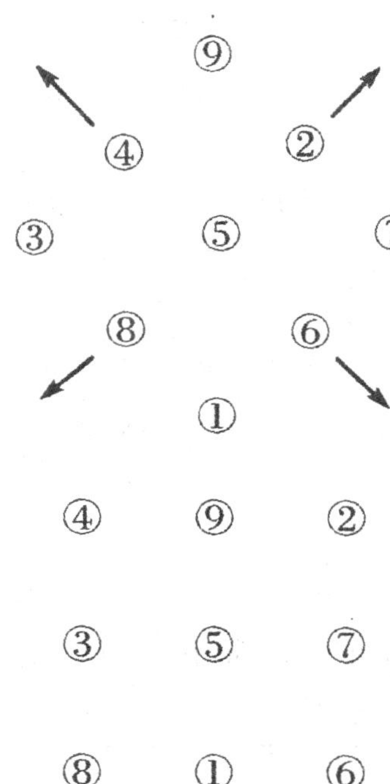

与众不同

正方形中哪个数字与众不同？为什么？

42	15	63	6
9	81	33	21
96	16	12	48
18	60	3	90

16。因为其他数字都能被 3 除尽。

数字矩阵

观察这个矩阵，填上未给出的数字。

1	1	1	1
1	3	5	7
1	5	13	25
1	7	25	?

对角线上的每个数都是它前一数与左右两数之和，根据这条规则，未给出的数字是 63。

梯形数塔

这是考古学家在埃及金字塔内的壁刻上发现的一个有趣的梯形数塔，其中各行所乘的数字相同，而且各行的待加数字也是有一定变化规律的，试着把它填好吧。

9 × ？ + ？ =88

98 × ？ + ？ =888

987 × ？ + ？ =8888

9876 × ？ + ？ =88888

98765 × ？ + ？ =888888

987654 × ？ + ？ =8888888

9876543 × ？ + ？ =88888888

98765432 × ？ + ？ =888888888

各行所乘的数是 9，各行待加的数字分别为 7、6、5、4、3、2、1、0。

“40”的妙用

考虑 1 ~ 40 这 40 个数，试着将其中的每个数字表示成其他数字的和或差——比如，3 可以表示成 1+2，也可以表示成 4–1。

=1	=21
=2	=22
=3	=23
=4	=24
=5	=25
=6	=26
=7	=27
=8	=28
=9	=29
=10	=30

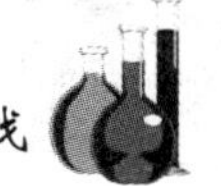

你能否找出4个数字，每个数字单独或与其他3个数字的部分或全部组合，就可以表示1～40的每个数字？然而，在每个组合中，任意给定的数字只能出现一次——比如，5+5是不允许的。要检查你的答案，在下表中填入不同的组合。

=11	=31
=12	=32
=13	=33
=14	=34
=15	=35
=16	=36
=17	=37
=18	=38
=19	=39
=20	=40

答案

1	=1
3－1	=2
3	=3
3＋1	=4
9－3－1	=5
9－3	=6
9－3＋1	=7
9－1	=8
9	=9

这4个数字是1，3，9和27。这个问题是一个很好的练习，以最小的数目取得最多的工作。

27－9＋3	=21
27－9＋3－1	=22
27－3－1	=23
27－3	=24
27－3＋1	=25
27－1	=26
27	=27
27＋1	=28
27＋3－1	=29

8张牌

你能否仅交换两张牌，就使得下图两列数字之和相等？

答案

将8和9交换，然后将9倒过来，这样9就变成6。然后两列的和就都是18。

纸牌游戏

有9张纸牌，分别为1～9。甲、乙、丙、丁4人取牌，每人取两张。现已知甲取的两张牌之和是10；乙取的两张牌之差是1；丙取的两张牌之积是24；丁取的两张牌之商是3。

请说出他们4人各拿了哪两张纸牌，剩下的一张又是什么牌？

答案

甲拿的两张牌是1、9；乙为4、5；丙为3、8；丁为2、6。剩下的那张牌是7。

长长的数列

观察下面这个数列。你能填入下一个数字吗？

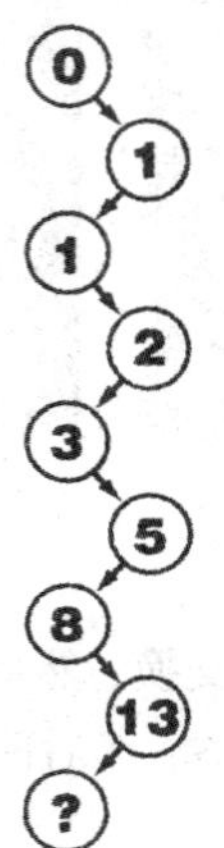

答案

接下去4个数是21、34、55和89。每个数字是前面两个数字之和。

数字魔圈

这里有4个相关联的大圆圈，要求在所有的空白处（小圈内）填上适当的数，使各个大圈包含的数相加的和都彼此相等。

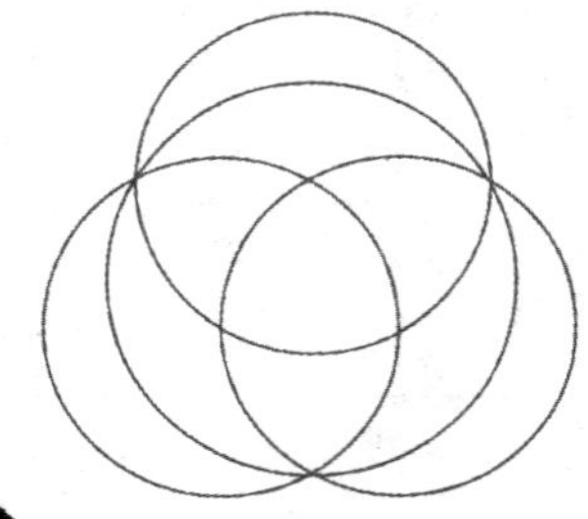

答案

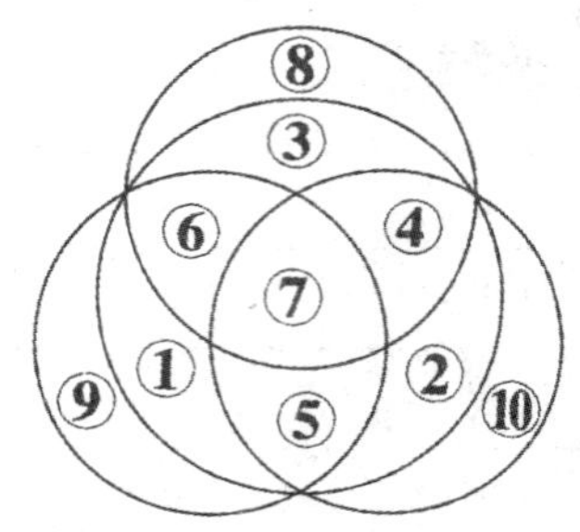

不用计算的数字

在现实中，可以用推理解决这样或那样的问题，特别是在能建立正确推理链的时候，有时比用数学计算还

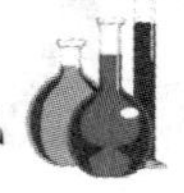

快。用数学思想学会分析和思考，就可不用公式计算回答问题。下面所说的就是这样的问题。

我走进房内想从衣橱中拿出我的皮鞋和袜子，可是房内电灯坏了，漆黑一片。我只知道我的3双皮鞋和12双袜子放在衣橱内的地方，也知道3双鞋子的差别，并且知道12双袜子是黑色和褐色的。

鞋和袜子都在原来放的地方摸到了。但6只鞋子混乱地堆成一堆，24只袜子混乱地放在一起。

你说，我应在漆黑的房中至少拿出多少只鞋和多少只袜子，才能保证我穿的是一个样式的鞋和同一颜色的袜子？

答案

至少拿出4只鞋和3只袜子，从衣橱拿出4只鞋，必定有2只是同一式样的。从衣橱拿袜子，3只袜子中必定有1双是同颜色的。

如果仅拿出2只或3只鞋，由于3双鞋的样式都不同，就可能出现2只或3只样式不同。

如果仅拿出2只袜子，则可能出现2只袜子的颜色不相同。

两个什么数

①两个数的和，与这两个数中的任何一个数都相等。这是两个什么数？

②两个数的差等于被减数，减数是什么数？

③两个非零数相乘，它的积与这两个数中的任何一个都相等，这两个数是什么数？

答案

①这两个数都是0；②减数是0；③这两个数都是1。

神奇的数字组合

计算下列几组数字：

22 × 55= ?

222 × 555= ?

2222 × 5555= ?

22222 × 55555= ?

222222 × 555555= ?

2222222 × 5555555= ?

答案很奇妙，演算后方知其中之乐。

答案

22 × 55=1210

222 × 555=123210

2222 × 5555=12343210

22222 × 55555=123454543210

222222 × 555555=12345654321022

22222 × 5555555=12345676543210

最小和最大

有20个连续的自然数，它们的和是1990。

请问，这20个连续的自然数中，最小的是几？最大的是几？

答案

要解答这道题，首先要看看个数少一些的连续自然数的和，与这些自然数有什么关系。1+2+3=6，三个连续自然数的和是6；6÷3=2，正好是中间那个自然数。4+5+6+7+8=30，五个连续自然数的和是30，30÷5=6，也正好是中间的那个自然数。以上两例中自然数的个数都是单数。要是自然数的个数是双数呢？1+2+3+4=10，四个连续自然数的和是10，我们把这四个自然数分成两组，一组是1和4，另一组是2和3，这两组中两个自然数的和都是5，恰好是10÷2=5，也就是说，用这几个自然数的和，除以自然数个数的一半，正好是中间的那两个自然数的和。4+5+6+7+8+9=39，六个连续自然数的和是39，39÷3=13，正好是中间两个自然数6与7的和。回过头来看看原题。20个连续自然数的和1990，1990÷10=199，这就是说中间那两个自然数的和是199。当然这两个自然数就是99和100了。这两个自然数一个是第十个数，一个是第十一个数。这样就可以求出这20个数中，最小的数是99-9=90，最大的数是100+9=109。

各是什么数

①在加法算式中，其中一个加数是8，和比另一个加数大多少？

②在减法算式中，两个数的差是18，被减数比减数大多少？

③在减法算式中，被减数比减数大26，差等于多少？

④在乘法算式中，其中一个乘数是4，积是另一个乘数的多少倍？

答案

①和比另一个加数大8；②被减数比减数大18；③差等于26；④积是另一个乘数的4倍。

神奇的37

37是个奇妙的数，用3乘得111；用6乘得222；用9乘得333。那么请你立即回答用18乘以37得多少？用27乘以37又得多少？

答案

18×37=666

27×37=999

根据上面的2个算式我们很快地算出：18=6×3，即18×37=222×3=666。27=9×3，即27×37=333×3=999。凡用3的倍数乘以37，所得的答案就应该是111、222、333、444、555、666、777、888、999。

巧变数字“4”

这个问题已经有上百年的历史了，内容是：你能否仅用数字4的组合就可以表示0到10？你可以用任何基本数学运算（加法、减法、乘法、除法和括号），而且你可以用任意多的4。但要找出每个数字最简单的表示方法。

答案

0=4–4

1=4/4

2=（4+4）/4

3=4–（4/4）

4=4

5=4+（4/4）

6=（4+4）/4+4

7=（44/4）–4

8=4+4

9=4+4+（4/4）

10=（44–4）/4

白鹤写数字

白鹤每写一个数字符号(0、1、2、3、4、5、6、7、8、9，共10个）需要蘸一次墨水，要把0 ~ 12的数字连续写出，共需要蘸多少次墨水?

答案

从0 ~ 9共有10个数字符号，而10、11、12三个数中则有6个数字符号。也就是说，从0 ~ 12总共有16个数字符号。所以白鹤写完0 ~ 12的数，需要蘸16次墨水。

趣味数字游戏

仔细观察下面的这些数字，比较一下两边是不是一样，然后再把数加起来进行计算。

1234567891

1234567821

1234567321

1234564321

1234554321

1234654321

1237654321

12876541321

19876541321

第二栏各个数中的数字与第一栏各个数中的数字是相同的，只是排列相反。掩卷思索一下，哪一栏加起来的得数大?

答案

初看起来，好像两栏加起来的答数不会一样，但是仔细看一看，就会看出第一栏中有9个1，相等于第二栏中有1个9；第一栏中有8个2，相等于第二栏中的2个8；第一栏中有7个3，相等于第二栏中有3个7等等。由此可以得出结论，两栏中各数加起来的答数一定是相等的。

插入几个数

①在20和40之间插入一个数，将这3个数排成一列，使这3个数之间的差相等，求插入的这个数是多少？

②在15和30之间插入两个数，将这4个数排成一列，使这4个数之间的差相等，求插入的这两个数是多少？

答案

①这个数是30，排成一列应为20、30、40，（40−30=10，30−20=10）。②这两个数是20、25。排成一列为：15、20、25、30，（30−25=5，25−20=5，20−15=5）。

动脑想一想

①在什么情况下，两数的积等于0？

②在什么情况下，两数的和等于加数中的一个？

③在什么情况下，两数的积等于乘数中的一个？

④在什么情况下，两数的差等于被减数？

⑤在什么情况下，两数的差等于减数？

⑥在什么情况下，两数的差等于0？

⑦在什么情况下，两数的差等于1？

答案

①乘数或被乘数是0；②一个加数是0；③一个乘数是1；④减数是0；⑤被减数是减数的2倍；⑥被减数与减数相同；⑦被减数比减数大1的情况下。

回到1992

在下列数字之间，填上适当的运算符号，使结果分别等于1、9、9、2。

22222=1。

22222=9。

22222=9。

22222=2。

答案

2+2−2−（2÷2）=1。

2×2×2+（2÷2）=9。

（2+2）×2+（2÷2）=9。

2+2−2+2−2=2。

有趣的两位数

某个两位数，倒着读出这个数的话是原数的4.5倍。这个数是多少？

①它比9大，因为是两位数。

②它比23小，因为23×4.5>100。

③它应该是个偶数，因为在乘以4.5的时候只有偶数所得的积才会是偶数。

④这个数可以被 9 整除。

答案

18。在 10 ~ 22 之间，只有 18 是 9 的偶数倍数。检验：18×4.5=81。

“抢 30”的窍门

有一种叫“抢 30”的游戏，游戏规则很简单：两个人轮流报数，第一个人从 1 开始，按顺序报数，他可以只报 1，也可以报 1、2。第二个人接着第一个人报的数再报下去，但最多也只能报两个数，而且不能一个数都不报。例如，第一个人报的是 1，第二个人可报 2，也可报 2、3；若第一个人报了 1、2，则第二个人可报 3，也可报 3、4。接下来仍由第一个人接着报，如此轮流下去，谁先报到 30 谁胜。

甲很大度，每次都让乙先报，但每次都是甲胜。乙觉得其中肯定有什么玄妙，于是坚持要甲先报，结果每次还是甲胜。

你知道甲必胜的策略是什么吗?

答案

甲的策略其实很简单：他总是报到 3 的倍数为止。如果乙先报，根据游戏规定，他或报 1，或报 1、2。若乙报 1，则甲就报 2、3；若乙报 1、2，甲就报 3。接下来，乙从 4 开始报，而甲视乙的情况，总是报到 6 为止。依此类推，甲总能使自己报到 3 的倍数为止。由于 30 是 3 的倍数，所以甲总能报到 30。

填上同一个数

①在方格里填上同一个数，使下列等式成立。

□ +16+ □ =18+ □

②在圆圈里填上同一个数，使下列等式成立

8× ○ = ○ ×2× ○

答案

①在方格里填上 2，这个等式才能成立。②在圆圈里填上 4，这个等式才能成立。

按规律填数

仔细观察就会发现，下面各行排列的数字都有一定的规律，请你按规律填出后面的数。

①1、3、5、7、___、___、

②2、5、8、11、___、___、

③5、10、15、20、___、___、

④4、8、12、16、___、___、

⑤ 2、4、8、16、_____、_____、_____、___

⑥27、24、21、18、____、____、____、___

答案

①后面一个数总比前面一个数多2。所以答案应是9、11、13、15。②后面一个数总比前面一个数多3。所以答案是14、17、20、23。③后面一个数总比前面一个数多5，每个数又恰好是5的倍数。所以答案是25、30、35、40。④后面一个数总比前面一个数多4，每个数又恰好是4的倍数，所以答案是20、24、28、32。⑤第二个数比第一个数多2，第三个数比第二个数多4，第四个数比第三个数多8，所以它的规律是前面的数乘以2等于后面的数。所以答案是32、64、128、256。⑥后面的数总比前面的数少3，每个数又都是3的倍数。所以答案是15、12、9、6。

万变不离其宗

下面各行排列的数字也有一定的规律，请按规律填出后面的数。

①6、11、16___、26、___

②25、22、___、16、___、10

③14、21、___、35、___、49

④9、27、81、___、___

⑤48、24、12、___、___

答案

①6、11、16、21、26、31；②25、22、19、16、13、10；③14、21、28、35、42、49；④9、27、81、243、729；⑤48、24、12、6、3

是质数的数字

在8位数中，所有的1至8全部出现的数字有40320个，比如16827435和37824615就是符合条件的数字。你能快速找出在这40320个数字中，是质数的数字吗？

答案

这40320个数字中没有质数，因为所有的数字都可以被3整除。

末尾的数字

你能不计算就看出来1×2×3×4×5×6……100的结果中，末尾有多少个连续的数字0吗？

答案

有24个0。

“3”的数字

你能很快说出，在数字1至300中，带有“3”的数字共有多少个吗？

答案

共有58个。

可以出现多少次

在一个 12 小时计时的电子表的显示时间中，连续三个数字相同或者三个以上数字排列的现象，一天可以出现多少次？

答案

36 次。

它们分别是：1：11、2：22、3：33、4：44、5：55、10：00、11：10、11：11、11：12、11：13、11：14、11：15、11：16、11：17、11：18、11：19、12：22、00：00，这些时间一天都可以出现两次，所以共 36 次。

趣味得数

数字游戏当中包含着许多有趣的现象，让人情不自禁要探索其中的奥秘。有一次，小明在解一道方程时，对这道题的答案 1089 这个数字发生了兴趣。他发现，如果用 1089 乘以 9，其得数竟是倒序排列的 9801。

除此以外，小明还发现了一个数字，如果乘以 4 的话，其得数也是这个数的倒序排列。不过小明很狡猾，没有说出得数。你能计算出来吗？

1089 × 9=9801

○△□◎ × 4= ◎□△○

答案

这个数字究竟是哪一个数字呢？

答案就是 2178。2178 × 4=8712。得数正好是 2178 的倒序排列。计算的窍门在于利用乘以 4 这个条件。另外 9 是个特殊的数字，利用 1089 和 2178 两个数，在它们的百位和十位之间插入 9，即 10989 乘以 9，21978 乘以 4；在此数基础上，再插入 9，即 109989 和 219978，两个数再分别乘以 9 和 4。看看这些乘式的得数，发现什么规律了吗？ 1089 × 9=9801。10989 × 9=98901。109989 × 9=989901。2178 × 4=8712。21978 × 4=87912。219978 × 4=879912。

顽皮的猫

有一只猫非常顽皮，爬到桌子上把挂钟摔成了两半，两个半块钟表面上的数字之和恰巧相等。请问：钟表到底是从哪里裂开的呢？

答案

从 3 和 4 以及 9 和 10 之间裂开的。

机灵的小弟

三兄弟分24个苹果。他们商定每人分的苹果数应为3年前他们各自的岁数。最小的弟弟很机灵，给大哥、二哥提出条件：

我留下自己分得的苹果一半，其余的分给你两人各一半。之后让二哥同样留下一半苹果，另一半给我和大哥各一半。这样做了之后让大哥把他这时得到的所有苹果的一半留下。另一半分给我和二哥各一半。

两位兄长没怀疑小弟的诡计，同意了小弟提出的条件。分后发现每人分得的苹果一样多。

请问，三兄弟的年龄各是多少？

答案

根据小弟的意见交换苹果后，三兄弟都是8个苹果，所以大哥把自己苹果的一半分给兄弟前应是16个苹果，二弟和小弟当时应有4个苹果。

二哥在把苹果分给大哥和小弟前，他有8个苹果，而大哥当时有14个苹果，小弟当时有2个苹果。由上述可知，在小弟分自己的苹果前，他有4个苹果，二哥有7个苹果，大哥有13个苹果。

因为开始分得的苹果数是三年前他们各自的年龄数，所以现在小弟是7岁，二哥是10岁，大哥是16岁。

老板损失了多少

有个人在A店铺买了90元的东西，然后交给店铺老板一张100元的钞票。由于店铺老板正好没有零钱可找，便到隔壁B店铺兑换了零钱，找给这个人10元钱。

过了一会，B店铺老板发现这张100元的钞票是张假钞，便找到A店铺老板要求赔偿。A店铺老板无奈，只好又赔偿了B店铺老板100元钱。过后，A店铺老板非常气恼，认为自己损失了200元；而B店铺老板安慰他说，只损失了10元。

究竟A店铺老板损失了多少钱？

答案

A店铺老板只损失了100元钱。

A店铺老板的气恼在于，他认为自己损失的钱包括被买走的90元钱的东西，找出去的10元钱，赔偿给B店铺老板的100元钱。总共为200元钱。

B店铺老板的安慰在于，他认为A店铺老板从自己这里拿了100元钱，除找给买东西的人10元外，还剩下90元。这次赔偿自己100元钱，实际上只损失了10元钱。

但他们的这种思考，都被表面现象缠绕住了。我们还是从这次交易的各种关系入手分析。

A店铺与买东西的人是买卖东西的交易关系，A店铺与B店铺老板是兑换零钱的关系，所以，他们之间分别是两个对称性关系。

首先，先看A店铺老板与买东西的人之间的关系。这个人付了100元的假钞，拿上90元的东西和10元零钱溜了。他实际上什么也没有支付，因此，在这次交易中，他受益了100元钱。由于“受益”与“损失”是相对应的，所以A店铺老板损失了100元。他们之间的关系是反对称关系。

其次，再看A店铺老板与B店铺老板之间的关系。由于A店铺老板最初给B店铺老板的100元钱是假钞，所以他如不给予赔偿，就等于B店铺老板损失100元，与此相对应，A店铺老板受益100元。这也是一种反对称关系。但由于在A店铺老板与买东西的人之间已存在的反对称关系，实际上A店铺老板将自己的损失转嫁给了B店铺老板。由于发现假钞及时，A店铺老板还给B店铺老板100元，这就等于是他从B店铺老板那里借了100元钱，而后又还回去100元钱。所以，A店铺老板与B店铺老板之间的反对称关系已不复存在。在新的对称性关系中，B店铺老板无所谓损失，也无所谓受益。既然B店铺老板没有什么损失与受益，作为对应的A店铺老板也没有什么损失和受益。这是一种对称关系。

至于B店铺老板的安慰，其错误在于，在他的结算中，他只分析了A店铺老板10元钱的货币损失，忘记分析并综合A店铺老板90元钱的货物损失了。

围绕100元假钞的全部问题到此为止，思维紧跟100元假钞走的分析结果是，最终A店铺老板损失100元。

生日会

在拉拉的13岁生日会上，来了12个小孩，每4个孩子属于一个家庭，共来自甲、乙、丙这3个不同的家庭，当然也包括拉拉所在的家庭。这13个孩子中，除了拉拉13岁外，其余的都不到13岁，而且每个孩子的年龄都各不相同。在1～13这13个数字中，除了某个数字以外，其余的数字都表示某个孩子的年龄。把每个家庭孩子的年龄加起来，得出以下结果：

甲家庭：年龄总数41，包括一个12岁；

乙家庭：年龄总数23，包括一个5岁；

丙家庭：年龄总数21，包括一个4岁。

请问：拉拉属于哪一个家庭？

答案

甲家庭的年龄组合为“8、10、11、12；乙家庭的年龄组合为5、13、2、3；丙家庭的年龄组合为：1、4、7、9。

大苹果与小苹果

有两筐各30千克的苹果要卖。其中，一筐大苹果每2千克卖6元，另一筐小苹果每3千克卖6元。这时有个人过来说：“这样分开卖，还不如搭配着卖。2千克大苹果搭配3千克小苹果，一共卖12元。”卖苹果的认为这个建议合理，就开始搭配着卖。于是这个人又说：“那我就全买了。5千克搭配苹果12元，60千克为12×12=144（元）”。

卖完苹果后，卖苹果的人发现上当了。卖苹果的人是怎么上当的呢？

答案

卖苹果的人之所以上当，是因为将局部成立的比例关系的传递性，当成了整体成立的比例关系的传递性，因而产生了计算错觉。

将大苹果与小苹果搭配着卖，这种思考方法本身并没有疑问。问题在于局部的比例关系向整体的比例关系发展过程中，有没有自始至终的传递性。

实际上，某一事物，当它们的局部成立的比例关系向整体的比例关系发展推广时，这种比例关系并非永远是传递性的，有时可能是非传递性的。亦即，虽然aRb真，并且bRc真，但aRc真假不定。这就需要分析一下合理的比例关系到什么程度为止。

如本题中，30千克小苹果按3千克一份划分，可以分为10组；而30千克大苹果按2千克一份划分，则可以分为15组。因此，将它们以3∶2的比例搭配时，组合到第10组时，小苹果就组合完毕。余下的5组10千克大苹果就不可能再按3∶2的比例组合，只能以大苹果的实际价格来卖了。如果仍然将这10千克大苹果按搭配价格来卖，自然就会少卖钱了。

亦即，10千克大苹果本来应该卖：

6（元）×5（组）=30（元）

而实际上只是卖了：

12（元）×2（组搭配）=24（元）

少卖的6元钱就是这样产生出来的。

所以卖苹果的人少卖了6元钱。

变换卡片

在桌子上并排放由3张数字卡片组成三位数字216。如果把这3张卡片的方位变换一下，则组成了另一个三位数，这个三位数恰好用43除尽。它们是什么数，怎样变换？

答案

恰好用43除尽的三位数有129、172、215……你要心中有数，与“216”比较怎样变动可以满足要求。可将“216”中“21”左右交换为“12”，再把“6”的那张卡片上下倒置变为“9”，即可变为“129”被43所除尽。说到变换3张卡片的位置，多数人只想到卡片的左右位置交换，没有想到把卡片倒置。上下交换是一种新思路。这种新的思路并不只限于解决这一问题，和你有关的空间位置问题都可用新的思路去解决。

希腊国王的难题

有一次，古希腊的国王想要攻打邻国，于是他问大将军现在统领的士兵有多少。这位将军回答说：“兵不满一万，每5人一列、9人一列、13人一列、17人一列都剩3人。”国王听了大将军的话，仍不知道他到底统领了多少士兵。你能快速地算出这位将军统领的兵有多少吗？

答案

先求出5、9、13、17之间的最小公倍数，因为这些数都是两两互质的数，所以他们的最小公倍数就是它们的乘积9945。又因为兵不满一万，所以只要在最小公倍数上加3就能求出兵的总数，所以大将军统领的兵的总数为9948人。

鸡和鸭

有一次，陆路问小明：

“你们家里有多少只鸡，多少只鸭？”小明回答：“鸡数乘鸭数，把这个积数在镜子里面一照，在镜子里看到的恰巧是我们家养的鸡和鸭的总数。”陆路一下子愣住了，这可该怎么算呢？

答案

在镜子中照出来的物体都是左右相反的，数字中除了0外，只有1和8在镜子中照出来依旧是1和8，于是知道鸡和鸭的积一定是81，因为81在镜中照出来的是18，正好是9+9，由此可知，小明家里的鸡和鸭各是9只。

今天打了几只野兽

有一次早上，猎人出去打猎，直到天黑才回到家。他的妻子就问他：

“你今天打了几只野兽？”猎人说：

“打了9只没有尾巴的，8只半个的，6只没头的。”他的妻子莫名其妙，弄不清楚他说的是什么意思。你知道猎人到底打了多少只野兽吗？

答案

9只没有尾巴的，9只去尾，是0；8只半个的，8只一半，是0；6只没有头，6字去头是0，所以猎人那天一只野兽也没有打回来。

姜太公钓鱼

姜太公、吴太公、周讥叟三人在望江亭边钓鱼，不一会儿鱼篓就满了。时值中午，天气炎热，三叟到凉亭午睡。姜太公先醒了，将篓中的鱼分成三份，还剩一条。他拿着自己的一份先回去了。

吴太公也醒了，也将鱼篓内的鱼分成三份，又剩下一条，他也拿着自己的一份走了。

周讥叟醒来不见俩人，以为他们又去江边垂钓了，于是将鱼分成三份，拿着自己的三条也走了。

请问，他们一共钓了多少条鱼？各拿了多少？篓里最后还剩下多少？

答案

鱼篓里一共有19条鱼，姜太公拿6条，吴太公拿4条，周讥叟拿3条，鱼篓里最后还剩下6条。

费脑子的组合

用10以下的3个相同的数组成得数为30的式子，你能组几个？

例如：10+10+10=30。

相同条件的得数改为 20，你能组几个？

答案

除了题目中列出来的一个，等于 30 的组合还有三种，等于 20 的也有三种。

（1）33−3=30；5×5+5=30；6×6−6=30。

（2）22−2=20；4×4+4=20；5×5−5=20。

等于 100 的算式

在不改变下面式子顺序的情况下，在九个数字之间填上适当的运算符号，使式子的答案为 100。

987654321=100

答案

9×8+7−6+5×4+3×2+1=100。

结果递增的等式

12345679×（9）=111111111；12345679×（18）=222222222，那么在下列括号内填入合适的两位数使等式成立。

1.12345679×（ ）=333333333

2.12345679×（ ）=444444444

3.12345679×（ ）=555555555

4.12345679×（ ）=666666666

5.12345679×（ ）=777777777

6.12345679×（ ）=888888888

7.12345679×（ ）=999999999

答案

1.12345679×（27）=333333333

2.12345679×（36）=444444444

3.12345679×（45）=555555555

4.12345679×（54）=666666666

5.12345679×（63）=777777777

6.12345679×（72）=888888888

7.12345679×（81）=999999999

符号的妙用

在下面的题中，填上加减乘除和括号使等式成立。

5555=1

5555=2

5555=3

5555=4

5555=5

5555=6

答案

（5+5）÷（5+5）=1

5÷5+5÷5=2

（5+5+5）÷5=3

（5×5−5）÷5=4

5×（5−5）+5=5

55÷5−5=6

成立的算式

在下面式子的适当位置填入“+”号使等式成立。

88888888=1000

答案

8+8+8+88+888=1000

奇数之和

如果让你用 8 个奇数相加得 20，你能找出几种？

答案

1+1+3+3+3+3+3+3=20

1+1+1+3+3+3+3+5=20

1+1+1+1+3+3+5+5=20

1+1+1+1+1+5+5+5=20

1+1+1+1+3+3+3+7=20

动物园里的动物们

一日，可可独自一人到动物园里去观赏动物。他一共只看了猴子、熊猫和狮子三种动物。这三种动物的总数量在 26 只到 32 只之间。

根据下面的情况，说说这三种动物各有多少只？

（1）猴子和狮子的总数量要比熊猫的数量多。

（2）熊猫和狮子的总数量要比猴子的总数的两倍还要多。

（3）猴子和熊猫的总数量要比狮子的三倍还多。

（4）熊猫的数量没有狮子数量的两倍那么多。

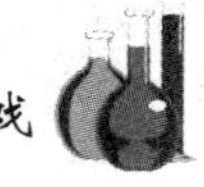

答案

猴子：9只。

熊猫：13只。

狮子：7只。

运动服上的号码

小小参加学校的运动会，他的运动服上的号码是个四位数。一次，同桌倒立着看小小的号码时，发现变成了另外的四位数，还比原来的号码要多"7875"。你知道小小运动服上的号码是多少吗？

答案

他运动服上的号码是1986。

镜子里的游戏

有4个数字（两组）在镜子里面看数字的顺序相反，它们两者之间的差均等于63。

请问：这两组数字分别是什么？

答案

18和81，29和92。

有多少个四字

你知道0 ~ 99这100个数字中有多少个4字？

答案

20个。40 ~ 49中就有11个4字。

不找零

雪儿拿着4枚硬币到小卖部买扣子，扣子的种类很多，而且每个扣子的单价都不相同，有1角、2角、3角……1元。雪儿可以买其中任何一个扣子而不用小卖部老板找零。你知道雪儿的硬币是哪几枚吗？

答案

一枚1角硬币、两枚2角硬币、一枚5角硬币。

饭店的客人

有一个服务员到后厨的时候看见洗碗工在洗碗，她知道楼上来了一批客人，但不知道有多少人，于是她就向洗碗工询问，洗碗工说：“我一共要清洗65个碗，他们两个人用一个盛饭碗，三个人用一个素菜碗，四个人用一个荤菜碗。”

那么，你知道楼上那批客人有多少人吗？

答案

楼上一共有60位客人。

等式的单位

5（月）+7（月）=1（年），试试在下面的数字后填上合适的计量单位，让其成立。

300（ ）+700（ ）=1（ ）

240（ ）–24（ ）=9（ ）

答案

300（米）+700（米）=1（千米）

240（小时）–24（小时）=9（天）

野餐人数

霍尔和朋友们正在河边野餐，只见所有人都站起来了，他们围成了一个圈，然后绕着河边逆时针方向走动，每个人都是一边唱一边走还一边跳舞，引得河边其他人纷纷驻足观看。这时候，霍尔发现走在自己前面的人的数量的1/5和走在自己后面的人的数量的5/6相加，刚好是所有在场的人。

那么，你知道到河边野餐的有多少人吗？

答案

包括霍尔在内一共有31人。

与男友逛夜市

梅薇思与男友塞尔特一起逛夜市时，在一个地摊上看到了自己非常喜欢的4个小挂件。这4个挂件总共6.75元，其中有两件分别是1元和2.25元。当男友准备付钱时，梅薇思发现摊主用笔算价时写的是0.25乘以271。她正准备提醒摊主时，却惊奇地发现，纸上算出的数字也是6.75元。

摊主没有算错数字，那么，你知道这4件小饰品的单价各是多少？

答案

4件小饰品的单价分别为1元、1.5元、2元、2.25元。

法式利饼干

洛恩的妈妈从法国出差回来，带了一盒法式利饼干给她。洛恩非常喜欢妈妈送给她的礼物，因为她特别喜欢吃这种饼干。正当她打开饼干盒时，她的4个朋友就先后到了，她不情愿地把其中的一半和半个饼干分给了她的朋友瑞本，然后，把剩下的一半饼干和半个饼干分给了利娜莎；接着，她又把剩下的一半饼干和半个饼干分给了拉拉安，最后，她把盒子里剩下的一半饼干和半个饼干分给了比特。这样，可怜的洛恩就把盒子里的饼干都分了出去，她真是伤心极了。

那么，你能计算出盒子里原来有多少小饼干吗？（注意，洛恩绝对没有把盒子里的饼干弄成两半。）

答案

可怜的洛恩一共有15块饼干。瑞本得到7.5+0.5。即8块饼干，还剩下7块；利娜莎得到3.5+0.5，即4块饼干，还剩下3块；拉拉安得到1.5+0.5，即2块饼干，还剩下1块；比特得到0.5+0.5，即1块饼干，而洛恩则1块也没有。

朋友的笑容

吉歇尔今天早上去上班时，看到好朋友葛佳丝塔芙的脸上堆满了笑容。吉歇尔便笑着问她：“噢，亲爱的，什么事令你这么开心，能说给我听听吗？”

葛佳丝塔芙回答说：“亲爱的吉，我终于把那辆破车卖掉了。原来我标价1100元，可没有人感兴趣。于是，我把价钱降到880元还是没有人感兴趣，我又把价钱下调到704元。最后，出于绝望，我再一次降价。今天一早，维威尼把它买走了。那么，你猜猜我卖了多少钱？”

葛佳丝塔芙每次都在前一次的基础上降价20%，所以，最后的售价是563.20元。

犯愁的设计

集邮是很多人的爱好，邮票拥有很多的忠实“粉丝”。每一张邮票都有它背后的历史。想想能收集一张有纪念价值的邮票，也是令人感到非常兴奋的事情。

你能设计出一套邮票，最多只贴3枚，就可以支付1～70元的所有邮资吗？这套邮票最少多少枚？面额分别是多少？

最少要7枚邮票，面额分别是1元、4元、5元、15元、18元、27元与34元。

奇数还是偶数

西方有一位哲人说过：“机会偏爱有准备的头脑。”现在来看看你是不是准备好做这个题目了。随机投两个骰子，其点数和为偶数的概率是多少？

共有6种可能出现的偶数情况：2、4、6、8、10和12，以及5种可能的奇数情况：3、5，7、9和11。但实际上，如果你将两个骰子的点数按一纵一横的位置排列，你将发现共有18种可能得到偶数，18种可能得到奇数。所以得到偶数和得到奇数的概率相等。

有多少个工人

一群石匠在维修一尊雕塑。请你根据他们的对话推算出一共有多少石匠：

A说：“哈瑞，今天是这个工程的最后一天了，为了完成这个雕塑我们已经花了几个月的时间了，要知道咱们工作的月数跟咱们组的人数相同。”

B回道：“是啊，雷克，如果再多6个石匠的话，咱们就可以在1个月内把这个工作完成了。”注：假设每个人的工作效率都一样。

共有3个石匠。如果3个人用3个月将雕塑刻完，那么，一个人要用9个月才能完成，而9个人则用一个月就可以完成。

奇异的数字

两个朋友在拿计算器玩游戏。

甲说："请你从1到9的数字中，选择一个你喜欢的数字，输入到计算器上。"

乙说："我选择6。"

甲说："接下来，你把这个数字乘以15873，然后再乘以7。"

乙说："咦，怎么会这样？"

乙计算器上显示的数字会是多少呢？

答案

会显示"666666"，其实诀窍就在于15873×7=111111。

奇妙的数

有这样一个奇妙的数，将它乘以5后加6，得出的和再乘以4后加9，然后再乘以5得出的结果减去165，遮住最终结果的最后两位数就能回到最初的数。

你知道这个数是多少吗？

答案

任何数。用这个奇妙的组合算式计算出来的结果遮住后面的"00"，得到的永远都是最初的数。

三重ABC

下面一个由A、B、C组成的等式，A、B、C分别是1～9中的某个整数，那么它们分别相当于哪些数字呢？当然，同一字母只能代表同一数字。

AAA+BBB+CCC=ABBC

答案

111+999+888=1998。

先看个位数，A+B+C的结果个位为C，就是说A+B=10。并且A不能大于3（因为AAA，BBB，CCC的哪一个都不满1000，所以它们的和不可能到3000），所以A是1或2，那么，B是9或8，然后加入等式看看：

111+999+CCC=1110+CCC=199C

看百位和十位，因为1+C=9，所以C=8，

1110+888=1998（成立）

222+888+CCC=1110+CCC=288C

看千位，因为是2，所以C只能是9，1110+999=2109（≠2889）。

1元钱哪去了

一位老伯伯靠卖蛋营生。他每天卖鸡蛋、鸭蛋各30个，其中鸡蛋每3个卖1元钱，鸭蛋每2个卖1元钱，这样一天可以卖得25元钱。忽然有一天，有一位路人告诉他把鸡蛋和鸭蛋混在一起每5个卖2元，可以卖得快一些。第二天，老伯伯就尝试着这样做，结果却只得到了24元。老伯伯很纳闷，鸡蛋没少怎么钱少了1元？这1元钱去哪里了呢？

答案

原来1个鸡蛋可以卖得1/3元，1个鸭蛋可以卖得1/2元，但是混着卖之后平均1个鸭蛋或者鸡蛋都卖得2/5元钱。因为(1/2+1/3)−2×2/5=5/6−4/5=1/30。

那么，混卖后的所得就减少了30×1/30=1（元）。

旅行花销

A、B、C、D、E、F6人想在旅行地将带去的外币用完，所以要买些东西。不巧，钱不够了，于是A和B凑钱买了1件；C、D、E3人凑钱买了2件与A、B同样的东西。5人的钱都花光了，只有F的钱一个子儿也没花，又把它带了回来。当初，6人所有的钱分别是15美元、16美元、18美元、19美元、20美元、31美元，但不知谁各有多少。

从这些数字中，你可以推出F带了多少钱吗？

答案

20美元。总之，5个人买了3件相同的东西，因此，买东西的5个人所带的外币之和能被3整除。这样就好办了，6个人所带外币总数为15+16+18+19+20+31=119（元），显然，只有在减去20的情况下，余数才能被3整除。

究竟赚了多少钱

画家甲把他的画卖给了乙，卖了100元。

乙把画挂在家中，可是不久，他觉得不喜欢这幅画了，于是又把画卖给了甲，卖了80元。几天后，甲将这张画以90元卖给了丙。

画家甲很得意，心里盘算着：头一次我卖得100元，那正好是我用掉的时间和材料的费用，所以那是对等的买卖。后来，我买它用了80元，卖掉又得到90元，所以我赚了10元钱。

乙的想法却不一样：甲把他的画卖给我，得到100元，买回去又花了80元，显然赚了20元钱。第二次卖多少，我们可以不管，因为90元是那张画的价值。

丙把两种算法都颠倒了：甲头一次卖画得100元，买回去花80元，所以赚了20元。从他买画花80元，卖画从我要了90元来看，他又赚了10元钱。所以，他总共赚了30元钱。

算一算，甲到底赚了多少钱？10元？20元？还是30元？

答案

不可能说出画家"实赚"多少，因为问题的陈述中没有说那幅画原来的"成本"是多少。我们且不管画家作画耗费时间所付出的代价，而只假定说他作画时使用的材料，如画架、画布和颜料等总共花费了20元。经过三次倒卖之后，画家得了 110 元。如果我们把“实赚”定义为他的材料用费与他最后得到的钱数之差的话，那么他赚了 90 元。

由于我们不知道材料的成本费是多少（我们只是假定了一个数值），故无法计算实际赚钱究竟是多少。这个问题看起来是一个算术问题，但实际上它是关于“实赚”的意思是什么的争论。

算算有几个人

在一间房子里，有几张 3 条腿的凳子和 4 条腿的椅子，并且它们都有人坐。如果你数出房间里有 39 条腿（包括凳子、椅子和人腿），那么是否就有可能算出有几张凳子、几张椅子和几个人呢？

答案

是可以算出来的。有一个唯一的解法：

你只要记住，每条腿都数过了——凳子腿、椅子的腿和人的腿！

这样，对于每张有人坐的凳子，有 5 条腿（三条凳子腿和两条人腿）。而每张有人坐的椅子都有 6 条腿。所以，5×（凳子数）+6×（椅子数）=39。

由此就很容易解出来了。最后算出有 3 张凳子、4 张椅子和 7 个人。

八戒分馒头

唐僧师徒去西天取经，走在路上又渴又饿，孙悟空说：“我去采些野果给师傅解渴。”说完，就一个跟头翻走了。

猪八戒不甘落后，忙对师傅说：“我去化些馒头给师傅解饿。”说完，扛着钉耙摇摇摆摆地走开了。

没过多久，孙悟空背着一口袋鲜桃回来了；又过了一会儿，猪八戒背着一大篮馒头回来了。

八戒说：“我化来 32 个馒头。”

“每人分 8 个正合适。”悟空抢着说。

“不成！”八戒说，“不能平分，师傅应该多分，我去化的也应该多分，你们俩么……只好委屈点了，少吃一些吧！”

沙和尚问：“你具体说说怎样分法？”

八戒说：“分成的 4 份不能一样多，沙僧所得的馒头数加 3，孙悟空所得的馒头数乘以 3，师傅所得的馒头数减 3，我所得的馒头数除以 3，这 4 个得数要相等。”

沙僧对悟空说：“大师兄，你脑子灵，快给算算每人分多少？”

按照八戒的要求分，悟空预料，是会很不公平的。

试问，他们 4 人各得多少呢？

答案

孙悟空气极了，在地上边写边骂道："好个八戒敢来戏我！等着瞧吧！"他写出了两个式子：

沙 + 师 + 孙 + 猪 =32（1）

沙 +3= 师 -3= 孙 ×3= 猪 ÷3（2）

把（2）变形得：

沙 = 师 -6

孙 =1/3（师 -3）

猪 =3（师 -3）

代入（1）得：

师 -6+ 师 +1/3（师 -3）+3（师 -3）=32

16 师 =144

所以师 =9

沙 =9-6=3

孙 =1/3（9-3）=2

猪 =3（9-3）=3×6=18

悟空说："好哇！师傅分 9 个馒头，沙师弟分 3 个，我才分 2 个，而你却分 18 个，实在可恶！"

难解的债务关系

甲、乙、丙、丁 4 人是好朋友。有一天，甲因为要办点事情，就向乙借了 10 元钱，乙正好也要花钱，就向丙借了 20 元钱，而丙自己的储蓄实际上也并不多，就向丁借了 30 元钱。而丁刚好在甲家附近买书，就去找甲借了 40 元钱。

恰巧有一天，4 人决定一起出去逛街，趁机也将欠款一一结清。请问：他们 4 人该怎么做才能动用最少的钱来解决问题呢？

答案

只要让乙、丙、丁各拿出 10 元钱给甲就可以了，这样只用了 30 元钱，否则，每个人都按照顺序还清的话就要动用 100 元钱。

复杂的小事情

国王要奖赏国际象棋的发明者，他对那个人说："你的发明太神奇了，无论你要求什么，我都可以满足你。"

那个人对国王说："你的盛情我是不能不领受的，这样吧，请你在棋盘的第一个方格里放上一颗麦子，在第二个方格里放上两颗麦子，在第三个方格里放上四颗麦子，第四个方格里放上八颗麦子，依此类推下去，放满这六十四个方格就可以了，我就要那些麦子。"

国王想这个要求太简单了，于是他让大臣去办这件小事情。

请你想一想，这是一件小事情吗？

答案

这个棋盘上将要放的麦子的数量是国王无法负担的，它是一个等比数列之和。

商人与红宝石

有一个珠宝商人带着59颗宝石旅行，这些宝石是红宝石和蓝宝石。他用袋子装着它们。每9颗红宝石装一个袋子。每4颗蓝宝石装一个袋子。那么，你能算出他有多少颗红宝石吗？

答案

他共有59颗宝石并且装满了一些袋子。那么我们知道59是9的倍数加上4的倍数。所以从59中一直减去4，直到余数是9的倍数，得27。所以他有27颗红宝石。

重合问题

在有指针的表盘上，从整12点开始计时，12个小时内，时针和分针能够重合多少次？有几次是在整点处重合？

答案

可以重合11次，只有在12点时是在整点处重合的。

多出的水果

张太太购物回家，把买到的水果给丈夫，并对丈夫说："今天我遇到了一件奇怪的事情，我买的梨是3角钱一斤的，我买的苹果是6角钱一斤的，买了同样重的梨和苹果。但是我发现，如果我把用的钱平分，一半用来买梨，另一半买苹果，那么，就会多买两斤水果的。这不是怪事吗？

张先生听后，立刻说出了原因和她花了多少钱。那么，你能算出来吗？

答案

张太太用了33.6元钱。

她分别买了48斤的梨和苹果。如果把钱平分，那么，她用33.6元买56斤梨和42斤苹果，共98斤，所以多了两斤。

蟠桃的数目

在天宫的蟠桃园里，孙悟空准备把收获的蟠桃每10个装一袋带回花果山。但是装到最后，他发现剩下9个蟠桃。如果每9个装一袋，则剩下8个；如果每8个装一袋，则剩下7个；如果每7个装一袋，则剩下6个；如果每6个一袋，则剩下5个。

孙悟空算了一下，用蟠桃总数除以5，余4；除以4，余3；除以3，余2；除以2，余1。

你知道孙悟空收获的蟠桃至少有多少个吗？

答案

不管孙悟空怎么分，总是缺一个蟠桃。所以，如果能再多一个蟠桃，那么这个蟠桃的数目就能被10、9、8、7、6、5、4、3、2、1除尽了。由此可以知道，这个数应该是2520（以上10个数字的最小公倍数）。所以，孙悟空收获的蟠桃的数目至少为2519个。

劳斯该如何锯钢材

劳斯的师傅给了他一截圆柱形的钢材，要他用锯子只锯3次就将其分成相等的8份，可是劳斯想了很久也不知如何下手。你能帮他解决这个问题吗?

答案

先将钢材从圆柱形的两底面以"十"字形锯两次，再从侧面正中锯一次，就可将钢材分成相等的8份。

着色正方体

将一个木质的正立方体的6个面都染成蓝色，然后把它锯成27个相等的小立方体。请问：三面着色、两面着色、一面着色和没有着色的小立方体各有多少个?

答案

三面着色的8个，两面着色的12个，一面着色的6个，没有着色的1个。

谁去买吃的

晚上，小眉和姐姐在家看电视，可是零食都吃完了，需要出去再买一些。但姐妹俩都不想出去，于是姐姐拿出15个5角硬币和1个1角硬币，对小眉说："我们俩人分别从里面拿硬币，谁最后拿到1角的硬币谁就去买零食。不过她们需遵守一个规则，那就是每次拿硬币的数量不能超过3。那么，怎样才能不拿到1角硬币呢?

答案

每次拿硬币的时候不管拿几个，一定要保证剩下13个、9个、5个硬币。这样就能把1个1角的硬币留给对方去取。

损失的钱财

有一天晚上，一位顾客来到了烤鸭店，拿出100元买一只烤鸭。可是烤鸭店的老板找不到零钱给他，于是就拿那张100元到隔壁的商店换了零钱。回来后，找给了顾客88元，因为一只烤鸭12元。顾客走了一会儿后，商店老板到烤鸭店找老板说："你刚才和我换的那张100元是假币，你得给我换回来。"烤鸭店老板用真钱将商店老板的假币换了回来。

那么，你知道烤鸭店老板损失了多少钱吗?

答案

他损失了 100 元

糖果的数量

李老师结婚了，上班的时候，他带了一大堆糖果要分给同事和学生们。在装糖果的时候他先在袋子里装了 10 个，结果装到最后剩下 9 个糖果。后来发现如果每个袋子装 9 个，就剩下 8 个糖果；如果每个袋子装 7 个，就剩下 6 个糖果；如果每个袋子装 6 个，就剩下 5 个糖果；如果每个袋子装 4 个，就剩下 3 个糖果；如果每个袋子装 3 个，就剩下 2 个糖果；如果每个袋子装 2 个，就剩下 1 个糖果。

那么，聪明的你知道有多少个糖果吗？

答案

2519 个糖果。

火车的车厢

小时候，爸爸给我买了一列玩具火车作为我的生日礼物。除了火车配备的车厢之外，他又花了 20 元买了另外 20 个车厢。乘客车厢每个 4 元，货物车厢每个 0.5 元，煤炭车厢每个 0.25 元。那么，你能否计算出这几种类型的车厢各有几个？

答案

乘客车厢每个 4 元，买了 3 个（共 12 元）；货物车厢每个 0.5 元，买了 15 个（共 7.5 元）；煤炭车厢每个 0.25 元，买了 2 个（共 0.5 元）。这些费用加起来就是 12+7.5+0.5=20。

能吹多少个泡泡

爷爷以前经常说他年轻时最快乐的一件事就是参加吹泡泡派对。派对上，每个人都发一个管，谁吹的泡泡最大或者谁一次吹出来的泡泡最多谁就可以获得奖品。当我问爷爷一次最多吹出来多少个泡泡时，他是这么回答的：

“我要把这个数字放在一个思维游戏里，年轻人！”

“如果在那个数字的基础上加上那个数，然后再加上那个数的一半，接着再加上 7，我就吹出来 32 个泡泡。”

那么，你能否根据他所说的提示计算出他究竟一次吹出来多少个泡泡吗？

答案

证明如下：

10+10+5+7=32。

答案就是 10 个泡泡。

数字妙推

充分发挥你的想象力。推算出下一行的数字是什么？

1

1 1

2 1

1 2 1 1

1 1 1 2 2 1

3 1 2 2 1 1

1 3 1 1 2 2 2 1

1 1 1 3 2 1 3 2 1 1

答案

每一行数字就是对其上面一行数字的描述。最后一行应该是：

31131211131221

豪华巨轮

一艘从港口驶入纽约湾的豪华巨轮，在途中撞到了岸边的石头，船身受到了损坏，需要及时进行修理。一个绳梯从甲板放下，一直到达水面。绳梯的各条横档之间相距 30 厘米。当海水落潮时，水面上的横梯一共有 50 条横档。纽约港的水位每小时会上升 15 厘米。

那么，你能计算出 6 个小时后当海水处于高潮时水面上横档的个数吗？

答案

因为船会随着潮水而上下浮动，所以潮水涨至最高点时水面上仍有 50 条横档。

线索套

得佳吉是这座城市最富有的商人。他有很多的钱，他喜欢把钱藏在自己的保险箱里。但他的记忆力很糟糕，这使他总是记不住自己保险箱上的由 3 个数字组成的密码。但是，他却可以利用贴在保险箱上的线索套提醒自己：第 1 个数字乘以 3 所得结果中的数字都是 1，第 2 个数字乘以 6 所得结果中的数字都是 2，第 3 个数字乘以 9 所得结果中的数字都是 3。

那么，你能将这几个数字依次呈现吗？

答案

37–37–37。

这几个数计算如下：

37 × 3=111； 37 × 6=222；37 × 9=333。

蚂蚁觅食

一只蚂蚁外出觅食，发现一块面包，它立刻回洞唤来 10 个伙伴，可它们搬不动。然后每只蚂蚁各找来 10 只蚂蚁，大家再搬，还是不行。于是蚂蚁们又各自叫来 10 个同伴，但仍然抬不动。蚂蚁们再回去，每只蚂蚁又叫来 10 个伙伴。这次，蚂蚁们终于把面包抬回洞里。你知道抬这块面包的蚂蚁一共有多少只吗？

答案

14641 只蚂蚁

本题极具干扰性，各找来 10 个伙伴并不是直接乘以 10。第一次：11 只。第二次：11 × 11=121 只。第三次：11 × 11 × 11=1331 只。第四次：11 × 11 × 11 × 11=14641 只。

神秘的等式

下面的数字是一个等式，但是这个等式中的所有加号和减号都被擦去，并且其中两个数字实际上是一个两位数的个位和十位。

你能让这个等式恢复到正确的形式吗？

123456789=100

答案

1+2+3–4+5+6+78+9=100

有趣的平方

已知：

1 × 1=1

11 × 11=121

111 × 111=12321

1111 × 1111=1234321

请问：

11111 × 11111= ？

111111 × 111111= ？

1111111 × 1111111= ？

111111111 × 11111111= ？

111111111 × 111111111= ？

答案

仔细观察这些数字，你就会发现规律：

11111 × 11111=123454321

111111 × 111111=12345654321111
1111 × 1111111=1234567654321

11111111 × 11111111=123456787654321

111111111 × 111111111=12345678987654321

第三章 计算类思维游戏

从算数到计算，与计算打交道的日子将伴随我们一生，无论是关乎我们命运的各级考试分数，还是各种生活中的计算，都与计算能力息息相关。拥有一个好的计算思维能力，采用快捷方便的计算算法，将会使我们一生受益。以下的游戏将从各个角度锻炼我们的计算能力，下面就让我们开始测测自己的思维能力吧！

弹力球经过的距离

将一个弹力球从距离地面54.56米高的比萨斜塔上掷下。如果弹力球每次反弹起来的高度等于前一次的1/10，请问到它静止不动时总共经过了多少距离？

答案

弹力球第一次掷下的高度是54.56米，第一次着地弹起5.456米，再落下5.456米；第二次着地再弹起0.5456米，再落下0.5456米；第三次弹起0.05456米，再落下0.05456米；第四次弹起0.005456米，再落下0.005456米；此后弹起的高度已经可以忽略不计了，故弹力球所经过的距离约为66.68厘米。

晾衣绳的长度

哈更太太和她的朋友奥尼尔太太一同买了一条36米长的晾衣绳。由于

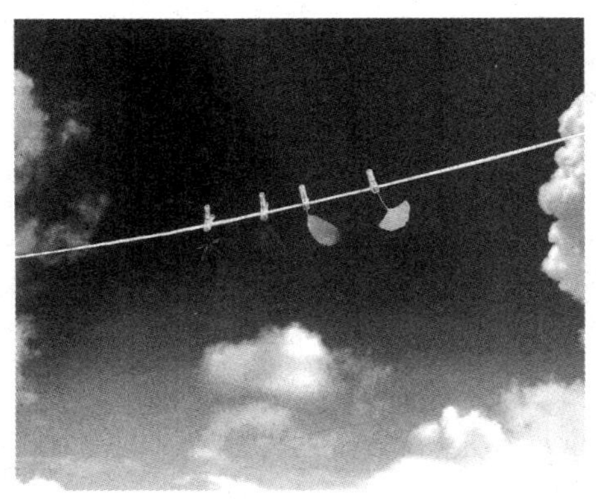

哈更太太支付了其中大部分的费用，她得到了较长的那段绳子。其中一段是另外一段绳子的5/7。请问，两部分绳子的长度各是多少？

答案

由于绳子的一部分是另一部分的5/7，总长度36米的5/12和7/12就分别是两部分的长度。所以，哈更太太的绳子长度为21米，奥尼尔太太的绳子长15米。

迷信的将军

一个将军带领500多名士兵攻占了一个城市之后，就把全体士兵集合在一起，准备列队在各个街道上游行。他先把士兵排成4列纵队，最后剩下一人；他又把士兵排成6列纵队，最后也是剩下一人；把士兵排成8列纵队，最后还是剩一个人。他感觉很不吉利，于是马上下令撤离了这座城市。那么，你知道他的士兵人数最多是多少吗？

答案

先求出4、6、8的最小公倍数是24，所以他的士兵的个数是N×24+1。根据题意，他的士兵只有500多人，N的取值是24，所以他的士兵人数是577人。

A镇到B镇的距离

两位男士在夏季旅行结束后准备回家，劳利从A镇向B镇出发，而风尘仆仆的达斯提也同时从B镇出发前往A镇。两人在路上遇到时，劳利已经比达斯提多走了18千米。双方告别后又经过13.5小时，劳利抵达了目的地B镇，而达斯提则用了24小时才到达A镇。假若他们都以匀速前进，请问，从A镇到B镇的距离是多少？

答案

两人相遇时，劳利已经走了72千米，而达斯提走了54千米。所以，从A镇到B镇的距离是126千米。

坐电车的时间

电车最初造出来的时候，查理请他的未婚妻乘坐电车。但苦于囊中羞涩，他们决定回来的时候走路。

如果电车的速度是9千米/小时，他们走路的速度是3千米/小时，而他们来回的时间必须在8小时以内，他们最多能乘坐多长时间的电车？

答案

设乘电车时间为X，依题，9X=3（8-X），得X=2。故他们最多乘坐2个小时的电车。

两枚导弹的距离

小人国和奶油国开始打仗了。小人国的国王发射了一枚导弹，奶油国的国王也发射了一枚导弹，这两枚导弹相距41600千米，处于同一路线上，他们彼此相向而行。其中，小人国的导弹以每小时36000千米的速度向奶油国行驶，奶油国的导弹以每小时24000千米的速度向小人国行驶。那么，在碰撞的前一分钟彼此相距有多远呢？

答案

小人国的导弹一分钟行驶的速度为36000÷60=600（千米），奶油国的导弹一分钟的速度为24000÷60=400（千米），所以，他们在碰撞的前一分钟，相距1000千米。

不知疲倦的燕子

A镇与B镇之间有一条笔直的公路，两个自行车运动员同一时间分别从A、B两处出发相对骑行。当两位运动员之间相距100千米的时候，有一只小燕子在他们之间来回不停地飞行，直到两位运动员相遇了，这只燕子才停在路边的栏杆上。燕子的飞行速度是60千米/小时，并且整整飞了2个小时。在燕子飞行的这段时间里，两位运动员的骑行速度都是25千米/小时。那么请问，这只燕子一共飞行了多少千米？

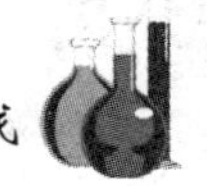

答案

很简单，燕子的时速是60千米，飞行了2小时，所以燕子总共飞行了120千米。

淘金者的时间

一个淘金者在回家的途中迷失在沼泽地中，他的两只手表的时间都不准确了，他不知道确切的时间，只好漫无目的地走着。后来他发现，他的一只手表比另一只手表每小时慢了3分钟。当他走了很久，再看手表的时候，走得快的手表比走得慢的手表整整超前了3个小时。试问，他从第一次看表到现在走了多少时间了？

答案

一只手表比另一只手表每小时快3分钟，所以经过60小时之后，它们的时间差为3小时。

可能的号码

小飞没有钱了，他想往家里打电话要钱，但是却发现电话本丢了，他居然没有记住家里的电话号码！他思索了以后，只是想起来，家中的电话号码是7位的，前三位是742，后面的四位数字是1，3，4，5，但是他不知道后四位数字的排列顺序。

如果他想试一下由这7个数字组成的号码，正好打到家的可能性有多少？

答案

后四位四个数字可能的排列有$4 \times 3 \times 2 \times 1$，等于24，所以他第一次正好打到家的可能性是1/24。

馒头的几率

有10个盒子，每个盒子装有50个馒头。把每盒馒头用估量的方式分成两半，装入不同袋子里面，总共装成20个袋子。这个时候，装入一个袋子里面的馒头数的平均刚好是25个的几率有多大？

答案

百分之百。500个馒头分成20袋，不管怎么分，平均都是25个。

开放检票口的问题

在一间火车站的候车室里，旅客们正在等候检票。已知排队检票的旅客按照一定的速度在增加，检票的速度则保持不变。而且，如果车站开放一个检票口，那么需要半小时才能让等待检票的旅客全部检票进站；如果同时开放两个检票口，那么就只需要10分钟便可让等待检票的旅客全部检票进站。现在有一班增开的列车很快就要离开了，必须在5分钟内让全部旅客都检票进站。

请问：这个火车站至少需要同时开放几个检票口？

答案

设检票开始时等候检票的旅客人数为X，排队队伍每分钟增加Y人，每个检票口每分钟检票Z人，最少同时开N个检票口，就可在5分钟内让全部旅客检票进站。根据已知条件列出方程式：开放一个检票口，需半小时检完，则X+30Y=30Z；开放两个检票口，需10分钟检完，则X+10Y=2×10Z；开放N个检票口，最多需5分钟检完，则X+5Y ≤ N×5Z。由前面两个式子可解得X=15Z。Y=0.5Z。将以上两式带入X+5Y ≤ N×5Z得N ≥ 3.5，所以N=4。

罗蒙诺索夫的一生

罗蒙诺索夫是俄罗斯伟大的科学家，生活在18世纪，从下面给出的这些条件，你能判断出他是哪年出生的，哪年去逝的吗？

他诞生的年份，四个数字相加等于10，而且个位数字和十位数字相同。

他去世的年份，四个数字相加等于19，如果这个年份的十位数字被个位数字除，那么商数是1，余数也是1。你会算吗？

答案

他生于1711年，死于1765年。

老字号钟表店

老字号的亨得利钟表店招收10名学徒，要求每个人都要有高中毕业以上的文化程度。考试那天，经理出了一道考题：时钟在3点时，敲了3下，共用3秒钟，请问，7点时时钟敲7下要花多长的时间？

答案

3点的时候敲3下，中间有两个时距，两个时距共花了3秒，1个时距应该是3/2秒。7点时，时钟敲了7下，一共有6个时距，就是3/2秒乘以6等于9秒。

祖孙三代一共100岁

读小学五年级的军军，问邻居张爷爷：

“老爷爷，您儿子多大年纪了？”

“他的周数（7日为一周）和我孙子的日数相同。”张爷爷回答。

“您孙子几岁呢？”军军又问。

“他的月数和我的岁数一样。”张爷爷幽默地一笑，没有正面回答。

“那么，爷爷你到底有多大年纪？”军军着急地问。

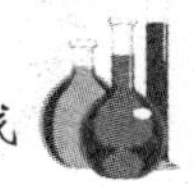

“我们祖孙三代一共是 100 岁，你自己去算一算吧！”

答案

张爷爷今年 60 岁，儿子 35 岁，孙子 5 岁。

卖鸡蛋

古时候，一个小镇上有两个农妇，她们一共带了 100 个鸡蛋去赶集，两个人虽然各自带的鸡蛋数量不同，但卖得的钱数却是一样多的。

第一个农妇对第二个说：

“如果你的鸡蛋换给我，我可以卖得 15 个钱。”

第二个农妇对第一个说：

“如果你的鸡蛋换给我，我只能卖得 20/3 个钱。”

请问，两个农妇各有多少个鸡蛋？

答案

第一个农妇带 40 个，第二个农妇带 60 个鸡蛋。

解密码的时间

小偷意外地偷到了一个保险箱，他猜想里面一定有很多钱，可是不知道密码，怎么打开呢？

他看着这个保险箱。密码锁上有 5 个铁圈，每个圈上有 24 个英文字母，只要把 5 个圈上的字母对得与密码相符就行了。他想，干脆自己一个一个地对，肯定能把这个保险箱打开。

如果靠小偷的这种方法，这个小偷至少要多长时间才能打开这个保险箱？

答案

不吃、不喝、不睡至少需要 276.5 天。

这是个排列组合题，5 个圈上的字母全部组合一遍，次数是 245，即 7962624 次，最快的操作以每次 3 秒钟计算，也需要 276.5 天。

沙漏计时

现在有 10 分钟和 7 分钟的沙漏计时器。当然，在本题中，翻转沙漏计时器的时间是可以完全忽略不计的。如果用两个计时器测量 18 分钟的时间，要怎么办呢？

答案

首先同时让10分钟和7分钟的沙漏计时器开始计时。7分钟计时器的沙子漏完的同时，将它翻转过来。10分钟计时器的沙子漏完的同时，也将它翻转过来。7分钟计时器的沙子再次漏完的同时，不翻转7分钟计时器，而是把10分钟计时器翻转过来。10分钟计时器的沙子再次漏完的时候，就是由开始到此时的18分钟。

图书馆中

一天，在某图书馆共有64人借了书。其中，只借了一本惊险小说的人数是那些只借一本科幻小说的人数的两倍，3个人各借了一本传记类图书，11个人同时借了科幻小说和惊险小说，同时借了传记与惊险小说的人数与那些同时借了3类图书的人数一样多，21人没有借惊险小说，同时借了科幻小说和传记类图书的人数比那些只借了传记类图书的人数多一人。那么，在这天：

（1）图书馆一共借出了多少本传记类图书？

（2）有多少人借了其中的两种书？

（3）有多少人同时借了惊险小说、传记类图书和科幻小说？

（4）有多少人只借了惊险小说？

答案

因为在这道题中的条件复杂，因此可以假设A集合 = 惊险小说，B集合 = 传记类图书，C集合 = 科幻小说。

（1）11。

（2）17。

（3）2。

（4）28。

花了多少钱

小翔在学校附近的饭馆吃午饭，因为天气太热他又吃了雪糕，结账的时候付了6元，其中吃饭的钱比雪糕钱多5元。那么，你知道雪糕花了多少钱吗？

答案

雪糕花了5角。

有多少人被释放

在某个国家，有10个犯人被带到国王面前。这10个犯人全都带着有颜色的帽子，他们看不到自己的帽子，但是能看到别人的帽子。国王对这些犯人说：“你可以看看周围的犯人！如果你能看到三个以上带黄帽子的犯人，就把你当场释放。”然后，国王命令其中X个犯人带上黄帽子，结果10个犯人之中有X个犯人未被释放。请问，究竟有多少人被释放？

答案

7 个犯人。这个时候，被释放的犯人数只有以下三种情况：

1. 带黄色帽子的犯人有 4 个人以上→全部被释放。

2. 带黄色帽子的犯人有 3 个→7 个人被释放。

3. 带黄色帽子的犯人在 2 个人以下→没有人被释放。因此，若问“十个人之中有几个人”被释放，应该是 7 个人。

他活了多少岁

一位数学家的墓碑上刻样一段话“过路人，底下是我一生的经历，有兴趣的可能算一算我的年龄：我的生命前 1/7 是快乐的童年，过完童年，我花了 1/4 的生命钻研学问。在这之后，我结了婚。婚后 5 年，我有了一个儿子，感到非常幸福。可惜我的孩子在世上的光阴只有我的一半。儿子死后，我在忧伤中度过了 4 年，也跟着结束了我的一生。”

根据墓碑上所刻的信息，你能计算出他的年龄吗？

答案

84 岁。假设数学家的年龄为 X 岁。根据碑文很容易列出方程：$X=X/7+X/4+5+X/2+4$，即可解得 $X=84$。

古董商的交易

有一位古董商收购了两枚古钱币，后来又以每枚 60 元的价格出售了这两枚古钱币。其中的一枚赚了 20%，另一枚赔了 20%。请问：和他当初收购这两枚古钱币相比，这位古董是赚是赔，还是持平了？

答案

他赔了 5 元。假设甲古币收购时花了 A 元，乙古币 B 元，那么，A(1+%20)=60，得 A=50，B=75，A+B=125，因此赔了 5 元。

剧院之谜

有个剧院在上演精彩节目，刚好 120 个座位全坐满了观众，而全部入场费刚好为 120 元。剧院的入场费收取办法是：男子每人 5 元，女子每人 2 元，小孩子则每人为 1 角。那么，你可能据此算出男、女、小孩各有多少人吗？

答案

男子 17 人，女子 13 人，小孩 90 人，一共刚好 120 人。

女朋友的生日

哈利在新认识的女朋友家里遇到了她的弟弟。哈利想知道女朋友的生日是哪一天，就偷偷问她的弟弟瑞比。谁知瑞比并没有直接说出姐姐的生日，而是告诉哈利："我姐姐的生日月份和日子都是个位数，把它们连着读成一个十位数的时候，这个十位数的3次方是个四位数，4次方是个六位数。并且这个四位数和六位数的各个数字正好是0到9这10个数字，而且没有重复。"这下把哈利给难住了。你能帮他算出女朋友的生日是哪一天吗？

答案

根据"这个十位数的3次方是个四位数，4次方是个6位数"这个条件可知17以下的数包括17是不符合这个条件的；而22以上的数包括22在内也不符合这个条件。从18～21这几个数来推断，只有18符合题意，故哈利女朋友的生日是1月8日。

被设计的小路交叉口

新建的大型公园游客络绎不绝，公园管理处经研究决定再修筑8条笔直的小路，计划在小路的每个交叉口建造休闲亭或售货亭，方便游客休息或购物。那么最多会设计出多少个小路交叉口呢？

答案

修两条相交的小路，只有1个交叉口。再修一条小路，则这条小路和已修好的两条都相交，增加2个交叉口，因此，3条小路两两相交有1+2=3（个）交叉口。又再修一条小路，则这条小路和已修好的3条都相交，又增加3个交叉12，因此，4条小路两两相交有1+2+3=6（个）交叉口。第5条小路和已修好的4条都相交，又增加4个交叉口，因此5条小路两两相交共有交叉口1+2+3+4=10（个）。依此类推，8条小路两两相交共有交叉口是1+2+3+4+5+6+7=28（个）。

溜冰爱好者

两位优雅的溜冰爱好者珍妮与莫德站在相距1千米的冰面上进行滑冰比赛，她们各自朝着对方站着的地点滑去。珍妮在一阵猛烈寒风的推动下，滑行速度是莫德的2.5倍，因而比莫德提前6分钟到达。

那么，两位爱好者完成赛程各需要用多少时间？

答案

珍妮需要4分钟，莫德需要10分钟。

完美的方案

漆黑的晚上，4 个小孩结伴去玩，走到了一座狭窄而且没有栏杆的桥边。如果没有手电筒照明的话，几个小孩是不敢过桥的。很不巧的是，4 个小孩中只有一个人带了手电筒，而这座桥只能承受两个小孩的重量。如果各自单独过桥的话，需要的时间是 3、4、6、9 分钟。如果两个人同时过桥，那所需要的时间就是比较慢的那个人单独过桥所需的时间。

你能帮他们设计出一个完美的方案，让这 4 个小孩用最快的时间过桥吗？

答案

把 4 个小孩编上号，分别为 A、B、C、D，过桥所用的时间相应为 3、4、6、9 分钟。

（1）先让 A 和 B 过桥，一起用 4 分钟。

（2）让 A 返回，用 3 分钟。

（3）让 C 和 D 一起过桥，一起用 9 分钟。

（4）让 B 返回送手电筒，用 4 分钟。

（5）最后 A 和 B 过桥，一起用 4 分钟。

所以，时间为 4+3+9+4+4=24（分钟）

修房子的代价

丘比打算装修一间房子，发现通过组合的方式签合同比与工人单独签合同要好。比如他签了这样一个合同：

裱褙工人和油漆工：1100 美元；

油漆工和水管工：1700 美元；

水管工和电工：1100 美元；

电工和木工：3300 美元；

木工和泥瓦匠：5300 美元；

泥瓦匠和裱褙工人：2500 美元。

其中有一组工人的工钱差额为 100 美元。那么，丘比要修好这间房子，需向工人各支付多少钱？

答案

裱褙工人：200 美元；油漆工：900 美元；水管工：800 美元；电工：300 美元；木工：3000 美元；泥瓦匠：2300 美元。

男孩几岁了

“这男孩有几岁了？”售票员问道。竟然有人对他的家庭事务深感兴趣，这真使那位乡下人受宠若惊，他得意地回答：“我儿子的年纪是我女儿年纪的 5 倍，我老婆的岁数是我儿子岁数的 5 倍，我的年龄为我老婆年龄的 2 倍，把我们的年龄统统加到一起，正好是祖母的年龄，今天她正要庆祝 81 岁生日。”试问：那男孩有几岁了？

答案

小男孩的年龄是 5 岁。

100米冲刺

甲和乙比赛100米冲刺，结果，甲领先10米到达终点。乙再和丙比赛100米冲刺，结果，乙领先10米取胜。现在甲和丙进行同样的比赛，甲会领先多少米呢？

答案

如果你的答案是”甲领先20米取胜”，那就错了。甲和乙的速度之差是10%，乙和丙的速度之差也是10%，但以此得不出结论，甲和丙的速度之差是20%。如果三个人在一起比赛，当甲到达终点时，乙落后甲的距离是100米的10%，即10米；而丙落后乙的距离是90米的10%，即9米。因此，如果甲和丙比赛，甲将领先19米。

李政道考神童

1979年春天，李政道博士到中国科技大学访问，他给少年班的“神童们”出了一道非常有趣的智力题：

海滩上有一堆苹果，这是5个猴子的食物，它们必须平均分配。第一个猴子来了，它左等右等，别的猴子都不来，它便把苹果分成5堆，每堆一样多，还剩下一个。它把剩下的一个扔到大海里，自己拿走了5堆中的一堆。第二个猴子了，它又把苹果分成5堆，又多出了一个，它又扔了一个，拿一堆走了。以后每个猴子来了都如此办理。

请问，原来至少有多少个苹果？最后至少剩下多少个苹果？

答案

原来至少有3121个苹果，最后剩下1020个苹果。

驴和骡

驴和骡驮着若干袋质量相等的面粉，一起在路上走着，驴子抱怨它驮的东西太重。

“你还抱怨什么？”骡子说，

“如果把你的一袋面粉给我，我的负担将比你重一倍，如果把我的一袋面粉给你，我们的负担刚好相等。”

你知道驴和骡子各驮了多少袋面粉吗？

答案

骡子驮7袋，而驴子驮5袋。

棒球联赛

在很多年以前的棒球联赛赛场上，有这样一个做法，选手在参加完每场比赛之后都会得到报酬。而在早上的不多的时间里则会进行很多纸牌游戏，场面十分火爆。其中有一场有关来自海湾秃鹰队4名选手的游戏。在一场棒球比赛中，这4个人——马尔文、哈维、布鲁斯以及罗洛要分享233元。比赛结束了，马尔文分得的钱比哈维多20元，比布鲁斯多53元，比罗洛多71元。请问这4名选手分别获得了多少钱？

答案

马尔文得到94.25元，哈维得到74.25元，布鲁斯得到41.25元，罗洛得到25.25元。

运送粮食

有个农民准备把粮食由农庄运到城里，他决定用卡车在上午11点时准时送进城里。如果卡车的速度是每小时30千米，那么他会在上午10点到达，提前1个小时；如果速度是每小时20千米，那么他会在中午12点到达，迟到1个小时。请问：农庄离城里有多远？如果要在上午11点整按时把粮食运进城，卡车的速度应该是多少？

答案

卡车的速度是30千米/小时，那么它每2分钟走1千米；如果速度是20千米/小时，则它每5分钟走1千米，而且每走1千米要比前一种速度下慢1分钟。两种速度相差的2个小时即120分钟，即120千米就是农庄与城市之间的距离。

在速度为30千米/小时的情况下，卡车在4小时以内走完120千米。这个速度会提前1个小时到达，如果要在11点到达就应该用120÷5=24，即速度为24千米/小时。

库克拉

假设一种叫做“库克拉”的1枚硬币和7枚金币或者13枚银币在价值上相等。如果你想把40牧库克拉兑换成金币和银币，但是银行暂时只有161枚金币。除了这161枚金币外，你还应该得到多少个银币？

答案

221个银币。如果把你的库克拉全部换成金币的话，你可以换到40×7=280。但是只剩下161个金币了，还缺少280–161=119个金币。剩下的只能用银币补充。金币和银币的价值比为13 ∶ 7。

13 ∶ 7=X ∶ 119

7X=1547

X=221

懒人与魔鬼

有个懒人遇到了一个魔鬼。魔鬼说：“我给你一份好差事。看到那座

桥了吗？你每过一次桥我就让你的钱翻一倍。但你必须在每过一次桥后给我24元钱。”懒人同意了。他过了桥，果然他的钱翻了一倍。他把24元钱给了魔鬼，然后再次过桥。他的钱再次翻倍，他又给了魔鬼24元钱。在第1次过桥后，他的钱又增加了一倍，但是他只剩下24元钱了。他把钱给了魔鬼，魔鬼笑了笑，消失得无影无踪。请问：这个懒人身上原来有多少钱？

答案

这道题我们用逆推法来做，懒人第5次过桥时，他只有12元钱。12元钱加上第2次过桥后给魔鬼的24元钱，那么他第2次过桥后有36元钱。因此，他在第2次过桥之前有18元钱。用18元钱加上他第1次过桥后给魔鬼的24元钱，他第1次过桥后共有42元钱。那么，他原来身上有21元钱。

彼得获胜的概率

彼得和保罗都擅长用弹子打中目标。如果彼得有两粒弹子而保罗只有一粒，那么彼得获胜的概率是多少？

答案

3个弹子共有6种结果，其中4种的赢家是彼得。所以彼得获胜的概率是2/3。

布袋中的球

一个布袋里装了一只红球或者一只篮球，现在再放进一只红球，布袋里就有了两只球。现在你从中取出一只球，它是红色的。那么，你能算出剩下的球也是红球的概率吗？

答案

初看时仿佛留在袋中的球是红球的概率是50%。但实际上有三种而不是两种可能的情况：

（1）原来袋中的红球（A）被取出，留下后来放进去的红球（C）；

（2）放进去的红球（C）被取出，留下原来的红球（A）；

（3）放进去的红球（C）被取出，留下原来的蓝球（B）。

可见，三种情况中有两种情况剩下的球是红球，因此概率是2/3。

劳动所得

有一项工作是要由甲乙丙三人一起做的，这天甲出差了，所以他留下了9元钱作为代劳费用。乙在上午做这项工作花了4个小时，丙在下午干这项工作花了5个小时，才把工作做完了。两个人拿了那9元钱去喝酒，正好可以买9瓶啤酒，那么，如果按劳动所得，丙应该喝几瓶酒？

答案

丙应该喝6瓶啤酒。

按原来三人来完成这项工作，每个人平均要3个小时。甲这三个小时，是由乙做了1个小时，丙做了2个小时代替的。

所以9瓶啤酒，丙应该喝2/3，即6瓶。

纸牌游戏

你用4张牌玩这个游戏。其中两张有红色图案，两张有蓝色图案，而它们的背面都是空白的。

你把它们打乱顺序后背面朝上放在桌上。然后，闭上眼睛翻开两张牌，那它们颜色相同的概率是多少？

答案

概率不是2/3而是1/3。理由很简单：任取一张牌，再在剩下的3张牌中取一张，只有一种情况下能得到相同的颜色，所以概率是1/3。认为概率为2/3的推理是错误的，因为你所认为的三种情况不是同等可能的。

铁圈枪游戏

铁圈枪游戏以前曾经是最棒的娱乐方式之一，同时，这个游戏也花不了多少钱。奈德·索尔索特又赢了一场比赛，对手是她的妹妹和威姆威尔勒家的男孩子们。奈德将25个铁圈打进靶槽里，且每个靶槽均有得分，一共得到500分。共有4个靶槽，每个槽内的分值分别为10，20，50，100。那么，你能算出奈德在每个靶槽内打进的铁圈数吗？

答案

奈德的得分如下：10分靶槽内有14个铁圈，共得分140；20分靶槽内有8个铁圈，共得分160；50分靶槽内有2个铁圈，共得分100；100分靶槽内有1个铁圈，得分100。这样，140+160+100+100=500。

哥俩谁赢

兄弟俩进行100米短跑比赛。结果，哥哥以3米之差取胜，换句话说，哥哥到达终点时，弟弟才跑了97米。兄弟俩决定再赛一次。这一次哥哥从起点线后退3米开始起跑。假设第二次比赛两人的速度保持不变，谁赢了第二次比赛？

答案

有人可能会认为第二场比赛的结果是平局，但这个答案是错的。因为由第一场比赛可知，哥哥跑100米所需的时间和弟弟跑97米所需的时间是一样的。因此，在第二场比赛中，哥哥和弟弟同时到达距终点线3米处，而在剩下的相同的3米距离中，由于哥哥的速度快，所以，当然还是他先到达终点。

彩色袜子

在衣柜抽屉中杂乱无章地放着10只红色的袜子和10只蓝色的袜子。这20只袜子除颜色不同外，其他都一样。现在房间中一片漆黑，你想从抽屉中取出两只颜色相同的袜子。最少要从抽屉中取出几只袜子才能保证其中有两只配成颜色相同的一双？

答案

许多试图解答这道趣题的人会这样对自己说：”假设我取出的第一只是红色袜子。我需要取出另一只红色袜子来和它配对，但是取出的第二只袜子可能是蓝色袜子，而且下一只，再下一只，如此取下去，可能都是蓝色袜子，直到取出抽屉中全部10只蓝色袜子。于是，再下一只肯定是红色袜子。因此答案一定是12只袜子。”但是，这种推理忽略了一些东西。题目中并没有限定是一双红色袜子，它只要求取出两只颜色相同从而能配对的袜子。如果取出的头两只袜子不能配对，那么第三只肯定能与头两只袜子中的一只配对。因此正确的答案是3只袜子。

苹果怎样分法

小咪家里来了5位同学。小咪的爸爸想用苹果来招待这6位小朋友，可是家里只有5个苹果。怎么办呢？只好把苹果切开了，可是又不能切成碎块，小咪的爸爸希望每个苹果最多切成三块。这就成了又一道题目：给6个孩子平均分配5个苹果，每个苹果都不许切成3块以上。小咪的爸爸是怎样做的呢？

答案

苹果是这样分的：把3个苹果各切成两半，把这6个半边苹果分给每人1块。另两个苹果每个切成3等份，这6个1/3苹果也分给每人1块。于是，每个孩子都得到了一个半边苹果和一个1/3苹果，6个孩子都平均分配到了苹果。

遗产问题

一位寡妇将同她即将生产的孩子一起分享她丈夫遗留下来的3500元遗产。如果生的是儿子，那么，按照罗马的法律，做母亲的应分得儿子份额的一半；如果生的是女儿，做母亲的就应分得女儿份额的两倍。可是发生的事情是，生了一对双胞胎——一男一女。遗产应怎样分配才符合法律要求呢？

那位寡妇应分得1000元，儿子分得2000元，女儿500元。这样，法律就完全得到实现了，因为寡妇所得的恰是儿子的一半，又是女儿的两倍。

鸡蛋的价钱

“我买鸡蛋时，付给杂货店老板12美分，”一位厨师说道，“但是由于嫌它们太小，我又叫他无偿添加了两只鸡蛋给我。这样一来，每打（12只）鸡蛋的价钱就比当初的要价降低了1美分。”厨师买了多少只鸡蛋？

厨师起先买了16只鸡蛋，但老板又加给他两只，所以厨师总共买了18只鸡蛋。

真假银元

一位商人有9枚银元，其中有一枚是较轻的假银元。你能用天平只称两次（不用法码），将假银元找出来吗？

先把银元分成三组，每组3枚。

第一次先将两组分别放在天平的两个盘里。如天平不平，那么假银元就在轻的那组里，如天平左右相平衡，则假银元就在未称的第三组里。

第二次再称有假银元那一组，称时可任意取两枚分别放在两个盘里，如果天平不平，则假银元就是轻的那一个。如果天平两端平衡，则未称的那一个就是假银元。

青蛙捉虫子

大小两只青蛙比赛捉虫子，大青蛙比小青蛙捉得多。如果小青蛙把捉的虫子给大青蛙3只，则大青蛙捉的就是小青蛙的3倍。如果大青蛙把捉的虫子给小青蛙15只，则大小青蛙捉的虫子一样多。你知道大小青蛙各捉了多少只虫子吗？

大青蛙提了51只虫子，小青蛙提了21只虫子。

大青蛙比小青蛙多捉虫子15+15=30（只），如果小青蛙把捉的虫子给大青蛙3只，则大青蛙比小青蛙多虫子30+3×2=36（只），这时大青蛙捉的虫子是小青蛙的3倍，所以1倍就是（30+3×2）÷（3−1）=18（只），小青蛙捉虫子18+3=21（只），大青蛙捉虫子21+15×2=51（只）。

猴子抬西瓜

小猴子从300米远的地方往回抬一个大西瓜，需要两个小猴子一起抬，

现在由3个小猴子轮流参加抬，请你算一下，每个小猴子抬西瓜平均走了多少米？

答案

每个小猴子抬西瓜平均走了200米。

2个小猴子抬着走300米，共要走300×2=600（米）。3个小猴子轮流抬，平均每个小猴子抬西瓜走了300×20÷3=200（米）。

植　树

有9棵树，要栽10行，每行3棵，如何实现？

答案

按照题意，每行3棵，要栽10行，似乎需要30棵树。可是，现在只有9棵。由此可知，至少有些树应栽在几行的交点（数学上称为重点）上。为此，我们可设计出6个三重点（三行交点）和3个四重点（四行交点）。

爬　树

一棵树有8米高，一个人每一分钟爬上去4米，又掉下去3米，问几分钟能到达树顶？

答案

（8–4）/（4–3）+1=5。

两数的乘积

两数相乘，若被乘数增加12，乘数不变，积增加60；若被乘数不变，乘数增加12，积增加144，那么原来的积是什么？

答案

设原题为a×b

据题意：（a+12）×b=a×b+60

可得：12×b=60b=5

同样：（6+12）×a=a×b+144

从而：12×a=144a=12

原来的积为：12×5=60。

苏步青解题

我国著名的数学家苏步青教授，有一次到德国去，碰到一位有名的数学家，这名数学家在电车里出了个题目让他做。这个题目是：甲、乙两人同时从两地出发，相向而行，距离是100里。甲每小时走6里，乙每小时走

4里，甲带着一只狗，狗每小时跑10里。这只狗同甲一起出发，碰到乙的时候，它就调转头来往甲这边跑，碰到甲的时候，它就调转头又往乙那边跑，直到甲、乙两人碰头。问这只狗一共跑了多少里路？

苏步青教授略加思索，未等下电车就把正确的答案告诉了那位德国数学家。

请你也来解解这道数学题，题目虽不难，但需要认真思考，才能找到解题的“窍门”。

答案

因为每小时甲走6里，乙走4里，所以甲乙到碰头时共走了10小时，这表明狗也跑了10小时，而狗每小时跑10里，因此狗一共跑了100里。

有多少蜜蜂

有一群蜜蜂，其中1/5落在杜鹃花上，1/3落在栀子花上，数目为这两者差数3倍的蜜蜂飞向一个树枝搭成的棚架，最后剩下一只小蜜蜂在茉莉花和玉兰花之间飞来飞去。试问共有多少只蜜蜂？

答案

共有15只蜜蜂。

1 ÷〖1–1/5–1/3–3 ×（1/3–1/5）〗

=1 ÷ 1/15=15

如何付工资

你让工人为你工作7天，给工人的回报是一根金条。金条平分成相连的7段，你必须在每天结束时给他们一段金条，如果只许你两次把金条弄断，你如何给你的工人付费？

答案

把金条分成三段（就是分两次，或者切两刀），分别是整根金条的1/7、2/7、4/7，

第一天：给1/7的；

第二天：给2/7的，收回1/7的；

第三天，给1/7的；

第四天：给4/7的，收回1/7和2/7的；

第五天：给1/7的；

第六天：给2/7的，收回1/7的；

第七天：给1/7的。

白菜地的问题

维格斯太太对玛丽说，她今年的正方形白菜地比去年的大。所以，她今年可以多收获211棵白菜。你可否估算出维格斯太太的白菜地横向与纵向各有多少行白菜呢？

答案

去年的白菜地纵横105棵，共有105×105=11025棵白菜；今年纵横

106棵，共有106×106=11236棵，今年增加了211棵白菜。

最大的土地

有人问少年时期的林肯："用12根横杆能围出多少土地？"林肯答道："这要看横杆的长度。"现在，这里有一道趣题：假定每根横杆的长度是16米，那么，用12根横杆能围成的最大的土地面积是多少？如果横杆围出正方形的形状，则能围出的土地面积为2304平方米。当然，你还可以干得更加好些。

答案

把12根横杆排成一个正十二边形，就能围出最大的面积。求十二边形的面积可从十二边形各顶角到中心点作连接线，这样可以得到12个小三角形，每个小三角形的顶角为30°。取3个相连的小三角形，发现顶角为90°，连接与边平行的那条辅助线，这样将图形分成一个45。的等腰直角三角形和一个腰长为1、底角30°的等腰梯形。根据十二边形的边长和其夹角，可算出等腰梯形的底边和高的长度，再根据等腰梯形的面积公式和三角形的面积公式，即可求得等腰梯形的面积和等腰直角三角形，然后将其和乘以4，即可得到十二边形的面积约为2866平方米。

能喝多少汽水

1元钱一瓶汽水，喝完后两个空瓶换一瓶汽水，问：你有20元钱，最多可以喝到几瓶汽水？

答案

40瓶。买20瓶汽水，剩下的瓶子换10瓶汽水，10个瓶子再换5瓶汽水，5个瓶子换2瓶汽水，空1瓶子。拿2个瓶子再换1瓶汽水，喝了后空1瓶子，加上原来那瓶，可再换1瓶汽水。最后这瓶喝完了，再问老板借1个瓶子，然后就有2个空瓶了，可换1瓶，喝完后那个空瓶还给老板。

淘气的蜜蜂

两个自行车运动员同一时间从甲乙两地出发，相对骑行。

当他们相距300公里的时候，有一只淘气的蜜蜂在两个运动员之间不停地飞来飞去。直到他们两个相遇了，这只蜜蜂才安心地在一个运动员的鼻子上停下来。

蜜蜂以每小时100公里的速度在两个运动员之间飞了3个小时，在这段时间里，两个自行车运动员的骑行速度都是每小时50公里。

请问：蜜蜂一共飞了多少公里？

答案

蜜蜂没有停过，整整飞了3个小时，所以飞了300公里。

如何过桥最快

现在小明一家过一座桥，过桥时候是黑夜，所以必须有灯。现在小明过桥要1分钟，小明的弟弟要3分钟，小明的爸爸要6分钟，小明的妈妈要8分钟，小明的爷爷要12分钟。每次此桥最多可过两人，而过桥的速度依过桥最慢者而定，而且灯在点燃后30分钟就会熄灭。问小明一家如何过桥？

注明：他们过桥必须得有灯，而且他们只有一盏灯，所以他们过河后，必须有一个人把灯送回来。

答案

1. 小明和小明的弟弟过桥，小明送灯=3+1=4（分钟）

2. 小明妈妈和爷爷过桥，弟弟送灯=12+3=15（分钟）

3. 小明爸爸和小明过桥，小明送灯：6+1=7（分钟）

4. 小明和小明的弟弟过桥=3（分钟）

4+15+7+3=29（分钟）

共用29分钟。

如何选择公司

张先生去面试，他发现他想去的两个公司是很相似的，只有工资的算法有点不同：A公司半年工资5万元，工资每半年增加5千元；B公司年工资10万元，工资每一年增加2万元。他在选择上有点举棋不定。如果只在工资待遇上考虑，你认为他去哪个公司得到的工资将多一些？

答案

A公司的待遇丰厚些。

第一年：

A公司：

50千元+55千元=105千元

B公司：1027元

第二年：

A公司：

60千元+65千元=125千元

B公司：12万元

第三年：

A公司：

70千元+75千元=145千元

B公司：14万元

依次算下去，就会发现，A公司每年的工资都比B公司多5千元。

安德鲁接女友

安德鲁开着一辆灰色的小汽车去接他的女友，到达时女友看了看手表说："真准时！不过我敢打赌，你一定开快车了！"安德鲁摇摇头，笑着说："我一点儿也没开快车，只不过准时动身罢了。如果我平均每小时加快6千米，我就会提早5分钟到达这里。但是，如果我平均每小时减慢5千米，我就会迟到6分钟。"

想想看：安德鲁开车行驶了多少路程？

答案

设安德鲁开车行驶了X千米，平均每小时行驶Y千米，则据他的叙述，我们得到：

即，72X=Y（Y+6）和50X=Y（Y−5）

所以，25Y（Y+6）=36Y（Y−5），Y=30

50X=30×25.X=15

安德鲁行驶了15千米，平均每小时行驶30千米。

不同的销售方式

一则商业广告这样写着：凡在本商场一天之内购物金额累计满40元者可领取奖券一张，共发行10万张奖券。设特等奖2名，各奖2000元；一等奖10名，各奖800元；二等奖20名，各奖200元；三等奖50名，各奖100元；四等奖200名，名奖50元；五等奖1000名，各奖20元。

这种有奖销售和实行"九八折"的销售方式相比较，哪一种让利给顾客的多？

答案

有奖销售的全部奖金是：2000×2+800×10+200×20+100×50+50×200+20×1000=51000（元），10万张奖券销售总金额是：40×100000=4000000（元）。奖金总金额占销售总金额的百分比是1.275%。如果是实行"九八折"销售的话，让利的百分比是2%。因为1.275%<2%，所以实行"九八折"销售方式比上述有奖销售让利给顾客的多。

最多取几次

一个玻璃瓶里一共装有44个弹珠，其中：白色的2个，红色的3个，绿色的4个，蓝色的5个，黄色的6个，棕色的7个，黑色的8个，紫色的9个。

如果要求每次从中取出1个弹珠，从而得到2个相同颜色的弹珠，请问最多需要取几次？

答案

这个玻璃瓶里装有8种颜色的弹珠，如果真的算你倒霉的话，最坏的可能性也就是前 8 次摸到的都是不同颜色的弹珠，这样第九次就可以摸出任何颜色的弹珠，都可以与已摸出的弹珠构成“同色的两个弹珠”。所以最多只需要取 9 次。

星期几

1990 年 6 月 1 日是星期五，那么，2000 年 10 月 1 日是星期几？

答案

一年 365 天，10 年加上 1992，1996，2000 三个闰年的 3 天，再加上六、七、八、九月的天数，还有 10 月 1 日，共 3650+3+30+31+31+30+1=3776，3776 ÷ 7=539……3。

1990 年 6 月 1 日星期五，所以，2000 年 10 月 1 日是星期日。

币值计算

一角钱 6 张，伍角钱 2 张，一元钱 8 张，可以组成多少种不同的币值？

答案

最小的币值是一角，而有 6 张，与伍角可以组成一角、二角……九角、一元的所有整角钱数。所以，可以组成从一角到九元六角的所有整角，共 96 种不同钱数。

订报纸

有一栋居民楼，每家都订了两份不同的报纸，该居民楼共订了 3 种报纸，其中，中国电视报 34 份，北京晚报 30 份，参考消息 22 份，那么订北京晚报和参考消息的共有多少家？

答案

解：每家订两份不同报纸，而共订了 34+30+22=86（份）所以，共有 43 家。

订中国电视报有 34 家，那么，没订此报的有 9 家。

而不订中国电视报的人家，必然订的是北京晚报和参考消息。

所以，订北京晚报和参考消息的共有 9 家。

加 3 减 3 乘 3 除 3

欧拉最喜欢和他的学生做“阿拉伯兄弟”游戏。这有一次，他又想出了个新点子：有四个阿拉伯数，第一个数加 3，第二个数减 3，第三个数乘 3，第四个数除 3，结果都相等。已知这四个数的总和是 96，请问这四个数各是多少？

答案

这四个阿拉伯数分别是 15、21、6、54。

算油重

晚上，爸爸给儿子出一道题。他说：

“有一个人有一瓶油，他不知道油是多少公斤，只知道连瓶子称共有 3.5 公斤重。现在，他用去了油的一半，连瓶子还有整 2 公斤。你算算看，这瓶内油有多少公斤，瓶子重多少公斤？”

儿子平时非常爱动脑筋，听了爸爸提出的问题后，很快就算出了答案。你知道他是怎么算的吗？

答案

儿子的算法是：油的一半重 3.5-2=1.5（公斤），油重 1.5×2=3（公斤），瓶重 3.5-3=0.5（公斤）。

多少只大雁

古代埃及流传着这样一道题：

“一群大雁在飞，一只大雁碰上它们，叫道：‘你们好，100 只雁！’带头的大雁立即回答道：

‘不，我们不是 100 只大雁，如果我们增加 100%，再增加 50%，再增加 25%，最后再加上你，才够 100 只，你说我们有多少只？’”你知道答案吗？

答案

假设大雁的数量一共有 X 只，后来陆续增加了 X，50%X，25%X 和 1 只，这样总共就有了 100 只，X+X+X/2+X/4+1=100 只，最后，X=36 只。

聪明的小高斯

高斯在小时候就很喜欢钻研数学，在他 10 岁的时候，有一次，老师叫同学们把 1 到 100 的所有自然数都加起来，并求出总和。老师刚念完题目，高斯就说：“算出来了，结果是 5050。”老师和同学都感到特别惊讶，你知道小高斯是怎么算出来的吗？

答案

因为与头尾等距离的每一对数，加起来的总和都是 101，这样的数共有 50 对，所以可以用 101×50 来计算，因此结果为 5050。

千年古刹的台阶

南京东郊有一座古寺，是千年古刹。

寺内的松风阁后面，有个宝塔，塔高 60 多米，九层八面，顶上是琉璃瓦，中间设有螺旋的扶梯，扶梯而上，登塔四望，就可以看见群山苍茫，好像进入了仙境。

宝塔的扶梯其实有个奥妙，每上一层，就少了一定的级数，从四层到第六层，共有28级。第一层楼梯的级数，是最后一层的3倍。请问，你知道楼梯一共有多少级？每层相差几级吗？

答案

楼梯的总级数是1/2乘以28乘以8等于112级，每层相差两级。

和尚吃馒头

大和尚每个人吃4个馒头，小和尚4个人吃1个馒头，有大小和尚100人，共吃了100个馒头。问大小和尚共几人，各吃多少个馒头？

答案

假设有大和尚X人，则小和尚有（100–X）人，大和尚吃馒头4X个，小和尚共吃100–X/4个。则4X+100–X/4=100。所以，大和尚吃80个馒头，小和尚吃20个馒头。

牛吃青草

在我国古代有一道著名的牛吃青草题：有一块绿茵茵的草地，每天新长出来的草量相同，且与草地上还剩下多少草无关。70头牛可吃24天，若是30头牛则可吃60天，问几头牛在96天内可以把这块草地上的草吃光？

答案

20头牛在96天内正好把草吃光。列式为：

〖30×60+（30×60–70×24）〗/96=20。

沈括算酒

沈括是宋朝的大科学家，他曾经遇到过这样一件事：

有一次，沈括来到一家酒店，酒店的主人对沈括说：

“听说您是天下少见的奇才，我就出一道题来考考你。你能一下子算出我这里储存了多少坛酒吗？”

沈括一看，在墙角处堆着整整齐齐的酒，一共有7层，最上层是4×8个，第二层是5×9个，每下一层，长和宽两边各多出一个坛子。沈括微微一笑，就说出了答案。你知道沈括的答案是什么吗？

答案

有567个坛子。其实计算的方法很简单。只要计算当中7×11=77个即可。再把这个数乘以7，再加上一个常数28就是答案。

剪方块

把一张纸剪成6块，从中任取几块，将每一块剪成6块，再任取几块，又将每一块剪成6块，如此剪下去，问：经过有限次后，能否恰好剪成1999块？说明理由。

答案

设剪成6块后，第一次从中取出1块，将其剪成6块，则多出了5块，这时，共有：

6+5=1+5+5=5（1+1）+1（块）

第二次从中又取出1块，将其剪成6块，增加了5块，这时，共有

6+5+5=5（1+1+1）+1（块）

依此类推，第n次取块，剪成6块后共有

5（1+1+……+1+1）+1（块）

因此，每次剪完后，纸的总数都是5k+1的自然数（即除以5余1）。

1999÷5=399……4

所以，不可能得到1999张纸块。

分摊小费

"迈克，分摊午餐小费时，你把我骗了！"帕特抱怨说。

"为什么，我还以为你很大方呢，帕特！"迈克回答说，显得十分无辜。

事情是这样的：午餐后，当他们分摊小费时，帕特给迈克的钱与迈克已经有的钱数相同。迈克说："这太多了！"然后又还给帕特一些钱，这些钱与帕特所剩下的钱数相同。帕特说："别，这也多了。"然后也还给迈克一些钱，这些钱与迈克现在所剩下的钱数相同。帕特现在一分钱也没留下，而迈克共得到80元。那么，他们刚开始各自有多少钱？

答案

帕特开始有50元，而迈克有30元。

两个酒桶

这个思维游戏为老巴克斯所独创。你若想参加他的派对，你就必须计算出这两个酒桶中各有多少酒。这两个酒桶分别贴有字母A和B，而A桶的酒比B桶的酒多。

首先，将A桶中的酒倒入B桶，倒入的酒与B桶的酒相等。然后，将B桶中的酒倒回A桶，倒入的酒与A桶中现有的酒相等。最后，再将A桶中的酒倒回B桶，倒入的酒与B桶中现有的酒相等。

这个时候，两个桶内都有48升的葡萄酒。那么，两个酒桶原来各有多少升葡萄酒呢？

答案

A桶中原来有66升的葡萄酒，B桶中原来有30升的葡萄酒。

侠客编号是多少

现在一共有102个侠客，这102个侠客按编号1，2，3……顺时针围着

一张大圆桌坐着，从1号顺时针开始“1，2，1，2，1，2……”报数，每次报1的离开桌子，直至只剩下1人。问：最后剩下的1人的编号是多少？

答案

第一轮排除后是2，4，6……98，100，102，即等差为2的数列，有51个；

第二轮排除后是以4开始，等差为4的数列，即4，8，12……96，100，有25个；

而第102号为1，则第三轮排除时4为2，8为1，则排除后为4开始，等差为8的数列，4，12，20……92，100，有13个；

第四轮排除后是以12开始，等差为16的数列，即12，28，44……92，有6个；

第五轮排除后是以12开始，等差为32的数列，即12，44，76；

第六轮排除后是12，76；

最后剩余为76号1。

圣诞老人的握手

圣诞老人学校又迎来了毕业典礼。今年，8名圣诞老人已经做好准备到城市商场履行职责。当他们离开之前，每个圣诞老人都要彼此握手。那么，他们会握手多少次呢？

答案

8位圣诞老人总共握手28次。A与其他7位握手，B因为已经与A握过手所以只需与其他6位握手，而C只需与其余5位握手，依此类推，握手的总次数为：7+6+5+4+5+2+1=28。

1998该在哪儿

将偶数排成下表：

ABCDE

246810

16412108

1820222426

323028262……

那么，1998这个数在哪个字母下面？

答案

由图表看出：偶数依次排列，每8个偶数一组依次按B、C、D、E、D、C、B、A列顺序排。

看A列，E列得到排列顺序是以16为周期来循环的。

1998 ÷ 16=124……14

所以，1998与14同在B列。

比较大小

A.265

B.（264+263+262+⋯+22+21+20）

以下关于A与B值的比较中，哪个是正确的？

① B比A大264

② A比B大264

③ A=B

④ B 比 A 大 1

⑤ A 比 B 大 1

答案

正确答案是⑤。这个例子把一个看似不可行的问题转化成一个可行的简单问题。

举个例子，25=32。

24+23+22+21+20

=16+8+4+2+1=51

它就比 32 少 1。

见面分一半

一只从没出过远门的小猴子跑到一块桃园里，摘了很多的桃背起来就走。没走几步，就被山神拦住了，山神说要见面分一半。小猴子只好无奈地把桃分了一半给山神。分完以后，山神看见小猴子的包里有一个特别大的桃，又拿走了那个桃。

小猴子非常不高兴，背着桃悻悻地走了。没走一里路，又被风爷爷拦住了，风爷爷同样从小猴子的包里拿走了一半外加一个。之后，小猴子又被雨神、电神、雷神用同样的办法要走了桃。等小猴子到家的时候，包里只剩下一个桃。小猴子心想：反正就只有一个，干脆我自己吃了吧。这下，却被妈妈看见了。小猴子委屈地向妈妈诉说自己的遭遇。妈妈问它原来有多少个桃，小猴子说它也不知道有多少个桃，而且它们各自拿走了多少也不知道。但妈妈一算就知道猴子原来有多少个桃。

你知道吗？

答案

仔细算来，小猴子原来有 94 个桃，此题要注意每次计算的基数不同。

土壤的体积

玛莎要算出 3 个数的乘积，用它来计算一块土壤的体积大小。她把第 1 个数字与第 2 个数字相乘得到了一个乘积，当她再想用这个乘积与第 3 个数字相乘的时候，她注意到第 2 个数字写错了，错的数字比原来的数字大专。为了避免重新计算，玛莎决定把第 3 个数减少 1/3 来算，她觉得这样做就能够使得到的结果与正确的结果相符合。

“你不应该这么算，”苏伦告诉玛莎，“如果你这么算的话，最后的结果会与真实结果相差20立方米。”“为什么？”玛莎问。那么，一究竟为什么呢？正确的土壤体积是多少？

答案

玛莎把一个数的 4/3 乘以这个数的 2/3。但是 4/3 × 2/3=8/9，或者说应该是正确答案减去本身的 1/9。正确的体积数的 1/9 等于 20 立方米，所以，答案是 180 立方米。

巧克力糖

很多年以前，3个旅行者在黑眼睛客栈的一张桌子上用餐。吃完饭后，他们点了一盘巧克力糖，并打算平分。可是，巧克力糖还没上来他们就都睡着了。第1个人醒来时看见了糖，于是把他那份吃了，接着又睡着了。第2个人不久也醒了，也把认为属于他自己的那份糖吃了，然后很快又睡着了。最后，第3个人醒来发现了糖，把认为属于自己的那份吃了，然后也进入了梦乡。

他们在鼾声中度过了那一夜。第2天，服务员将盛有糖的碟子收走了，这时桌上剩下8块糖。那么，你知道桌子上原来有多少块巧克力糖吗？

答案

我们利用反向思维从剩下的8块糖算起。因为桌上剩下的糖是第3个旅行者醒过来时的2/3，所以他醒来时，桌上的盘子内会有12块糖；同样地，这12块糖是第2个旅行者醒过来时的2/3，所以，他醒来时，盘子里有18块糖；这18块糖是第1个旅行者醒来时的2/3，这就是说盘子里原来有27块糖。

玛露西亚采蘑菇

玛露西亚、柯里、瓦尼亚、安德和佩提亚5个人一起去采蘑菇。只有

玛露西亚在认真地采蘑菇，剩下的4个男孩躺在草地上聊天。到了该回去的时候，玛露西亚采了45个蘑菇，男孩们的手里一个也没有。于是，玛露西亚把自己的蘑菇分给每个男孩一些，自己什么也没留下。

回去的路上，柯里找到了两个蘑菇，安德找到了与自己手中数目相等的蘑菇。瓦尼亚丢了两个蘑菇，佩提亚丢了一半的蘑菇。到家后，他们查了一下蘑菇的数量，发现每个男孩手中的蘑菇数相等。那么，玛露西亚分给几个男孩各多少个蘑菇呢？

答案

设最后每个男孩各有X个蘑菇。那么玛露西亚给了柯里（X–2）个蘑菇，给了安德1/2X个蘑菇，给了瓦尼亚（X+2）个蘑菇，给了佩提亚2X个蘑菇。由题可得：

X–2+1/2X+X+2+2X=45

4 1/2X=45

X=10

所以，玛露西亚分给柯里8个蘑菇，安德5个蘑菇，瓦尼亚12个蘑菇，佩提亚20个蘑菇。

3 份遗产

我们现在所处的位置就是新牛津街上的布兰德魔宫，这个宫殿在维多利亚时期是个大型商场，这里也是著名的思维游戏大师霍夫曼教授经常到访的地方。我们和他约定下午 1 点在这里见面。那么，我们进去吧。

“你好，霍夫曼教授。我们来得很准时。您今天有没有新的思维游戏跟我们分享呢？”

“那是当然的！先坐下，那么，就试试这个 3 份遗产的思维游戏吧。一位绅士临死前留下遗嘱，要将自己的遗产分给自己的 3 个仆人。会客室的那个仆人跟随主人的时间是女佣人的 3 倍，而厨师跟随主人的时间又是会客室那个仆人的 2 倍。遗产是按照跟随主人的时间来分配的。总共分出了 7000 元。那么，每个人各分得了多少遗产呢？”

答案

因为每个人所能分得的财产与各自服务的时间长短有关。女佣人分得了 1 份遗产，会客室的那个仆人分得了 3 份遗产，厨师则分得了 6 份遗产，这样，总共有 10 份。每份遗产为 7000 元的 1/10，即 700 元，也就是那个女佣人所得的遗产。同时，会客室的那个仆人得到 2100 元，而厨师得到 4200 元。

如何计算硬币

在你背过身去的时候，甲想了个数字 n，然后从一堆硬币中拿走了 4n 枚。接着，乙拿走了 7n 枚硬币，丙拿走了 13n 枚硬币。丙又把手中的硬币分给甲和乙，数量跟他们手中的硬币数量相等。接下来乙把手中的硬币分给甲和丙，数量跟他们手中的硬币数量相等。最后甲也照此办。问其中一个人现在手中拿多少硬币。把这个数除以 2，就可得出甲开始拿了多少枚；把甲拿的数字除以 4 再乘以 7，就知道乙开始拿了多少枚；把乙的数除以 7，再乘以 13，就知道丙开始拿了多少枚。请你解释一下算法。

答案

	甲	乙	丙
起初	4n	7n	13n
第 1 步以后	8n1	4n	2n
第 2 步以后	16n	4n	4n
第 3 步以后	8n	8n	8n

第 3 步以后每个人手中的硬币数都是甲原来拥有硬币数的 2 倍。那么剩下的算法就很简单了。

硬币的问题

假设你有 3 个硬币，1 个一面正面一面反面，1 个两面都是正面，1 个两面都是反面。它们都放在 1 个口袋里。如果你从中取出 1 个放到桌子上，不去看它，那么它两面相同的概率是多少？

答案

两面相同的概率是2/3。如果你见到的是正面，就有3种而不是2种情况：1. 你看见的是有正面和反面的硬币的正面。2. 你看见的是两个正面硬币的一面。3. 你看见的是两个正面的硬币的另一面。在其中两种情况下，两面相同。

完全平方和

将自然数1，2，3，……，15，这15个自然数分成两组数A和B。求证：A或者B中，必有两个不同的数的和为完全平方数。

答案

$1+3=4=2^2$，$1+15=16=4^2$。

3、15都在B组。

3+6=9=32

6须在A组。

$6+10=16=4^2$

又得到10应在B组，这时，B组已有两数和为完全平方数了。

$10+15=25=5^2$

所以，在A组或B组中，必有两个不相同的数的和为完全平方数。

聪明的海盗

一艘海盗船上有600名海盗。因为暴风雨肆虐，船出了问题，为了减轻船身的压力，海盗首领决定减少船上的人数。他让其余599名海盗站成一排报数，报到奇数的人会被扔下海。有一个聪明的海盗站在了一个最安全的位置上，每一轮数数时，他数出的总是偶数。

你知道他站在哪里吗？

答案

512位。第一轮中被扔下船的人为1、3、5……599，第二轮中被扔下船的就是原来报2、6、10……598的人，依此类推，最后剩下512。其实，只要选择小于600的、最大的2的n次方即可得出答案。这种类型的题，不论题中给出的总数是多少，小于或等于总数2的n次方的最大值就是最后剩下的数。

等于1的算式

在下面的数字中挑选出5个数字进行运算，得出的答案为1。请你找出这5个数，并说明按什么顺序运算。

+190 × 12–999 × 4

–87+29 × 9–576

–94+65 × 22–435

× 7 × 8+19+117

答案

数字分别为+29、× 7、–94、× 4、–435。（29 × 7–94）× 4–435=1

哪个算式积大

比较345 × 347和346 × 346两个算式，哪个算式的乘积大？

提示：比较这两个算式乘积的大小时，不必算出结果来，再比较积的大小。只要把算式变化一下，就能得出结果来。到底奥妙在哪里？

答案

先把两个算式变化一下：345 × 347=345 ×（346+1）=345 × 346+345；346 × 346=（345+1）346=345 × 346+346。上面两式的结果中345 × 346的积是相等的。一个式子加上345，另一个式子加上346，那当然是加上346的大了。因此346 × 346的积比345 × 347的积大。

小明的难题

小明的爸爸给他写了一个算式：

1+1 × 2+1 × 2 × 3+1 × 2 × 3 × 4+1 × 2 × 3 × 4 × 5+1 × 2 × 3 × 4 × 5 × 6+1 × 2 × 3 × 4 × 5 × 6 × 7。然后爸爸问小明，这个算式的结果，是两个相同的数的乘积吗？

小明无言以对。

现在就要考考你了，这个算式的结果是两个相同的数的乘积吗？

答案

我们知道，个位数字是0的两个相同数相乘，乘积的个位数字是0；个位数字是1的两个相同数相乘，乘积的个位数字是1；依次推算下去，个位数字是2、3、4、5、6、7、8、9的两个相同数相乘，乘积的个位数字分别是4、9、6、5、6、9、4、1。因此，任意两个相同数相乘，乘积的个位数字只有0、1、4、5、6、9六种可能。只要算出这个算式的结果，观察个位数字是几，就可以判断它是不是两个相同的数的乘积了。在计算这个算式结果的个位数字是几时，只要算出式子中7个加数的个位数字是几就行了，而不必算出各个乘积是多少。这7个加数的个位数字是1、2、6、4、0、0、0，因此，这个算式结果的个位数字是3，而个位数字是3的数，一定不是两个相同的数的乘积。正确的答案是：这个算式的结果不是两个相同的数的乘积。

演算也快乐

下列五道计算题中，都有一定的计算窍门，你不妨先演算一遍，然后再找出答案比较一下，看谁的计算方式更快捷。

① 8+8+8+8+7+8+8=？

② 9+8+9+9+8+8+9=？

③ 7+7+7−3+7−7+7=？

④ 87+26+13+74=？

答案

① 8×7−1=55 或 8×6+7=55。

② 9×7−3=60 或 8×7+4=60。

③ 7×5−（3+7）=25 或 7×4−3=25。

④（87+13）+（26+74）=100+100=200。

怎样计算更简便

计算：9999999+999999+99999+9999+999+99+9=？

提示：不要单纯为计算而计算，要看清题意，怎样计算更简便？

答案

算式里有七个加数，每个加数都加上 1，再做加法运算，这样算的结果比原式计算的结果多 7，再减去 7 就是原式计算的结果了。9999999+999999+99999+9999+999+99+9=（9999999+1）+（999999+1）+（99999+1）+（9999+1）+(999+1)+(99+1)+(9+1)−7=10000000+1000000+100000+10000+1000+100+10−7=11111110−7=11111103，也可以这样算：9999999+999999+99999+9999+999+99+9=（10000000−1）+（1000000−1）+（100000−1）+（10000−1）+（1000−1）+（100−1）+（10−1）=10000000+1000000+100000+10000+1000+100+10−7=11111110−7=11111103，还可以这样想：从最后一个加数 9 中拿出 6，分别给其他六个加数各加上 1，凑成一百、一千、一万？然后再进行加法计算。9999999+999999+99999+9999+999+99+9=（9999999+1）+（999999+1）+（99999+1）+（9999+1）+（999+1）+（99+1）+（9−6）=10000000+1000000+100000+10000+1000+100+3=111111100+3=11111103

想好了再算

计 算：1+2−3−4+5+6−7−8+9+10−11−12+13+，……，+1990−1991−1992+1993=？

提示：这道算式有其中内在的规律，找出规律可以在短时间内心算出答案。

答案

1 加 2 等于 3，3 减 3 等于 0，0 减 4 该怎样算呢？动一动脑筋，变化一下加、减的顺序，就不难算了。首先看一看这一列要加、要减的数有什么特征呢？这些数是从1开始的，一直到1993，都是后一个数比前一个数多1的自然数。算法上有什么特点呢？除去第1个数1以外，都是“+、–、–、+”的运算，而这4个数一组、4个数一组的运算结果都是0。从1到1993共有1993个数，除去1以外，剩下的1992个数，每4个数一组，1992÷4=498，正好除尽。那就是说，从2～1993，正好可以分成498组数，每组都进行“+、–、–、+”的运算，而每组4个数的运算结果都得0：2–3–4+5=0，6–7–8+9=0，10–11–12+13=0，……1990–1991–1992+1993=0。所以：

1+2–3–4+5+6–7–8+9+10–11–12+13+……+1990–1991–1992+1993=1+（2–3–4+5）+（6–7–8+9）+（10–11–12+13）+……+(1990–1991–1992+1993)=1+（2+5–3–4）+（6+9–7–8）+（10+13–11–12）+……+（1990+1993–1991–1992）–1+0+0+0+……+0=1。

华生家的门牌号码

一天，华生医生和他的客人福尔摩斯坐在开着的窗户旁边聊天，从庭院里传来一大批孩子们的嬉笑声。

客人:“请告诉我,您有几个孩子？”

主人：“那些孩子不完全是我的，那是四家人家的孩子。我的孩子最多，弟弟的次之，妹妹的再次，叔叔的孩子最少，他们吵闹成一团，是因为他们不能按每队9人凑成两队。可是也真巧，如果把我们这四家的孩子数目相乘，其积数正好是我们房子的门牌号数，这个号数您是知道的。”

客人：“我在学校里也学过数学，让我来试一试，把每一家孩子的数目算出来。不过，要解这个算题，已知数据还不够，请告诉我，叔叔的孩子是一个呢，还是不止一个？”

于是，主人华生回答了这个问题，福尔摩斯听后，很快就准确地计算出了孩子的数目，而且完全正确。

你能知道华生家的门牌号码吗？这四家每一家有几个孩子呢？

答案

（1）从“他们不能按每队9人凑两队”,知道四家的孩子总数不到18个。

（2）叔叔的孩子只能有2个或1个。如果叔叔有3个孩子，妹妹至少有4个孩子，弟弟至少有5个孩子，华生最少有6个孩子，因为3+4+5+6=18（个），这就不符合题目的要求了。

（3）因为四家各不相同的孩子数（其中一个数要求是2或1）加起来的和小于18的情况很多，如：

2+3+4+5=14

2+3+4+6=15

2+3+4+7=16

1+3+6+7=17

1+4+5+6=16

1+4+5+7=17

而把这四家孩子数相乘，有三种情况积相同：

	孩子数	和	积
第一种	2、3、4、5	14	120
第二种	1、3、5、8	17	120
第三种	1、4、5、6	16	120

因为福尔摩斯知道华生家的门牌号码，如果乘积不是120，客人就不必再要求知道叔叔的孩子数“是一个呢，还是不止一个？”而当他知道叔叔的孩子数后，就准确地回答了各家孩子的数目，这说明他得到了唯一正确的答案，那必定是第一种情况：叔叔有两个孩子，妹妹有三个孩子，弟弟有四个孩子，华生有五个孩子。如果叔叔的孩子是一个，就会有两种、三种不同情况的答案，他就不可能得出唯一正确的答案。华生家的门牌号码是“120”号。

第四章 文字类思维游戏

英国著名的哲学家路德维希·维特根斯坦曾经说过："人的各种思想，归根到底就是各种各样的语言游戏。"而语言的外在表现形式就是文字，所以说我们不能小看文字游戏，玩文字游戏不但其乐无穷，而且可以更好地提高我们的思维力。

看字形说成语

小学毕业快20年了，一直怀念小学时代的语文老师。记得他给我们上课的时候，新鲜花样特别多，比如学习成语，他总能想出一些有趣的方法，让我们在趣味和玩耍中学到有益的知识。

一次上课的时候，他用一组相关联的文字，教了我们三个成语，我至今还记忆犹新：

奏——春

疤——把

劲——氢

我们根据上面的文字，牢牢记住了这三个成语。你知道这表示哪三个成语吗？

答案

这三个成语分别为：偷天换日，手到病除，有气无力。

选出正确的一句话

瑞士商业街在迪拜的帆船酒店举行鸡尾酒会，进行商业联欢。参加酒会的一共101人，请问握手的次数是奇数还是偶数？下面给出了4个备选答案，选出正确的一个。

A. 每个人必须和奇数个人握手。

B. 每个人必须和偶数个人握手。

C. 所有人和别人握手的次数之和必为偶数。

D. 所有人和别人握手的次数之和必为奇数。

答案

应该选C。

这个题目存在语言陷阱。一般人看到这个题目，首先会想到是不是必须和每个人握手。如果打破这个语言陷阱，就可以采取排除法来进行选择。每个人不一定和在场的其他所有100个人握手，握手与否完全取决于个人意愿，所以A和B就可以排除；剩下的C和D，还是一个语言陷阱。一般人不仔细看题，会理解成是一个人和其他的100个人握手。认真看好题目，抓住“所有人和别人握手”这个核心。比如甲乙两人握手，对甲而言是握了一次手，对乙而言，也是握了一次手。在甲乙两个人的范围内“所有人和别人握手”的次数是两次，也就是偶数。依此类推，“所有人和别人握手的次数”总和必然为偶数。

看数字猜成语

以下每组数字都暗指一个成语，你能猜得出来吗？

（1）7/8

（2）2和5

（3）0000

（4）120——100

答案

这些成语分别是七上八下、丢三落四、四大皆空、一念（音同廿，意思是二十）之差。

浴室老板的对答

有三个江洋大盗，盗取了一颗珍贵的非洲名钻。他们为了防止其中一个人将赃物独吞，制订了一个协议："钻石在没有兑换成美钞之前，必须由三个人同时保管。只有三个人都同意时，才可以取出钻石。"

三个人为了妥善保管钻石，既不敢放手让一个人单独保管，也不敢放入保险箱中。三个人日夜形影不离。这天，他们一起去浴室洗澡，将装钻石的盒子交给了浴室老板，再三叮嘱：必须三个人同时在场，才能交还盒子。

洗澡的时候，一名盗贼要去老板那里借一把梳子，问两名同伙是否需要。盗贼到了老板那里，要索取盒子，被老板拒绝了。盗贼高声问道："是你们让我来取的吗？"两名盗贼认为是在询问拿梳子的事，高声响应："是的。"老板听了，将盒子交给盗贼，盗贼带着盒子逃走了。

泡在洗澡池里等梳子的两名盗贼，许久不见拿梳子的盗贼回来。感觉不妙，赶紧到老板那里取盒子。当得知盒子被取走时，两人要求老板赔偿。老板坚持说是征得你们同意的，两人说："即便征得了我们的同意，但当初就说过需要三个人都在场时才能取，为什么我们两人不在场，你就让他把盒子取走了呢？"两名盗贼强令老板交回盒子，争吵了好长时间，老板忽然说："盒子就在我这里……"听了老板的话，两名盗贼哑口无言，低头走了。

你知道老板是怎样对答两名盗贼的吗？

答案

"盒子就在我这里，既然需要三个人在场才能取盒子，那你们将那个人叫来，我就将盒子交给你们。"

女招待员遇到的怪旅客

一名某五星级酒店的女招待员徐丽昨天遇到了三名来自不同国家的怪旅客。

三个人之所以被女招待员当成"怪旅客"，是因为他们在酒店登记的"国籍"一栏里面，填的国家都是地球上没有的。第一名长相像中国人的男子，在"国籍"栏的最中间写了一个"玉"字；第二名长相像韩国人的女士，看到前面的男子这么填写，拿着笔沉思了一会儿，在"国籍"栏中写了两个字"今天"。第三名男子则在"国籍"栏中写了七个字"他们两人都不在"，随后三人一同上楼，各自进了自己的房间。徐丽被这三个人的行径弄得一头雾水。

你知道三个人的国籍吗？

答案

第一名男子是中国人，“国籍”栏最中间写一个“玉”字，框内有玉是为国，中国；第二名女士是日本人，今天就是本日的意思；第三名男子是也门人，“他们两人都不在”，“他们”各去掉人字旁就是“也门”。

苏小妹试新郎

新婚之夜，苏小妹欲试新郎秦少游之才，将秦拒之门外并出对曰：闭门推出窗前月。秦少游左思右想不得其对，徘徊长廊。苏东坡见状，虽替妹夫焦急，却又不便代劳。突然，他灵机一动，拾起一块石头，投进盛满清水的花缸里。秦少游听到“扑通”一声，顿时领悟，下联脱口而出。苏小妹闻声大喜，急忙迎进新郎。

试着对一对吧。

答案

投石冲天水底天。

秀才改对联

从前，有个进士老爷，专横跋扈，不可一世。有年春节，他为了炫耀，在自己的大门上贴了这么一副对联：

父进士、子进士，父子皆进士。

婆夫人、媳夫人，婆媳均夫人。

正巧，镇上有个穷秀才，路过进士的家门，看见了这副对联。他先是露出鄙视的神态，接着，又露出一丝得意的笑容。到了晚上，他见四下无人，就悄悄地在对联上加改了一些笔画。

第二天一大早，进士的门前围满了大堆看热闹的人，他们有说有笑，议论纷纷，大家都称赞：“改得好！改得好！”门外的吵嚷声惊动了进士老爷，他连忙打开大门，一看，立即昏倒在门前的台阶上了。

秀才把对联改成了什么样子呢？

答案

父进土、子进土，父子皆进土；婆失夫、媳失夫，婆媳均失夫。

寻找共同点

下面的词语，从表面上看来毫不相干，其实有着内在的联系，你能找出来吗？

第一组：好汉，鱼，小溪，围巾，板凳，新闻，枪

第二组：灰尘，浪费，敌人，假货，误会，吃亏，疾病

第三组：牙刷，锅盖，鞋垫，门闩，谷囤

第四组：篮球，毛衣，围墙，比方，针，哑谜，游记

第一组都可以用“条”来计算。

第二组都是越少越好。

第三组倒过来读正好是该物品的用途。

第四组都可以“打”。

大观园里的猜谜宴

八月丹桂飘香，红楼十二钗在大观园里面的凉亭下坐定，品美酒，赏菊花。

林黛玉提议：“这酒喝得单调，不如我们猜谜助兴如何？”说罢让小厮拿来纸笔，在纸上写下了八个成语，每个成语前面的字空着。

“填上空着的八个字，可以组成一句俗语，俗语里面又是一个谜语，打我们其中一个姐妹的名字。”

林黛玉写的成语如下：

（1）□逆之交（2）□米下锅（3）□情逸致（4）□手起家（5）□如指掌

（6）□见多怪（7）□富力强（8）□重脚轻

你能填完整这八个成语，并且猜出谜底吗？

莫等闲白了少年头，谜底是惜春。

找不同

下面六组词语、数字，每组中有一个和其他不同，请你挑出来。

第一组：枷，椎，桉，朽

第二组：猫，狗，牛，羊

第三组：3，5，7，9

第四组：小满，小暑。小雪，小寒

第五组：加拿大，墨西哥，新加坡，科威特

第六组：一发千钧，一团漆黑

一钱不值，一波三折

第一组“朽”，木字放下面组不成字。

第二组“猫”，不是十二生肖。

第三组“9”，不是质数。

第四组“小满”，二十四节气中没有大满与之相对应；而“小暑”有大暑相对应，“小雪”有大雪相对应，“小寒”和大寒相对应。

第五组“加拿大”，国名和首都不同名，其他三个名称，既是国家，又是该国首都。

第六组“一波三折”，前两个字和后两个字对调后不是成语。

总统的智慧

肯尼迪总统上任后，在家里举行了一场庆祝酒会，邀请了几个好朋友。酒会上，肯尼迪总统对一位应邀而来的贵妇人说道：“亲爱的，今天你真漂亮！”贵妇人的丈夫是肯尼迪的竞选对手，这次落败，夫妇两人心有不甘。面对肯尼迪的赞美，贵妇人以为是肯尼迪在嘲弄她，她恼羞成怒，高傲地回应：“是吗？我今天漂亮吗？可惜我无法同样称赞你！”面对妇人的傲慢无礼，肯尼迪要是一言不发，就会在宾客面前丧失颜面，要是出言嘲讽，又会给人造成小肚鸡肠的印象。肯尼迪面带微笑，缓缓转过身，从侍者的托盘内拿起两杯红酒，递给贵妇人一杯，以幽默委婉的口气说了一句话，不仅给自己挽回了面子，也没让贵妇人过分难堪。

你能猜出肯尼迪总统是怎么说的吗？

答案

“假如您像我一样善于说假话就行了。”

乾隆皇帝出对联

乾隆四十九年，一向喜欢文墨的乾隆皇帝举行了一次盛大的“千叟宴”。来参加的老叟将近4000人，其中年纪最大的已经有141岁了。看到这么隆重的场面，乾隆心里非常高兴，出了一个上联：

“花甲重逢，又加三七岁月”，并命人来对。

纪晓岚他思考了一会儿，就对出了下联：

“古稀双庆，更多一度春秋。”乾隆皇帝拍手叫好，因为上联道出了最长寿老者的年岁141，而下联恰好也包含了141这个数字。你知道141这个数字是怎么蕴含在这副对联中的吗？

答案

花甲是60，重逢就是两个花甲，三七岁月是21，加在一起正好是141；古稀是70，双庆是两个，一度春秋是1年，加在一起也是141。

谁解断肠谜

朱淑真是宋朝女词人，大约1131年在世，江浙一带人。相传朱淑真所撰写的诗词大多被父母烧毁，只留下为数不多的一部分传世。《生查子》中“月上柳梢头，人约黄昏后”，更是千百年来脍炙人口的作品（现在有些学者认为该诗乃是欧阳修的作品）。

朱淑真有一本诗集名为《断肠集》，《断肠集》中有一首诗名叫《断肠谜》，写得清丽婉转、凄楚哀怨：

下楼来，金钱卜落，
问苍天，人在何方？
恨王孙，一直去了，
詈冤家，言去难留。
悔当初，吾错失口，
有上交，无下交。
皂白何须问，
分开不用刀。
从今莫把仇人靠，
千里相思一撇消。

这首《断肠谜》，表达了自己哀怨的愁思。当时父母将她错嫁给了市井小吏，对这桩强迫性质的婚姻，朱淑真十分不满，却又无力改变现状，抑郁成疾，在她写完这首《断肠谜》不久就去世了。

朱淑真的这首《断肠谜》，每一句都是一个谜面，谜底一共10个字。你能猜得出来吗？

答案

一、二、三、四、五、六、七、八、九、十。

永远都不对的字

一天，妈妈带着姐姐和弟弟去动物园玩。在公交车上，妈妈给姐弟俩出了一道难题。题目是：有一个很奇怪的汉字，我们从小到大都读错了。你们知道这是一个什么字吗？

听到妈妈的难题，弟弟马上举起手来，抢着说："我知道，那个字肯定很难，我们都不认识！"

妈妈听到弟弟的回答，摸着弟弟的头，然后摇了摇头说："不是的。"

姐姐一直在一旁默不做声，认真思考着，过了一会儿，姐姐就将自己的答案说了出来。

妈妈听到姐姐的回答，说："很正确，就是这个字。"

看完这个故事，你能猜出姐姐说的是哪个字吗？

答案

"错"字。

齐老的"门规"

齐白石可以说是书画界的泰斗，也正是这样，前来拜师学艺的人络绎不绝。然而齐老喜欢在门上贴纸条来表示自己的心情。

一天，有三个学生前来向他学艺，走到齐老门口，看到门上贴着一个"心"字。这三个人当中的一位转身就离开了，而其他两个人还是上前将门敲开了，但是他们却被齐老的管家劝说了回去，这下真是把他们两个郁闷坏了，于是决定第二天再来。

第二天一大早，这三个人又来到了齐老的门前，今天门上贴了一个"木"字。第一天离开的那个人，看到这个字，就上前叫开了齐老的门。管家高兴地把门打开，笑盈盈地将他引到了齐老的书房。其他两个人看到今天的情形

和昨天的差别如此巨大，真是丈二和尚摸不着头脑。

你能帮他们解释一下这其中的缘由吗？你知道这“心”和“木”分别代表着什么意思吗？

答案

第一天门上的“心”其实是“闷”字，这说明齐老心情不好，因此不会见客。第二天门上的“木”是“闲”字，这也就说明齐老今天没事，可以见客。

喜欢变身的“口”

一年中秋，吃过晚饭，大家都到院子中赏月，这时爷爷将孩子们叫到自己的身边，拿出一张写着“口”字的纸问道：“这是一个什么字呢？”

孩子们异口同声地说：“口。”

听到孩子们的回答，爷爷高兴地笑了，说：“那现在我们来用这个‘口’字做个游戏怎么样？我来说，你们来猜，看看谁猜得多！”

孩子们听到要玩游戏，各个都非常开心。

这时爷爷问：“两个口是什么字呢？三个口是什么字呢？”

听到爷爷的问题，孩子们都争先恐后地回答。

爷爷接着问：“四个口围着一条小狗又是什么字呢？五个口是什么字呢？七个口又是什么字呢？那八个口又是什么字呢？十一个口又是什么字呢？”孩子们听着爷爷这一连串的问题，没有了原来的兴奋劲儿，各个都埋头苦想，七嘴八舌地议论着答案。

爷爷看到孩子们好长时间都没有想出答案，于是就公布了答案。

你知道爷爷说的是哪几个字吗？

答案

两个口是“吕”和“回”，三个口是“品”，四个口围着一条狗是“器”，五个口是“吾”，七个口是“叱”和“电”，八个口是“只”，十个口是“田”，十一个口是“吉”。

小杜甫猜谜

唐代著名的诗人杜甫出生在一个书香世家，他的祖父就是初唐著名的诗人杜审言。小时候，杜甫因为聪慧、机灵，深得祖父的喜爱，因此祖父经常带着他到郊外去散步。

一天黄昏，祖孙两人到郊外去散步。此时正值金秋时节，农夫们正在抢收稻谷，空气中弥漫着稻香。祖孙俩人漫步在原野上，杜审言触景生情，于是就出了一道谜语来考杜甫，谜语的谜面是：

四个不字颠倒颠，
四个八字紧相连。
四个人字不相见，
一个十字立中间。

听到爷爷出的谜语，小杜甫思考了片刻，很快就把谜底告诉了祖父。

和蔼可亲的祖父听到杜甫的回答喜笑颜开，高兴地捋着胡须称赞他。

你知道杜甫的祖父所吟咏的是哪个字吗？

答案

米。我们在猜这个字谜的时候，不要考虑实物，只从字形上考虑。这个“米”字从不同的方向去看，每个方向上好像都有一个“不”、“八”、“人”字，而在“米”字的中间部位就是一个“十”字。

猜猜这个字

有个字很特别，我们在很多地方都能用到它，尤其是在做饭的时候。小明一开始在学写字的时候，因为这个字的笔画太多，总是写不对。妈妈为了能让小明牢牢记住这个字，就为他编了一个顺口溜，顺口溜的内容是：

一点一横长，口字在中央，
子字来报道，九点一同忙，
下面一把火，煮好一锅汤。

小明听到妈妈编的顺口溜，不仅记住了这个字，还知道了如何写这个字。

你能猜出妈妈给小明编的是哪个字的顺口溜了吗？

答案

熟。

希望这样

在古代的时候，每逢元宵佳节，人们都会举行灯节盛会。这年，在杭州西湖总宜园内举行的灯会，吸引了很多游客、文人前来观看。

在总宜园的门前，悬挂着今年灯会最大的谜题，很多人都聚集在门口，看着高高悬挂在上面的谜题，旁边还有很多文人墨客在抓耳挠腮。正巧，明代著名文学家徐渭经过这里，他走上前去，只见上面写着：

二人抬头不见天，
一女之中半口田。
八王问我田多少，
土字上面一千田。

徐渭看到这个谜面，不禁笑了起来，说：“这个不难，很容易就能猜出来。”

周围的人一听他这样说，就围了

上来，说：“快给我们讲一讲吧。”

徐渭并没有将谜底直接告诉他们，而只是说了一句：“希望每一家都是这样。”于是就扬长而去了。

一位诗人听到他这样说，认真思考了一下，茅塞顿开，接着抚手赞叹道：“真不愧是才子呀！”

那你能猜出这个谜面的谜底是什么吗?

答案

夫妻义重。每一句都蕴含着一个字，将四个字连起来就是“夫妻义重”。

装满房间的物品

明代有一个年过八旬的财主，自知年纪大了，会不久于人世。于是就想把自己名下的财产分给三个儿子，但是他又不想让三个儿子因为遗产而反目成仇，所以就想了一个两全其美的办法。

一天，他把三个儿子叫到客厅说：“我今天给你们兄弟三人分一下财产。我这儿有一个方法，钱财我会平均分配给你们，但是这座宅子，只有通过我测试的人才能得到。你们可都听明白了？”三个儿子听到父亲这样说，都点了点头。于是父亲接着说：“现在我这里有三枚金币，你们每人一枚，如果谁能用这枚金币买回的东西将这个客厅装满，那谁就能得到这座宅院，限时是一天。”

三个儿子出来后，就各自行动了。约定的期限到了，他们分别带来了自己所买的东西。大儿子买回了一堆稻草，但是只装了半间屋子。二儿子买了一箱纸，也没将屋子装满，等到小儿子的时候，只见他迅速拿出两样东西，就轻而易举地将屋子装满了。大儿子和二儿子看到弟弟的这个方法，都赞不绝口，并向父亲表示他们输得心服口服，自愿将宅院送给小弟。

你能不能猜出小儿子是用哪两样东西将屋子装满的呢?

答案

火柴和蜡烛。用火柴将蜡烛点燃，蜡烛的光就能将整间屋子装满了。

缺少横批的对联

春天的一天，县太爷和师爷一同到下面视察百姓的生活状况，当他们经过一家民宅的时候，看到这家过年时贴着的一副对联。这副对联很是奇怪，只有上联和下联，没有横批，在横批的地方只贴着一张白纸。这让县太爷感到非常奇怪，于是就驻足读了起来：

二三四五，

六七八九。

读完这副对联，县太爷笑盈盈地转过身，对身边的师爷说：“这家人肯定是世代都没有什么文化，要不然怎么会有这样上下都讲不通的对联呢？”

师爷听到县太爷这样说，深深地叹了一口气说：“回禀县太爷，这家人未必是世代没有文化，只不过他们可能是有苦说不出来吧，要不然也不会写这么奇怪的对联了。”

听到师爷这样说，县太爷觉得更加不可理解了，于是就问师爷这是什么意思。

师爷在县太爷耳边说了几句，而这几句话让县太爷的脸立刻就阴沉了下来。

你知道师爷对县太爷说了什么话吗？

答案

师爷在县太爷的耳边说：“缺衣少食”。对联的上联是“二三四五”，正好缺一个“一”字，而“一”和“衣”是谐音，所以就是“缺衣”。而下联是“六七八九”，正好少一个“十”字，而“十”和“食”是谐音，所以说是“少食”，将两者和到一起就是“缺衣少食”的意思了。

顽皮的孩童

某日，郑板桥到城外散步，在经过一个山村的时候，听到私塾中传来打闹的声音，随后走过去推门而入，并劝孩子们：“孩子们，你们要珍惜这大好的时光，好好读书呀！不要再这样打闹了。”

孩子们听到门响，立刻停止了打闹，以为是先生回来了，当他们回头看到是一个身穿布衣、脚穿草鞋的人时，一个顽皮的孩童就嘲笑道：“喂！老头，你知道什么是圣贤书吗？”

郑板桥听到孩子这样问，笑着回答说：“稍微知道一点。”

那顽皮的孩子说：“照你这样说，吟诗作赋你也肯定不在话下了？”

郑板桥笑了笑，说：“只是闲来无事的时候作一作而已。”

顽皮的孩童说：“那这样好了，我说一个物品，你来以它为题，作一首诗怎么样？”

郑板桥看到孩子这样顽皮，就笑着点了点头。

顽皮的孩童用手指着私塾厨房中的一个物品说：“就是那个东西了。”

郑板桥顺着孩子指的方向看过去，看了一眼，笑着说：“好的，你们可要听好了。”随即吟道：

嘴尖肚大个不高，
放在火上受煎熬。
量小不能容万物，
两三寸水起波涛，

顽皮的孩童听到郑板桥的诗，肃然起敬，就赶紧让郑板桥坐在了先生的太师椅上，孩子们围在他的周围问东问西。

你知道顽皮的孩童所指的是什么东西吗？

水壶。

嗜酒的张秀才

在唐代的时候，有一位张秀才，嗜酒如命，同时也非常喜欢猜字谜。每当佳节来临的时候，他就会和自己的朋友们聚到一起来饮酒、猜谜。

一天，他来到“仙客来”酒店喝酒，而“仙客来”的老板也是一个喜欢猜字谜的人。当他看到是张秀才时，就笑盈盈地走上前来说：“我出个字谜你来猜一猜，若你能猜得上来，我就请你喝酒。”说完这些话，老板就吟了起来：“唐虞有，尧舜无，商周有，汤武无。”

张秀才听到老板的谜面，并没有直接回答他，而是笑着说：“我把你的谜底也做成一个谜面，你看怎么样？”说着就吟了起来：“右边有，左边无，凉字有，热字无。”

张秀才好像不是很过瘾，就接着说：“跳者有，走者无，高者有，矮者无，智者有，蠢者无。”

老板看着张秀才这样有兴致，就继续说：“哑巴有，聋子无，和尚有，道士无。”

张秀才接过老板的话，继续说：“哭者有，笑者无，活者有，死者无。”

众人听着老板和张秀才的对话，真是一头雾水，两个人就像是在打哑谜。等到张秀才说完，老板哈哈大笑，随即命令店小二上酒，让张秀才尽情饮用。

你能不能帮助众人解开两人的谜题，让他们知道这是一个什么字呢？

答案

“口”字。我们在揭开谜题的时候，只要从字形上考虑就可以了。

犯戒的和尚

在金山寺中有这样一个和尚，他是厨房的僧人，法号是法名。他这人常常违反寺院的规定，不仅吃肉还喝酒。正是因为这样，其他的僧人都非常鄙视他，认为他待在寺院中，有损寺院的声誉。

一天，长老向众位弟子讲授佛道之后，就考问众位弟子这样一个问题：“现在有一只老虎，在它的脖子上系着一个铜铃，请问，你们谁能把它安全地解下来呢？”

听到长老这样的问题，众位僧人都你看我我看你，没有人能给出满意的答复。

正当大家难以解答的时候，法名喝得醉醺醺地从外边回来了，长老就将刚才的问题向法名说了一遍，他听到这个问题，就笑着对长老说："这个问题有什么难的。"说完立刻就回答出了长老的问题。这个回答让在座的僧人都向他投来了敬佩的目光，从那之后，人们对他的态度也就慢慢转变了。

你知道犯戒的法名和尚说的什么话，让在座的僧人都向他投来了敬佩的目光吗？

答案

犯戒和尚的回答是：解铃还须系铃人。

浪子回头

从前有一个老员外非常有钱，但是他有一个花费无度、好吃懒做的儿子——金大鹏。员外整天都为这个儿子担忧，这让他一病不起，不久便离开了人世。而员外的全部财产都被他这个不争气的儿子继承了。

自从员外去世之后，金大鹏还是恶习不改，没有多长时间，就将员外留给他的全部财产挥霍一空。从此之后，就变成了一个穷小子。

在这年过年的时候，穷小子家中的米缸中连一粒米都没有了，因此没有办法过年，于是他就挥笔写了一副对联，贴在了自家的大门上，以此来自我嘲讽，对联的内容是：

行节俭事，

过淡泊年。

这天夜里，穷小子的叔父买了两斤肉、十斤大米送到了穷小子的家中，当他走到门口的时候，看到了这副对联，感慨万千，于是就对侄子说："其实你这个对联上应该再各加上一个字，这样就会变成另一个意思了。"说着就在对联上各自加了一个字。

当穷小子看到叔父加上去的两个字之后，惭愧地低下了头，从那之后，穷小子就浪子回头，将自己生活中的种种不良恶习都改正了。

你能猜出这位叔父在对联上加上了哪两个字，让穷小子改邪归正，浪子回头了吗？

答案

早行节俭事，免过淡泊年。

丫鬟的姓氏

从前有一位私塾先生，自认为学识渊博，走到哪里都喜欢显摆一下。

一天，这位先生到当地一位员外家中做客。员外家的丫鬟小红看到一位老者向这边走来，就非常礼貌地对着老者说："先生，您贵姓？来此地为了什么事情？"

老先生看到丫鬟这样有礼貌，就想要卖弄一下自己的才华，于是就回答说：“‘十字路口，嫦娥一边走’就是老夫的姓氏。”

丫鬟听到老者这样说，就笑盈盈地说：“哦，先生您原来姓胡呀！”丫鬟心里明白，这位先生是有意想为难一下她，于是就想我不妨也来考考他，于是就笑呵呵地说：“那请先生不妨也来猜猜我的姓。”丫鬟还没等先生回答，就吟道：“言而有信友情深，忠心耿耿一身轻。寸金难买光阴重，请君细品语中情。”

那位老先生听到丫鬟这样说，低头沉思了好长时间，也没有猜出这个丫鬟的姓，陷入这样的境地，老先生只好悻悻地走了。

你知道这个丫鬟姓什么吗？

答案

丫鬟的姓是“谢”。

相同的偏旁

小明和小雨是一对好朋友。小雨是一个很聪明的孩子，不仅善于思考，而且还喜欢研究偏旁。他发现自己学过的很多生字，在加上一个相同的偏旁之后，不但会变成另外一个字，就连它们的读音也会变化。

一天，小明和小雨在一起做作业，做完作业之后，小雨突然想起了自己对汉字规律的发现，就想为难一下小明，于是就对小明说：“我们两个来玩个游戏怎么样？我现在写五个汉字，你给它们加上同一个偏旁，让它们变成另外一个汉字，限时两分钟。”小明高兴地答应了小雨的提议。

接下来，小雨就在纸上写了白、木、工、每、可五个字。看完这些字之后，小明说：“让我想一想。”之后，小明就陷入了沉思。

小朋友，你能帮小明在限定的时间之内想出答案吗？如果已经想出来了，那就赶紧写下来吧！

答案

柏、林、杠、梅、柯。

一百两银子

老王在外地做生意，因为生意很红火，所以没有时间回家，但是家中的老母亲因身体不适，急需银子，这下老王可着急坏了。情急之下，老王找了一个伙计要他把一百两银子带回去给妻子，但是他又担心银子被伙计私吞，所以就给妻子写了一封无字家信。

家信的内容老王是用这样一幅画来表示的，他画了一棵大树，而且树上站着八只八哥和四只斑鸠。

等画好之后，老王就将信折好，把信和一百两银子一同交给伙计，并嘱咐他立刻将银子送回家去。

伙计从老王手中接过家信和银子后，就急忙出发了。在半路上，伙计偷偷打开了老王写的家信，看到信上并没有说明带多少银子回去，于是他就偷偷扣了五十两银子。

等到伙计将家信和银子交给老王的妻子后，本以为没有什么事情了，但是老王的妻子却突然责问道："伙计，做人最主要的是诚实，你们老板要你给我带回一百两银子，可是现在怎么只有五十两了呢？"

伙计听到老王的妻子说一百两银子，顿时脸红脖子粗，支支吾吾，没办法。只好把他扣留的五十两银子如数拿了出来。

那你知道，老王的妻子是怎样知道老王给了她一百两银子的吗？

答案

八只八哥的意思是八八六十四，四只斑鸠的意思是四九三十六，而两种动物又在同一棵树上，因此两者的乘积相加就是一百了。

少女的谜题

陶渊明是我国东晋时期著名的诗人和文学家。他不但文采好，知识渊博，而且对字谜还很有研究。在同友人们出去游玩猜字的时候，他总是能独占鳌头。

春天来了，陶渊明和友人们到郊外去游玩，欣赏祖国的大好河山，感受春天的美好时光。当他们走到郊外时，看到一个穿着粉色衣衫的女子坐在河边的石头上哭泣。陶渊明看到女孩哭得非常伤心，于是就走上前去关切地问："你哭得如此伤心，却是为了什么事呢？"

女孩听到有人问话，就回答说："我刚才遇到一个算卦先生，于是就算了一卦，可是这个人却说我：

'风流女，河边站，
杨柳身子桃花面。
算命打卦她无子，
儿子生时娘不见。'"

听到女孩子的诉说，一位友人说："这个算卦的可真狠毒，怎么能这样说一个女孩子呢！"可是陶渊明却笑了起来，这让友人们有点摸不着头脑。接着陶渊明安慰女孩子说："不要哭了，这位算卦先生所说的是一个谜题，他是在夸奖你貌美呢。"

女孩子听到陶渊明上面的话语一脸茫然，但是当她听完陶渊明的解释之后就破涕为笑了。周围的友人在听到他的解释之后，也是豁然开朗。

你知道算命先生说的这个谜题是什么吗？

答案

荷花。

小李白巧讽乡绅

李白是我国唐代著名的诗人，有"诗仙"的美誉。李白在14岁时，就

因才华横溢，而闻名浦城（今万县）。在浦城有一个姓胡的乡绅，肚子中墨水不多，但却很是自命不凡，喜欢附庸风雅，时常吟几句打油诗。

在这位乡绅50岁生日时，他举办了一场盛大的宴席，邀请了全城的富商名媛，还特意邀请了当时名贯全城的“神童”李白。

在席间，酒过三巡之后，这个胡乡绅不怀好意地对李白说：“早就听闻你才华横溢，不知是不是真的，老夫这里有一个上联，但是思考了很久也没有想出下联，今天不知道‘神童’能否给出下联？”说完这些话，他就在那里摇头晃脑地吟了起来：

“梁上载大竹，无须淋水。”

胡乡绅自认为自己的这副对联是一个绝对，因为在这幅对联中包含了川东三个县的名字，可是谁知道，小李白却脱口而出：

“南浦人长寿，何惧丰都。”

在座的宾客听到李白对的下联，频频点头赞叹，胡乡绅看到此情形，也无话可说。过了一会儿，胡乡绅想讥讽一下李白喜欢喝酒的嗜好，于是就指着挂在墙上的一幅画，这幅画的内容是一个老神仙，在一块石头上躺着，怀中还抱着一个大大的酒坛，酒坛的口向下，酒流了一地，也不知道是睡着了还是喝醉了。看到这幅画，胡乡绅脱口吟道：

“酉加卒是个醉，目加垂是个睡，老神仙怀抱酒坛枕上偎，不知是醉还是睡。”

宾客听到胡乡绅的对联后，心中都为李白担心。而此时，李白却慢条斯理地站起来，用手指着肥胖如猪的胡乡绅说：

“________，________，________，________。”

人们听到李白的这个对联之后，顺着李白所指的方向，看到胡乡绅当时的那副模样，不禁都大笑了起来。而此时胡乡绅却气得浑身颤抖，没有办法只好吃下了这个哑巴亏。

你知道李白的下联是什么吗？注意我们可以根据胡乡绅的体态和当时的情形来对，这样就很容易对出来了。

答案

月加半是个胖，月加长是个胀，胡乡绅挺起大肚中间站，不知是胖还是胀。

邻居伐树

东汉时期著名的文学家、经济学家徐孺子从小就非常聪慧，因此很多人都特别喜欢他。

一天，徐孺子正在家中玩耍，恰巧看到隔壁的邻居要将院子内长势茂盛的大树砍掉。徐儒子感到很奇怪，于是就走过去问："刘先生，这棵树长得这样茂盛，你为什么要把它砍掉呢？"

刘先生说："我们家的院子是方形的，在院子中种一棵树，那不就是'困'字了，这样很不吉利。"

徐孺子听到刘先生这样解释，觉得非常好笑，于是就依照刘先生的解释，用木棒在地上写了一个字，然后说："如果按照您所说的，把院子中的树砍掉，那您住在这个院子中不是更不吉利吗？"

刘先生看到徐孺子所说非常有理，于是就打消了砍树的念头。

那你知道徐孺子在地上写了一个什么字最后让邻居刘先生打消了砍树的念头吗？

答案

"囚"字，将大树砍掉，住在这个院子中的就只剩下人了，再加上方方的院子，那就是"囚"字了。

7岁龄童对朱元璋

朱元璋是明朝的开国皇帝，被人们称为明太祖。虽然这位皇帝出身不是很好，但文采还是不错的，而且他钟爱对对联，在这方面的故事很多。今天我们就来向大家说其中的一个。

据说，在朱元璋南征北战打江山时，某天，他率领着自己的手下到了一个驿站。当他走进驿站的时候，看到一个年龄只有七八岁的小孩子在干活，这让他感到很好奇，于是就走上前去询问。小孩听到朱元璋问自己，回答说："我是在替我的父亲当差呢。"在当时，朝廷有明文规定，每个家庭都要为政府做义工，这个在当时叫做"差役"。

朱元璋看到小孩聪明伶俐，干活做事也很利索，非常喜欢，于是就问："你会对对联吗？"

小孩说："会一点。"

于是朱元璋脱口就说出了一个上联：

"七岁孩重当马役。"

小孩思考了一下，说道："______。"

朱元璋听完小孩的对联，大笑了起来。在那个时候，朱元璋还没有统一国家，建立明朝。听到小孩这样赞扬自己，很是开心，所以就立即免去了孩子的差役，还让小孩跟着他，成了他的一个随从。

那你知道这个小孩说了一个什么样的下联，让朱元璋如此开心吗？

答案

万年天子坐龙庭。

鲁迅巧对对联

提到鲁迅先生，我们都知道他是我国著名的文学家，他从小就非常聪慧，文采也很出众。他有这样超群的才华，皆得益于他的启蒙老师寿镜吾先生，先生从小就严格要求他。而先生为考查学生的文采，经常采用对对联的形式。

一天，寿镜吾先生在课堂上给学生出了一个“独角兽”的对联，来让学生对。

学生们听到老师说的对联后，就七嘴八舌地说开了。有的学生对“两头蛇”，还有的对“八角虫”、“四眼狗”等，大家对的五花八门，但是没有一个能让先生满意。

鲁迅听着同学们的回答，自己也在认真思考，突然间想起自己在《尔雅》中看到的一段话，于是站起来说：

“__________。”

老师听完之后不断点头称是，其他的学生在听完老师的解释之后，都觉得是一副绝对。

那你知道鲁迅所对的对联是什么吗？你又知道老师是怎样解释的吗？

答案

比目鱼。老师所说的上联“独角兽”的“独”字并不是量词。但是却有“单”和“一”的意思，而“比目鱼”中的“比”字也不是量词，但是却有“双”的意思，所以说这两个字对得很准确。同时，独角兽又是麒麟，是天上的吉祥之物，而比目鱼又是海里面珍奇的物种，这两者意思又相对，并且在平仄上也很工整，所以说对得很妙。

智骂贪官

古时有个贪官，他贪赃枉法，无恶不作，当地的老百姓都恨透了他。为了表示自己的“清白”，这个贪官便在大堂外贴了一首诗：

一不要钱，二不要命，三不要官，四不要名。

唐伯虎听说这件事后非常气愤，便在每句诗的后面添了两个字，便意思大变，有力地讽刺了那个贪官。

你知道唐伯虎加的是什么字吗？

答案

一不要钱，嫌少；二不要命，嫌老；三不要官，嫌小；四不要名，嫌臭。

棋语人生

如下图所示，这是一盘象棋残局，请你在空白的圆里填上适当的字，使横、竖相邻的棋子，组成8句4字成语。

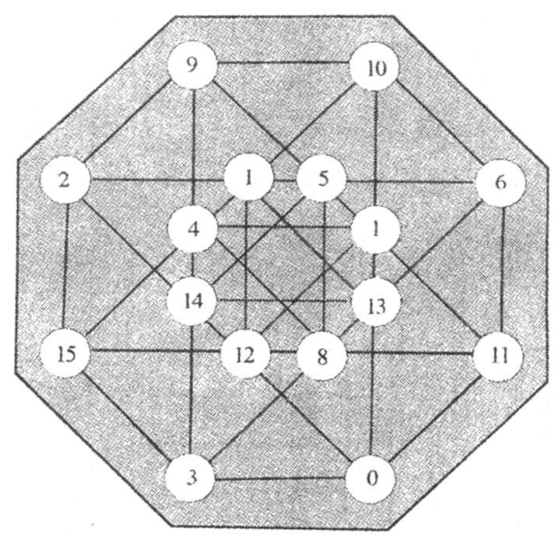

答案

（横）舍车保帅；相依为命；刮目相看；车水马龙；

（竖）车轮大战；兵荒马乱；损兵折将；害群之马。

一封匿名信

林肯主张废除奴隶制度，遭到南方奴隶主的一致反对。一天，林肯在民众集会上发表公开演讲，有人递上来一张纸条，林肯打开一看，上面只有两个字："傻瓜。"这显然是一次恶意的挑衅。在公众场合，身为总统，林肯当然不便发作。这时，只见林肯扫视全场，以镇静的语调说："本总统收到过很多匿名信，都只见信件正文却不见署名，而＿＿＿＿＿。"说完继续演讲。弄得那个写条子的人尴尬万分。

你能猜出林肯后面说的是什么吗?

答案

今天却正好相反，这位先生只署上自己的名字，却忘了写内容。

柳字诗意

古诗中用"柳"字甚多，今选录数句，既可欣赏，又助记忆。请你在空格中填上适当的字词，使它们分别

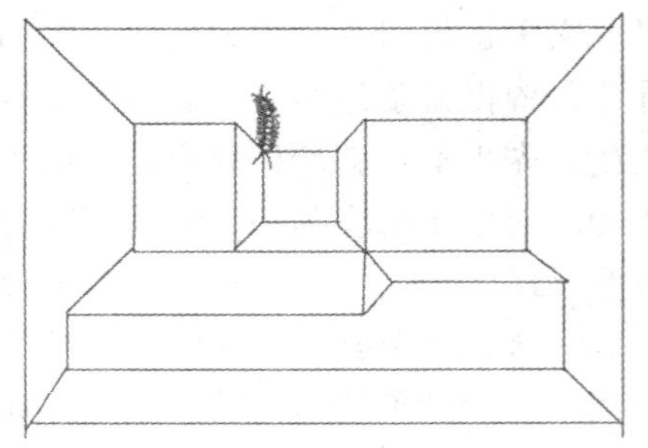

成为一句带"柳"字的诗句，并写出诗的作者及题目。

答案

柳暗花明又一村（陆游《游山西村》）；

绿柳才黄半分匀（杨巨源《城东早春》）；

颠狂柳絮随风舞（杜甫《漫兴》）；

绝胜烟柳满皇都（韩愈《初春小雨》）；

客舍青青柳色新（王维《送元二使安西》）；

吹面不寒杨柳风（曾志安《绝句》）；

两个黄鹂鸣翠柳（杜甫《绝句》）；

柳絮池塘淡淡风（晏殊《寓意》）；

杨柳声声江水平（刘禹锡《竹枝词》）；

风吹柳花满店香（李白《金陵酒肆留别》）；

拂堤杨柳再辛春婀（高鼎《村居》）；

何人为吊柳屯田（王士桢《真州绝句》）；

寒食东风御柳斜（韩羽《寒食》）；

羌笛何须怨杨柳（王之涣《凉州词》）。

礼让三分

一次，德国著名文学家歌德在公园里散步，在一条仅能让一个人通行的小路上和一位批评家相遇了。“我从来不给蠢货让路。”批评家说。

“________”歌德说完，笑着退到了路边。

请问，歌德是怎样回敬这位批评家的?

答案

我恰好相反!

成语算式

将下面的成语运用加减法使其完整。

1. 成语加法

(　　)龙戏珠+(　　)鸣惊人=(　　)令五申

(　　)敲碎打+(　　)来二去=(　　)事无成

(　　)生有幸+(　　)呼百应=(　　)海升平

(　　)步之才+(　　)举成名=(　　)面威风

2. 成语减法

(　　)全十美-(　　)发千钧=(　　)霄云外

(　　)方呼应-(　　)网打尽=(　　)零八落

(　　)亲不认-(　　)无所知=(　　)花八门

(　　)管齐下-(　　)孔之见=(　　)落千丈

答案

1. 成语加法

(2)龙戏珠+(1)鸣惊人=(3)令五申

(0)敲碎打+(1)束二去=(1)事无成

(3)生有幸+(1)呼百应=(4)海升平

(7)步之才+(1)举成名=(8)面威风

2. 成语减法

(10)全十美-(1)发千钧=(9)霄云外

(8)方呼应-(1)网打尽=(7)零八落

(6)亲不认-(1)无所知=(5)花八门

(2)管齐下-(1)孔之见=(1)落千丈

解谜助人

有一女子要回娘家，婆婆就故意刁难她，要她带一样东西回来，否则不能进门。

婆婆要的东西，藏在一个谜语里：“大圆球，满天红，里面住条小火虫，白天火虫睡大觉，晚上火虫闹天宫。”媳妇怎么也猜不出来，急得哭了。这时，一位老头见状，安慰了媳妇，告诉她谜底，还教她一个新谜语。媳妇回到婆家，对婆婆说：“你要的东西我带回来了，它是：打我我不恼，背后有人挑，心里似明镜，照亮路一条。”婆婆一听，媳妇不仅猜出了谜底，还通情达理，再也不好为难她了。你知道原因吗？

答案

原来女子的婆婆要的是灯笼。

五大洲

老师在黑板上面画了一幅世界五大洲图形，并给每个洲都写上一个代号。然后，他请五位同学每人认出两个大洲来。甲回答说：3号是欧洲、2号是美洲；乙回答说：4号是亚洲、2号是大洋洲；丙回答说：1号是亚洲、5号是非洲；丁回答说：4号是非洲、3号是大洋洲；戊回答说：2号是欧洲、5号是美洲。老师说：“你们每个人都认对了一半儿。”请问，每个号码各代表的是哪个大洲呢？

答案

1号是亚洲、二号是大洋洲、3号是欧洲、4号是非洲、5号是美洲。

来自何地

一次会议中，分别来自西南四个省（区）的四位代表被编在一个组。他们彼此不知道谁来自哪里，便互相猜测：甲认为丁来自四川、乙认为丙来自云南、丙认为甲不可能来自贵州、丁认为乙来自西藏。后来发现，贵州和四川两位代表的猜测是正确的，而另外两位代表的猜测是错误的。那么，请你判断一下，这四位代表究竟各来自哪里？

答案

甲来自云南、乙来自西藏、丙来自四川、丁来自贵州。

旅行袋之谜

下船的旅客正匆匆走出码头。刚失去了旅行袋的小马发现前面有个人提着自己的旅行袋，便上前拦住那个人责问。那个人立刻道歉说：“对不起，我拿错了。”随即将旅行袋还给了小马，头也不回地向前走去。小马突然上去抓住那个人说：“你是小偷！”你知道小马的依据是什么吗？

答案

那个人既然说“我拿错了”，就意味着，他自己也有一个旅行袋。他发觉拿的是别人的旅行袋后，应当去找自己的旅行袋。但是，他却不去找。这说明，他自己并没有旅行袋，因此，不可能是无意间把别人的旅行袋拿走了。当然就可能是有意盗窃了。

哪个大学

方奇、林兰、刘莉分别被华东师大、交通大学、复旦大学录取。她们谁被哪个学校录取了？邻居有不同的猜测。甲认为方奇考上交通大学、刘莉考上复旦大学；乙认为方奇考上复旦大学、林兰考上交通大学；丙认为方奇考上华东师大、刘莉考上交通大学。后来，邻居们发现自己的猜测各对了一半。请你判断一下，她们三个人分别考上了哪个大学？

答案

方奇考上了华东师大、刘莉考上了复旦大学、林兰考上了交通大学。

认王后

一天，有个相士来见赵王，说自己能凭面相看出一个人的贫富。赵王不信，就让几名歌女和年轻美貌的妻子穿戴得一模一样，站在庭前，让相士辨认谁是他妻子。相士的话实属骗人，不过，他灵机一动，说：“头上有祥云飘动的便是。”随后，他指着其中一位说：“她就是你妻子。”相士果然说中了，你知道其中的奥秘吗？

答案

歌女们听到相士的第一句话，都好奇地向赵王妻子的头上仰望，惟独赵王的妻子不好意思抬头。

猜字谜

有一个字砍去左边是树，砍去右边是树，砍去中间还是树。请问这是什么字？

解析

彬。

填字组字

在下面的括号中填上一个合适的字使这个字与两边的字都可以组成一个新的字：古（ ）巴。

解析

月。分别组成“胡”和“肥”。

郑板桥巧骂土财主

乾隆年间，在京城有一位甘当衙门走狗的土财主，虽然家财万贯，但没怎么读过书，却偏偏喜欢附庸风雅，这一次他想重金请郑板桥为其题字。

郑板桥平时最看不惯这些败类，就算是给万两黄金他也不会轻易为土财主题字的。没想到这次郑板桥却痛快地答应了土财主的请求，留下“雅闻起敬”四个大字。郑板桥在题字之前就跟土财主说好了，他题的字在制匾的时候第二个字只能漆“门”这个部首，第一、三、四个字只能漆左边。土财主想都没想就答应了下来。没过多久这块匾就被土财主高兴地挂了起来，逢人便大肆吹嘘自己的这块匾。

可是没过数日，财主就把这块匾给摘了下来，因为大家都因为这块匾而讥笑他。

请问，你看出郑板桥的用意了吗？

答案

根据郑板桥的要求，这块“雅闻起敬”的匾漆完之后就变成了“牙门走苟”，谐音“衙门走狗”，所以，看出端倪的人都在讥讽土财主。

夫妻问路

有一对夫妻走到一个岔路口迷路了，就向旁边的一位老伯问路。老伯说：

“要女的走开。”

于是丈夫就要妻子走开了，接着又过来问老伯。

老伯又说：

“要女的走开。”

这次，丈夫要妻子走到很远的地方才回来问。

老伯笑着说：

“我已经告诉过你们了。”

丈夫十分不解，走过去告诉妻子。妻子一听就明白了。

请问老伯是怎么给他们指路的？

答案

让他们向西走。

“要”去掉“女”就是“西”。

巧读诗

下面有一个用文字堆起来的山，其实这是一首诗，不知道你看出来没有？

开
山满
桃山杏
山好景山
来山客看山
里山僧山客山
山中山路转山崖

答案

山中山路转山崖，山客山僧山里来。山客看山山景好，山桃山杏满山开。

巧断诗句

“知止而后有定定而后能静静而后能安安而后能虑虑而后能得。”这是一句诗，请你在这句诗当中加上几个逗号，使之成为一句通顺易懂的诗句。

答案

知止而后有定，定而后能静，静而后能安，安而后能虑，虑而后能得。

断　句

同样的内容，读的人不同，结果也会不同。有一封信是这样写的：

“父母大人拜上新年好晦气全无人丁兴旺读书少不得五谷丰登”。爹娘看了之后老泪纵横，全然误解了信的真正意思。请问这封信的另一种内容是怎样的?

答案

父母大人拜上：新年好，晦气全无，人丁兴旺，读书少不得，五谷丰登。

神奇的建筑

下面有一组词语，请你猜出与这四个词语都有关的事物：

（1）广播
（2）建筑
（3）法国大革命
（4）塞纳河

答案

埃菲尔铁塔。

埃菲尔铁塔是为庆祝法国大革命（1789 年）100 周年举办的博览会而建立的；

埃菲尔铁塔顶层在 1951 年增设广播天线；

埃菲尔铁塔位于巴黎塞纳河左岸。

有趣的名词

根据下面给出的四个提示猜出一个与这四个提示相关的两个字的名词。

（1）多少
（2）空间
（3）数学
（4）笛卡尔

几何。

“几何”在汉语中有“有多少”的意思；几何所研究的就是空间问题；几何是数学的一个分支；解析几何就是著名数学家笛卡尔所创立的。

中华名著

根据下面的几个提示推理出一个符合要求的名词：

（1）三顾茅庐

（2）历史巨著

（3）元末明初

《三国演义》。

此地无银三百两

张三将三百两银子藏在后院的洞里，还在埋银子的地方竖了个牌子：“此地无银三百两”。第二天李四就把这些银子给偷走了，并且在牌子上写上“隔壁李四不曾偷”。这个故事还是一个成语谜，请猜猜是什么成语。

不打自招。

拆字猜食品

以“客”为谜面，用拆字法打三个食品名。

窝头——穴；火腿——人；点心——口。

蜻蜓点水

一幅蜻蜓点水的图其实是个谜面，谜底打一个字。请问谜底是什么？

答案

汗。

（蜻蜓可看做“干”，“干”加水就是汗）

猜 字

什么字一滴水？什么字两滴水？什么字三滴水？什么字四滴水？什么字六滴水？什么字十滴水？什么字十一滴水？

答案

分别是：永、冰、江、泗、洲、汁、汗。

答非所问

A：“请问你姓什么？”

B：“没心思。”

A：“能告诉我你爱吃什么吗？”

B：“青春美丽痘。”

A：“能告诉我你爱喝什么？”

B：“值得一笑。”

看起来B总是答非所问，其实他已经正确回答了A的问题。请问他分别回答了什么？

答案

没心思——田；青春美丽痘——面疙瘩；值得一笑——可乐。

猜城市

魏华旅游回来之后，好友瑶瑶问魏华都去了哪些地方。喜欢猜谜的魏华这样回答：

“海上绿洲，风平浪静，银河渡口，巨轮启动，不冷不热的地方，四季花红。”瑶瑶听了之后丈二和尚摸不着头脑，完全不知道魏华去了哪些地方。你能猜出魏华到底去了哪几个城市吗？

答案

青岛、宁波、天津、上海、温州、长春。

杨修猜谜分酥糖

杨修的智谋超出常人，帮曹操出了很多好主意。曹操却是个疑心很重的人，不喜欢别人看透他的心思，偏偏杨修却能，而且喜欢告诉别人，炫耀才能，这令曹操很忌讳。但曹操爱才又不舍得除掉他，所以心里一直很矛盾，就想找机会试探一下杨修。

有一次，有人送给曹操一盒酥糖，曹操便在盒子上写了三个字：

“一合酥”，然后叫官员们来开会，自己故意离开了。官员们来了以后，看见桌子上有一盒东西，都感到奇怪，杨修却打开盒子，把酥糖分给大家吃，有的人不敢吃，杨修笑着说：

“这是丞相给我们吃的，大家放心吧！”通过这件事，曹操知道杨修确实很聪明，能猜出自己内心的想法，后来就找了个借口，把杨修给杀了。

答案

一合酥的“合”拆开，就是“一人一口酥”。

穷人的妙计

很久以前，有个姓陈的穷人在荒山上栽了一片果树。没几年，树木茂盛，果实满枝。一个财主看中了这片果木，便想把它夺过来。这个财主跑到县衙告了姓陈的穷人一状，并用10两银子去贿赂县太爷。

于是，县太爷派人传讯姓陈的穷人，这人觉得自己肯定要吃亏，心里很着急。当他走到县衙门口，官差盘问他姓名时，他忽然心生一计……

官差通报后，开始审案。县太爷喊了财主的姓名之后，紧接着又喊：

“传陈旧上堂！”县太爷一喊，财主竟吓得偷偷地溜走了。

答案

姓陈的穷人自称“陈旧”，县官也喊“陈旧”，财主听了却是“臣舅”，以为他们是亲戚，所以吓跑了。

纪晓岚题字“竹苞堂”

清代乾隆皇帝的宠臣、大贪官和绅筑了座书斋，请大学士纪昀(字晓岚)题匾。

纪昀深知和绅父子胸无点墨，又见书斋廊外满篱疏竹，新苞丛生，遂触动灵感，题上“竹苞堂”三字。和绅大喜，称其“致雅清高，妙不可言”，遂领镌刻，嵌于门首。

后来乾隆到和家来游园，指着匾额笑道：

“爱卿上当矣。”遂解释一通，和绅听了又羞又恼，又不好发作。为什么呢？你能说明其中的道理吗？

答案

“竹苞”拆开，就是“个个草包”。

牧童指路

据传说，唐僧和孙悟空、猪八戒、沙和尚师徒四人到西天去取经，一路上经历了千辛万苦。这一天，他们来到了一个十字路口，唐僧看看天色不早了，就说：

“我们找个地方住下，明天再赶路吧！”

孙悟空朝四面看看，不知哪儿有客店，他正想驾起筋斗云，上天去观察一番，忽然传来了一阵笛子声，一个牧童骑在牛背上，往这儿缓缓走来。孙悟空连忙去问：

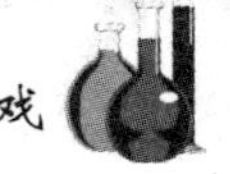

“请问客店往哪个方向走？”牧童没有回答，他跳下牛背，捡了一根树枝，写了个“朝”字，然后又抹掉了半边，只留下一个“月”。唐僧他们看不懂牧童的意思，孙悟空却哈哈大笑，连声对牧童道谢。你知道这是为什么吗？

答案

朝字去掉左边，就是“朝左边去”，就是向西走喽。

秀才吃诗

古代有一名厨师，他能使烹调技术入诗入画，慕名而来的食客络绎不绝。一位秀才听说此事，很有些不服气。

一天，秀才身着褴褛衣衫，来到那家饭馆说：

“我今天身上只有一枚铜板，请准备三菜一汤。”说罢，他掏出一枚铜板放在桌上。店小二一下子傻了，一枚铜板仅能买两个鸡蛋啊，这不是在成心刁难人吗？无奈之下他只好请出厨师。

厨师听罢一笑：

“无妨，无妨，稍等片刻。”没过一会儿，店小二飞快地上了三菜一汤：第一道菜是两个炖蛋黄，碗里还放了几根绿葱；第二道菜里把熟的蛋白切成丝，放在盘里，排成一队，下面垫一片菜叶；第三道菜是一碟炒蛋白，碟正中有一个长方形图案；第四道菜是一碗清汤，上面浮着几片蛋壳。你知道这四道菜应了哪首唐诗的四句话吗？

答案

杜甫《绝句》：

“两个黄鹂鸣翠柳，一行白鹭上青天。窗含西岭千秋雪，门泊东吴万里船。”

三位谜林高手

有一次，苏东坡到妹妹家里做客，三位猜谜高手在一起，当然少不了又要猜谜啦！一直到吃午饭的时候，他们还在一个劲地猜呢。

苏小妹看到饭桌上有鲤鱼，就出了一个字谜：

“我有一物生得巧，半边鳞甲半边毛。半边离水难活命，半边入水命难逃。”丈夫秦少游说：

“我也出个字谜：我有一物分两旁，一边好吃一边香。一旁眉山去吃草，一旁岷江把身藏。”苏东坡笑着说：

“那我也出个谜吧：我有一物长得奇，半身生双翅，半身长四蹄，长

蹄的跑不快，有翅的飞不起。”刚说完，三人你看看我，我看看他，都哈哈大笑起来。他们三个人的答案原来是同一个字，你能猜出是哪个字吗？

答案

谜底是“鲜”字。

物中谜，谜中物

有一天，苏东坡正闲着，他的好朋友王安石来拜访，两人聊了一会儿，又有一位好朋友陈季常也来了。苏东坡可高兴啦，连忙叫人摆开酒席，三个好朋友一边喝酒一边聊天。

三个好朋友都有一个爱好，就是猜谜。所以，聊不了一会儿，话题就转到了猜谜上面。苏东坡说：

“我昨天刚编了一个谜，你们猜猜看：脸儿亮光光，放在桌子上。你俩跑过来，请它留个像。”陈季常听了，也开口念道：

“你对我笑，我对你笑，我也寻你，你不见了。”王安石紧接着吟起来：

“我哭你也哭，我笑你也笑，要问它是谁，咱都知道。”话音刚落，三人都哈哈大笑起来。

“咱都知道”的它，到底是什么东西呢？

答案

谜底是镜子。

唐伯虎卖画

唐伯虎的画很有名，人们愿意出很高的价钱来买他的画。于是，他就在西湖边上开了一个画廊。这一天，画廊里又挂出了一幅画，画面上是一个人牵了一只狗，在西湖边散步。

人们围着画纷纷赞叹：

“真是千金难买的好画啊！”唐伯虎听到赞扬声，心里可得意了。马上宣布：

“这是一幅字谜画，谁要是能猜出答案，这幅画就白送给他。可是谁要是猜错了，罚10两银子！”大家一听，都皱起眉头苦苦思考起来。忽然，有一个年轻人跑上前，一下子趴在地上，大家正感到奇怪呢，唐伯虎却大笑起来，然后把画取下来，送给了年轻人。为什么年轻人趴在地上，唐伯虎就把画送给他了呢？

提示：年轻人肯定不是磕头求画。

答案

原来画里的谜底是“伏”字，就是年轻人的动作。

关公和楚霸王

宋代有个大文人，名叫黄庭坚，他7岁的时候就会写诗，后来名气越来越大。史学家司马光听说以后，很想请他来做助手，于是，就邀请黄庭坚来做客，实际上是要考考他。

司马光和黄庭坚聊了一会儿，就念了两句诗：

“荷花露面才相识，梧桐落叶又离别。”然后让黄庭坚猜一猜，诗里说的是什么。黄庭坚笑笑说：

“我来写给您看吧！”他马上挥笔写了一首诗：

“有户人家没有墙，英雄豪杰内中藏。有人看他像关公，有人说是楚霸王。”司马光一看，连声说好诗，马上向皇帝推荐，让黄庭坚受了重用。黄庭坚的答案和司马光的答案相同。你能猜出答案是什么吗？

答案

关羽、项羽，都是羽，在户下边，就是“扇”。

雪夜送礼

唐代大诗人白居易，写了很多著名的诗篇来反映人民生活的疾苦。他在杭州做州官的时候，有一个冬天的晚上，他听着窗外北风呼啸，心里很担忧：城外那座山寺很破旧了，里面还住着两位读书人，这么冷的天，他们受得住吗？

白居易再也睡不着了，他马上起床，叫人准备了棉被，又烧了热菜热饭，然后拿出一包小礼物，连夜派人送去。两位读书人收到了棉被和食品，心里非常感动。他们又看到了那包礼物，心想：这是什么东西呢？忽然，他们看见了包装纸上还写着一首小诗：

“两国打仗，兵强马壮，马不吃草，兵不征粮。”他俩大笑起来，立刻明白里面是什么了。请你再念一遍小诗，然后猜一猜：白居易送的是什么礼物呢？

答案

谜底就是象棋。

王安石考书童

有一次，王安石想招一个书童，就派人传出消息：凡是想当书童的，必须参加考试，考试的题目就是猜谜语。很多人家都把孩子送来，想得到这样的好差使，可是，却没有一个能通过考试。

这一天，又来了一个孩子，他的家里虽然很穷，但是他学习刻苦，聪明伶俐，王安石接连出了三个谜，他都很快就猜出了答案。身边的人问王安石：“这个孩子用还是不用？”王安石一言不发。拿起笔又写了一则字谜：

“一月又一月，两月共半边；上有可耕之田，下有长流之川；一家有六口，两口不团圆。”身边的人还在奇怪呢，那孩子却高兴得跳起来，连声对王安石道谢。那个孩子为什么道谢呢？

答案

因为王安石的谜底就是“用”字。

谜能吃谜

唐代有个谜语高手，名字叫曹著，他从小就很会出谜语，有个姓王的秀才听说以后，很不服气，就来见曹著，傲慢地说：

“我们来比一比，看谁的谜能够胜过对方，就拜谁做老师。”

王秀才得意地出了一个怪谜：

“坐也是坐，卧也是坐，立也是坐，行也是坐，打一动物。”曹著马上说：

“我也有一个动物谜：坐也是卧，立也是卧，行也是卧，卧也是卧。”那秀才一听，可把他给难住了，想了半天就是猜不出来，便反问曹著：

“我先出的谜，应该你先猜！”曹著哈哈大笑说：

“我的谜底能够吃你的谜底，还用得着我来猜吗？”王秀才再也不敢神气了，连忙拜曹著做老师。

答案

王秀才出的是蛙，而曹著出的是蛇。

师徒俩姓什么

有一位教书先生，为了培养学生动脑筋爱思考的好习惯，就做出一个规定，凡是来拜师的，都必须经过面试，也就是要猜一个谜语，如果猜不出来，就没有资格拜师。

那一天，有个小孩来拜师，他先鞠了一躬，然后问老师：

“请问先生尊姓？”先生说：

“我的姓嘛，头在水里游泳，尾在天上发光。”孩子脑筋一转，马上猜出了这个姓。先生正感到惊奇呢，那孩子又说：

“您也猜猜我的姓。如果猜不出，您就不配做我的老师！”小孩大声念道：

“高小姐探头望，李小姐侧耳听。”幸好先生是猜谜高手，很快就猜出了孩子的姓，他连声赞叹：

“真是神童啊！”马上收他做学生了。

答案

老师姓鲁。学生姓郭。

井水喝不得

有一个秀才，自以为读了几年书，就眼睛长在头顶上了，谁都瞧不起。这一天，他写了一首歪诗，独自吟了几遍，越吟越感到得意，就匆匆忙忙地出门，想到朋友家去吹嘘一番。

他走到半路上，口渴得要命，看到路边有一口水井，井水清澈凉爽，就对井边的一个小孩说：

“小家伙，我是当代的大诗人，快打井水给我喝！”小孩说：

“请你先猜出一个谜语，才给你打水！”秀才骄傲地说：

“一言为定！”小孩大声念道：

“上边有口无盖头，下边无口没

堵头。左边有口没挡头，中间有口无舌头。”

秀才从来没有猜过这样的怪谜，实在猜不出来，只好忍住口渴，狼狈地溜走了。这是一个字谜，你知道是哪个字吗？

提示：秀才是在哪儿碰壁的？

答案

谜底就是“井”字。

苏东坡借鱼破谜

有一天，秦少游又想喝酒，苏小妹说：

“老规矩，你先得猜谜！”说着，就出了一个字谜：

“两日齐相投，四山环一周，一口吞四口。”秦少游想了很久，还是没有猜出来。

可是，他哪里肯认输呢？借口说：

“哎哟，我把扇子忘在哥哥家了，我去取！”他赶到苏东坡的家，看见苏东坡坐在院子里，面前放着几盘菜，正在悠闲地喝酒。秦少游忙把苏小妹的谜语说了，恳求苏东坡一定帮忙。苏东坡喝了一口酒，只是笑了笑，然后把筷子伸向盘里的鱼，把鱼的头和尾巴夹断。秦少游眼睛一亮，高兴地说：

“谢谢你告诉了我答案！”明明苏东坡一句话也没有说，秦少游为什么说他告诉了答案？

答案

“田”，鱼字去头尾，就是田字。

谜话三国

从前，有个土财主好卖弄学问。有一天，他正翻看《三国演义》，厨师笑笑说：

“老爷，不瞒你说，《三国演义》是我天天必读之书。就拿今天来说吧，我炒菜缺了四样作料，全在这书里面，所以我来看看！”财主听了半信半疑，他只知道《三国演义》里写的是曹操、刘备和孙权，还没听说过写有做菜用的作料呢。厨师说：

“东家，你听着——刘备求计问孔明，徐庶无事进曹营，赵云难勒白龙马，孙权上阵乱点兵。”

财主白眼翻了半天，也没能猜出来。聪明的读者朋友，你能猜出厨师缺哪四样作料吗？

答案

缺算（蒜）、少言（盐）、无缰（姜）、短将（酱）。

孔子的名字

我国春秋时期，有一位著名的思想家、教育家，名叫孔丘，字仲尼，人们尊称他为孔子。孔子强调“中庸之道”，也就是要求不偏不倚。有一天，孔子到乡村去讲学，走累了，就在一口水井边休息。

这时候，有个老农挑着一副担子，也来到水井边休息。他站在井边。把扁担搁在井口上，然后问孔子：

“我有一个字想请教先生。”孔子问：

“是哪个字？”老农说：

“就是我的动作呀！”孔子看了看，马上就笑着说：

“这很简单，井口搁一条扁担，当然是中庸的中字啊！”那老农也大笑说：

“先生是见物不见人，你猜错啦！”孔子认真一想，发现自己确实错了，心里后悔极了。

答案

人加中，为“仲”，孔子名丘字仲尼。

才女卓文君

相传汉代的卓文君和司马相如成婚不久，相如就辞别娇妻，赴京做官，多情的文君痴情地等了5年，等来的竟是写着“一二三四五六七八九十百千万”的数词家书，聪颖过人的文君读懂了夫君信中的意思，家书中无“亿”谐音，表示丈夫已情有所钟，另有所爱，于她“无意”了，只不过羞于直说。只好当即复信：

（ ）别之后，（ ）地相思，只说是（ ）

（ ）月，又谁知（ ）（ ）年。（ ）弦琴无心弹，（ ）行书无可传，（ ）连环从中拆断，（ ）里长亭望眼欲穿，（ ）思想，（ ）思念，

（ ）般无奈把郎怨。

答案

就是把“一二三四五六七八九十百千万”填入括号中。

四才子灯谜交友

明朝时候，有四个文人，人们叫他们“吴中四子”。四个才子经常在一起，做一种有趣的游戏，就是每人轮流出谜语，谜面不能相同，谜底必须是同一个，谁的谜出得精彩谁取胜。这一天，他们又在一起出谜猜谜。

文征明带头说：

“竹将军筑城自卫，纸将军四面包围，铁将军穿城而过，木将军把住后背。”祝枝山巧妙地用中药名出谜：

“淡竹枳壳制防风，一枝红药藏当中，熟地或须用半复，生地车前仗此公。”唐伯虎接着吟道：

“口抹胭脂一点红，随你万里到西头，竹丝皮纸纵然密，也怕旁人一口风。”最后徐祯卿接上：

“墙里开花墙外红，心想采花路不通，通得路来花又谢，一场欢喜一场空。”

四子出的都是一件东西。是什么东西呢？

答案

谜底是灯笼。

丞相出谜招女婿

从前有个丞相，家里有权有势又有钱。他的女儿到了婚嫁的年龄，前来提亲的人，把丞相府的门槛都踢破了。丞相却认为，那些有钱人家的公子，全都是没本事的花花公子。女儿怎么能嫁给这种人呢？

有一次。丞相看到一篇文章，写得非常精彩。一打听，是一个叫孙义的青年人写的。丞相想，如果他真的有才学，将来做女婿，女儿的终身大事就放心啦！他马上把孙义请来，进一步考考他。丞相说：

“我请教您一个字：一字九横六竖，问遍天下不知，有人去问孔子，孔子想了三天。”孙义等丞相说完，马上说出这个字。丞相高兴得合不拢嘴，把孙义留下来重用，又把女儿嫁给了他。

答案

谜底是“晶”字。

观雪景兄弟对谜

苏轼是北宋的大文学家，他有个弟弟叫苏辙，在文学上也很有成就。兄弟俩经常在一起交流诗文，游览风景。有一年除夕夜，兄弟俩交谈了一个通宵，第二天早上推门一看，鹅毛大雪把天地都映白了。

看到这样美丽的景色，他们兴冲冲地骑上马，在雪原上尽情奔驰。他们来到一座山坡前，苏轼忍不住吟了一句诗：

“雨余山色如浑如睡。”苏辙听出这是一个字谜，他故意不说出谜底，也即兴做了一首诗：

“此花自古无人栽，一夜北风遍地开。近看无枝又无叶，不知何处长出来。”苏轼一听，马上夸奖说：“不愧是我的弟弟啊！”

答案

“雨”的下面“山”睡倒了，不就是“雪”字吗？

人狗难分

在今年的狗展上，出现了点麻烦事。弟兄4个，安德鲁、比尔、科林和唐纳德，每个人为两条狗报了名。每个人都用两兄弟的名字来命名他们的狗。结果有两条狗叫安德鲁，两条狗叫比尔，两条狗叫科林，两条狗叫唐纳德。在这8条狗中，3条是科吉狗，3条是拉布拉多狗，两条是达尔马提亚狗。四兄弟中没有一个拥有两条相同品种的狗，相同品种的两条狗没有相同的名字。安德鲁的两条狗没有一条叫唐纳德的，科林的狗没有叫安德鲁的。科吉狗没有叫安德鲁的，拉布拉多狗没有叫唐纳德的。比尔没有拉布拉多狗。达尔马提亚狗的主人分别是谁？达尔马提亚狗的名字分别叫什么？

答案

先把握“四兄弟中没有一个拥有两条相同品种的狗，相同品种的两条狗没有相同的名字”这个前提条件。根据“科林的狗没有叫安德鲁的”和“科吉狗没有叫安德鲁的”这两个条件可知科林的两条狗一条是拉布拉多狗，一条是达尔马提亚狗。而根据“拉布拉多狗没有叫唐纳德的”可知，科林的达尔马提亚狗叫唐纳德，拉布拉多狗叫比尔。根据“安德鲁的两条狗没有一条叫唐纳德的”，可知安德鲁的两条狗叫科林和比尔，以此可推断出唐纳德的狗叫科林和安德鲁，并进一步推断比尔的狗叫安德鲁和唐纳德。根据“比尔没有拉布拉多狗”，可知比尔两条狗的品种是达尔马提亚狗的科吉狗，并根据各品种狗的数量，以此推断唐纳德和安德鲁的狗都是拉布拉多狗和科吉狗。因为“相同品种的两条狗没有相同的名字”，而科林的达尔马提亚狗叫唐纳德，所以比尔的达尔马提亚狗叫安德鲁，而他的科吉狗则叫唐纳德。根据“科吉狗没有叫安德鲁的”，所以唐纳德的科吉狗叫科林，而他的拉布拉多狗则叫安德鲁。又根据“相同品种的两条狗没有相同的名字”，所以安德鲁的科吉狗应该叫比尔，而他的拉布拉多狗应叫科林。综上所述，达尔马提亚狗分别叫安德鲁和唐纳德。

女巫与农民

在万圣节前夕，有个醉意朦胧的农民十分倒霉，他被一个恶毒的女巫抓住并被带到破烂的教堂里。“如果你想活命，你只能说一句话！”她咆哮着说，“如果你说对了，我会把你榨成油；如果你说错了，我会把你喂蝙蝠！”这时，农民立刻清醒过来，然后说了一句话，而这句话却让女巫诅咒了他并且把他释放了。那么那个农民说了什么呢？

答案

他说的这句话是，“你还是把我喂蝙蝠吧！”如果他说对的话，他会被榨成油；如果他没错的话，他会被喂蝙蝠。但是，找到正确的处罚却是不可能的，所以女巫的计划落空了。（女巫是不会承认他说的是对的，也不会听农民所说的，只能放了他。）

填成语

在括号内填上合适的字，使每组都能连成成语。

以其人之道，还治其人之

（　）体力（　）若无（　）在人

（　）所欲（　）富不（　）至义

（　）心竭（　）不胜（　）重道

（　）走高（　）沙走（　）破天

（　）天动（　）利人（　）睦相

（　）心积虑；

醉生梦（　）去活（　）去自

（　）花似（　）树临（　）调雨

（　）手牵（　）肠小（　）听途

（　）长道（　）兵相（　）二连

（　）言两（　）重心（　）驱直

（　）不敷（　）其不（　）气风

（　）扬光（　）材小（　）兵如

（　）采飞（　）眉吐（　）象万

（　）军万（　）到成（　）败垂

（　）千上（　）古长（　）红皂

（　）日做（　）寐以（　）同存

（　）想天（　）天辟（　）。

答案

以其人之道，还治其人之（身）体力（行）若无（事）在人（为）所欲（为）富不（仁）至义（尽）心竭（力）不胜（任）重道（远）走高（飞）沙走（石）破天（惊）天动（地）利人（和）睦相（处）心积虑；

醉生梦（死）去活（来）去自（如）花似（玉）树临（风）调雨（顺）手牵（羊）肠小（道）听途（说）长道（短）兵相（接）二连（三）言两（语）重心（长）驱直（入）不敷（出）其不（意）气风（发）扬光（大）材小（用）兵如（神）采飞（扬）眉吐（气）象万（千）军万（马）到成（功）败垂（成）千上（万）古长（青）红皂（白）日做（梦）寐以（求）同存（异）想天（开）天辟（地）。

猜诗谜

有一天李秀才到朋友家去串门。刚进门他就抱拳念了起来：“寺字门前一头牛，二人抬个哑木头。未曾进门先开口，闺宫女子紧盖头。”朋友仔细一想就知道其中含义了，便回道：

“言对青山不是青，二人土上在谈心。三人骑头无角牛，草木丛中站一人。”李秀才一听，朋友所说的和自己所出的诗谜全对上了，便一起高兴地喝酒了。

请问这两首诗谜中说的都是什么?

答案

李秀才所说的是“特来问候”；

李秀才的朋友回的是“请坐奉茶”。

赶考的秀才

有个人初次到朋友家做客，正赶上朋友的奶奶过八十大寿。老人热情地款待了这个人，并询问他的姓氏。他说：

“今天恰逢奶奶寿辰，我的姓也恰巧与生日有关，就以‘生日宴’三个字作谜面打一个字，谜底即是我的姓了。”请问他到底姓什么？

答案

安。生日宴，就是生了一个“日”的宴，即“安”字。

有没有写错字

有一次张作霖应邀参加一个酒会，酒会上有很多日本人。这时，有一位日本人拿来纸墨请张作霖写一幅字画。他们知道张作霖大字不识几个，所以想当众出他的丑。不料张作霖提笔一挥就写下个“虎”字，然后还落款“张作霖手黑”。众人一见便鼓掌称好。这时候，张作霖的秘书小声提醒张作霖：“大帅，您写的‘墨’下面少了个‘土’。”张作霖说了一句话便语惊四座。请问张作霖说的是什么？

答案

张作霖说：

“我是特意少给日本人一个‘土’字的，坚决不能把‘土’给日本人拿走。”

生死有别

一日，乾隆想捉弄一下纪晓岚，要他回答两个问题。第一个问题是：北京九门每天进出各有多少人；第二个问题是：大清国一年生和死分别有多少人？纪晓岚第一个问题回答有“两人”，解释说：“两人，一个是男人，一个是女人。”第二个问题回答是说：“一年生一人，死十二人。”乾隆想了想也无话可说。请问知道“一年生一人，死十二人”是什么意思吗？

答案

纪晓岚是按属相来算的，比如说今年是鼠（子）年，不论生多少人，都只能是属鼠；可是不论死多少人，都离不开这十二属相，这就是一年生一人，死十二人。

一字多义

项羽和刘邦当年争夺天下的时候水火不容，三国时期的刘备和关羽是结义兄弟，如果刘邦听了大笑，刘备听了大哭，这是为什么？请用一个字来回答。

答案

翠

一言九鼎

宋代，一天，曹玮与宾客下棋，只见一名士兵慌慌张张来禀告："大事不好，有士兵叛逃到西夏那边去了。"曹玮暗暗吃惊，但他稳住情绪，神色镇定地说："不要大惊小怪。"

接着他又说了一句话，从此再也没有士兵逃跑的事发生了。

什么话这么厉害？你猜到了吗？

答案

曹玮说："这些人是我派到西夏去的。"这个宾客便把消息传到了西夏人的耳朵里。西夏人听说后，以为逃亡来的宋军士兵是奸细，非常气愤，立即把他们杀了，还把人头抛回了宋朝边境。从此，再也没有宋军士兵逃亡了。

电报暗语

公安机关截获某犯罪团伙的一封密电。电文如下："吾合分昌盍旮垄聚鑫。"你能破译这封密电吗？

答案

取电文每个字上半部分连成一句话："五人八日去九龙取金。"

聪明的蒋子龙

有一次，在美国洛杉矶举行的中美作家联谊酒会上，美国著名诗人金斯伯格请中国作家蒋子龙猜个谜语：把一只5斤重的鸡装进一个只能装1斤水的瓶子里，用什么方法把它拿出来。

蒋子龙立刻答道："　　　　"

金斯伯格哈哈大笑，伸出大拇指说："你是第一个猜出这个谜语的人。"

答案

您怎么放进去，我就怎么拿出来，您显然是凭嘴一说就把鸡装进了瓶子，那么我就用嘴再把鸡拿出来。

寒鸦诗歌

有一首诗歌写的是：

飞来几只寒鸦，落在树上停歇；
要是每根树枝上落一只，
就有一只寒鸦缺少一根树枝；
如果每根树枝落两只，
那么就有一根树枝落不上寒鸦。
你说共有几只寒鸦？
共有几根树枝？

答案

共有4只寒鸦，3根树枝。

第五章 发散类思维游戏

发散思维是中学课本里面经常提到的一种重要的思维能力。无论依然在书海中遨游，还是已经迈入社会，成为社会中坚力量的一员，发散思维能力都在我们的生活、学习中扮演着重要的角色。它们之于学生的你，是课外读物；之于工作的你，是休闲放松的好方式。以下的题目都是为你们量身打造的，让我们开始发散思维的奇妙之旅吧！

落不下来的苹果

有一根大约3米长的绳子，它的一端绑着一个苹果，另一端绑在比较高的地方，使苹果呈悬浮的状态，这时我们从中间将绳子剪断。那么，你有什么方法可以让苹果不落地吗？

答案

在绳子的中间打一个活结，然后从活结的中间剪开，绳子就不会断，因此苹果也就落不下来。

如何赶羊入图

现在有9只羊，如果让你把这9只羊赶进10个羊圈里，而且每个羊圈里都有相同数目的羊，你能做到吗？

答案

先把9只羊赶到一个羊圈里，然后再在羊圈外面围9个羊圈。

疯狂的飙车

团团和圆圆是两个聪明美丽的女子，因为家产丰厚和酷爱飙车，姐妹两个都有一辆进口跑车，并且她们经常在公路上赛车。姐妹俩的行为很让爸爸担心。某天，爸爸告诉她们，如果谁输了今晚的赛车，谁就能去埃及探险。爸爸心想这样就不必再飙车了吧，可是不知道为什么，俩姐妹反而开得更快了。那么，为什么呢？

答案

姐妹俩交换了赛车比的，因为她们都想让对方的车速快一些。

狡诈的小偷

一天晚上，旺旺超市的大门被一伙小偷打开了，当他们把偷来的洗衣机搬上货车的时候，突然听见警笛声离他们的方向越来越近。但小偷们没有逃跑或躲开，而是用了一个方法顺利地逃过了被捕的命运。请问：他们怎么做的？

答案

他们将洗衣机又搬回了超市内，当警察上来盘问时，就说是超市的晚班送货员。

倒转的杯子

桌子上倒放着三个杯子，如果现在给你机会把三个杯子全部翻转，但是你一次只能翻转两个。你可以做到吗？

如果是三个口朝上，三个口朝下的六个杯子，还是一次只能翻转两个杯子，你可以全部把它们翻转过来吗？

如果变成了全部口朝下的八个杯子，现在让你一次翻转三个，你至少需要几次才可以全部翻转？

答案

前两个不能成功，第三个最少需要四次。

鸡蛋如何带回家

辉辉下午打完球回家的时候，想起妈妈让他到商店买一些鸡蛋，于是他就掉转头到商店里买了十几个鸡蛋。可是，他上身穿着一件运动衫，下身穿了一条短裤，手上拿着一个足球，再没别的东西了，那么，这些鸡蛋怎么拿回家呢？

答案

将足球的气放掉，然后折成正方形，将鸡蛋放进去带回家。

哪个最先冷

有两杯咖啡，一杯温度高一杯温度低，要把这两杯咖口非在同样的条件下放到冷库里。那么，哪一杯冷得快？

答案

温度高的冷得快。

倒正都一样的年份

有一张纸，上面写着一个年的年份，如果将这张纸倒过来看，这年的年份仍然不变。那么，上面写的是哪一年？

答案

1961。

断臂维纳斯

现在，当人们见到维纳斯雕像时，也许认为当时从土中被发掘时就是这个样子。可实际上，它被发现时是破

碎的断片，经过修复加工接合起来才成为现在这个样子。维纳斯雕像在卢浮宫展出后，人们立刻卷入了对雕像争论的漩涡，其争论范围发展到了美术史和整个美学领域。其中雕像缺两臂的姿态，也许是最使人兴奋的论题了。

这个振奋现代人的杰作，因为欠缺，引起了人们各种想象。你又是怎么想的呢？你能讲出或画出维纳斯所缺两臂的姿态吗？请你提出几个方案来。

答案

第一种说法：维纳斯左手拿苹果，手臂搭在木台上，右手紧贴腰部。

第二种说法：维纳斯两手拿着胜利的花环，好像是女神正在进行曲艺表演。

第三种说法：维纳斯右手拿着鸽子，左手拿着苹果。

第四种说法：维纳斯正要入水沐浴，左手摸着头发，右手提着浴巾。

友谊是什么

诗人曾把友谊比做桥，他写道：

友谊是什么？
友谊是座桥。
在隔膜的河上弯着腰，
当你从这岸走到那岸，
误解已被清水洗掉……

请你思考：

（1）把友谊比做鸟，可不可以？

（2）把友谊比做体温表，可不可以？

（3）把友谊比做省略号，可不可以？

如果可以的话，请你仿照上文，各写一首诗。

答案

（1）友谊是只鸟，
没有牢笼没有索套，
你唤它飞来筑巢，
可要多多准备饲料。

（2）友谊是支体温表，
如果不顾冷热饮食不调，
它首先提醒，
当心——
你在发烧。

（3）友谊是个省略号，
无需文字和音调，
把它画在文章最后，
绝不会有结尾的烦恼。

0的断想

有位作家写了一首散文诗《0的断想》：

0是谦虚者的起点，骄傲者的终点；

0的负担最轻，但任务最重；

0是一面镜子，让你重新认识自己；

0是一只救生圈，让弱者随波逐流；

0是一面敲响的战鼓，叫勇者奋勇进取。

0的确是一个神奇的数字，它可以

引起人们无穷的联想，你从它身上还会想到一些什么呢？比如说，0是一块空地，0是一个袅袅升起的烟圈，0是一只坚硬无比的铁环……请你按上述散文诗的格式，分别把这三句的后半句写出来。

答案

0是一块空地，它可以由你耕种五谷；0是一个袅袅升起的烟圈，在烟雾中叫你虚度年华；0是一只坚硬无比的铁环，一只只铁环连成一体，就能组成一条坚韧的铁链……

金钱不万能

金钱确实可以买到许多东西，但它毕竟不是万能的。请你联想它的作用和局限，将下文写下去，想得越多越好：

（1）金钱能买床铺，不能买甜蜜的梦；

（2）能买书，不能买记忆；

（3）能买食物，不能买食欲；

（4）能买衣服，不能买风度；

（5）能买金银首饰，不能买感情。

答案

能买药物，不能买健康；能买奢侈品，不能买教养；能买娱乐，不能买幸福；能买房屋，不能买温情；能买权力，不能买权威；能买选票，不能买人心……

孪生姐妹

丁丁告诉我这样一件怪事：有一对孪生姐妹，姐姐出生在2001年，妹妹出生在2000年。

你说可能吗？

答案

丁丁没有撒谎。姐姐是在2001年1月1日出生在一艘由西向东将过日界线的客轮上，而妹妹则是在客轮过了日界线后才出生的。那时的时间还是处在2000年12月31日。所以，按年月日计算，妹妹要比姐姐早1年出生。

行善的问题

我们说："善有善报，恶有恶报。"但是，报应这种事情是无法证明存在的，也就是说，可能有，也可能没有，

就像扔硬币一样，正反面机会是均等的。

那么，你能证明无论如何行善总比行恶好吗？

答案

你行恶的时候，如果报应是不存在的，那么你没有什么损失；但是如果报应是存在的，那么你就要受到惩罚。

你行善的时候，如果报应是不存在的，那么你也没有什么损失；但是如果报应是存在的，那么你就会得到回报。

所以可以证明，行善比行恶好。

包公断案

包青天在书房整理案件时，突然听到府衙外有人击鼓。经过升堂审问后，才明白原来是两位母亲在争女儿。两个母亲都很肯定地说女儿是她的，而且都对女孩了解得一清二楚，甚至连她身上的疤痕在哪儿都知道。都说清官难断家务事，包大人也很是头痛。不过，这两人之中肯定有一个是真正的母亲。包青天想，应该找一方法试一下；果然此法一出，案子就结了。那么，包青天想的法子是什么？

答案

包大人下令将女孩分成两半，两位母亲一人一半，其中一个母亲同意，另一个不同意。不同意的那个是真正的母亲。因为没有任何一位母亲看见自己女儿被分成两半还无动于衷。

旅行家的话

约翰是一名旅行家，他的梦想是走遍世界。当约翰在夏天到来的时候到达佛山，佛山天气晴朗。约翰自言自语道：“如果事先知道佛山的气温和家里的气温一样高，我就不用浪费六个月的时间到佛山来了。”

那么，约翰说得对吗？

答案

对，处于地球自转，佛山六个月前是冬季，而西半球则是夏季。

难以拒绝的邀请

阿震喜欢阿香很久了，某天阿震想约阿香吃饭，但是怕被阿香拒绝，就想了一个好办法。

他对阿香说："我想问你两个问题，你只能说是或者不，不能用别的语句。再者，你必须认真回答，两个答案一定要符合逻辑，不能互相矛盾。"

阿香感觉挺有意思就同意了。你知道阿震怎么问，才能成功请阿香吃饭呢？

答案

阿震第一个问题是：你愿意和我吃饭吗？第二个问题是：对这个问题的回答，和对第一个的回答一样吗？这样，假如阿香在回答第一个问题时说不，那她在第二个问题上不管怎么回答，都会发生矛盾的状况，因此对于第一个问题，她只能说是。

不能拒绝的求婚

罗刚很喜欢佳微，他想让佳微的父亲同意两人的婚事。虽然佳微的父亲也知道女儿很喜欢这个男子，但他不想就这么轻易地答应罗刚。于是，他对罗刚说："如果你能说出一件令我不相信的事情，我就同意你娶我的女儿。"罗刚想了想后说了一句话，佳微的父亲听了很满意，就同意了他们的婚事。

那么，你知道罗刚说的是哪一句话吗？

答案

罗刚说："你刚刚答应我娶你的女儿。"

啃书的书虫

这里有两本古装书，分上、下两册。两本书都厚3.5厘米，而它们的封面和封底的厚度都约为2.5毫米。恰巧，有一只小书虫飞进了书里面，它从上册的封面开始吃书，一直吃到下册的封底。那么，这小书虫吃了多少书？

答案

5毫米。需要注意的是这里提到的是古装书，古装书的话是向右面翻页阅读的，那上册的封面恰好挨着的就是下册的封底，因此书虫咬的书的厚度就是2.5+2.5=5毫米。

买牛奶

星星到商场买牛奶，营业员告诉他纯牛奶九角，低糖牛奶一元。于是星星买了一瓶纯牛奶，然后将一元放到了柜台上。

这时词词也把一元放到了柜台并告诉营业员他想要一袋牛奶，于是营业员给了他一袋低糖牛奶。

那么，你知道营业员是怎么知道词词想要低糖牛奶的吗？

答案

词词听到了低糖牛奶的价格，并且他的一元可能是由一张五角、两张两角、一张一角组成的，如果他不是要低糖牛奶，就不会把一角也放到柜台上了。

停了几站

一辆驶入车站的公共汽车上有16名乘客，在车站有4人下车，4人上车；下一站有10人上来，4人下去；再下一站11人下车，6人上车；再下一站有4人下车，4人上车；再下一站8人下车，15人上车。

公共汽车继续行驶，到下一站时，6人下车，7人上车；再下一站有5人下车，无人上车；再下一站有1人下车，8人上车。

那么，这辆车共停了几站？

答案

8站。

好坏丫鬟

古时候，一个江南富豪有10个侍妾，而且每一位侍妾身边都有一个坏丫鬟。虽然她们都知道有一个坏丫鬟在其他侍妾身边伺候，但由于侍妾之间的关系很不好，所以她们都不清楚自己身边的丫鬟是不是坏人。

富豪知道后，告诉自己的侍妾她们身边至少有一个坏丫鬟，要求她们在十天内查清楚哪一个是坏丫鬟并将坏丫鬟赶出府，如果有人知道了又没有把坏丫鬟赶出去，那就把侍妾赶出去。

富豪为这件事还特意在院子中立了一块石板，如果哪位丫鬟被赶了出去就会写在石板上，可是都过去九天了，在第十天早晨仍然没有任何丫鬟被赶出府的消息。

那么，接下来会发生什么呢？

答案

10位侍妾立刻把自己的丫鬟全部赶了出去。

巧分白糖

现在有一个天平，虽然这个天平没有标出尺码，但是却有一个7克的砝码和一个2克的砝码。天平旁边还有140克的白糖，请问：如何用给出的东西将白糖分成两份，一份90克，另一份50克？

答案

第一步，用天平将全部白糖分成均匀的两份，每一份70克；第二步，用天平把70克的白糖分成均等的两份，每一份35克；第三步，在天平的左端放7克的砝码，右端放2克的砝码，然后将35克的白糖分为两份，在天平的两端各放一份，这样天平左端有糖15克，右边有糖20克，天平保持平衡；最后，70克和20克相加得90克的糖，35克和15克相加得50克的糖。

巧妙进入城堡

在一个小岛上，有一座城堡，城堡主人的脾气古怪。他规定不许外人进入城堡也不允许自己的人出去，于是他命令手下一定要看好城门。而他的手下对主人忠心耿耿，每十分钟就巡查一次，看是否有人破坏规矩。一天，威廉有要紧事必须要进入城堡，可是看守的人就是不让他进去。后来威廉想了一条妙计，趁看守人不注意的时候溜了进去。

那么，威廉是怎么进去的呢？

答案

在守门人巡查的空隙跑进城堡，然后当守门人巡查时假装从城堡出去，这样就会被守门人赶回城堡。

房子的位置

地球上有一个奇怪的房子，如果你想确定四个方向而围绕着房子走一圈，你就会发现房子四周的方向都相同。那么，房子盖在哪儿？

答案

北极或南极。

爆胎的车子

朵朵刚学会开车没多久，有一天她开着车去拜访朋友，走到半路的时候忽然车子爆胎了。当朵朵将轮胎上的4个螺丝拆下来准备拿备胎时，由于起身过猛没站稳从而把四个螺丝踢到了下水道里。那么，朵朵如何将车安全地开到最近的修车点？

答案

从其他三个车胎上个拧下一个螺丝安到备用胎上，这样慢慢行驶就可以到达修车店了。

果农过河

有一个果农将新摘的李子拿到集上去卖，途中被一条小河拦住了。这条小河上有一座小木桥，距离水面0.2米，并且这座木桥只能承受60公斤的重量，但是果农本身就重50公斤了，他的李子也有50公斤重。那么，这个果农能一次就过去吗？

答案

果农可以将李子放到水里，然后用绳子拉着李子走就可以了。

盲人巧辩衣服

有两个盲人在逛商场的时候，每人买了一件衣服，分别是黑色和白色。由于没有多余的袋子就把两件衣服放到了一起，回家后才发现他们已经分不出哪件衣服才是自己的，因为这两件衣服除了颜色不同以外，其他的如质地、大小和款式都一模一样。那么，你有什么办法可以帮他们分开吗？

答案

将两件衣服放到太阳下晒一晒，比较热的那个是黑衣服。因为黑衣服比较吸光。

孩童解难题

有两名老师在办公室里互相出题来考对方，两人凭自己的智慧和经验巧妙回答了对方的难题。这时，甲老师拿出了一根绳子和一把剪刀说：“你能只用剪刀从绳子中间剪开，最后还能得到一根绳子吗？”乙老师实在想不出来，正当他打算放弃的时候，这时一位同学说话了：“我帮你做吧，老师。”然后在众位老师面前，这位同学成功解决了甲老师的问题。你知道他是怎么做的吗？

答案

将绳子的两端绑在一起，然后在接头处剪了一刀。

怎样过河

心心带着一只猫和两条鱼回家，路上被一条河挡住了去路。河上面没有桥，只有一条船，但是船很小，她一次只能带一只猫或一条鱼过河。那么，怎样才能把小猫和鱼安全无恙地带过河呢？

答案

先把猫带过去然后返回再把一条鱼带到对岸，再次返回的时候带上猫，然后把另一条鱼带到对岸，然后再回去带上猫过河。

平均分油

有两个瓶子，一只瓶子里有多半瓶油，另一只瓶子是空的。那么，在没有任何工具辅助的情况下，如何将油平均分配？

答案

将两只瓶子都放在水面上，然后把油倒来倒去直到浮在水面上的高度一样时，油也就被平均分好了。

平分蘑菇

有两个小女孩找到了一堆蘑菇，但是因为分配不均吵了起来，后来她们就让李老师帮她们分配。果然，李

老师想了一个好方法，把蘑菇分好后，两个小女孩高兴地带着蘑菇离开了。

那么，李老师想了一个什么方法呢？

答案

李老师让甲女孩把蘑菇平均分成两堆，然后让乙女孩先挑，剩下的归甲女孩。

巧分果汁

有七个杯子装满了果汁，有七个杯子装有半杯果汁，还有七个空杯子，将这些杯子分给三个人要保证每一个人得到的杯子数和果汁都一样。请问：如何分？

答案

将四个半杯的果汁倒成满果汁两杯，这样就有九个满杯，三个半杯，九个空杯。三人可以平分。

诡计多端的地主

以前，木棉村有一个地主，他让一个木匠给他修理房屋，然后给木匠150钱当做工钱。可是修好房子后，地主却没有立即给钱，而是将150钱放到了桌子上，然后说：“如果你能猜到我现在正在想什么，这150钱你就可以拿走了，反之，这钱就不能给你。”

那么，你能帮他想到什么好主意拿回自己的工钱吗？

答案

木匠可以对地主说：“你正不想给我工钱呢。”这样不管地主说他的回答是对还是错，他都必须付给木匠工钱。

聪明的狼

一只狼已经好几天没有进食了，身体瘦得都只剩骨头了。终于，这只狼在一个村庄里发现了一只大肥羊。这只肥羊被关在一个笼子里，虽然狼可以从笼子的缝隙中钻过去，但是如果他钻进去吃了这只肥羊，那它就不能从笼子里出来了。可是这只狼实在太饿了，它太想吃掉这只肥羊了。那么，你有什么办法能让狼吃到羊而又不被猎人逮住呢？

答案

狼可以钻进笼子后将羊咬死然后弄成小块，然后再把这些小块儿拖到笼子外面吃掉。

挂　钟

有一天，杰克忘记上发条，挂钟停了。之后他去拜访一位朋友，朋友的表时间准确，杰克待了一阵就回家

了，然后他把挂钟的时间调对了。

杰克身上没有表，他是怎么把挂钟的时间调对的呢？

答案

杰克在离开家之前给挂钟上过发条。当他回来时，挂钟走过的时间等于他去朋友家的时间加上返回来的时间以及在朋友家停留的时间。因为杰克到达朋友家和离开的时候都看过时间。用他离开家的总时间减去在朋友家停留的时间，然后除以2，就得到了他在回家路上所花费的时间。把这个时间加到他离开朋友家时的时间上，就是他回家后的正确时间了。

发牌顺序

从一副扑克牌中取出一套同一花色的从A到10的牌。把A朝下放到桌子上，把2放到手中那一摞牌的最下面，接着把3朝下放到桌子上，把4放到手中那一摞牌的最下面，依此类推，直到所有10张牌都放到桌子上。自然，桌子上面的牌不是以数字顺序排列的。如果按照上面的摆放方法，想要在桌子上排出的顺序变成从A到10，10在上，A在下，那么，发牌顺序应该是怎样的？

答案

顺序应该是：

A，6，2，10，3，7，4，9，5，8。

金丝雀和画眉

夏令营结束了，孩子们决定放飞夏令营期间捉到的20只鸟。老师建议说："把所有的鸟笼摆成一排。从左向右数，每数到5的有鸟的笼子，就把笼子打开。数到最后那只笼子再从头开始数，你们可以把最后剩下的两只鸟带回家。"

许多孩子并不关心哪两种鸟被带回家，只有尼亚和阿里特别留意一只金丝雀和一只画眉。于是，他们在帮着安排鸟笼子的时候做了些手脚。那么，应该把装有金丝雀和画眉的笼子放到什么位置呢？

答案

从左至右数起的第7个笼子和第14个笼子。

萨米的姐姐

萨米有2个姐姐，但是萨米的姐姐却没有兄弟。这是为什么？

答案

因为萨米是个女孩子。

4张K和Q

从一副牌里抽出的4张K和4张Q。将这8张牌放一堆，Q正面向下放在K的上边。把这堆牌拿起，把第1张牌（Q）正面向上放在桌子上。然后拿起第2张牌把它正面向下放到手里牌的底部。把第3张牌正面向上放在桌子上。第4张牌正面向下放在手里牌的底部。依此类推，直到所有的牌都是正面朝上。这个时候这8张牌的顺序是什么？

答案

顺序是：Q，Q，K，K，Q，K，Q，K。

六位数的和

下面有组六位数，请你快速算出它们的和。怎么算简单些？

328645

491221

816304

117586

671355

508779

183696

882414

答案

第1行和第5行中，个位数相加等于10，其余各位相加均得9，2个数之和等于1000000。第2行和第6行、第3行和第7行、第4行和第8行相加均得1000000。所有数相加得4000000。

4对字母与数字

下面是关于字母A，B，C和D，还有数字1，2，3和4之间关系的陈述。在这些已知条件的帮助下，看看你能不能理清它们之间的关系，确定哪个字母代表哪个数字。

如果A是1，那么B一定不是3。

如果B不是1，那么D一定是4。

如果B是1，那么C一定是4。

如果C是3，那么D一定不是2。

如果C不是2，那么D就是2。

如果D是3，那么A一定不是4。

答案

画个表格，将字母A，B，C，D列一边，1，2，3，4列一边。答案为：

A=3；B=1；C=4；D=2。

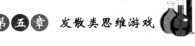

字母与数字

字母“E”后面缺失的数字是多少？

P7H406N6E ?

答案

缺失的数字是 3。这里的数字和手机键盘上的数字是一一对应的。

加号与乘号

一个等式中的两个 2 之间的加号可以换成乘号而不改变结果：

2+2=2×2

带 3 个数字的等式也很简单：

1+2+3=1×2×3

那么，请你找出带 4 个数字和 5 个数字的等式。

答案

4 个数字的唯一解法：

1+1+2+4=1×1×2×4

5 个数字的 3 种解法：

1+1+1+2+5=1×1×1×2×5

1+1+1+3+3=1×1×1×3×3

1+1+2+2+2=1×1×2×2×2

字母串

字母串里的每个字母都代表一个数字。你需要层层推理才能解决。

A+B+C+D=D+E+F+G=G+H+I+J=17

已知 A=4，J=0。找出其他字母的数值。这里从 0 到 9 的数字只能使用一次。

答案

下面就是字母串的外观。

4265

8

3

1790

用到的数字之和为51(17×3=51)，从 1 ~ 9 的数字之和是 45，差为 51-45=6。因为 D 和 G 都计算了两次，所以 D+G=6，E+F=11。因为 A=4，所以 D 和 G 必须是 1 和 5。数字 7 不可能是 E 或者 F。因为如果其中一个是 7 的话，另外一个就要是 4。这是不可能的。同样，B，C 或者 D 也不能是 7。因为 4+7=11. 这就要求上边一排剩下的两个字母之和等于 6，而这也是不可能的。因此 7 和 0 是属于下排的。这就是说下排剩下的 2 个数字之和为 10，因为 G+H+I+J=17。这两个数字中的一个只能是 1 或者 5。如果是 5 的话，就需要 2 个 5，这是不可能的。因此 D=5，G=1。所以，I=9。这个时候，数字串是这样的：

4BC5

E

F

1790

E+F 必须 =11。则可能的组合为：

2+9，3+8，4+7，5+6。

唯一可以能的组合是 3+8。所以，

B=2；C=6；D=5；E=8；F=3；G=1；H=7；I=9。

数字和密码

下面是数字和相应密码的对应表。你能确定它们之间的关系并找出最后一行的数字是什么吗？

数字	密码
589	521
724	386
1346	9764
?	485

答案

最后一个数是625。用10减去数字里的每位数上的数字得到破解后的数字。

三角形的边

一个三角形的3条边分别是X，Y和Z。下面的哪个陈述是正确的？

①X–Y总是等于2。

②Y–X总是比Z小。

③Z–X总是比Y大。

④X+Y总是比Z+Y大。

⑤上述没有正确的陈述。

答案

陈述②是正确的。

拳击手

有两个拳击手，小个的是业余选手，也是大个子职业拳击手的儿子，但是这个职业拳击手却不是业余选手的父亲，请问：职业选手是谁？

答案

是业余选手的妈妈。

山姆的谎言

山姆打电话给妻子说，他会回家吃晚饭。“亲爱的，我现在就回家，估计10分钟后到。”“好的，亲爱的。”妻子说，“那么待会见。”山姆家离他公司很近，他离开时是晚上6点30分，到家里是6点43分，他一下车，妻子就走了过来，打了他几记耳光，并怒骂道：“如果你再这样，我就和你离婚。”那么山姆到底做了什么呢？

答案

山姆当晚并没回去，他到家是第二天早上6点43分。

水缸的困惑

一口水缸放在雨中盛水，当雨垂直落下时，一小时便盛满了水；假如雨的大小不变，而是斜着落下

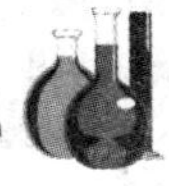

来，那么盛满水的时间应该是长了，还是短了？

答案

一样长。

交警与小女孩

一个交警执勤时，看到一个小女孩转过拐角超过他后就走了，他朝小女孩笑了笑，也没有多注意她。几分钟后，小女孩又转过拐角从他身边经过了，接下来好几次都是这样，而且她一次比一次显得焦虑。最后，交警耐不住地问："你在这儿走来走去干什么呢？"你猜小女孩是怎么回答的？

答案

小女孩的回答是："我从家里跑出来了，但我不能独自过马路，因为我还太小。"

艾米家的池塘

艾米很兴奋地发现她家花园的池塘里有很多青蛙。有时候出现一只绿色的，有时候出现一只褐色的，还有一对小青蛙。艾米想了解池塘里到底有多少只青蛙。她数了好几次，但每次得数都不一样。那么，如何才能正确地知道池塘中到底有多少只青蛙呢？（不能抽干池塘中的水）

答案

等到黄昏青蛙钻出水面捕食的时候。

镇上的理发师

"镇上有个理发师，有时候镇长都得让其三分。镇长颁布了一条法令：规定每个人都不能留胡子，但不能自己剃须。理发师因为人人都来剃须而变得很富。但是有一点，到底谁来给理发师刮胡子呢？"

答案

没人。理发师是镇长的妻子。

棍子问题

有一根棍子，要使它变短，但不得锯断、折断或削短。该怎么办？

答案

拿一根更长的棍子跟它比。

香皂的区别

为什么英国人比爱尔兰人香皂用得多？

答案

英国人口比爱尔兰多。

聋子与潜水员

一个聋子看到一条鲨鱼正在向一个潜水员靠近，他如何才能告诉这个潜水员呢？

答案

虽然聋子听不到声音，但他可以喊“鲨鱼！”。

风往北吹

北风和一条通往北方的路有何区别？

答案

来自北方的风和通往北方的路方向相反。

万花筒与镜子

万花筒由三面镜子组成。在那三面镜子的相互映照下，里面的物体能照出几个镜中影来？

答案

无数的影子。

流浪汉的烟卷

有个流浪汉把5个烟头做成1支香烟，今天他有25个烟头，他可做几支烟呢？

答案

6支香烟。因为25个烟头可做成5支烟，这5支烟抽完了，剩下的烟头又可做成1支烟。

扔球问题

给你一个球，把它扔出去，不能碰到任何物体，但又要让球乖乖地回到你的手中。该怎样做？

答案

向上扔，或左手扔到右手。

飞行员跳伞

在海拔 1000 米的高度，一架直升飞机在盘旋。这时，机舱门打开了，一个人没带降落伞勇敢地跳下来。落地后，居然若无其事地走开了。这是怎么回事？

答案

飞行员跳伞：此题关键在“海拔”二字。飞机在海拔 1000 米高度，人从飞机上跳到海拔 999 米的山头上。实际上只跳了 1 米，当然不会受伤。

5 分和 1 角

美国第九届总统威廉·哈里逊出生在一个小镇上，他自幼家境贫寒，小时候性格文静内向，腼腆害羞，镇上的人喜欢作弄他，常常故意把一枚一角硬币和一枚五分硬币同时放在他面前，要他从这两枚硬币中拣一枚，威廉总统总是拣那个五分的，每拣一次总会引起人们的哄笑，镇上很多人都认为他是个小傻瓜，傻到连一角和五分哪个面值大都分不清的程度。

小威廉真的那么傻吗？他为什么会这样做？

答案

小威廉不仅不傻，而且超乎寻常人的聪明，一位老奶奶向他说：“威廉！你怎么会不知道一角比五分更值钱呢？”威廉回答：“当然知道，但我要是拣了一角的就没人给我仍钱了。”

划火柴

两个人进行划火柴比赛，A 一秒钟划 1 根，B 一秒钟划 2 根。如果他们各拿一盒（100 根装）火柴比赛，当 A 划燃 90 根火柴时，B 已经划燃了多少根火柴？

答案

100 根，因为只拿一盒火柴比赛。

牛拉车

一头牛拉着一辆车，车上坐着 7 个去赶集的姑娘，请问这儿一共有几双眼睛？

答案

牛、7 个姑娘、赶车的合起来共 9 双眼睛。

怪事趣谈

今天我见了一件怪事，胜利者不是前进，而是后退，这是在干什么？

答案

拔河。

轮船遇险

某人有过这样一次经历：他乘坐的船驶到海上后就慢慢地沉下去了，但是，船上所有的乘客都很镇静，既没有人去穿救生衣，也没有人跳海逃命，却眼睁睁地看着这条船全部沉没。这里究竟发生了什么事呢？

答案

这条船是潜水艇。

装蛋糕

一位顾客给一家食品店送来一张奇怪的订货单，上面写着："订做9块蛋糕，但要装在4个盒子里，而且每个盒子里至少要装上3块蛋糕。"老板伤透了脑筋，碰坏了好几块蛋糕也没有办法照订货单位上的要求装好。

这时在一旁干杂活的小工拿起单子，认真地读了一遍，笑着对老板说："这有何难？我来装吧！"请问他是怎样装的呢？

答案

一个大盒子里面装三个小盒，每个小盒装三个蛋糕。（是至少要装上3块蛋糕）

刑警破案

警察们赶到现场的时候，死者正躺在车下。根据调查，死者死亡前虽开过车子，但他不是车主。车子案发当天上午被开过之后，一直没动过，但死者的死亡时间被确定为当天下午3点。后来确证案发当时，车主正在法国度假，除了这两个人外，没有其他人与案件有关联。最后警察宣布这根本不是一起犯罪案件，警察的依据是什么？

答案

死者是个修理工，它躺在车下修车的时候，千斤顶松脱，车子砸下来把他压死了。

山姆的闹钟

山姆今晚想睡个好觉，所以，晚上8点30分就睡觉了。他把那架老掉牙的闹钟拨到早上9点整就睡下了。那么山姆可以睡几个小时呢？

答案

只有半小时。因为闹钟到晚上9：00就要闹了。（闹钟早9：00和晚9：00是一样的）。

同窗轶事

两个同校的学生，住在同一条街上，他们家只相距2米。可是每当上学时，一个出门往左走，另一个出门往右走，却一起走进学校，这是怎么回事？

答案

住对门。

交通事故

交通部报告了一起交通事故，由于桥梁崩塌，一辆卡车和12辆轿车被压，车辆严重受损，但司机却毫无损伤地逃出了驾驶室，当巡警赶到现场却不见任何一名轿车司机。当时并没有轿车司机因事件而以任何方式投诉。这是为什么？

答案

轿车是作为货物由货车载运的。

钓鱼高手

一个钓鱼能手用10条蚯蚓去钓鱼，他用去4条蚯蚓钓到两条鱼，那么当10条蚯蚓全部用完时，他能钓几条鱼？

答案

至少钓到2条。

电灯泡

门外四个开关分别对应室内四个灯泡，线路良好，在门外控制开关时候不能看到室内灯的情况，现在只允许进门一次，怎么确定开关和灯的对应关系？

答案

先开两个，亮一会之后，关掉一个，再打开一个，这样进去试试灯泡的温度，2个亮的1热1凉，2个灭的1热1凉。

杀狗规则

一个村子里有50户人家，每户人家养一条狗，不幸的是村子里有的狗感染了疯狗病，现在要杀死疯狗。

杀狗规则如下：

（1）必须确定是疯狗才能杀。

（2）杀狗用猎枪，开枪杀狗人人都听的见，没聋子。

（3）只能观察其他人家的狗是否得了疯狗病，不能观察自己的狗是否有疯狗病。

（4）只能杀自己家的狗，别人家的狗你就是知道有疯狗病也不能杀。

（5）任何观察到了其他人家的狗有疯狗病都不能告诉任何人。

（6）每人每天去观察一遍其他人家的狗是否是疯狗。

现在现象是：第一天没有枪声，第二天没有枪声，第三天响起一片枪声。

问：第三天杀了多少条疯狗？

答案

3条疯狗。

未湿的呼机

有个人不小心把自己的呼机掉进装满咖啡的杯子里。他急忙伸手从杯子中取出呼机。此时，不但他的手指没有湿，而且连呼机也没有湿。

有没有可能？

答案

杯子里装的是咖啡粉。

生日蛋糕

生日时，我们常常要切蛋糕吃，现在有一块大蛋糕，要想3刀把它切成形状相同、大小一样的8块，而且不许变换蛋糕的位置，该怎么切？

答案

先把蛋糕横向切一刀，再纵向切两刀，即可成为八块蛋糕。

聪明的哈桑

某村有一位男子，他疑心很重，谁的话都不信。有一个叫哈桑的聪明人知道后，找到这位男子，对他说：“我可以骗过你。”那男子面上露出不屑的神色，傲慢地说：“你要能骗过我，那你就骗骗看。”哈桑说：“稍等一下，我去准备好后就来。”说完就回家去了。

哈桑用什么方法骗了这位男子？

答案

哈桑说过一会来，其实不来了，这就骗过了那个男子。

战　争

从前，在印度，一个女王拥有两匹马，她用这两匹马去攻打邻国的国王。经过激烈的战斗，国王的人马都被杀光了。战争结束后，胜利者和失败者全部并排躺在同一个地方。请你解释这是为什么。

答案

这是一场象棋比赛。

儿子和母亲

在秦朝有个叫黎里的纺织妇，特别聪明。在休息的时候，黎里常出各种难题来考她的女伴。有一次，她又出了一道考题：

一个妇人在房间里面缝补衣服，当她的儿子走进来时，听到一声命令："退出去，我的儿子。"她的儿子立即回答："我的确是你的儿子，但你不是我的母亲。"

这到底是怎么回事呢?

答案

命令是父亲发出的，他恰好也在这个房间里。

奇 迹

一个圆孔直径只有1厘米，一种体积为100立方米的物体却能顺利通过这个小圆孔。这是什么物体?

答案

水。

传 达

在瑞士住着会讲德语、法语、意大利语、罗马尼亚语的中国人。这四个中国人到瑞士观光。A会说罗马尼亚语和德语，B会说德语和法语，D会说法语和意大利语，D则会说西班牙语和英语。在某地竖立着一块写有罗马尼亚文的招牌，A看了之后用德语告诉B。请问，B如何将招牌上的内容传达给C和D？

答案

国语。

怎么证明

一天，一个挑剔的人找小木匠加工一根长3米、宽和厚均为1米的木料，将它砍削、雕刻成重20千克的木柱。这个挑剔的人答应补偿木匠在做活时砍去的木材。小木匠觉得这笔买卖很划算，就答应了。

小木匠先将这块方木称了称，重30千克，比成品只重10千克。因此，小木匠先从方木上砍掉了1立方米的木材，即原来的1/3。但挑剔的人并不承认，他认为不能按重量来计算砍去的体积，因为据说方木的中间重，两边轻。

请问：小木匠在这种情况下怎样向这个挑剔的人证明，究竟砍了多少木材呢?

答案

做一个箱子，使箱子的内部尺寸精确到与最初的方木相同，即3×1×1。然后再把已雕刻好的木柱放入箱内，而在空档处塞满干沙，再细心地摇箱子，使得箱内沙土填实并与箱口齐平。接着轻轻取出木柱，不带出任何沙粒，再把箱内的干沙捣平，量出其深度便能证明，木柱能占的空间恰为2立方米。也就是说，木匠砍削掉了1立方米的木材。

偷越国境的间谍

A、B两国经常派间谍互探对方情报。一次，A国又派出一名间谍，企图偷越B国边境。但近来B国防范森严，A国间谍无法进入B国境内。于是他又想通过挖地道的办法进入B国。

挖地道必须保证挖出的浮土不会被B国的侦察机发现。于是他想先盖一所专门放浮土的小房子。可房子里的浮土增加到一定程度，就需要把它运到房子外面去，这同样会被B国发现。

你能不能帮A国间谍想一个安全的挖地道的办法呢？

答案

一面向前挖，一面用挖出的土填埋身后的地道，就可以安全地越过边境。不用担心这样做会把气孔堵死。因为既然小房子里堆着一部分浮土，那么在地道里就一定有相当于那堆浮土体积的空隙存在，足以供偷越国境的间谍呼吸。

特工见胡佛

胡佛曾是美国联邦调查局局长，此人很有心计，很少有人能瞒得过他。但是有一次他却被自己的一个手下开了个不大不小的玩笑。联邦局曾规定，所有特工都必须严格控制体重，一旦胡佛发现他们大腹便便，过于肥胖，肯定会招致一番训斥。

有一次，一位特工将被提拔为迈阿密地区特警队负责人，胡佛安排好要接见他，但是这位特工比较胖，怎么才能免去一番训斥，平步青云呢？最后他想出了一个主意。结果接见当天，胡佛不但没有训斥他，反而对他连连夸奖。

你知道这位特工的策略是什么吗？

答案

这位特工见体形上没法隐瞒，就到街上买了一套衣服，号码比他平时穿的要大很多，这样给人的感觉就是他已经减下很多分量了。他穿上这身衣服去见胡佛，一见面就感谢胡佛提出了控制体重的要求，说这简直是“救了他的命”。胡佛听了之后就对他连连夸奖。

能及时赶回去吗

周末，有三个同学出去玩，但是按学校规定他们必须得在晚上 11 点赶回宿舍。

他们玩得太高兴了以至于忘记了时间。当发现的时候，已经是 10 点 8 分。他们离学校有 10 千米的距离。如果跑着回去需要 1 小时 30 分钟，如果骑自行车回去要 30 分钟。但他们只有一辆自行车，并且自行车只能带一个人，所以必须有一个人要跑。

那么，请问他们能及时赶回去吗？

答案

先让甲同学跑步，乙同学和丙同学骑自行车，骑到全程的 2/3 处停下，乙同学再骑自行车回来接甲，丙同学这时继续跑步往学校宿舍赶。

乙同学会在全程 1/3 处接到甲，然后他们骑着自行车继续往学校赶，他们可以和丙同学同时赶到学校。

按照这种走法，他们可以用时 50 分钟。所以可以提前 2 分钟赶回学校宿舍去。

运动服上的号码

一个学生参加学校的运动会，他的运动服上的号码是四位数字。同桌的城城倒立看其号码时，发现变成另一组四位数字，并且与原来的号码相减，多出“7875”。请问，该同学运动服上的号码是多少呢？

答案

0 ~ 9 的数字中字，只有 0，1，6，8，9 颠倒后仍为数字，根据题意得相减后是“7875”，因此将其排列组合，得出运动服上的号码是 1986。

巧计抓强盗

从前，有个非常聪明的孩子。一次，他和父亲到外地去，住在一家旅店里。半夜，一个手持钢刀的强盗闯进了他们的房间，用刀胁迫他们交出财物，否则就要行凶。

小孩毫不慌张，他假装去找财物。正在这时，打更的梆子声由远而近地传来。强盗怕自己被发现，于是不停地催促小孩。小孩对强盗说：“没有灯我看不见，所以要花费一些时间。如果你愿意点灯，我想我很快就可以找到。”强盗一听，觉得有道理，就同意了。于是，就在打更的梆子声在房间的门外响起的时候，小孩点亮了灯，然后把父亲藏在枕头下面的钱交给了强盗。

强盗拿了钱正准备逃走。这时，门外的更夫却突然大声喊“抓强盗啊”。人们冲进来，抓住了还来不及逃跑的强盗。

你知道小孩是怎样对走在门外的更夫做出暗示的吗?

答案

小孩特意选在更夫走到屋子门外的时候点亮了灯盏，这样一来强盗拿着刀的影子就很清楚地映在了窗户上，更夫一下就能看出屋子里有强盗。

糊涂交易

硅谷的一家大集团致电给欧洲供货商，要求订一批半导体材料，这家集团非常精确地指定交货日期。但是，信誉良好的欧洲供货商，其每一批交货日期都至少有一个月的误差，有些货物是太早送到，有些却迟到。硅谷集团的经理打电话质问原因，欧洲供货商则说他们的货物都是由物流公司经营，而物流公司也说他们是按照合约上的日期准时送达。究竟问题是出在哪一个环节呢?

答案

问题出在日期的书写方式不同。美国公司用的日期格式是月/日/年，欧洲供货商用的日期格式是日/月/年。例如，美国公司要求的是2004年7月5日送货，就标示为7/5/04，而欧洲供货商便会认为货物是要在5月7日送达。

女实验员为何精神失常了

从前有一个海员和一个医学实验室的女实验员结了婚。结婚没多久，女实验员精神就失常了，请问，这是为什么?

答案

女实验员的实验室里有很多小白鼠，虽然她早已习惯了解剖它们，可是难免会为这些无辜任人宰割的小生灵们感到于心不忍。女人结婚后发现他丈夫很喜欢去她的实验室，但是每次都鬼鬼祟祟的，让人觉得可疑。其实她不知道他的一段往事：那是一次海难，海员们全都被困在大海里没有出路。没几天，储备的食物和水全都吃光了。海员们为了求生，只好喝自己的尿液，吃仓库里的小老鼠。这一天，女人为了探索丈夫的秘密，悄无声息地潜入了实验室，不料看到了可怕的一幕：他的丈夫站在鼠笼旁，正目露凶光，嘴里叼着半截老鼠。

女人为何精神失常了

从前有一个赌鬼的遗孀，有一天她看她小儿子以前写的日记。“4月6日爸爸不爱洗澡，身上长了很多虱子，我趁他睡觉时抓了几个，真好玩。”女人看了以后，就精神失常了。请问，这是为什么？

答案

女人是一个可怜的人，丈夫生前是一个十足的赌徒，每每丈夫要去追求千金一掷的大赌之际，她都感到自己的心脏紧张像被人拧似的。有一次，丈夫突发奇想要跟人赌谁身上的虱子多，而赌注是——全部家当和他的性命。可是结果非常不幸，4月7日赌博的这一天。丈夫以少一个虱子的数落败了。愿赌服输，丈夫的命因此赔上，家里也被倾荡一空了。女人痛不欲生，哭了三天三夜，最后还是决定为自己的儿子挺下来。但是她的心灵已变得极度脆弱，已经不能承受任何风吹草动的打击了。这一天，她看了小儿子的日记，她看到的事情真相狠狠地刺激着她那颗脆弱的饱经摧残的心。

可怜的的眼镜男

从前警察在野外发现一个昏迷的人。昏迷者是一个神情抑郁的眼镜男，他躺在一个倒在地上的爬梯上，口袋里有一瓶安眠药。请问这是怎么回事？

答案

他患有深度抑郁症。这一天，他决定卧轨自杀。长途跋涉走到了野外的车轨旁，听到火车呜呜行驶的声音时他知道火车就要到了。他本来就是高度近视，现在更是累得两眼昏花。这时，他朦朦胧胧地看到了车轨，于是躺了下去。服了一些安眠药就昏睡过去。他等待着火车来结束他痛苦的生命，可是他却不知道其实自己是躺在一个倒在地上的爬梯上。

发生在二战的怪事

第二次世界大战期间，一架美国轰炸机在太平洋上空遭到日本战斗机的袭击，机身被打了好几个窟窿。飞机驾驶员竭尽全力，才将飞机迫降在岛边的一片海滩上。大难不死的机组人员争先恐后地跳出机舱来。他们在庆幸之余，又清醒地意识到危险近在咫尺：岛上的土著人会把他们杀死。一会儿，他们看见一群半裸体的持着古代武器的原始人忽地从丛林里钻出来。这批丧魂落魄的美国人赶紧抓起身边武器，准备抵抗土著人的进攻。奇怪的事情发生了，全副武装的土著人站在那里纹丝不动，瞪着一双眼睛，好奇地望着庞然大物的轰炸机，其中一人大摇大摆径直走到飞机旁边，发出一种啧啧称奇的叫声，他指在机首上，只见机首部位有表示美国轰炸机徽号的一只跨坐在一枚大炸弹上的米老鼠。一会儿，土著人扔下手中弓箭和长矛，在米老鼠前疯狂地跳起舞来。折腾了好一阵子以后，他们打着表示友好的手势，把美国人请到了住地，拿出了丰盛的食物，热情款待这些饥饿的美国人。

试问：岛上的土著人为什么会这样呢？

答案

原来岛上的土著人把老鼠视为神明，轰炸机上的这只米老鼠自然也受到他们的顶礼膜拜，因此美国人被认为是他们的朋友，才避免了一场干戈。

第六章 演绎类思维游戏

演绎非演艺，也不是演义，而是一种生活中很常见的思考问题、解决问题的方式。也许这个名词有些晦涩，但现实经历却可以让我们更清楚地认识到演绎的魅力：小到判断一个事物的好坏，大到计算国家引进设备的成本，都在潜移默化中渗透着演绎的痕迹。通过综合推理判断，可以让我们看到事物背后的真正本质。

名画失窃

侦探卡尔正在书房里翻阅案卷，他的助手拿着一张纸条走进来。只见上面写着："蒙特博物馆有幅世界名画被盗，请速来侦破。"卡尔站起身来，看了看表说："现在是晚上11点，不管是真是假，我们去看看！"说完就出门驾车而去。

博物馆展厅里站着一男一女两个管理员。卡尔说："我是卡尔探长，刚才接到通知，说贵馆有幅世界名画被盗了，请带我去查看一下现场。"检查完毕，卡尔觉得不像是外部偷盗，就让那两名管理员讲讲失窃前后的情况。

女管理员说："7点钟下班时，我们一起锁上大门，然后就各自回家了。几分钟前，他通知我说有幅名画被盗，我就赶来了。"男管理员接着说："我回家后想起有本书遗忘在展厅里，就回来取书，结果发现名画不见了。我马上给她打电话。"

卡尔问："你们7点钟关门时画还在吗？""还在，关门前我还给画掸过灰呢！"男管理员答道。卡尔请女管理员讲讲自己的看法，她说："我对发生的这一切都不知道。依我看，肯定是偷画人给你写的纸条，想故意把水搅浑，这种贼喊捉贼的把戏在众多案件中屡见不鲜。"

"你说得对极了，那幅名画就是你偷的！"卡尔探长说完，让助手给女管理员戴上了手铐。

你知道这是为什么吗？

答案

卡尔探长只字未提纸条之事，女管理员却自己先说了出来，可见是她偷了画，又写了纸条。

为难的领导

某国有一个城镇里的人特别爱好休闲。这个城镇只有一家便利店、一家打折商场和一家邮局，每星期中只有一天全部开门营业。

①每星期这三家单位各开门营业4天。

②三家单位没有一家连续3天开门营业。

③星期天这三家单位都停止营业。

④在连续的6天中：

第一天，打折商场停止营业；

第二天，便利店停止营业；

第三天，邮局停止营业；

第四天，便利店停止营业；

第五天，打折商场停止营业；

第六天，邮局停止营业。

有一个人初次来到这个城镇，他想在一天之内去便利店里买东西，又要去打折商场买衣服，还要去邮局寄信。请问：他该选择星期几出门？

答案

他应该选择在星期五出门。

失窃的保险箱

甲、乙、丙、丁四人是某单位的工作人员。一天办公室保险箱被盗，经过侦查，最后发现这四个人都有作案的嫌疑。又经过核实，发现是四人中的两人作的案。在盗窃案发生的那段时间，找到的可靠的线索有：

（1）甲、乙两个人中只有一个人去过办公室；

（2）乙和丁不会同时去办公室；

（3）丙若去办公室，丁必一同去；

（4）丁若没去办公室，则甲也没去。

那么，你可以判断是哪两个人作的案吗？

答案

甲和乙。

苛刻的合同

一个公司与工人签订了这样的合同：每劳动一天，得48元；不劳动的日子，每一天必须退给公司12元。30天以后，工人们全部没有得到一分钱。那么，这30天中，他们劳动了几天？

答案

48是12的4倍，也就是说30天中不工作的天数是工作天数的4倍，所以工人们只干了6天活。

好友相聚

新成立的一个俱乐部的三个主持人A、B、C住在同一个城市，他们约定每个月都要聚会一次，讨论俱乐部的活动。

第一次聚会的日子就要到了，可是还有一个问题很麻烦。现在正是夏天，A在雨天不出门，阴天或晴天倒还好说；B性格古怪，阴天或雨天还可以，天一晴就不愿离开家；C喜欢干脆，讨厌阴天，只有晴天或雨天出门。

你说，他们能聚会吗？怎么聚会（不知道聚会日的天气情况，但假设那天的天气情况一直不变）？

答案

三种天气，三个人，每一种天气都有不愿意出门的人，看来不可能聚会了。但谁也没规定“聚会必须出门”，在某一人家里也可以聚会。下雨天，B和C到A家；阴天，A和B到C家；晴天，A和C到B家。

外星来客

有一天，在广阔的西伯利亚地面上降落了一艘子弹头式的宇宙飞船，随后从里面下来五个穿着奇异服装的稀客，有两个人是火星人，其余的是水星人。

面对新闻媒体的热烈采访，五人的发言如下。其中的四个人说了真话，有一人撒谎。

菲尔德说：“奥尼尔和卡思两者之中只有一个是火星人。”

奥尼尔说：“卡思和杰森之中有一个是水星人。”

卡思说：“帕萨斯和杰森之中有一个是水星人。杰森和菲尔德来自不同星球。”

杰森说：“比尔和韦伯之间至少有一个是火星人。”

韦伯说：“菲尔德和奥尼尔之中有一个是火星人。”

请问：他们之中哪几个是火星人，哪几个是水星人？

答案

假设菲尔德撒谎，从奥尼尔和卡思的发言来看，卡思和菲尔德是同一星球的，进一步从韦伯的发言来看，卡思和奥尼尔是不同星球的，结果菲尔德的发言反而不足谎言，与前面的假设相矛盾。所以，菲尔德的发言是真实的。

假设撒谎的是卡思或奥尼尔或卡思或韦伯都是一样，他们的发言都是真实的。

所以奥尼尔撒了谎，从而可知卡思和韦伯都是水星人。

因此可推断，奥尼尔、杰森是火星人，菲尔德、卡思、韦伯是水星人。

难解的遗嘱

一个守财奴生前积累了很多金条，可他到临死的时候也舍不得分给儿子们。他写了一份难解的遗嘱，要是有人解开了这个遗嘱，就把金条分给他们；要是没有解开，金条就永远被藏在无人知晓的地方。他的遗嘱是这样写的：我所有的金条，分给长子1根加上余下金条数量的1/7，分给次子2根加上余下金条数量的1/7，分给第三个儿子3根加上余下金条数量的1/7……以此类推，一直到不需要切割地分完。

聪明的你能推算出守财奴一共有多少根金条，多少个儿子吗？

答案

守财奴共有6个儿子，每人分得6根金条，金条共有36根。

钱不够了

有一本书，兄弟俩都想买。如果用哥哥的钱单买缺5元钱，如果用弟弟的钱买缺1角钱，如果两人把钱合起来只买一本书，钱仍然不够。那么，这本书的价钱最少是多少呢？

答案

最少是5元。

特殊的尺子

一把11厘米长的尺子，可否只刻3个整数刻度，即可用于量出1到11

厘米之间的任何整数厘米长的物品长度？如果可以，应刻哪几个刻度才可以尽可能快地量出长度？

答案

可以，刻度可位于2、7、8处。

1cm=8cm–7cm

2cm已有

3cm=11cm–8cm

4cm=11cm–7cm

5cm=7cm–2cm

6cm=8cm–2cm

7cm已有

8cm已有

9cm=11cm–2cm

10cm=2cm+8cm

11cm已有

本题中除了10CM需要两次测量，其他单位均可直接得出答案。

木匠的方法

一个木匠拿着一根雕刻有花纹的小木柱对他的同行说："有一次，一位住在伦敦的学者拿给我一根长3米、宽和厚均为1米的木料，希望我将它雕刻成木柱。学者答应补偿我在做活时砍去的木材。我先将这块方木称一称，它恰好重30千克，而要做成的这根柱子只重20千克。因此，我从方木上砍掉了1立方米的木材，即原来的1/3。但这个学者很抠门，拒不承认砍掉了1立方米的木材，他说，不能按重量来计算砍去的体积，因为方木的中间部分要重些，也可能相反。请问，我在这种情况下怎样向学者证明，究竟砍掉了多少木材？"

答案

木匠说，他做一个与方木体积相同的箱子，即3×1×1=3立方米。然后，他把已雕刻好的木柱放入箱内，在箱子的空处塞满干沙土；再细心地振动箱子，使箱内的沙土填实并与箱口齐平。然后，木匠轻轻取出木柱，不带出任何沙粒，再把箱内的沙土捣平，量出其深度便能证明，木柱所占的空间恰为2立方米。这就是说，木匠砍削掉了1立方米的木材。

不幸的受伤者

卡姆、戈丹、安丁、马扬和兰君都非常喜欢骑马。一天，他们五个人结伴到马场骑马。不幸的是，他们当中的一个人因为所骑的马受了惊吓并狂奔起来而受伤。

请你认真分析如下A～E各项所说的情况，判断一下：受伤的究竟是谁？

A. 卡姆是单身汉。

B. 受伤者的妻子是马扬妻子的妹妹。

C. 兰君的女儿前几天生病住院了。

D. 戈丹亲眼目睹了整个事故发生的经过，决定以后再也不骑马了。

E. 马扬的妻子没有外甥女，也没有侄女。

答案

安丁是受伤者。

A 和 B 提供的信息表明卡姆是单身、受伤者是有妻子的，所以卡姆没有受伤。根据 D，戈丹目睹了整个事故发生的经过，他还决定以后不再骑马了，所以戈丹没有受伤。根据 B，马扬的妻子不是受伤者的妻子，所以受伤者不是马扬。根据 B、C、E，马扬的妻子是受伤者的妻子的姐姐，而她没有外甥女，也没有侄女，说明受伤者没有女儿，而兰君有女儿，因此受伤者不是兰君。所以，安丁是那位不幸的受伤者。

实弹射击

军训最后一天，A 班学生进行了实弹射击。射击结束后，几位教官谈论起 A 班学生的射击成绩来。

王教官说："这次军训时间太短了。这个班里没有一个人的射击成绩会是'优秀'。"

李教官说："不会吧？有几个人以前受过训练，他们的射击成绩应该是'优秀'。"

赵教官说："我看班长或者体育委员能打出得'优秀'的成绩。"

A 班的射击成绩单表明：只有一位教官说对了。

由以上条件可以推知以下哪一项肯定为真？

A. 班里所有人的射击成绩都是"优秀"。

B. 班里有些人的射击成绩是"优秀"。

C. 班长的射击成绩是"优秀"。

D. 体育委员的射击成绩不是"优秀"。

答案

因为只有一位教官说对了，所以可以从寻找教官们的话语"矛盾"入手。经过比对，可以发现王教官与李教官的话矛盾，因此两人的话肯定一真一假。假设王教官说得对，赵教官的话则是假的，这与题干恰好相符。

我们可以得出结论：选项中符合王教官的话的命题或者与李、赵两位教官的话相反的命题即为真命题。

正确选项是 D。

奇怪的规定

关于星期六下午观看棒球比赛时的穿戴，学校的男生宿舍楼前贴了一张《穿戴规定》：

（1）16 岁以上的男生才能穿燕尾服。

（2）15 岁以下的男生不准戴大礼帽。

（3）星期六下午观看棒球比赛的男生必须戴大礼帽或穿燕尾服，或者既戴大礼帽又穿燕尾服。

（4）带伴侣前来的或16岁以上的男生，或16岁以上的带伴侣前来的男生，不准穿毛衣。

（5）男生们一定不可以不看球赛和不穿毛衣，或者既不看球赛也不穿毛衣。

那么，星期六下午观看棒球比赛的男生们究竟该如何穿戴呢?

答案

由（1）、（2）和（3）可以得知：15岁以上的学生能去看棒球赛。

“不能不看球赛和不穿毛衣，或既不看球赛也不穿毛衣”这段话是说，必须要看球赛且穿毛衣。由此再结合（4），得知16岁以上的男生不能去看球赛。

因此，看球赛的男生的年龄应为15 ~ 16岁，观看比赛时应穿毛衣、戴大礼帽，而且不能带伴侣。

小球的重量

用天平称甲、乙、丙、丁四个重量不一的小球。当天平的一端放上甲、乙，另一端放上丙、丁时，天平恰好达到平衡；将乙和丁互换位置后，甲、丁一端高于乙、丙一端；当天平一端放上甲、丙，另一端刚放上乙时，天平就倒向了乙的一端。

请问：这四个小球的重量顺序是什么?

答案

按题干条件：

（1）甲 + 乙 = 丙十丁；

（2）甲 + 丁 > 丙 + 乙（隐含：丁 > 乙、甲 > 丙）；

（3）乙 > 甲 + 丙。

因此，四个小球的重量顺序为：丁 > 乙 > 甲 > 丙，

谁说假话

父亲让两个儿子去田里看西瓜的长势。大儿子回来后说：“西瓜长得有碗口那么大。”而小儿子回来后却说：“西瓜只有碗底那么大。”

为了验证两个儿子的话，父亲在8天后来到田里，发现西瓜果然有碗口那么大。他现在知道谁在说假话了。你知道是谁吗?

答案

是大儿子。因为父亲是在8天后才去地里的，那时的西瓜是碗口那么大，那么在8天的前，西瓜肯定没有那么大。

惨案发生在什么时间

一天夜里，邻居听到一声惨烈的尖叫，早上醒来发现原来昨晚的尖叫是受害者发出的最后一个声音。负责调查的警察向邻居们了解案件发生的

确切时间。一位邻居说是 12：08，另一位老太太说是 11：40，对面杂货店的老板说他清楚地记得是 12 ：15，还有一位绅士说是 11：53。但这 4 个人的表都不准确，在这些手表里，一个慢 25 分钟，一个快 10 分钟，还有一个快 3 分钟，最后一个慢 12 分钟。你能帮警察确定作案时间吗？

答案

12：05。计算方法为：从最快的手表（12：15）中减去最快的时间（10 分钟）就行了。

水可不可以喝

一个晴朗的午后，一位旅行者不小心迷了路。在一片原始森林里住着一个原始部落，部落里有一些人只说实话，有一些人只说谎话。

旅行者觉得非常口渴，想要一点水喝。走着走着发现前面有一个水桶，于是他随便问了一位村里的人这水可不可以喝。

"今天天气真好啊！"

"是的。"

"这水可以喝吗？"

"是的。"

请问：这水到底可不可以喝呢？

答案

当然可以喝。在一个晴朗的午后说"今天天气真好啊"，对方回答"是的"，可想而知对方一定是说实话的人，水自然也可以喝。

谁是智者

甲、乙、丙 3 个人中，只有一个是智者。他们一起参加了语文和数学两门考试。

甲说：如果我不是智者，我将不能通过语文考试；如果我是智者，我将能通过数学考试。

乙说：如果我不是智者，我将不能通过数学考试；如果我是智者，我将能通过语文考试。

丙说：如果我不是智者，我将不能通过语文考试；如果我是智者，我将能通过语文考试。

考试结束后，证明这 3 个人说的都是真话，并且智者是 3 人中唯一通过某门考试的人，也是唯一没有通过另一门考试的人。

你知道这 3 个人中，谁是智者吗？

答案

智者是乙。

采　花

农夫生有 3 个女儿，这一家常年靠到山上采花为生。碰巧他的 3 个女儿除了会采花以外，什么都不会。一天，农夫检查她们的采花情况，大女儿说她采了1束花，二女儿说采了2束，小女儿说他采了3束，但她们一共只采4束花，显然至少有一个在撒谎。

大女儿说：“三妹妹一贯都喜欢撒谎。”

二女儿说：“她们都说了谎。”

小女儿说：“二姐说谎了。”

请问她们各采了多少束花？

答案

小女儿最诚实，大女儿和二女儿都撒了谎。小女儿采了3束，二女儿采了1束，大女儿最懒，一束都没有采。

总预算

某单位召开一次会议，会前制定了费用预算。后来由于会期缩短了3天，因此节省了一些费用，仅伙食费一项就节约了5000元，这笔钱占预算伙食费的1/3。伙食费预算占会议总预算的3/5，问会议的总预算是多少元？

答案

预算伙食费用为：5000 ÷ 1/3=15000元。15000元占总额预算的3/5，则总预算为5000 ÷ 3/5=25000元。

猫的谎言

文森特家有3只猫（白猫、黑猫、花猫），它们在美丽的小溪中捉鱼，每只猫都捉到了1 ~ 3条鱼不等，即它们可能各捉到一条，也可能各捉到不同数量的鱼。回来的路上，3只猫说了下面的话，显然，说的数量比实际捉到的多，那肯定是假的，剩下的话都是真的。

白猫：“黑猫捉到了两条鱼。”

黑猫：“花猫捉到的不是两条鱼。”

花猫：“白猫捉到的不是一条鱼。”

请问：它们各自捉到了多少条鱼？

答案

白猫2条，花猫3条，黑猫3条

狗的年龄

有4只小狗，年龄从1岁到4岁各自不同。它们中有两只说话了，无论谁说话，如果说的是关于比它大的小狗的话都是假话，说的比它小的小狗的话都是真话。小狗甲说：“小狗乙3岁。”小狗丙说：“小狗甲不是

1岁。”你知道这4只小狗分别是几岁吗？

答案

甲：2岁；乙：4岁；丙：3岁；丁：1岁。

同颜色的糖块

有瓶糖块，其中有红、黄、蓝3种颜色。如果蒙上你的眼睛，让你抓取两个同种颜色的糖块：请问你至少要抓取多少块，才能确定你抓到的糖块中至少有两块同样颜色的糖块？

答案

拿3块，可能红、黄、蓝各一种。只要一次抓取4块就一定会有两块同样颜色的糖。

谁吃了鱼

三国时期蜀国的丞相诸葛亮，字孔明，从小就很聪明。小孔明幼年时勤读诗书，后来，拜灵山酆公玖老先生为师。在酆公玖老先生的私塾里，小孔明是这些学生中最勤奋的一个。在读书之余，小孔明还帮先生做各种杂活。

有一次，有人给先生送来一条鲤鱼，先生叫小孔明将鲤鱼杀了烹饪。小孔明将这条活蹦乱跳的鲤鱼杀死，洗净，切好，加了各种作料，放入蒸笼，加火蒸成一道香喷喷的菜肴。然后，小孔明拿出水桶，到外面去挑水。当他挑回水，将水倒进水缸后，发现先生和十几个同学都围在他的身边，用异样的目光看着他。先生气愤地质问他：“你烹的鱼到哪里去了？同学们都说没吃，莫非你把它吃了？”

小孔明一看，蒸笼打开了，碗中的鱼只剩下了光骨头架。他明白了是怎么回事，决心把偷鱼吃的贼捉出来，为自己洗清罪名。于是，他心生一计。

你知道小孔明是怎么办的吗？

答案

小孔明故作惊讶地对大家说：“唉呀，不好，要出人命了。我想用这条鲤鱼来毒死老鼠，便在鲤鱼蒸好后，加了毒鼠药。”

先生好生惊讶，这么珍贵的食物，他怎么敢自作主张加毒鼠药，拿去喂老鼠？还没等先生问话，只见一个同学吓得脸色苍白，“扑通”一声跪到地上，哀求道：“救命啊！先生救命，鱼是我偷吃了！”

分花生油

甲从集市上买来了5千克花生油，在半路上碰见了正准备去买油的乙和丙，乙拿着可装2.5千克的空瓶，丙拿着可装 2 千克的空瓶。3 个朋友相逢后，甲说：你们先从我的瓶中各分几斤油去吧！不必去集市上了。甲自己只要 1.5 千克，乙也只要 1.5 千克，丙需要装满他的瓶即 2 千克。

请你想想看，在没有器具称的情况下，3 个人怎么分 5 千克花生油呢？

答案

退敌妙计

杨延昭是北宋著名的爱国将领，他不仅骁勇善战，而且还足智多谋。

咸平二年，辽兵大举南下，侵略宋朝。9 月，辽军 20 万大军在萧太后的率领下进攻北宋的一个小城——遂城。镇守遂城的将领正是杨延昭。虽然守城的官兵只有 3000 人，但他们英勇奋战，誓死抗敌，一次又一次打败了敌人的进攻。

围城战打了整整一个月，冬天来临了，天寒地冻。辽兵不但没有退兵的意思，反而更加集中兵力猛攻，想尽快拿下遂城。而守城战士死伤无数，弹药和粮食也屈指可数了，遂城危在旦夕。怎么办呢？杨延昭望着这寒冷的天气，灵机一动，想出一个退敌的妙计。果然，第二天早晨，辽军来到遂城下却无可奈何，只好撤退。杨延昭乘机追杀，并大获全胜。

请问杨延昭望着寒冷的天气，想出了一个什么退敌的妙计呢？

答案

杨延昭利用天寒的自然条件，连夜发动全城军民挑水浇城，一夜工夫，把所有的城墙都浇了个透湿。第二天，遂城变为了冰城，滑溜溜的，使敌人无法攀登。

徐静茹⊙编著

下

青少年最爱玩的1000个思维游戏

甘肃科学技术出版社

心服口服

古希腊有个著名的诡辩学者，叫普洛太哥拉斯。有一次，他收了一个很有才华的学生叫爱瓦梯尔，两个人签订了一份合同。合同上写明：普洛太哥拉斯向爱瓦梯尔传授法律知识，而爱瓦梯尔需分两次付清学费，第一次是在开始授课的时候；第二次则在结业后爱瓦梯尔第一次出庭打官司打赢了的时候。

爱瓦梯尔交上第一次学费，便孜孜不倦地向老师学习，学习成绩十分出色。几年以后，他结业了，但是过了很长时间，总不交第二次的学费。普洛太哥拉斯等了再等，最后都等生气了，要到法庭去告爱瓦梯尔。爱瓦梯尔却对普洛太哥拉斯说："只要你到法庭告我，我就可以不给你钱了，因为如果我官司打赢了，依照法庭的判决，我当然就不会把钱给输了的人；如果我官司打败了，依照我们的合同，由于第一次出庭败诉，我也不能把钱给你。因此，不论我在这场官司中打输还是打赢，我不可能把钱给你。你还是不要起诉吧。"

普洛太哥拉斯听后，却有自己的打算，他说："只要我和你一打官司，你就一定要把第二次学费付给我。因为，如果我这次官司打胜了，依照法律的判决，你理所当然地要付学费给我；如果我官司打败了，你当然也要付学费给我，我们当初的合同上就是这样写的。所以，不论官司胜诉、败诉，你都要向我交第二次的学费。"

两个人都带着必胜的信心走进了法庭。

法官很有经验，许多复杂、疑难的案子，都被他断得干净、利落、令人信服。听了他俩的诉讼，看过他俩的合同后，法官思索了一会儿，便当众宣读了他的判决……

聪明的读者，你知道法官怎样判决才能使爱瓦梯尔既交上学费又心服口服吗？

答案

法官分两次判决。

第一次判决法官宣布："本案判断依合同规定，爱瓦梯尔结业后第一次出庭打官司赢了的时候交上第二次的学费，因在此之前爱瓦梯尔没有打过官司，所以依合同不交学费。"

第二次判决，法官说："本案同样依合同，因爱瓦梯尔刚才在第一次判决中获胜，依合同应当交纳学费。"

所以爱瓦梯尔交上了学费，且对判决心服口服。

谁得第一

甲、乙、丙、丁骑着自己心爱的坐骑进行了一次赛马，下面是他们所说的赛马结果：

甲：(1)我刚好在乙之前到达终点。
(2)我不是第一名。

乙：(3)我刚好在丙之前到达终点。
(4)我不是第二名。

丙：(5)我刚好在丁之前到达终点。

（6）我不是第三名。

丁：（7）我刚好在甲之前到达终点。

（8）我不是最后一名。

已知这4人都是出了名的撒谎大王。他们上面这些话中只有两句是真话，取得第一名的那个人至少说了一句真话。这4个人中谁是第一名？

答案

（1）（3）（5）（7）这四句话中至少有一句假话，如果有两句是真话，则其中必然还有一句是真话。这种情况一共有六种可能，其中一种是（1）（3）是真话，则甲、乙、丙三人的名次排列是甲、乙、丙。丁要么是第一名，要么是最后一名。如果丁是第一名，则（7）是真话，这与题意矛盾；如果丁是最后一名，则（5）是真话，也与题意矛盾。其余五种情况读者可自行推理。因此（1）（3）（5）（7）这四句话中要么三句是假话，要么四句都是假话。由于八句话中只有两句是真话，因此一共有六句假话，因此（2）（4）（6）（8）中要么三句假话，要么两句假话。如果（2）（4）（6）（8）这四句话中有三句假话，那么剩下的一句必然也是假话，因此，（1）（3）（5）（7）全是假话，（2）（4）（6）（8）两真两假。如果（2）是假话，则甲是第一名，而这与第一名至少说了一句真话矛盾，因此（2）是真话。如果（2）和（4）是真话，那么（6）和（8）就是假话。这样，四个人的名次排列就是：乙、甲、丙、丁。但是这个排列与（5）是假话相矛盾。如果（2）和（8）是真话，那么（4）和（6）就是假话。这样，四个人的名次排列就是：丁、乙、丙、甲，但是这个排列与（3）是假话相矛盾，因此，（2）和（6）是真话，（4）和（8）是假话，四个人的名次排列是丙、乙、甲、丁。丙是第一名。

真实的身份

有一个美丽的女孩在河边洗澡，当她洗完后发现放在岸边的衣服被人偷了。关于这件事，受害者、旁观者、目击者和救助者各有说法。她们的说法如果是关于受害者的就是假的，如果是关于其他人的就是真的。请你根据她们的说法判定谁是受害者。

玛亚：“凯瑞不是旁观者。”

凯瑞：“希尔不是目击者。”

波西：“玛亚不是救助者。”

希尔：“凯瑞不是目击者。”

答案

假设玛亚是受害者，那么波西的话虽然是关于受害者的，却是真的，所以，玛亚不可能是受害者。

假设凯瑞是受害者，那么玛亚和希尔的发言虽然是对被害者说的却又是真的。所以，凯瑞不可能是受害者。

假设希尔是受害者，那么凯瑞的话是对受害者说的却又是真的，所以希尔不可能是受害者。

综上可知，波西就是受害者。

蔬菜拼盘

晚上，王明的妈妈准备了一个蔬菜拼盘，里面有甘蓝、菠菜、绿芥蓝和莴苣。已知甘蓝的营养高于菠菜的营养，绿芥蓝的营养高于莴苣的营养。

王明的妈妈给了王明以下四个假设选项，并问王明：“哪个假设选项不能推导出‘甘蓝的营养高于莴苣’？”

你能帮王明找出答案吗？

A. 甘蓝的营养等同于绿芥蓝的营养。

B. 菠菜的营养等同于莴苣的营养。

C. 菠菜的营养高于绿芥蓝的营养。

D. 绿芥蓝的营养高于菠菜的营养。

答案

先按题干所给信息将四种蔬菜的营养含量进行初步排序：

甘蓝 > 菠菜；绿芥蓝 > 莴苣。

再验证各选项的正误：

A. 因为甘蓝 = 绿芥蓝、绿芥蓝 > 莴苣，所以甘蓝 > 莴苣；

B. 因为菠菜 = 莴苣、甘蓝 > 菠菜，所以甘蓝 > 莴苣；

C. 因为甘蓝 > 菠菜、绿芥蓝 > 莴苣、菠菜 > 绿芥蓝，所以甘蓝 > 莴苣；

D. 因为甘蓝 > 菠菜、绿芥蓝 > 莴苣，绿芥蓝与菠菜之间没有大小关系，因此无法得出甘蓝 > 莴苣的结论。

所以，正确选项是 D。

煤矿事故

某煤矿发生了一起事故。现场的矿工议论纷纷：

矿工甲：“发生事故的原因是设备问题。”

矿工乙：“发生事故的原因不是设备问题，是有人违反了操作规范。”

矿工丙：“如果发生事故的原因是设备问题，则有人违反了操作规范。”

矿工丁：“发生事故的原因是设备问题，并没有人违反操作规范。”

如果以上四人中只有一个人的话为真，则以下哪项可能为真？

A. 矿工甲的断定为真。

B. 矿工乙的断定为真。

C. 矿工丙的断定为真，有人违反了操作规范。

D. 矿工丁的断定为真，没有人违反操作规范。

答案

矿工丙的话和矿工丁的话相互矛盾，定有一真。矿工甲的话为假，不是设备问题。矿工乙的话为假，由于已确定了“不是设备问题”，所以没有人违反操作规范。矿工丙的话一定为真。矿工丁的话为假。

正确选项是 D。

旅馆安排

上个月，A、B、C、D 四人分别在不同的时间入住海边的同一家休闲旅馆，又分别在不同的时间退了房。他们四人住旅馆的时间之和是 20 天。

根据以下条件，你能写出四人分

别是哪天入住、哪天离开的吗？

（1）住宿时间最短的是 A、最长的是 D。B 和 C 的住宿时间长度相同。

（2）D 不是 8 日那天离开的。

（3）D 入住的时候，C 已经住在那里了。

（4）四人的入住时间：1 日、2 日、3 日、4 日。离开时间：5 日、6 日、7 日、8 日。

答案

四人住宿时间之和是 20 天。

根据（1）（2）（3），住宿最长时间的是 D，且入住时已有人住，离开时不是 8 日，只有“7（离开时间）-2（入住时间）=5（住宿时间）”数值最大，故 D 住宿了 6 天，是 2 日入住、7 日离开的。

假设 B 和 C 分别住宿了 4 天以下，因为 D 住宿了 6 天，A 若是住宿了 6 天以上，就不是住的时间最短的，所以 B 和 C 都住宿了 5 天。

根据（3）可知，C 是从 1 日住到 5 日。

如果 B 是从 3 日入住的话，7 日离开，那就与 D 重合了，所以 B 是从 4 日住到 8 日。剩下的 A 就是从 3 日住到 6 日。

实话与谎害

某地有两种人，分别是“说谎族”和“诚实族”。诚实族总说真话，说谎族总说假话。一天，有位旅行者路过此地，看见此地的甲、乙两人，便问甲：“你是诚实族的吗？”甲说：“是。”旅行者又问乙：“甲是怎么回答的？”乙说：“他回答的是‘是’。不过你不要相信他，他是在说谎。”旅行者想了想，很清楚地分辨出了他们的身份。

以下哪项是旅行者做出的判断？

A. 甲、乙都是诚实族。

B. 甲、乙都是说谎族。

C. 甲是诚实族，乙是说谎族。

D. 甲是说谎族，乙是诚实族。

E. 甲是说谎族，乙所属不明。

答案

不管甲属于什么族，他对旅行者的提问回答的是“是”，而乙肯定了这一点，所以乙是诚实族的。这样乙的后半句话也一定是真的。所以，甲肯定是说谎族的。

正确选项是 D。

谁偷了佛珠

江陵城外有一座佛光寺，寺里有座宝塔，塔顶上有一颗闪闪发光的大佛珠，寺庙因此而得名。这年中秋节，寺院的住持要外出办事，便留下两个徒弟看守寺院。

半个月后，住持办完事归来。发现塔顶上的佛珠被人偷走了，便叫来两个徒弟询问。大徒弟说：“昨晚我上厕所，借着月光，看见师弟爬上塔偷走了佛珠。”小徒弟争辩道：“我昨晚整夜都睡在禅房里，从没起来过，佛珠不是我偷的。好像自从师傅走后，佛珠就没有发过光。”住持听完两人的叙述后，便知道谁说了谎话，谁偷走了佛珠。你知道是谁吗？

答案

大徒弟说了谎，是他偷走了佛珠。因为住持走了半个月，昨晚应是农历初一，没有月亮，怎么会有月光呢？

神枪手射鱼

一位神枪手跟朋友一起去钓鱼，钓了半天也没钓上。他见鱼在清澈的湖水中游着，干脆就拿起枪来射鱼。神枪手连射了10枪，你想这位神枪手能射中多少条鱼？

答案

因为光线通过空气进入水中时，在水面会发生折射，使物体偏离原方向，所以他1条也射不中。

降下的直升机

地球是围着太阳转的。假如，有一架直升机在广场中间起飞，停在空中不动，过四小时后降下来，直升机应落在哪里？为什么？

答案

落在原地。因为地球有引力，所以地球自转，停在空中的飞机也跟着转。

信箱钥匙

劳伦先生因公离家出差在外。一天，他接到妻子从家打来的电话，问他是不是把家里信箱的钥匙带走了。他一找，发现确实是那样。第二天，他赶紧把钥匙放在信里寄回家了。可他妻子又打来电话，说还是打不开信箱（此时信已到），这是怎么回事呢？

答案

因为劳伦先生通过信封来邮寄钥匙，钥匙寄回去又被投到信箱里了，他妻子还是打不开信箱，拿不到钥匙。

毕达哥斯拉的弟子

古希腊名著《诗华集》记载了一道诗体数学题：

“我尊敬的毕达哥斯拉哦。你——缪斯女神的家族！请你告诉我，你的弟子有多少？”

“我一半的弟子，在探索着数的微妙；还有1/4，在追求着自然界的哲理；1/7的弟子，终日沉默寡言深入沉思；除此之外，我还有3个弟子是女孩子。这就是我全部的弟子。”

你能推算出毕达哥拉斯一共有多少个弟子吗？

答案

首先假设毕达哥拉斯的弟子一共有X个，列出的算式为：1/2X+1/4X+1/7X+3=X，解得这个方程为28，所以，毕达哥拉斯的弟子一共有28个。

盒子里的鸡蛋

往一只盒子里放鸡蛋，假定盒子里的鸡蛋数目每分钟增加一倍，一小时后，盒子满了。请问：在什么时候是半盒子鸡蛋？

答案

盒子里的鸡蛋是每分钟增加一倍，当一小时是满盒子鸡蛋时，那么一小时的前一分钟即59分钟的时候就是半盒子鸡蛋。

女孩子的姓氏

8个孩子分32个机器人，分法如下：燕妮得到1个机器人，玫利得到2个，培拉3个，米奇4个，男孩凯德·史密斯得到的机器人和他的妹妹一样多，汤米·安德鲁得到的是他妹妹的2倍，比利·琼斯分得的机器人是他妹妹的3倍，洛克·哈文得到的是他妹妹的4倍。请你猜猜上面4个女孩的姓氏。

答案

4个女孩的姓名分别是：燕妮·琼斯、玫利·哈文、培拉·史密斯和米奇·安德鲁。

充分利用

有一个做长途运输的司机要出发了。他用作运输的车是三轮车，轮胎的寿命是1万千米。现在他要进行2.5万千米的长途运输，计划用8个轮胎就完成运输任务。怎样才能做到呢？

答案

配用的轮胎可以用下面的组合：123（第一次可行驶5000千米），124，134，234，456，567，568，578，678。

随时进出房间

鲍勃有两个兄弟，他们三兄弟分别住在3个互不相通的房间，每个房间门上都有两把钥匙。请问：如何安排房间的钥匙才能保证鲍勃三兄弟随时都能进入每个房间？

答案

先把3个房间命名为甲、乙、丙，鲍勃3兄弟分别拿一个房间的钥匙，

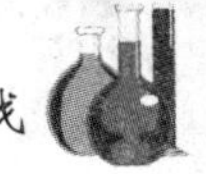

再把剩下的钥匙这样安排：甲房内挂乙房的钥匙，乙房内挂丙房的钥匙，丙房内挂甲房的钥匙。这样无论谁先到家，都能凭着自己掌握的一把钥匙进入3个房间。

买报的人数

这是一个有关报纸的题目。一个卖报的小贩卖了70份《回声报》、60份《月球报》、50份《广告人报》。有14名顾客买了《回声报》和《月球报》，12名顾客买了《月球报》和《广告人报》，13名顾客买了《回声报》和《广告人报》，3名顾客3份报纸全买了。

多少名顾客到这个报摊买过报纸?

答案

因为有3名顾客三份报纸都买了，14名顾客买了《回声报》和《月球报》，13名顾客买了《回声报》和《广告人报》，所以只买了《回声报》的人数是70-14-13-3=40。《月球报》卖了60份，所以只买《月球报》的人数是60-12-14-3=31。《广告人报》卖了50份，因此只买《广告人报》的人数是50-12-13-3=22。所以这位卖报的小贩共有40+14+31+12+3+13+22名顾客，即135名顾客。

玛琳达的食物

玛琳达是一个非常听话的女孩子。这个星期从周一到周四，爸爸妈妈都出差了，剩下她一个人在家。幸好妈妈准备了足够的面包给她当做食物。玛琳达在周一到周四要吃4天面包，品种有椰蓉面包和豆沙面包。她每天吃的椰蓉面包的数量各不相同，在1～4个之间，而吃的豆沙面包的数量每天也不一样，在1～5个之间。

根据以下条件，猜猜玛琳达每天吃了哪几种面包，分别吃了多少个?

（1）一天中吃掉的面包总数随着日期的增加而每天增加1个；

（2）星期一吃了3个椰蓉面包，星期二吃了1个椰蓉面包，星期四吃了5个豆沙包；

（3）4天中吃的每种面包的数量也互不相同。

答案

4天中玛琳达吃掉椰蓉包的数量是1~4个，而星期一吃了3个，星期二吃了1个，根据条件（3）可推断：星期三和星期四应分别吃2个和4个或4个和2个。假如星期三吃2个，则星期四吃4个。根据条件（1）和（2）中的星期四吃了5个豆沙包，那么星期三吃的面包总数应为8个，而星期三吃椰蓉包的数量是2个，那么吃豆沙包的数量应为6个，这与豆沙包每天数量在1~5个之间不符。所以星期三应吃了4个椰蓉包，星期四吃了2个椰蓉包。并由此推断出：星期三吃了2个豆沙包，星期二吃了4个豆沙包，星期一吃了1个豆沙包，玛琳达吃面包的情况是：

周一吃了3个椰蓉面包，1个豆沙面包；周二吃了1个椰蓉面包，4个豆沙面包；周三吃了4个椰蓉面包，2个豆沙面包；周四吃了2个椰蓉面包，5个豆沙面包。

火车的运行速度

运输系统的现代化是个循序渐进的过程，重点主要放在减少旅行的时间上。现在，火车可能是中途旅行最快的工具。一般来说，运行相同的距离，现在火车所需要的时间是最初的3/4。如果用分数表示，现在火车的运行速度是最初速度的多少倍？

答案

现在火车的速度是最初的4/3倍。

扑克牌的花色

迈克先生正和他生意上的朋友一起玩扑克牌。迈克先生手上拿到了13张牌。黑桃、红桃、梅花、方块这四种图案都至少有一张以上。但是，每种图案的张数都不一样：黑桃跟红桃的张数合计一共是6张，黑桃跟方块的张数合计一共是5张。迈克先生手中有一种相同花色的扑克牌是2张。请问：有2张牌的花色是什么？

答案

假设2张牌的花色是黑桃，根据黑桃加红桃共6张，可知红桃应为4张；黑桃加方块共5张，方块应为3张，总共13张牌，故梅花应为4张。因为每种图案的张数不一样，所以2张牌的花色不是黑桃。假设2张牌的花色是方块，同样的方法可得到黑桃跟红桃的张数是一样的，所以2张牌的花色也不是方块。假设2张牌的花色是红桃，同样的方法，可知黑桃为4张，方块为1张，梅花为6张，与题设条件相符，所以2张牌的花色是红桃。

三兄弟的零花钱

克拉克、克莱尔和克劳德三兄弟用零花钱打了几次赌：

（1）开始，克拉克从克莱尔那里赢得了相等于克拉克手头原有数目的钱；

（2）克莱尔从克劳德那里赢得了相等于克莱尔手头剩下数目的钱；

（3）克劳德从克拉克那里赢得了相等于克劳德手头剩下数目的钱；

（4）结果，他们3人手头所拥有的钱数目相等；

（5）我在开始时有50元。

请问：说第（5）句话的是克拉克、克莱尔、克劳德中的哪一个？在开始打赌前，他们各自有多少零花钱？

答案

假设克拉克开始有50元，克莱尔有X元，根据条件（1）~（4）得出的结果三人的钱数无法相等。所以开始有50元的不是克拉克。假设克莱尔开始有50元，克拉克有X无根据条件

（1）~（3）可得出克拉克有2X–（50 ~ X）元，克莱尔有2（50–X）元，克劳德有2（50–X）元，根据条件（4），可得到X=30，所以开始时克拉克有30元，克莱尔有50元，克劳德有40元。说第（5）句话的是克莱尔。

常客人数

某商店服务小姐在回答“光顾商店的常客人数”时，这样回答：“我这里的常客啊，有一半是事业有成的中年男性，另外1/4是年轻上班族，1/7是在校的学生，1/12是警察，剩下的4个则是住在附近的老太太。”试问，服务小姐所谓的常客究竟有多少人呢？

答案

168人。假设常客的人数为“X”，自可列出以下等式：X=X/2+X/4+X/7+X/12+4，求得X=168。

夫妻手中的钱

妻子交给丈夫100元钱的话，两人手里有同样多的钱。丈夫交给妻子100元钱的话，妻子拥有的钱是丈夫的2倍。请问，他们原来各有多少钱？

答案

假设妻子原有X元钱，丈夫原有Y元钱，根据题意有：X–100=Y+100；Y–100=1/2（X+100），解得X=700，Y=500。即妻子原来有700元钱，丈夫原来有500元钱。

需要多少搬运工

一位探险家准备用6天时间徒步横穿沙漠。如果一个人只能搬运一人4天所需的给养，那么这个探险家需要雇用几个搬运工呢？

答案

2个。推理过程是这样的：3个人一同出发，第一天取用其中一人的给养，即一人3天的给养。第一天结束时，这个人正好剩下一天的给养，他可以用这天的给养返回。第二天，两人出发，取用第二人的给养，这天结束时这人还剩两天的给养，可以保证他返回。第三天至第六天，探险家靠自己携带的4天给养穿过沙漠。

买食品的问题

在课间休息时间，孩子们可以到商店里买薯条、糖果和苏打水。只买糖果的孩子比只买薯条的孩子多两个。37个孩子没买任何糖果。买薯条和苏打水但没买糖果的孩子比只买糖果的孩子多两个。一共有60个孩子买了苏打水，但其中9个孩子只买了苏打水，有12个孩子只买了薯条。只买糖果的孩子比买了糖果和苏打水的孩子多1个。买了薯条和糖果但没买苏打水的孩子，比买了薯条和苏打水但没买糖果的孩子多3个。

（1）有多少孩子3样食品都买了？

（2）有多少孩子买了薯条和糖果但没有买苏打水？

（3）有多少孩子买了薯条和苏打水但没有买糖果？

（4）有多少孩子去了商店？

（5）有多少孩子没有买薯条？

（6）有多少孩子只买了糖果？

答案

根据“有12个孩子只买了薯条”，可推算出有14个孩子只买了糖果，有16个孩子买了薯条和苏打水；根据“买了薯条和糖果但没买苏打水的孩子，比买了薯条和苏打水但没买糖果的孩子多3个人”，可推算出有19人买了薯条和糖果但没买苏打水。根据“只买糖果的孩子比买了糖果和苏打水的孩子多1个人”，可推算出有13人买了糖果和苏打水。根据“一共有60个孩子买了苏打水”，可推算出有22个人三样食品都买了。综上所述，即有：

（1）22（2）19（3）16（4）105（5）36（6）14。

昆虫的数量

蜻蜓有6条腿，2对翅膀；蜘蛛有8条腿，没有翅膀；蝉有6条腿，1对翅膀。现在有一些蜻蜓、蜘蛛和蝉，已知它们的总数是18只，共有118条腿、20对翅膀。每种昆虫各有多少只呢？

答案

假定18只昆虫都是6条腿的蜻蜓和蝉，那么腿的总数将是6×18=108（条）。但实际上有118条腿，相差118–108=10（条），多出的腿就是蜘蛛多出的腿，这样就求出蜘蛛有5只。从昆虫总数中减去蜘蛛的只数，得到蜻蜓和蝉共有18–5=13（只）。再用上述同样的方法可以求得，有7只蜻蜓，6只蝉。最后得到，共有7只蜻蜓，5只蜘蛛，6只蝉。

公平的分配

亨利送了24个苹果给孤儿院。院长按他们3年前的岁数把苹果分给孤儿院的库克、凯特和鲍勃3个孩子，正好分完了所有的苹果。其中库克最大，鲍勃最小。

最小的孩子鲍勃最伶俐，他提出这样分不公平：“我只留一半，另一半送他们两个平分，然后凯特也拿出一半让我和库克平分，最后库克也拿出一半让我和凯特平分。”院长同意了，结果3人的苹果就一样多了。

算一算他们3人之前各有几个苹果？现在年龄分别是多少岁？

答案

最后结果是每人8个苹果，显然这是库克留下的数。库克分苹果前是

16个苹果，而当时凯特和鲍勃手中应各有4个苹果，由此推出凯特分出苹果前有8个苹果，而鲍勃的4个有2个是凯特分出的，另2个是他第一次分配所余，最初鲍勃的数就知道了，是4个。凯特得到鲍勃的1个成为8个，凯特最初是7个，库克自然是13个苹果。每人再加3岁，鲍勃7岁，凯特10岁，库克16岁。

农民的牲畜

一位农民只养了4种牲畜，共有560只。如果他减少10只羊，羊的数量将是牛的2倍。如果他减少10头牛，牛与猪的比例将是3 ：1，猪与马的比例为2.5 ：1。

（1）他有多少头猪？

（2）他有多少匹马？

（3）如果他以1头牛交换7只羊的价格卖掉75%的牛，他一共还有多少牲畜？

（4）卖掉了75%的牛之后，他还有多少只羊？

答案

假设农民有a只羊，b头牛，c只猪，d匹马，根据题意有：a−10=2b；b−10=3c；c=3d；a+b+c+d=560。解得a=300，b=160，c=50，d=20。综上所述，即有：

（1）50（2）20（3）1280（4）1170。

粗心的米琪小姐

米琪小姐在一家商店里做收银员。有一天，她在下班前查账的时候，发现现金比账面少了153元。她知道实际收的钱数不会错，只能是记账时有一个数字点错了小数点。那么，她怎么才能在几百笔账中找到这个错数呢？

答案

170。如果是小数点的错，账上多出钱数是实收的9倍。所以153÷9=17，那么错账应该是17的10倍。找到170元改成17元就行了。

给木块漆颜色

设想你有一罐红漆，一罐蓝漆，以及大量同样大小的立方体木块。你打算把这些立方体的每一面漆成单一的红色或单一的蓝色。例如，你会把第一块立方体完全漆成红色。第二块，你决定漆成3面红3面蓝。第三块或许也是3面红3面蓝，但是各面的颜色与第二块相应各面的颜色不完全相同。

按照这种做法，你能漆成多少块互不相同的立方体？如果一块立方体经过翻转，它各面的颜色与另一块立方体的相应各面相同，这两块立方体则被认为是相同的。

答案

你能够漆成：1块全红，1块全蓝，1块5面红1面蓝，1块5面蓝1面红，2块4面红2面蓝，2块4面蓝2面红，2块3面红3面蓝。即总共漆成10块颜色不同的立方体。

摔跤比赛

A、B、C、D四个小组进行了一次摔跤比赛，比赛的结果是：当A、B两组为一方，C、D两组为另一方时，双方势均力敌，不相上下。但当A组C组对调后，A、D两组一方就轻而易举地战胜了B、C两组一方。

然而，当B组和A组、C组单独较量的时候，结果都胜了。

请问：这四个组中，哪组实力最强？请把它们实力的强弱按顺序排下来。

答案

D组实力最强，B组第二，A组第三，C组最弱。

因为A+B=C+D.C+B<A+D，A<B，C<B；可得：A+B−C=D，B+C−A<D；所以，C<A，B<D。

检测小球

一家玩具公司生产的一盒玩具球中，有4个小球，每个小球都是按照一定标准的重量制造的。在质检过程中，工作人员发现其中一个小球是次品。现在知道那个次品的重量要比其他合格品的重量重一些。

如果让你用天平只称量一次，你知道如何判断哪个小球是次品吗？

答案

在天平两端各放两个小球，次品的那端肯定重，然后在天平两端各拿走一个小球。如果这时天平是平衡的，那么刚才重的那端拿起来的小球是次品；如果天平还是不平衡，那么现在重的那端的小球就是次品。

票的面值

已知A、B、C、D、E五枚面值不同的邮票中：

（1）A的面值是B的面值的两倍。

（2）B的面值是C的面值的四倍半。

（3）C的面值是D的面值的一半。

（4）D的面值是E的面值的一半。

这五枚邮票的面值由大到小应怎样排列？

答案

将题干条件形式化：

（1）A=2B；

（2）B=4.5C；

（3）C=0.5D；

（4）D=0.5E。

条件（2）可改为：2B=9C。

条件（3）可改为：D=2C；4.5D=9C。

条件（4）可改为：E=2D；

2.25E=4.5D。

综合上述各条件关系，可将它们整理为

A=2B；

2B=9C；

9C=4.5D；

4.5D=2.25E。

由此可得：A=2B=2.25E=4.5D=9C。

所以，这五枚邮票的面值由大到小的排列顺序为：A、B、E、D、C。

抽彩票问题

抽彩票能中大奖，只要你足够幸运的话。如果让你从装有10张彩票的盒子里抽一张，或者从装有100张彩票的盒子里抽10次，每次一张，每抽完一次要把彩票放回，你觉得哪种中奖的概率更大呢？

答案

两者概率相等。但心理学研究发现，40%的人愿意一次性取出10张，哪怕给他50次机会每取一张后放回。

油桶交易

一位小贩用一个大桶装了12千克的油到市场上去卖。刚好来了两个一高一矮的家庭主妇，分别只带了5千克和9千克的小桶，但她们却买了6千克的油。

其中，矮个子的家庭主妇买了1千克，高个子的家庭主妇买了5千克，令人惊讶的是，他们之间的交易没有用任何测量工具。请问他们是如何分油的呢？

答案

先从大桶中倒出5千克油至9千克的桶里，再从大桶倒出5千克油至5千克的桶里，接着把5千克桶的油将9千克的桶灌满。现在，大桶有2千克油，9千克的桶已装满，5千克的桶里有1千克油。

之后再将9千克桶里的油全部倒回大桶，大桶则有11千克油。把5千克桶中的1千克油倒进9千克桶里，再从大桶倒出5千克油；现在大桶有6千克油，而另外6千克油也分换两位主妇所需的成1千克和5千克等两份。

抽配手套

抽屉里面一共放了2双黄色手套、3双红色手套、4双绿色手套以及5双蓝色手套。这些手套都杂乱地摆放着。

现在要在黑暗中从抽屉里拿出手套，要求至少拿到一双相同颜色的手套，并且左右手配套。

至少需要从抽屉里拿出多少只手套才能完成任务？

答案

要解答这道题，首先要考虑到拿到的全部都是左手手套或者全部都是右手手套的情况。它们分别都有14只。

在这种情况下，如果拿15只一定会拿到一双手套。

但是可以做得更好。尽管是在黑暗中，还是能够通过触觉分清左右手套。考虑到最差的情况，可以拿13只左手手套或者13只右手手套，然后再拿一只另一只手的手套。这样至少会有一对手套。也就是说，一共只需要拿14只手套就可以完成任务。

分大米

有一袋大米重9千克，需分成7千克和2千克两袋。现在只有一台台秤，而且仅有50克和200克的砝码。请你最多称三次，把这袋大米分成7千克和2千克两袋。

怎样分法?

答案

第一次，不用砝码把9千克分为两部分，各4.5千克；第二次，不用砝码将分得的4.5千克又分为两部分，各重2.25千克；第三次，将分得的2.25千克用砝码250克称出250克大米，剩下的就是2000克。

其他各部分之和就是7千克大米了。

查找凶器

上午，刑警张国正正在家做午餐，当他从冰箱中取出食物准备做菜时，忽闻隔壁传来打架声，他赶紧出门看，是隔壁夫妻俩又在吵架，他劝了几句后回了自己家。

不一会儿，隔壁又传来激烈的厮打声，张国正刚走出门，就听见“梆”的一记沉闷声，接着是人体倒地的声音，他赶紧冲进隔壁厨房间，只见女主人双手空垂着，惊恐地瞪着已倒在地上咽了气的男主人。

作为刑警，张国正得管这闲事。他未离现场，叫来妻子去打电话报案。片刻，刑警队的法医们到了现场，检验结果是男主人后脑勺被棍棒类的硬物击中，造成颅底骨折死亡。可法医惊讶的是现场竟找不到棍棒类的硬物，厨房间里灶台上只有砧板、菜刀和一条大青鱼。讯问女主人，女主人沉默不语。张国正和到场的刑警们都纳闷了，女人没离开现场，不可能藏匿凶器，那么凶器究竟是什么呢?

张国正送走刑警队的同事们，回到自己家后才突然想起了什么，急忙跑下楼，告诉了同事凶器是什么。

请问，你知道是什么吗?

答案

凶器就是那条大青鱼。青鱼从冰箱里拿出来的话，就会被冰冻得非常硬，可用来做凶器。

法医较真

副局长张海洋贪污巨款案发后，逃离居所藏匿了3个多月，当检察官们寻踪觅迹侦查到张海洋隐匿的别墅里时，却发现张海洋已死在床上。

张海洋的右太阳穴上有一个贴着肉开枪的枪洞，被子里的右手上捏着那把结束自己生命的手枪，脸上浮现出痛苦的表情。

床边的写字台上，摊着张海洋写的遗书，遗书中回顾了自己的成长经历和犯罪经过。流露出想自首又怕无颜见人难熬铁窗生涯，想自杀又留恋人生的矛盾心理。

检察官们一致判断张海洋系自杀，可后来赶到现场的法医却坚持认为张海洋绝不可能是自杀。

双方争论起来，您看是谁判断得对呢？

答案

法医断得对，应该是他杀。既然贴着肉开枪，持枪的手不可能在被子里。

柯南道尔被惊倒

举世闻名的《福尔摩斯探案集》一书的作者柯南道尔，有一次在巴黎叫了一辆出租马车。

他先把旅行包扔进了车里，然后爬了上去。但还没有等他开口，车夫就说："柯南道尔先生，您上哪儿去？"

"你认识我？"作家有点诧异地问。

"不，从来没有见过。"

"那你怎知道我是柯南道尔呢？"

"这个，"车夫说，"我在报纸上看到你在法国南部度假的消息，看到你是从马赛开来的一列火车上下来的；我注意到你的皮肤黝黑，这说明你在阳光充足的地方至少待了一个星期；我从你右手中指上的墨水渍来推断，你肯定是一位作家；另外你还具有外科医生那种敏锐的目光并穿着英国式样的服装。我认为你肯定就是柯南道尔先生。"

柯南道尔连说："神了，神了！你能如此从细微末节观察出一个人，简直赛过高明的侦探福尔摩斯！"

马车在行进着，柯南道尔目光一瞥，方知车夫有一半是吹牛。

你说，柯南道尔为何又认为车夫一半是吹牛？

答案

因为旅行包上写有"柯南道尔"的名字，车夫是由此而认出他的。

船长怀疑谁

"野狼"号游艇在风暴中东摇西晃，颠簸前行。

风暴暂息时，一号甲板传来一声枪响。犯罪学家凯维尔教授扔下那本他一直未能读进去的侦探小说，几个箭步就冲上了升降口扶梯。在扶梯尽头拐弯处，他看到尼拉斯·维奇正俯身望着那个当场亡命人的尸体。

就在此刻，天穹绽裂，电闪夹着雷鸣，仿佛苍天在发出食尸鬼似的狞笑。

死者头部有火药烧伤。

杰森船长和那位犯罪学家马上展开了调查，以弄清事发时艇上每位乘客的所在位置。

调查工作首先从离尸体被发现地点最近的乘客们开始。

第一个被询问的是尼古拉·凯恩，他说听到枪声时，他在舱室里正好要写完一封信。

“我可以过目吗？”船长问道。

凯维尔从船长的肩上望去，看到信笺上爬满了清晰的蝇头小字。很显然，信是写给一位女士的。

下一个舱室的乘客是米尔斯小姐。“我很紧张不安。”她回答说，由于被大风暴吓坏了，大约在枪响一刻，她躲进了对面未婚夫的卧舱。后者证实了她的陈述，并解释说，他俩之所以未冲上过道，是因为担心这么晚同时露面的话，也许会有损于他俩的名誉。凯维尔注意到米尔斯小姐的睡衣上有块深红色的斑迹。

经过调查，其余乘客和船员所在的位置都令人无懈可击。

请问，船长怀疑的对象究竟是谁？为什么？

答案

尼古拉·凯恩因涉嫌而被拘捕。因为在狂风巨浪中，要写出清晰的蝇头小字是不可能办到的。

真是好主意

戴维小姐打开了电视机，播音员正在播报一条消息：“今天下午7点左右，在花园街，一名79岁的老人在遭抢劫后被枪杀。据目击者说，凶手穿绿色西装。请知情者速与警察局联系。”

花园街正好是戴维小姐住的这条街。她感到害怕。正在这时，阳台上的门口突然出现了一个35岁左右的男子，身穿绿色西装，而且衣服上有血。戴维吓得脸都白了。那人让戴维把手表和金戒指给他。突然有人敲门，那人用枪顶着戴维的背，命令道：“到门口去，就说你已经睡下了，不能让他进来。”

“谁呀？”戴维小姐问道。

“维特曼警官。戴维小姐，你这儿没事吧？”听到这熟悉的声音，她内心平静了许多。

“是的，”她答道。停了一会儿，她用稍大的声音说，“我哥也在问你好呢，警官！”

“谢谢，晚安。”不一会儿，巡逻车开走了。

“干得不错，太妙了。”那人高兴地大口喝起酒来。突然，从阳台上的门里一下子冲进来许多警察。没等那人反应过来，就给他戴上了手铐。

“好主意，戴维小姐。你没事吧？”维特曼警官关切地问道。

请问，戴维小姐的好主意是什么？

答案

维特曼警官是维特的朋友之一。所以他知道，戴维小姐没有哥哥。

当戴维小姐得知门外是维特曼警官时，便故意说她哥哥也问维特曼好，维特曼警官就明白是怎么回事了。

疑是自杀

著名侦探尼拉斯博士出了个案例：我有个案子，被人动过手脚，看起来像是自杀。

吉姆的尸体于晚上8时在公园的一张椅子上被人发现，一颗子弹穿过他的左鬓角。

他的右臂自一月前的一次意外事故之后，从指尖到肘部都裹上了石膏。

尸体被发现时，这只骨折的手臂摆在膝盖上，左手握着一把手枪。

我判断凶案大约是发生在晚上7时，我从死者口袋中的东西，推断他是在浴室中被谋杀的，然后移尸到公园。

我看出吉姆的衣服是他断气之后才穿上的，所以他断气时必定没有穿衣服，应该是在洗澡时被杀的。他浴室里的血迹，证明了我的推断。

你一定会问，他口袋中什么东西证明他是被谋杀，而不是自杀？

他的左裤袋里有4张1元的纸币折在一起，还有5角2分硬币；

他的右裤袋里有一条纸巾和一个打火机。

你能看出凶手出了什么纰漏吗？

答案

吉姆右手臂一个月来都打了石膏，他的常用物品不应该放在右裤袋里。

半夜的谋杀案

清晨，特维奇探长正在看骑手们跑马练习，突然马棚里冲出一个金发女郎，大叫着："快来人哪！杀人啦！"特维奇急忙奔了过去。

只见马棚里一个训马师打扮的人俯卧在干草堆上，后腰上有一大片血迹，一根锐利的冰锥就扎在他腰上。

"死了大约有8个小时了。"特维奇自语道，"也就是说谋杀发生在半夜。"

他转过身，看了一眼正捂着脸的那位金发女郎，说："噢，对不起，你袖子上沾的是血迹吗？"

那位金发女郎把她那骑装的袖口转过来，只见上面是一长道血印。

"咦，"她脸色煞白，"一定是刚才在他身上蹭到的。我叫丹尼，他叫鲍勃，是驯马师。"

特维奇问道："你知道有谁可能杀他吗？"

"不，"她答道，"除了……也许是盖勃·莫菲，鲍勃欠了莫菲一大笔钱……"

第二天，警官告诉特维奇说："死

亡者欠莫菲确切的数字是15000美元。可是经营鱼行的莫菲发誓说，他已有两天没见过死者了。另外，丹尼小姐袖口上的血迹经化验是死者的。

"我想你一定下手了吧？"特维奇问。

"罪犯已经在押。"警官答道。

谁是罪犯呢？

答案

罪犯是丹尼。

她自称血迹是"刚才在他身上蹭到的"，实际上那时彼特已死了8个小时。他的血已凝固，不可能会蹭到她袖子上去。

韩信巧妙点兵

韩信率领军队出征，他想知道这次具体带了多少士兵，于是下令让士兵们每10人站一排，排到最后缺1人。他认为这样不太吉利，又改为每9人站一排，可最后一排仍然是缺少1人；接着他又让士兵们改成8人一排，7人一排和6人一排……直到2人一排的队列，结果还是最后一排缺1人。你能知道韩信带了多少兵吗？

答案

韩信至少带了2519个兵。

要想每排人都站齐，人数必须是每排人数的倍数，也就是说人数是10、9、8、7、6……2的公倍数，才能做到无论怎样排都是整排的。这些数字的最小公倍数为2520，所以韩信的士兵数量最少为2519人。

如何保住性命

五个海盗分别抽签排出1–5的顺序，依此顺序来说出如何分100个金币的方案。

但方案必须由大多数人同意才能通过，否则将被扔进海里喂鱼。

那么1号说出怎么样的方案才能既获得最多的金币又能保住性命呢？

答案

1号提出给3号1个金币，4号或者5号2个金币，自己拿97个金币。

这时候我们采用倒推法最为合理。

首先我们由5号开始，不论前面每个人出什么样的方案5号必然投反对票，因为一旦前面的人都被扔进海里，那么5号就可独享100个金币。

所以，4号也清楚5号的意图，4号只有支持3号才能保命。3号会一直投反对票直到自己拿出方案，因为最后只剩下3个人，而且4号为了保命必须支持3号，由此3号可以提出自己拿一百个金币的方案。

2号肯定会抛弃3号，给4号和5号最少的1个金币，自己拿98个金币，这样4号和5号不得不支持他。

最后我们来说到1号，那么1号只有放弃2号，提出给3号1个金币，4号或者5号2个金币，自己拿97个金币的方案。

这样，2 号不会同意，3 号肯定同意，4 号或 5 号谁得到钱，谁肯定会同意。最后再加上 1 号自己的一票。这样 1 号的方案得以通过，获得了最大的收获。

农场主分牛

一位农场主的遗嘱里有这样一些话：妻子将分到全部牛的半数再加上半头，长子分剩下牛的半数加半头，次子分再次剩下牛的半数加半头，三子分最后剩下的牛的半数加半头。结果他们没有杀掉一头牛，并且所有的牛都分完了。农场主有多少头牛呢？

答案

在这次分牛中，妻子 8 头，长子 4 头，次子 2 头，三子 1 头，农场主共留下 15 头牛。

如何开箱子

有 10 名探险队员，每个队员都有一个工作箱。由于工作关系，工作箱不能集中管理，但每个人的工作箱里都可能有别人需要查的资料。一天，这 10 个人分别去 10 个不同的地方探险。临行前，队长对他们说：“在外出探险期间，我们是不可能一起回来的，如果有队员需要回来查看别人的资料就很难。现在我们每个人都有两把打开自己工作箱的钥匙，怎样才能使任何一个人回来都能打开任意一个工作箱呢？”

答案

每个人拿1把自己工作箱的钥匙，然后将 10 个人和 10 个工作箱进行编号，将另外一把 1 号箱的钥匙放在 2 号箱，把 2 号箱的钥匙放在 3 号箱，依次类推，最后将 10 号箱的钥匙放在 1 号箱。这样每个人回来，只要打开自己的工作箱，就能够拿到下一个工作箱的钥匙，用钥匙打开下一个工作箱……这样可以依次打开所有工作箱。

优中选优

你想从 100 名候选人中选出最好的那一个来担任一个重要职位。如果你随机选，那么你选到最好候选人的概率为 1/100，这是毫无疑问的。因此你决定一个一个地面试他们。你每面试一个人，都必须要决定他是不是最好的那个，尽管你还没有面试其他人。让问题变得复杂的是：你每筛掉一个人，你就永远失去他了，不可能再回过头来去找他。

在这样的情况下，应该怎样做才能使你选到最好候选人的概率最大呢？

你可以随机抽取 10 个候选人来进行面试，然后从这 10 个人中选出最好的那一个。这样做你抽到 100 个人中最好候选人的概率为1/4，比1/100要好，但还是有较大的风险。

在你选中比前面的人都要优秀的人之前，你需要面试多少个人？

答案

面试36个人。这样会将你选到最优秀的人的概率提高到1/3，这是你所能做到的最好的结果。

如果你愿意妥协，认为选择这100名中的第2名也可以，那么这样你只要面试30个人，你选到第1名或者第2名的概率就会高于50%。而如果你认为选择这100名中的前5名都可以，那么你只需要面试20个人，你选到前5名之一的概率就会达到70%。

智者的路线

有一位喜欢在林荫道上散步的智者，他让弟子们这样栽种树木：沿直线先朝东栽100米，接着朝北栽100米，然后朝西栽100米，然后朝南栽98米、朝东98米、朝北96米、朝西96米等，如此栽下去。最后，他便得到了两排树木之间的一条2米宽的林荫道。

智者很喜欢沿着这条林荫道边散步边思考哲学，一直走到这条林荫道的中心。那么，智者一共走了多少米？

答案

可以在想象中把智者漫步过的林荫道“剪拼”成一条直道。

由于所有的林荫道组成的正方形的面积是100×100=10000（平方米），林荫道的宽度是2米，因此，林荫道全长5000×7=35000（米）。所以智者一共走了17500（米）。

谁“差”钱

一天，蒙娜去早市的一家肉店买肉，却看到一群人围在里面。原来是一位盲人走进了一家肉店想买肉，他连叫了几声却无人回答。他知道无人，便伸手在放肉板上乱摸，哪知一下摸到了4枚1元的硬币，他赶忙把硬币放进口袋里，然后就要走出肉店。碰巧卖肉的人从屋内走出来见到了，便追出来抓住盲人，要他把钱拿出来。盲人大喊道：“天啊，欺负我是盲人，想抢我的钱啊！”

蒙娜见了后，便当场知道谁骗人了，你知道为什么？

答案

叫店主端一盆水来，让盲人把4枚硬币放进水里。硬币进水后如果水面浮起油脂，那就证明钱是店主的。

数学家和编程专家

阿宝是一个计算机编程专家，小刚是一位数学家。其实，所有的计算机编程专家都是数学家。我们知道，我国的大多数综合性大学都在培养计算机编程专家。

根据以上描述判断：以下哪项表述是正确的？

A. 阿宝是由综合性大学培养的。

B. 大多数计算机编程专家是由综合性大学培养的。

C.小刚并不是毕业于综合性大学的。

D.有些数学家是计算机编程专家。

答案

D。

选项A不能在题干中得到论证。原题中只是告诉我们“大多数综合性大学部在培养计算机编程专家”，而非“所有综合大学”，因此，可以得出“部分编程专家不是由综合大学培养的”，所以A是错误的。以同样的方式可以推知选项B、C也是错误的。

黑球和白球

有三个外形完全相同的盒子，每个盒子里都放着两个球。一个盒子里有两个白球，一个盒子里有两个黑球，还有一个盒子里有一个白球和一个黑球。盒子外面都贴有一张标签，标明“白白”、“黑黑”、“白黑”，但每个盒子上的标签都贴错了。

请问：从哪个盒子中任意取出一个球，就可以辨明每个盒子中所装的分别是什么球？

答案

从贴有“白黑”标签的盒子里任意取出一个球，就可以辨明每个盒子中所装的分别是什么球了。

共有几个球

老师手中有若干个球。除了两个球不是红的，其余的球都是红的；除了两个球不是绿的，其余的球都是绿的；除了两个球不是黄的，其余的球都是黄的。请问：老师手中有几个球？

答案

3个球。

从题干所给的条件可知，黄球与绿球的个数和为2，红球与黄球的个数和为2，红球与绿球的个数和为2，因此，红球、绿球、黄球各有1个，总共3个球。

红裙子、花裙子

学校举办的某次舞会上，共有87个女孩参加。参加舞会的每个女孩都可能穿花裙子，也可能穿红裙子。此外，这87个女孩中，肯定有人是穿花裙子的；任何两个女孩中，至少有一个女孩是穿红裙子的。

请问：有几个女孩穿花裙子？有几个女孩穿红裙子？

答案

1个女孩穿花裙子，86个女孩穿红裙子。

首先，可由题干中的条件推理得出穿花裙子的女孩少于2个。因为如果穿花裙子的女孩是2个或2个以上，那么就不可能满足“其中任何两个女孩中，至少有一个女孩是穿红裙子的”这个条件。所以，为满足前提条件，穿花裙子的女孩只能少于2人。

时尚潮流

有一段时间，满街的女人都穿着一种高跟的皮鞋，但男人们的共识是：“这种皮鞋不美。”后来这种皮鞋越来越少见。如今。在男士的衣柜里，双排扣西装上可能已落满了灰尘。这种西装气派、庄重，但却让女人们有拒人千里之外的感觉。

由以上叙述可知，以下各结论中的哪一个最准确？

（1）女人都爱赶潮流。

（2）市场上已经没有高跟皮鞋和双排扣西装销售了。

（3）穿高跟皮鞋没有女人味，穿双排扣西装男人味又太浓。

（4）在男人中间和女人中间流行哪种服饰，很大程度上取决于异性对此服饰是否认同。

答案

结论（4）最准确。

从题干可知，在一段时间内，女人穿的一种高跟鞋因为被男人们公认为不美而越来越少见，男士的双排扣西装因给女人们拒人千里之外的感觉而不再流行。所以，男人中间和女人中间流行哪种服饰，很大程度上取决于异性对此服饰是否认同。

环绕地球的妙计

赤道上有A、B两个城市，它们正好位于地球上相对的位置。分别住在这两个城市的甲、乙两位科学家每年都要去南极考察一次，但飞机票实在是太贵了。围绕地球一周需要1000美元，绕半周需要800美元，绕1/4周需要500美元，按照常理，他们每年都要分别买一张绕地球1/4周的往返机票，一共1000美元，但是他们俩却想出一条妙计，两人都没花那么多的钱。

你猜他们是怎么做的？

答案

甲买一张经由南极到B市的机票，乙买一张经由南极到A市的机票，当他们两人在南极相会时，把机票互换一下，这样他们只花了800美元就到了自己的城市。

计算硬币的数量

某人喜欢收藏硬币。他把1分、2分、5分的硬币分别放在5个一样的盒子里，并且每个盒子里所放的1分的硬币数量相等，2分的硬币数量也相等，5分的硬币数量也相等。

他把5盒硬币都倒在桌子上，分成4堆，每一堆同种面值的硬币数量都相等。然后把其中两堆混起来，又分成3堆，同样每一堆里的同种面值的硬币数量相等。你知道他至少有多少枚1分、2分和5分的硬币吗？

答案

如果能把不同类型的硬币平均分成4份、5份、6份（注意，把平均分的4堆中的2堆可以平均分成3份，另外2堆也一样可以分成3份，所以说可以分成6份），这样，每一种硬币至少有60枚。

怎么调换球的组合

一位王子向一个美丽的公主求婚。美丽的公主为了考验王子的智慧，就让仆人端来两个盆，其中一个装着10个小红球，另一个装着10个小白球，然后把王子的眼睛蒙上，并把两个盆的位置随意调换，请王子随意选一个盆，从里面挑选出1个球。如果选中的是红球，公主就嫁给他，如果选中的是白球，王子就再也没有机会了。王子听了以后，说：“那能不能在蒙上眼睛之前，任意调换盆里球的组合呢？”公主同意了。

王子该怎么调换球的组合才能确保他能在更大程度上选中红球呢？

答案

王子可以在盆里留1枚红球，把另外9个红球倒入另一个盆里，这样一个盆里就只有1个红球，另一个盆里就有10个白球和9个红球。如果他选中了那个放1个红球的盆，选中的概率就是100%；如果选中放19个球的盆的话，摸到红球的概率最大是9/19。

第七章 逻辑类思维游戏

逻辑是人的一种抽象思维，是人通过概念、判断、推理、论证来理解和区分客观世界的思维过程。逻辑的力量是无限的，因为这是整个现代科学体系发展的基石，是人类认识世界所必经的途径。拥有了逻辑的力量，人类才能从纷繁复杂、五光十色的世界中挑选出真理的宝石，下面就让我们通过游戏去提升逻辑思维能力吧！

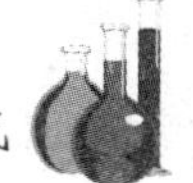

舞蹈老师

学校来了A、B、C、D、E五位应聘舞蹈老师一职的女士。她们当中，有两位的年龄超过了30岁，其他三位的年龄都小于30岁；有两位女士曾经当过老师，其他三位从前一直当秘书。现在只知道：A和C属于相同的年龄档、D和E属于不同的年龄档；B和E曾从事的职业相同，C和D曾从事的职业不同。校长想挑选一位30岁以上的、当过老师的女士任舞蹈老师。请你想一想：谁会是幸运者？

答案

应该选择D。

由已知条件得知，D和E中必定有一位与A和C属于相同的年龄档，从而得知A和C都小于30岁。而校长要求舞蹈老师的年龄要大于30岁，故A和C被排除。另外，从条件中得知，C和D当中必定有一位与B和E的职业相同，因此，B和E以前一定是秘书，也不符合校长的要求。所以校长只能选择D女士做学校的舞蹈教师。

去镇上

比利·特里劳尼是一名老水手。一天，他带了100元去南特基特，到了晚上带了1500元回到家。

他在水手和船桅服装店为自己买了一条领带，又在宾纳克宠物旅馆为他的鹦鹉买了一些鸟食。然后，他剪了头发。他的工资在每个星期四以支票的形式支付。银行在这个时候只是在周二、周五以及周六营业，理发店每个周六休息，而宾纳克宠物旅馆在周四以及周五不营业。你能否根据上面所说的情况判断出老比利是在星期几去镇上的吗？

答案

老比利是星期二去那个港口城镇的。先说第1个地方，即宾纳克宠物旅馆，这个旅馆周四和周五不营业，我们只能排除这两天。然后，可以排除周六，因为那天理发店休息。由于比利回家时带的钱要比去城镇时带的多，所以他兑现了支票。他是周四领工资，但是，接下来的两天都已经被排除了，因此，说他是周二去城镇的是合乎道理的，那时，银行正好营业。同时，理发店和宠物旅馆都营业。

女孩的名字

一天，尼德尔瓦勒先生骑自行车外出时碰到了一个老朋友。

“我们都好几年没见了吧。”他说。

“是啊，”他的朋友回答说，“自从上次我们在缅甸见面之后，我就结婚了，我和我的爱人都在仰光工作。你肯定不认识，这是我们的小女儿。”

“好漂亮的孩子，”尼德尔瓦勒先生回答说，“你叫什么名字？”

"谢谢您，先生，我和我妈妈同名。"

"哦，是吗，你和埃莉诺长得真像。这也是我很喜欢的一个名字。"尼德尔瓦勒先生回答说。

那么，尼德尔瓦勒先生是如何知道这个小女孩的名字是埃莉诺的呢？

答案

尼德尔瓦勒先生的那个朋友是位女士，而不是男士；她女儿的名字当然就是埃莉诺。

理　发

法国的一个小镇有两个理发师——亨利和皮埃尔。亨利很注重外表，他的理发店总是很整洁，而皮埃尔的发型却总是很难看而且也该刮脸了。亨利经常说他宁愿为两个德国人理发也不愿意给一个美国人理发。你知道这是为什么吗？如果你拜访那个小城，你会去哪家理发店理发呢？

答案

亨利当然愿意为两个德国人理发，因为给两个人理发比给一个人理发多赚一倍的钱！由于亨利注重外表并且小镇上只有两个理发师，他只能让皮埃尔为自己理发。而皮埃尔也需要理发，他只能找亨利，但是，亨利总是太忙而无法为他理发。所以，如果你拜访这个小镇，就只能让皮埃尔为你理发了。

小丑的工作

有3个小丑，约翰、迪克和罗杰，他们每个人在冬季都扮演两个不同的工作。这6个工作分别是：卡车司机、作家、喇叭手、高尔夫球手、计算机技术员和理发师。请根据以下6条线索确定这3个小丑各自的工作。

1. 卡车司机喜欢高尔夫球手的妹妹。

2. 喇叭手和计算机技术员在和约翰骑马。

3. 卡车司机嘲笑喇叭手脚大。

4. 迪克从计算机技术员那里收到一盒巧克力。

5. 高尔夫球手从作家那里买了一辆二手汽车。

6. 罗杰吃比萨饼比迪克和高尔夫球手都要快。

答案

约翰扮演了高尔夫球手和理发师；迪克扮演了喇叭手和作家；罗杰扮演了计算机技术员和卡车司机。

烈　酒

在禁酒时期，斯威夫特·奥布莱恩是芝加哥北部最聪明的烈酒走私者。现在我们看到斯威夫特正把班尼最好的20箱烈酒送到他选出的4个客户那里。他是这样分配的：

汉拉迪的酒吧获得的酒比荷兰人的咖啡厅多2箱。

埃德娜的海德威酒吧比萨尔的酒吧少6箱酒。

萨尔的酒吧比汉拉迪的酒吧多2箱。

荷兰人的咖啡厅比埃德娜的海德威酒吧多2箱。

那么，这几个酒吧各自获得几箱酒呢？

答案

斯威夫特是这样分配酒的：

萨尔的酒吧获得8箱——比汉拉迪的酒吧多2箱；

汉拉迪的酒吧获得6箱——比荷兰人的咖啡厅多2箱；

荷兰人的咖啡厅获得了4箱——比埃德娜的海德威酒吧多2箱；

埃德娜的海德威酒吧获得2箱——比萨尔的酒吧少6箱。

岔路口

爱丽丝在去参加麦德·哈特举办的茶会途中遇到一个岔口，她不知道该走哪条路。幸好，半斤和八两哥俩在那里帮忙。

“瓦勒斯告诉我，一条路通向麦德·哈特的家，而另外一条路则通向魔兽的洞穴，我可不想去那里。他说你们知道正确的那条路应该怎么走，但同时也提醒我你们当中的一个总是说实话而另外一个总是说谎。他还说我只能问你们一个问题。”然后，爱丽丝提出了她的问题，而不论问他们当中的哪个，她都能得出正确的答案。那么，你知道她问了他们什么问题后找到了正确的路吗？

答案

爱丽丝问：“如果我要是昨天问你们‘哪条路通向麦德·哈特家？’的话，你们的答案是什么呢？”

对于这个问题，说实话的那个人仍会说出正确的答案。但是，那个说谎话的人会再次撒谎，但是那天他也在撒谎，所以，他的谎话在抵消后也是正确的道路。

吸血鬼

传说很久以前，在罗马尼亚有5个非常凶残的吸血鬼，他们有特殊的偏好。根据下面的信息，请你写出这5个吸血鬼的姓名（1）、头衔（2）、所在的城市（3），以及最喜欢的食物（4）。

1. 统治苏恰瓦的吸血鬼最喜欢吃有钱人，但他不是叫乔治的公爵。

2. 图尔达的伯爵不是杰诺斯也不是弗拉德。最喜欢吃罪犯的吸血鬼不是兰克也不是米哈斯。

3. 扎勒乌的吸血鬼最喜欢吃外国人。

4. 阿尼纳的吸血鬼不是男爵。

5. 米哈斯是侯爵，他不喜欢吃有钱人。

6. 杰诺斯喜欢吃老人，他不是王子。

7. 有一个吸血鬼最喜欢喝女人的血。

8. 有一个吸血鬼在纳波卡。

答案

乔治，阿尼纳的公爵，爱吃罪犯；

兰克，图尔达的伯爵，爱吃女人；

杰诺斯，纳波卡的男爵，爱吃老人；

米哈斯，扎勒乌的侯爵，爱吃外国人；

弗拉德，苏恰瓦的王子，爱吃有钱人。

摇滚乐队

5个年轻人准备组建摇滚乐队。通过下面的信息，你能否说出这5个人的名字（1）、乐队的名字（2）、乐队的第1首歌（3）和乐队的音乐风格（4）？

1. 史蒂夫的乐队叫红色莱姆，但是他们录制的不是前卫摇滚风格的《黑匣子》。

2. 内克乐队的歌——《突然》不属于歌德摇滚或另类摇滚风格。

3. 布鲁斯的乐队不叫空旷的礼拜。梅根的乐队也不叫空旷的礼拜，同时她也不是前卫摇滚风格。

5. 贝拉松是一个情绪摇滚风格的乐队名字，但是他们的歌不叫《朱丽叶》。

6. 莱泽开始组建一个独立摇滚风格的乐队。

7. 雷尔的乐队在录制一首名为《毁灭世界》的歌，这首歌的曲风不属于情绪摇滚。

8. 有一个乐队叫倾斜。有一首歌叫《帆布悲剧》。

答案

布鲁斯的乐队叫倾斜，他们正在录《黑匣子》，这是一首前卫摇滚风格的歌；

雷尔的乐队叫空旷的礼拜，在录制《毁灭世界》，这是一首歌德摇滚风格的歌；

莱泽的乐队叫内克，在录制《突然》，歌曲的曲风是独立摇滚；

梅根的乐队叫贝拉松，正在录制《帆布悲剧》，这是一首情绪摇滚风格的歌；

史蒂夫的乐队叫红色莱姆，在录制《朱丽叶》，这是一首另类摇滚的歌。

薯条店聚餐

5个年轻人在一家鱼和薯条店里聚餐。根据下面的信息，你能否说出哪个人（1），吃了什么鱼（2），还吃了其他的什么食品（3），他们各自付了多少钱（4）？

1. 莫顿比点了鲽鱼套餐的男孩付钱付得多。

2. 点了面包的男孩比没有点加拿大鲽鱼，但是点了玛氏巧克力棒的男孩付钱付得少。

3. 要么莱恩点了加拿大鲽鱼，阿里斯德尔点了比萨；要么莫顿点了加拿大鲽鱼，莱恩点了比萨。

4. 尼尔点了一块芝士，他比点北大西洋鳕鱼的男孩多付了5元，这个人可能是多戈尔或者莫顿。北大西洋鳕鱼比鳕鱼套餐要贵。

5. 多戈尔或莫顿中有一个人总共付了55元，并且点了一个玛氏巧克力棒。

6. 有人点了薯片。

7. 这5个人分别所付的钱是40元，45元，50元，55元和60元。

答案

阿里斯德尔点的是鳕鱼套餐，有一个比萨，付了40元；

多戈尔点了一个北大西洋鳕鱼，有一个面包，付了45元；

莱恩点了一个加拿大鲽鱼，并点了薯片，付了60元；

莫顿点了一个鳐鱼套餐，含一个玛氏巧克力棒，总共付了55元；

尼尔点了一个鲽鱼套餐，含一块芝士，付了50元。

飞行训练

某年，有个学校的5个男孩被选去进行飞行训练，但是最后没有一个人成为飞行员，因为他们在训练过程中不能顽强地坚持下去。根据下面的信息，你能否说出这几个男孩的名字（1）、他们被派往训练的学校（2）、他们的昵称（3），以及他们没有完成训练任务的原因（4）？

1. 被人叫做水塘的人去了温切斯特大学。他既不是雷奥纳多也不是贾斯汀。

2. 去西鲁斯伯里大学的总是不能瞄准。他不是亚当，亚当的昵称是海雀。

3. 去海洛的那个人不会驾驶。

4. 塞巴斯蒂安被叫做生姜，他的枪法好极了。

5. 詹姆士和塞巴斯蒂安都不会起飞发生错误。

6. 被叫做烤面包的人去的不是伊顿大学。

7. 雷奥纳多在演习时总是表现不好，他的绰号不叫没脑子。

8. 有一个人总是不能准确降落。

9. 有一个人去了拉格比大学。

答案

亚当去了伊顿大学，他被叫做海雀，他不能正确起飞；

詹姆士去了温切斯特大学，他被叫做水塘，他不能正确降落；

贾斯汀去了西鲁斯伯里，他被叫做没脑子，他总是瞄不准；

雷奥纳多去了拉格比大学，他被叫做烤面包，他不能通过演习；

塞巴斯蒂安去了海洛大学，他被叫做生姜，他不会驾驶。

谁是嫌疑犯

甲、乙、丙、丁四人涉嫌某案被传讯。

甲说："作案者是乙。"

乙说："作案者是甲。"

丙说："作案者不是我。"

丁说："作案者在我们四个人中。"

如果四个人中只有一个说真话，你能推出谁是作案者吗？

答案

虽然仍然是先找矛盾，但本题中没有直观矛盾。那就在推导中找矛盾。

如果甲真，丁也一定真。与题干条件矛盾。甲一定假。

如果乙真，丁也一定真。与题干条件矛盾。乙一定假。

这样，丙和丁就一定是一真一假了。

当丙真、丁假时，无人作案；当丙假、丁真时，作案者是丙。

由于有两种可能，作案者可能是丙。

谁差钱

有个农夫，他的五个儿子都已成家立业。一个灾荒之年，农夫面临断顿，不得不求助于他的儿子们。他不知道哪个儿子有钱，但是他知道，兄弟之间彼此知道底细。且有钱的说的都是假话，没钱的才都说真话。

老大说："老三说过，我的四个兄弟中，恰有一个有钱。"

老二说："老五说过，我的四个兄弟中，恰有两个有钱。"

老三说："老四说过，我们兄弟五个都没钱。"

老四说："老大和老二都有钱。"

老五说："老三有钱，另外老大承认过他有钱。"

你能否帮助农夫分析一下，他的儿子中哪个有钱？

答案

老大、老四和老五有钱，说假话；老二和老三没钱，说真话。

没有人会承认自已有钱，因为有钱的人说假话，不会承认有钱，无钱的人说真话，也不会承认有钱。因此，老五说的是假话，有钱，由此可知，老三没钱，说真话。

老三所说的"老四说过，我们兄弟五个都没钱"是句真话，即事实上老四说过此话，但"我们兄弟五个都没钱"是句假话，因而老四有钱，可进而推知，他所说的"老大和老二都有钱"是句假话，即事实上老大老二两人中至少一人没钱。

老大说的不可能是真话，否则老三说的是假话，这和已得到的结论矛盾。因此，老大有钱。又因为老大老二两人中至少一人没钱，所以老二没钱，说真话。

谁点的猪排

阿德里安、布福德和卡特三个人去餐厅吃饭，他们每人要的不是火腿就是猪排。我们已知下列情况：

①如果阿德里安要的是火腿，那么布福德要的就是猪排。

②阿德里安或卡特要的是火腿，但是不会两人都要火腿。

③布福德和卡特不会两人都要猪排。

你知道谁昨天要的是火腿，今天要的是猪排吗？

答案

根据①和②，如果阿德里安要的是火腿，那么布福德要的就是猪排，卡特要的也是猪排。这种情况与③矛盾。因此，阿德里安要的只能是猪排。于是，根据②，卡特要的只能是火腿。因此，只有布福德才能昨天要火腿，今天要猪排。

装珠宝的箱子

一位盗墓者在一个山洞里发现了两个箱子和一封信。信上说："这两个箱子其中之一装满了珠宝，另一个装有机关。如果你足够聪明，按照箱子上的提示就能找到打开的方法。"这时盗墓者看到两个箱子上都有一张纸条，第一个箱子上写着："另一个箱子上的纸条是真的，珠宝在这个箱子里。"第二个箱子上写着："另一个箱子上的话是假的，珠宝在另一个箱子里。"那么，他应该打开哪个箱子才不至于中机关而顺利得到珠宝呢？

答案

打开第二个箱子。

如果第一个箱子的话是真的，那么第二个箱子的话也是真的，这自相矛盾。由此可判断第一个箱子的话是假的。

第一个箱子上的假话有三种可能：

①前半部分是假的。如果前半部分是假的，珠宝在第一个箱子里，则第二个箱子上的话是假的，这时，根据第二个箱子的判断，珠宝在第二个箱子里，这和上面的判断冲突。

②后半部分是假的。如果后半部分是假的，那么，珠宝在另外一个箱子里，并且第二个箱子上的话是真的，可以判断珠宝在第二个箱子里，这也是矛盾的。

所以，第一个箱子上的话都是假的，这时，珠宝在第二个箱子里，并且第二个箱子里的话是假的，这时根据第二个箱子的判断，珠宝在第二个箱子里。

地上的油漆

柯南博士和警长莫纳汉沿着一条小路缓缓地走着。这条小路从詹姆斯·厄斯特新油漆过的后门廊和后院的工具屋之间穿过。

"在这条小路的任何地方，"警长说，"厄斯特都可以看见费德·库帕被杀的情景。他是我们唯一可能的证人，但他却说什么也没有看见。”

“那他对此又做何解释？”厄斯特声称他一直走到工具房才发现油漆洒了一路。柯南于是更加仔细地察看油漆滴在地上的痕迹。从门廊到小路间，滴在路面的油漆呈圆点状，每隔两步一滴。从路中间到工具房，滴下的油漆则呈椭圆点状，间隔为五步一滴。进到工具房里，柯南发现门背后挂着一把大锁头。“无疑，他怕说出真情后会遭到凶手的报复。”柯南说，“但他肯定看到这里所发生的一切。”

试问：柯南为什么这么肯定厄斯特看到了所发生的一切？

答案

地上的油漆痕迹告诉柯南，厄斯特走到路中间时，看到了凶杀情景，于是他跑进工具间将自己反锁在里面。工具屋内的挂锁和半路至工具房的油漆痕迹变成椭圆形，并且间隔拉大都是证明。

一美元纸币

一家小店刚开始营业，店堂中只有三位男顾客和一位女店主。当这三位男士同时站起来付账的时候，出现了以下的情况：

（1）这四个人每人都至少有一枚硬币，但都不是面值为1美分或1美元的硬币。

（2）这四人中没有一人能够兑开任何一枚硬币。

（3）一个叫M的男士要付的账单款额最大，一位叫K的男士要付的账单款额其次，一个叫L的男士要付的账单款额最小。

（4）每个男士无论怎样用手中所持的硬币付账，女店主都无法找清零钱。

（5）如果这三位男士相互之间等值调换一下手中的硬币，则每个人都可以付清自己的账单而无需找零。

（6）当这三位男士进行了两次等值调换以后，他们发现手中的硬币与各人自己原先所持的硬币没有一枚面值相同。

（7）随着事情的进一步发展，又出现如下的情况：

在付清了账单而且有两位男士离开以后，留下的男士又买了一些糖果。这位男士本来可以用他手中剩下的硬币付款，可是女店主却无法用她现在所持的硬币找清零钱。于是，这位男士用1美元的纸币付了糖果钱，但是现在女店主不得不把她的全部硬币都找给了他。

现在，请你不要管那天女店主怎么会在找零上屡屡遇到麻烦，这三位男士中谁用1美元的纸币付了糖果钱？

答案

对题意的以下两点这样理解：

（2）中不能换开任何一个硬币，指的是任何一个人不能有2个5分，否则他能换1个10分硬币。

（6）中指如果A、B换过，并且A、C换过，这就是两次交换。

那么，至少有一组解：是L用纸币。

M开始有（10′ 3+25），账单为50

K开始有50，账单为25

L开始有（5+25），账单为10

店主开始有10

此时满足（1），（2），（3），（4）。

第一次调换：M拿10′ 3换L的（5+25）

这时M有（5+25 ′ 2），L有10′ 3

第二次调换：M拿25′ 2换K的50

此时：

M有（50+5）账单为50付完走人。

K有25′ 2账单为25付完走人。

L有10′ 3账单为10付完剩20，要买5分的糖。

付账后，店主有（50+25+10′ 2），无法找开10，但硬币和为95，能找开纸币1元。

所以，这三位男士中L用1美元的纸币付了糖果钱。

粉笔盒

有3个带盖的粉笔盒，每个盒里都装有2根粉笔。知道其中的1个盒里装有2根白色粉笔，1个盒里装有2根红色粉笔，1个盒里装有1根白色和1根红色粉笔。粉笔盒外的标记有“白、红”，“白、白”，“红、红”，但与里面装的粉笔颜色全都不符。要求只能从其中的1个粉笔盒里取出1根来看，用这办法弄清楚每个盒里所装粉笔的颜色，至少要几次？为什么？

答案

只需要取一次。

验看标有“白、红”那一盒，若拿出一根是白色的，可判断这盒是“白、白”的（因为标记写错了，不可能是“白、红”的）。于是标有“红、红”的一定是“红、白”，而另一盒为“红、红”。

若拿出一根是红色的，同样道理也可以依次判断出来。

小鱼为何未被晒干

某个夏日的下午2点钟，查理按照事先的约定去朋友杰克家串门。来到门口，发现门没锁，便推门而入。进门后，查理发现杰克倒在阳台上，脑后部鲜血淋漓。查理慌忙拿出手机拨打了医院的急救电话和报警电话。

警察迅速赶到，经过检查发现杰克早已死亡。在死者旁边有一个摔碎的鱼缸，几条观赏鱼也已经死了。阳台的地面是排水性能较好的水泥地面，并且正暴晒在盛夏灼热的阳光下。

“鱼缸里流出来的水已经被太阳晒干了，可体型不大的观赏鱼并没有被晒干。这说明鱼缸摔碎的时间并不长。如果已经过了好几个小时的话，在阳光的直射下，小鱼早就应该被晒干了。”现场勘查的警员看着阳台上的鱼说着。

经过调查，警方发现杰克的堂弟有作案动机，并且在案发当天上午10点钟左右，有人发现他从杰克家的后门溜出来。警方传唤嫌疑人进行调查，却发现他在案发那天上午10时以后，一直与几个朋友在一起打牌直到下午4时。

“4个小时前他离开的现场，如果他是罪犯，摔落在阳台上的小鱼早应该被晒成鱼干了，难道不是他作的案？”刑警轻声嘟囔着。不过，老练的侦探却说：“如果他使用了一些手段的话，也可以使小鱼在4小时内不被晒干。”最后，调查的结果证实了侦探的推测。

那么，你知道罪犯是怎样让小鱼在4小时内不被晒干的吗？

答案

罪犯知道查理会在2点钟左右去杰克家，他事先把小鱼冻在适当大小的冰块里，杀害杰克后，摔碎鱼缸并将冻鱼留在现场，从而使小鱼没有被晒干，企图制造不在现场的假象。

骨灰盒不翼而飞

1990年5月10日上午9点30分，豪华的“冰山”号大型游艇正在河上逆流而上，突然，身穿丧服的夏尔太太急匆匆地找到船长说：

“糟了，我带的一个骨灰盒不见了！”

船长听了夏尔太太的话，不以为然，他笑着对她说：“太太，别着急！好好想想看，骨灰盒恐怕是没有人会偷的吧！”

“不不！”夏尔太太额头冒汗，连连解释，“它里边不仅有我父亲的骨灰，而且还有3颗价值3万马克的钻石。”

二次大战前，夏尔太太的父亲科伦教授应加拿大多伦多大学的聘请，前去执教。后来战争爆发了，他出于对希特勒法西斯政权的不满就留在加拿大。光阴荏苒一晃就是几十年。

开始他只身在外，后来他的大女儿——夏尔太太去加拿大照料他的生活。这一年春天，科伦教授突然得了重病卧床不起，弥留之际，他嘱咐女儿务必把他的骨灰带回德国，并把自己多年的积蓄换成钻石分赠给在德国的三个女儿。

夏尔太太无比懊丧地对船长说：“正因为这样我才一直把骨灰盒带在身边。我认为骨灰盒总不会有人偷的，没想到我人还未回到故乡，3个妹妹还未见到父亲的骨灰，今天却……”

船长听罢原委立即对游艇上所有进过夏尔太太舱房的人进行调查，并记录了如下情况：

夏尔太太的女友弗路丝：9点左右进舱同夏尔太太聊天；9点零5分因服务员安娜来整理舱房，两人到甲板上闲聊。

夏尔太太本人：9点10分回舱房取照相机，发现服务员安娜正在翻动她的床头柜。夏尔太太愤怒地斥责她几句。两个人争吵了10分钟，直到9点20分。

9点25分，女友弗路丝又进舱房邀请夏尔太太去甲板上观赏两岸风光，夏尔太太因心绪不佳，没有答应。

到了9点30分服务员离开后，夏尔太太发现骨灰盒已不翼而飞……

如果夏尔太太陈述的事实是可信的，那么盗贼肯定是安娜与弗路丝两个人中间的一个，但是无法肯定是谁。

正在为难之际有个船员向船长报告说：

“我隐约地看见在船尾的波浪中有一只紫红色的小木盒在上下颠簸。”

船长赶到船尾一看，果然如船员所说。于是他当机立断，下令返航寻找。此时是10点30分。

到11点45分终于追上了那正在江面上顺流而漂的小木盒，并立即把它捞了上来。

经夏尔太太辨认，这个小木盒正是她父亲的骨灰盒，可是骨灰盒中的3颗钻石却没有了。

这时，船长又拿出笔记本，仔细地分析刚刚记录下来的情况，终于断定撬开骨灰盒窃取了钻石然后将骨灰盒抛下河的人。

破案的结果，同船长得出的结论是一致的。

你知道这些钻石是谁偷的吗？

答案

钻石是夏尔太太的女友弗路丝偷的，服务员出去不到五分钟而船与盒子的距离还不只五分钟的路程所以断定是女友偷的。

珠宝店抢劫案

韩大川在午餐时间去拜访汪队长，汪队长请他吃了一大碗的猪排饭，因为他正是为此而来的。汪队长无奈地摇摇头，从他们认识以来，就没见韩大川的生活好转过。

“这几天都没有什么重大的案件发生。前几天一位名字和我酷似的警员破获了一起枪案，传播媒体就大肆报道，真是不公平。我上次侦破的那件盗窃案，为什么就没有人来采访我呢？”韩大川边舔着饭碗里的米粒边说道。

窗外忽然下起一阵大雷雨，驱散了街上的行人。不一会儿，雨停风歇，亮丽的晴空中出现了一道彩虹！

“哇！好漂亮的彩虹！”汪队长打开窗户，笑着说道。他所面对的正好是东西向的交通要道，彩虹一览无余地呈现在他的眼前。

“说到彩虹……我想起来，基隆有一家海鲜店，那儿的红鱼很不错……”韩大川边用牙签剔牙边说着。

就在这时候，几名歹徒忽然闯入路旁一家珠宝店，抢了不少的金戒指和几十条金项链。

汪队长火速赶往现场，详细调查了歹徒的特征与外貌，下令全面追查刚刚逃走的歹徒。过了半天，捉回来3名外形符合的嫌犯。

第一个激动地说：“什么抢劫？那是几点钟发生的事？5点30分？我正在南公园附近的小吃店吃面，突然下起雨，我躲了一会儿，雨停了，才走没多远就被抓了，为什么？”

第二个说：“突然下起大雷雨，我很怕闪电和打雷，所以去附近的咖啡屋避雨。等到雨停了，我走到教堂前忽然看到彩虹，就停下脚步观赏。因为看得太久，而且阳光又很刺眼，所以就离开了。但是却被警察抓来，真不知是为什么？”

第三个男的也接着说：“我和女朋友在书店买书，因为下雨，只好一直待在店里。出来之后，我们就分手各自回家了。什么？要找我女朋友？别开玩笑了，她只是我在书店认识的小女孩，连她叫什么名字我都不知道。什么彩虹我没看见，反正什么事我都没做。”

韩大川一会双臂交叉，一会抓抓头发，什么端倪都查不出来。汪队长此时沉默了一下，断定这三个人中有一个人在说谎，各位，你们知道是谁吗？

答案

强盗是第二个人，因为彩虹的位置永远和太阳相反，所以看彩虹时绝对不会觉得阳光刺眼，他在彩虹出来时抢劫了珠宝店，走出来后发现天边有彩虹，就编出了这个不合情理的谎言。

拍摄牵牛花

8月15日早晨3点30分左右，在一座大楼里，一个保安人员遇害。看来是潜入大楼的强盗因被保安人员发现而杀人灭口后逃跑了。

通过搜查，警察很快在当天晚上找出了嫌疑犯，是一个住在郊区的单身男人。

刑警立即赶到他的家。

“今天早晨3点30分你在哪儿？”刑警在询问他有没有不在现场的证明。

“那个时候，我早就起床了，正在我家院子里用一次性照相机给我栽的牵牛花从花蕾到开放的一组隔4分钟拍一张的系列照。”那人指着院子一角栽种的一片牵牛花介绍说：“这种牵牛花是在清晨3点10分左右开始开花，约40分钟后开完，我是一直在拍照的。”

将照片与花对照起来看，的确是今天早晨在院子里拍摄的。刑警们为慎重起见，又送到某大学的植物研究所，给他们看了照片，了解了牵牛花的开花时间。

调查的结果，这个地区8月中旬时，牵牛花开花早的是凌晨2点开始，一般是从3点开始绽开花瓣，4点左右开花结束。

这样一来，那人当时不在作案现场的证明是成立的。从他家到作案现场，开飞车也少不了一个小时。

可是，留在现场的指纹证明，罪犯还是他。

他没有同伙，到底使用什么手段伪造了这些照片呢？

答案

罪犯是在头天晚上用纸做了一个帽子套在花蕾上，这样，清晨3点钟花就不会开了。作案后，罪犯跑回家取下花蕾上的纸帽，于是，开花时间就推迟了。当花蕾开始开放时，他使用一次性照相机拍下开花过程的系列照片。

决斗的牛仔

阿莫斯、巴奇和考蒂之间有深仇大恨，不得不以手枪决斗了结。三个牛仔抽签决定决斗顺序，并约定他们每人开一枪，直到只剩一个人活着。

阿莫斯和巴奇都是百发百中的神枪手，但考蒂打中的概率只有50%。从这些条件中，你能算出谁最可能活下来吗？

答案

虽然阿莫斯和巴奇命中率有100%，但考蒂活下来的概率最大。

理由很简单。如果阿莫斯或巴奇首先开枪，那两人中一个人必死无疑（因为他们是最大的威胁），然后就轮到考蒂射击。考蒂有50%的机会打死对手。如果考蒂抽到第一枪，他应该打偏，否则如果他打死了阿莫斯或巴奇中的一个，另一个就会打死他。

所以考蒂存活的机会是50%。

而阿莫斯和巴奇有相同的机会。如果他们没轮到先开枪，他们就得先被打，如果他们中某一个人先开枪，他们就有一个必死。因为两人的情况相同，所以他们俩得以存活的概率为0加上50%除以2，即25%。

设计路线

某参观团根据下列约束条件，从A、B、C、D、E五个地方选定参观地点：

①若去A地，也必须去B地。

② D、E两地只去一地。

③ B、C两地只去一地。

④ C、D两地都去或都不去。

⑤若去E地，A、D两地也必须去。

那么，该参观团最多能去哪几个地方？理由是什么呢？

答案

（1）若去A，由①可知，则必须去B地；去B地，由③可知，则不去C地；又由④得知也不能去D地；再由②可知一定去E地；这时再根据⑤可得知必去A、D两地。这样既去D地，又不去D地，产生矛盾，所以参观团不去A地。

（2）若去B地，则不去C地，也不去D地，但一定去E地，从而必须去A、D两地，这样，同样产生D既去又不去的矛盾，所以参观团不去B地。

（3）若去E地，由⑤可知必去A、D两地，这和②中的要求D、E两地只去一处相矛盾。因此，也不能去E地。

（4）去C、D两地，可同时符合5个限制条件。所以参观团最多只能去C、D两个地方。

穿越隧道

蒸汽机里，三个人坐在打开着的窗边。火车过隧道时，煤烟灰把他们的脸都弄脏了。他们看见对方的脸后都大笑起来。突然其中一个人停止了笑，因为他意识到自己的脸也被弄脏了。

他怎么知道的呢？

答案

如果他的脸是干净的，那么另两个人中有一个会意识到他自己的脸是脏的。但他们都在笑，由此他推断他的脸也是脏的，所以他停止了笑。

麻烦的任务

有一个五人小组，要派遣若干人去完成某项任务，但需同时符合以下条件：

①丁和戊至少要去一人。

②乙和丙只能去一人。

③假如戊去，甲和丁就都去。

④丙和丁要么两人都去，要么两人都不去。

⑤如果甲去，那么乙也去。

请问：应该让谁去完成任务呢？

答案

如果派遣甲去，根据⑤乙也去；派遣乙，根据②丙不去；不派遣丙，根据④丁不去，而戊必须去；派遣戊，根据③丁必须去。这样就推出了矛盾的结果，所以不能派遣甲。

如果派遣乙去，根据②丙不去；不派遣丙，根据④丁不去；不派遣丁，根据①戊必须去；派遣戊，根据③丁必须去。这样也推出了矛盾的结果，所以不能派遣乙。

如果派遣戊去，根据③甲和丁必须去；派遣甲，根据⑤乙也去；派遣乙，根据②丙不去；不派遣丙，根据④丁不去。同样推出矛盾的结果，所以不能派遣戊。

这样，在甲、乙、丙、丁、戊五个人中，只能让丙、丁两人去完成任务，才不会产生矛盾。

到底是几点

亨特家住在农村，只有一台闹钟。今天因电池用完停了，亨特换好电池后急急忙忙去有钟的熟人家，看完时间后没有滞留就回到自己家，马上拨钟。拨钟时亨特才发现不知道自己在路上走了多少时间，但最后亨特还是把闹钟的指针拨到准确时间的位置上。

你猜亨特是怎样拨的？

答案

原来，亨特离开家的时候已换了电池，闹钟也开始走了。他出去的时候看了钟，归来的时候也看了钟。根据这台闹钟就可确定他不在家的时间。到了熟人家和离开熟人的家，亨特也看了他家的钟，因而可以确定在熟人家停留的时间。

从不在家的时间减去在熟人家停留的时间，即是亨特在来回路上花掉的时间。在熟人家挂钟看到的时间加上来回路上亨特花掉的时间的一半，即是他把闹钟拨到正确位置的时间。

杰克的成绩

杰克的成绩向来都是全班最差的，但在最近一次模拟考中，他居然考了第1名。导师威尔逊查问了怀疑同杰克作弊的三个好朋友——贾先、乔治、迈克。

以下是他们所说的话。

贾先：“如果杰克作弊的话，那一定是抄袭乔治的答案。”

乔治：“如果杰克作弊的话，那一定不是抄袭我的答案。”

迈克：“如果杰克没有作弊的话，那一定是他自己努力的结果。”

威尔逊听了之后想：“如果三个学生中只有不到两个人说谎的话，那杰克便是自己努力的结果！”

请问，杰克考第1名的原因到底为何？

答案

（1）贾先和乔治两人的说词相矛盾，所以必定是一真一假。亦即，三个人不可能都说谎，最多只有两个人说谎（要么两个人说谎，要么一个人说谎）。

（2）从有没有作弊的角度来看，杰克数学考第1名的可能原因，要么有作弊，要么没作弊。据此，先假设贾先、乔治和迈克三人说的都是谎话，则其谎言背后隐含的真实状况为：

贾先：①杰克作弊，而且不是抄袭乔治的。

②杰克没有作弊，而是幸运或努力的结果（排除作弊之后，当然就只剩下这两种可能状况了）。

乔治：①杰克作弊，而且一定是抄袭乔治的。

②杰克没有作弊，而是幸运或努力的结果。

迈克：①杰克没有作弊。

②杰克没有作弊，完全是幸运使然。

（3）根据（1）及（2），假设其中任两人说谎，则会得出如下的结果：

贾先和乔治：杰克作弊，而且既抄袭乔治又没抄袭乔治（结论自相矛盾）。

贾先和迈克：杰克没有作弊，而是幸运使然（因为迈克否定了努力的可能性），但又可能是努力的结果（结论互不相容）。

乔治和迈克：杰克没有作弊，而是幸运使然（因为迈克否定了努力的可能性），但又可能是努力的结果（结论互不相容）。

可见，不可能同时有两人说谎。

由此可见，三个人之中，既不可能三个都说谎，也不可能同时有两个在说谎。所以，根据威尔逊的说法，杰克这次会考第1名，真的是自己努力的结果。

现场的“细节”

一天，警察局接到一个案子：在一个公园里发现了一具尸体。查明后，死者是一家公司的总经理，名字叫菲奇。经过法医的检查，菲奇是因枪击身亡的，子弹从前额中央射入，从弹孔流出的血迹在他的右侧脸庞流成了一条血线，已经干硬。鲜血染红了死者衬衣的领子和绿色的领带。

警察叫来了死者的朋友库克，向他讲述了发现尸体的经过：早晨7点左右，一个晨练的人在公园里面向大海的长椅上发现了死者。警察赶到现场后在长椅下找到了射杀死者的那支手枪，上面只有死者的指纹。经法医检验，死亡时间大致是午夜到今晨3点之间。

然后，警察说出了警察局的调查经过和结论：“经过我们的调查，昨天晚上他在公园酒店参加了一个宴会。大约凌晨1点左右，海面上刮起了大风。菲奇对朋友说要方便一下，就离开了，之后就再没出现过。大约2点左右，他们以为菲奇回家了，也就散了，因为这已经不是他第一次中途离开了。再加上最近他遭遇了女儿的去世和工作上的困境，所以，我们判定他是自杀的。”

“自杀？不，我的朋友菲奇并不是自杀！”库克听后说道，“现场的情形也不能说明他是自杀，警察先生，因为你们忽视了一个至关重要的细节。”

你知道库克所说的“细节”是什么吗？

答案

细节就是菲奇前额弹孔中流出的血的形状。如果他是在大风中自杀的话，伤口的血迹不会在脸上形成一条血线，而且已经干硬了。风会使血迹污染面孔，渐渐洒到衣服上。由此判断菲奇不是自杀，公园也不是第一现场。

说谎的女佣

一天，盖伦接到凯思林太太打来的电话，说她放在桌上的1000美元不见了，请他赶快来一趟。

盖伦立刻赶到凯思林太太家，时针指在下午17点。他问凯思林太太最后一次见到钱是什么时候，凯思林太太说是16点钟。她说她把钱放在桌子

上就去洗澡了，16 点半左右刚来就不见钱的影子了。

盖伦又问：“当时有别的人在家吗？”

“有我的女佣露丝，她帮我料理一些家务。”

盖伦点点头，来到露丝的屋子。露丝热情地招呼他。盖伦坐在屋内唯一的一把椅子上，他感到椅子很凉。他问露丝，在凯思林太太丢钱的时候她在干什么。露丝回答说自己从下午 16 点开始，就一直在屋里，坐在盖伦现在坐的那把椅子上做针线活，从没离开半步。

听了露丝的描述，盖伦笑了，然后他说：“小姐，我想我能在这个屋子里找到 1000 美元。你并没有一直坐在这里，你是在我敲你的房门时，才坐到椅子上的。”

露丝看着盖伦的脸，慢慢地低下了头。

盖伦是怎么知道的呢？

答案

答案很简单，因为盖伦就坐在那把椅子上，他感觉很凉，这说明这把椅子很久没坐人了。露丝显然是在说谎。

智辩罪犯

在新警察训练营里，实战经验非常丰富的李教官很招学员喜欢。

这天，李教官又开始和学员讨论了：“今天咱们来个新节目，叫做‘智辨罪犯’。大家一定要仔细观察。”说完，他就把一张光盘放进 DVD 中。

只见两个并肩走在一起的人。乍看起来并没有什么异样，但仔细一看，就会发现他俩一个人的右手和另一个人的左手铐在同一副手铐上。两人是背朝着屏幕的，所以不能看见他们的表情。

“大家看到了。这两个人用手铐各自铐上一只手，其中一个是便衣警察，一个是罪犯。那么，谁能判断一下到底谁是警察、谁是罪犯？”学员新村很快就举起了手，说出了自己的判断。“新村的判断十分正确。不过不要忘了还有特殊情况哦。”新村的判断是怎样的？李教官所说的特殊情况又是什么呢？

答案

右手被铐住的是犯人。新村是这样判断的：警察铐住犯人的右手，而铐住自己的左手，这样，假如犯人一旦不老实，警察就可以用右手制服对方，或迅速掏枪。李教官说的有特殊情况，是指如果警察是个左撇子，他也可能铐住自己的右手。

真实的判断

我所有的孙子都不满 17 岁，我所有的孙女都很漂亮，所有的孙子都是红发蓝眼。我最大的孙子长着红头发，法定选举年龄是18岁，根据以上情况可以断定下面的哪个叙述是真实的？

A. 我最大的孙子没有参加选举。

B. 我最大的孙子是一个漂亮的孩子。

C. 我最小的孙子会开车。

D. 我最小的孙子长着短发。

答案

A是真实的。其他三点都是两种可能。

火中逃生

德国有一种火灾救生器，其实就是在滑轮两边用绳索吊着两个大篮子。把一个篮子放下去的时候，另一个篮子就会升上来，如果在其中的一个篮子里放一件东西作为平衡物，则另一个较重的物体就可以放在另外的篮子里往下送。假如一只篮子空着，另一只篮子里放的东西不超过30磅（1磅=0.4536千克），则下降时可保证安全。假如两只篮子里都放着重物，则它们的重量之差也不得超过30磅。

有一天夜里，罗宾逊的家里突然发生火灾。除了重90磅的罗宾逊和重110磅的妻子之外，他还有一个重30磅的孩子，和一只重60磅的宠物狗。

现在知道每只篮子都大得足以装进三个人和一只狗，但别的东西都不能放在篮子里。而且狗和孩子如果没有罗宾逊或他的妻子的帮助，自己不会爬进或爬出篮子。

你能想出好办法尽快使这三个人和一只狗安全地从火中逃生吗？

答案

罗宾逊、他的妻子、孩子与狗可以下列顺序逃生：

降下孩子——降下小狗，升上孩子——降下罗宾逊，升上小狗——降下孩子——降下小狗，升上孩子——降下孩子——降下妻子，升上其他人及狗——降下孩子——降下小狗，升上孩子——降下孩子——降下罗宾逊，升上小狗——降下小狗，升上孩子——降下孩子。

兔子的谎言

有四只兔子，年龄分别为1岁到4岁。它们中有两只说话了，无论谁说话，如果说的是关于比它大

的兔子的话都是假话，说比它小的兔子的话都是真话。兔子甲说：“兔子乙3岁。”兔子丙说：“兔子甲不是1岁。”

你能知道这四只兔子分别是几岁吗？

答案

甲2岁，乙4岁，丙3岁，丁1岁。

如果丙兔子说的是假话，丙就比甲年龄小，而且甲就是1岁，这是不可能的。所以丙兔子的发言是真实的，就是甲不是1岁，丙比甲的年龄要大。

如果甲的发言是真的，就是乙3岁，甲要比乙年龄大，就是4岁，这与上面的分析是矛盾的。所以，甲的话是假的，乙也不是3岁，甲比乙的年龄要小。

根据以上分析，乙是4岁，丙是3岁，甲是2岁，剩下的丁就是1岁。

安排客人

假如你是一个世界宾馆的经理，你的宾馆有无穷多个房间。无论宾馆有多拥挤，你都能给新来的客人安排房间：只要简单地把1号房间的客人移到2号。2号房间的客人移到3号，3号房间的客人移到4号，以此类推。把所有的客人都用此方法安置好后，你就可以把新来的客人安排在1号房间。

现在有一个问题，当你正打算放假时，来了一批开会的客人。由于会议讨论的问题很是热门，又来了无穷多个参与的人。你已经有了无穷多个客人，那你怎么安排这批新客人呢？

答案

你只要把客人移到号码是其现在居住的房间号码的2倍的房间里就行了。1号房里住的客人移到2号房，2号房里的客人到4号房，3号房里的客人到6号房，以此类推。最后，所有奇数号的房间都空了出来，就能安置所有新来的客人了。

考试日期

周一早上，逻辑学教授对全体学生宣布：“我们将在周日前进行一次期中考试。”

有位胆大的学生向教授建议：“为了让考试具有突然性，如果同学们在当天早上知道要进行考试，当天的考试就不能进行。”教授一听，觉得学生说的有道理，就接受了他的提议。

周三课上，逻辑学教授宣布考试的时候，那位胆大的学生说：“教授，考试应该取消，因为按照您的承诺，这周里的任意一天都不能考试。”

你知道学生为什么这么说吗？如果你是教授，该如何应付这个情况呢？

答案

学生的推理是这样的：考试不能安排在周日，因为周日是最后一天，同学们这天早上知道一定会考试；如果周日不考试，那么周六也不行，因为大家在这天早上也会知道要考试；以此类推，这周的每一天都不可以考试。这个推理会引申出这样的判断："如果必然有一次考试，那么它不能在任何一天进行。"很明显这是违反直觉的，被称为"预言悖论"。

对付这种"预言悖论"，有一种最简单的方法。既然学生们在周三早上认为不会考试，那么他们显然不知道这天一定会考试，所以考试就可以进行了。只要考试不安排在周日，那么学生的推论都站不住脚。因为在周日早上，同学们不会认为"今天一定会考试"，而是认为"今天一定不会考试"，因为考试已经结束了。于是下周的推论也就无法进行了。也就是说，在进行逆向归纳的时候，学生遗漏了一个重要的条件：如果周日之前没有任何考试，那么考试不能安排在周日。

他该问什么

国王有两个女儿——总是说真话的阿米丽雅和总是说假话的蕾拉。其中有一个已经结婚了，另一个还没有。但国王一直没有公开这门婚事，就连是哪个女儿结婚了也保密。

为了给另一个女儿也找到合适的驸马，国王举行了一场比武会，胜者可以说出他希望娶的公主的名字。如果公主是单身，那第二天他们就能成婚。国王说他可以向某一个公主问一个问题，但问题不能超过五个字，而且人们也并不知道哪个公主叫什么名字。请问他该问什么问题？

答案

答案很简单，只要问："你结婚了吗？"

无论是谁回答问题，他知道答案"是"意味着阿米丽雅结婚了而蕾拉没有结婚，而"不是"则意味着蕾拉结婚了而阿米丽雅没有结婚。高尚的阿米丽雅会告诉他实话——"是"表示她结婚了，而"不是"表示她没有结婚，而邪恶的蕾拉会用"不是"表示她结婚了，而"是"表示她没有结婚——就是说阿米丽雅结婚了。

士兵的疑惑

有位英明的总督，他的辖区内有一座桥通往外国。为了不让罪犯偷越国境，总督给所有过桥的人订立了一条法律，所有过桥的人必须说明自己的去向，说实话的人可以过桥，说谎的人要立刻在桥边绞死。

有个人来到桥边，守桥的士兵照例问他："你往何处去？"

那人说："我是到桥边来被绞死的。"

士兵不知该如何是好，只能请示总督。

答案

按照法律的逻辑推理，如果绞死那个人，就说明他说的是实话，应该让他过桥。而如果让他过桥的话，那么他说的就是谎话，应该被绞死。这样就陷入逻辑的悖论。所以守桥的士兵不知如何是好。

3 个人的职位

格里、安尼塔和罗斯在一个公司分别任主席、董事长和秘书的职位，但不知谁的职位是什么。现在只知道，秘书是独生子女，挣钱最少。而罗斯与格里的兄弟结了婚，挣的钱比董事长多。

根据这些条件，你能说出他们分别任哪个职位吗？

答案

最好的办法是画一个表格，行表示职位，列表示人，在逻辑上行不通的格子里打“×”，在你认为对的格子里打“○”。

然后通过条件判断：

格里有兄弟，而秘书是独生子女，所以格里不是秘书。

罗斯比董事长挣钱多，而秘书挣钱最少，那么罗斯既不是董事长也不是秘书。

结果就是，安尼塔是秘书，格里是董事长，罗斯是主席。

魔术师的秘密

魔术师将一块手表的表面对着一位观众说：“请你在表面上表示小时的 12 个数字中默认一个数字。现在我手中有一支铅笔，当我的铅笔指着表面上的一个数字，你就在心中默念一个数。我将用铅笔指点表面上的一系列不同的数，你跟随我在心中默念一系列数。注意，你必须从比你默念的数字大 1 的那个数字默念起，例如，如果你默认的数字是 5，你就从 6 开始念，然后按自然数顺序朝下念。我指表面上的数，你默念心里的数，我显然不知道你心里默念的是什么数，当你念到 20 时，就喊‘停’，这时我手中的铅笔，一定正指着你最初默认的数。”

观众认为这是不可能的，因为魔术师并不能知道自己从哪个数字开始默念。但出乎意料的是，当他按魔术师所说的操作了一遍的时候，魔术师手中的铅笔正指着他心中默念的那个数字！

想想看，魔术师是如何做到这一点的？

答案

起先，魔术师假装经过深思熟虑，而实际上是随意点了一个数字。但他点的第八个数字必定是 12，第九个数字必定是 11，第十个数字必定是 10，沿逆时针方向按顺序点下去，当观众念到 20 并喊停时，魔术师点的必定正好是观众最初默念的数字。

谁吃了蛋糕

有人在餐桌上放了一块蛋糕，出去一趟再回来，蛋糕不见了。问了在场的三个人，得到的回答如下。

A：“我？我吃了。好好吃哦！”

B：“我看到A在吃。我也想吃。”

C：“总而言之，我和B都没有吃。”

假设这里面只有一个人说谎，那么是谁吃了蛋糕？

答案

C说谎。A和C都吃了一部分。因为如果A说谎，则B也说谎；若是B说谎，则A也说谎；所以一定是C说谎。既然是C说谎。只有A和C都吃了，才能成立。

三个小孩的年龄排列

古代有一个国王有三个孩子A、B、C。调查的结果，得知A和B的年龄差3岁、B和C的年龄差2岁，且A不是长子，三个小孩的年龄排列应该如何？

答案

有四组答案。B–C–A、C–B–A，以及A是女儿时为A–B–C、A–C–B。

激烈的弹子比赛

1908年夏天进行的著名的北泽西对决，对阵的双方分别是“荷兰人”杜伯曼和“鹿角”卡拉汉，两个选手的弹子袋都是满满的。在奥兰治这两人的拇指功夫最高，现在终于可以一决高低了。比赛开始时，两人的弹子数都相同。第一局，“荷兰人”的弹子数增加了20个，然而，在第二局和第三局，他损失了弹子。而“鹿角”的弹子数则是“荷兰人”的4倍。那么，你能否计算出比赛过后，两人各有多少个弹子吗？

答案

“荷兰人”所剩下的弹子占两人开始时弹子总数的，或者占“荷兰人”原来弹子数的。“荷兰人”的原弹子数在增加20个之后，就变成原来的；20个弹子占原来的。所以，每个人在开始游戏之前，都各有100个弹子。而当游戏结束时，“荷兰人”有40个弹子，“鹿角”有160个弹子。

灵长类动物

现在是动物园的午餐时间，我们在灵长类动物的观看亭所听到的叫声是它们在抢香蕉的声音。管理员每天都会分给这100只灵长类动物100个香蕉。每只大猩猩有3个香蕉，每只猿有2个香蕉，而狐猴因为最小，只有半个香蕉。

你能不能根据上面所给出的信息，计算出动物园里的大猩猩、猿、狐猴各有多少只吗？

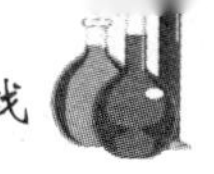

答案

动物园里有 5 只大猩猩、25 只猿以及 70 只狐猴。

复杂的网球比赛

很多年以前，人们在乡村俱乐部举行了一场盛大的泰迪·罗斯福混双网球锦标赛。一共有 128 对选手报名参加这项赛事。管理员撒迪厄斯·拉肯卡特熬了半宿才把赛程拟订出来。那么，你知道在冠军产生之前会进行多少场混双比赛吗？

答案

因为每场比赛都会淘汰一对选手，既然一共有 128 对选手，那么在冠军队伍产生之前会进行 127 场淘汰赛。

无法找到的证据

在一间高级的餐厅里，有一位很文静的小姐在吃西餐。她喝了男侍应拿来的汤后，又赶快叫男侍应拿一杯水来。男侍应拿来后，她一口气喝完，接着请他再送一杯来。不久男侍应又拿来一杯水，那位小姐喝了两杯水后死去了。

大批警察到场调查，证实死者是死于中毒，而且是一种剧毒。但化验过死者餐桌上的一切食物、饮料和器皿，都没有毒。警方经过进一步调查，发觉死者原来是某国一名特工，因为被另一国的特工发现，必须置她于死地，因此遭到毒杀。

杀人的特工是谁？他用什么方法下的毒呢？

答案

凶手就是男侍应。他在汤中放了很多盐，使女特工喝后感到口渴。于是叫他拿水，而毒药则放在第一杯水中，当男侍应再拿杯去倒第二杯水时，暗中已换了另一个杯子。

没有字迹的遗嘱

作曲家汉斯和音乐家库尔都是盲人。汉斯病危时曾请库尔来做公证人，立下一份遗嘱：把自己一生积蓄里的一半财产捐给残疾人福利机构。随即他让妻子拿来笔和纸，以及个人签章。他在床头摸索着写好遗嘱，装进信封里亲手密封好，郑重地交给库尔。库尔接过遗嘱，立即专程送到银行保险箱里保存起来。一星期后，汉斯死于癌症。在汉斯的葬礼上，库尔拿出这份遗嘱交到残疾人福利机构的代表手中。但当那位代表从信封中拿出遗嘱时，发现里面竟然是一张白纸。

库尔根本无法相信，汉斯亲手密封、自己亲手接过并且由银行保管的遗嘱会变成一张白纸！这时，来参加葬礼的尼克探长却坚持认定遗嘱有效，众人都想知道这是为什么。

答案

汉斯的妻子为了保住遗产，故意把没有墨水的钢笔递给汉斯。由于库尔和汉斯都是盲人，自然也就没有发现，没有字的白纸最终被当成遗书保存下来。可是，虽然没有字迹、但钢笔划过白纸留下的笔迹仍然存在，如果仔细鉴定是可以分辨出来的，所以遗嘱仍然有效。

不翼而飞的钻石

大富翁维特常常向人炫耀他那颗价值连城的大钻石，吸引了不少朋友到他家来参观。为了安全、美观起见，他特意把钻石放在一个很大的窄口玻璃瓶内。玻璃瓶本身重60多千克，普通人想搬走也不是一件容易的事。何况，维特又在放钻石的房间周围安装了防盗警报装置，只要有人移动玻璃瓶，警报系统就会发出叫声。

有一天晚上，维特从外面回来，却发现那颗钻石竟然不翼而飞了。维特急忙报了警。

经警探调查得知，维特外出后曾有三个人先后进入过这间房子，一个是负责清洁地毯的工人，一个是管家，一个是守卫。这三人之中，谁能够不移动玻璃瓶，而把那颗钻石偷走呢？

答案

清洁工人。他利用吸尘器吸出了钻石。

奇怪的盗马案

一位欧洲富人不惜重金从亚洲买了一匹日行千里、夜走八百的宝马。为了把马安全运送到家，他专门请了一支手枪队来保护这匹马。手枪队和这匹马在火车的同一节车厢里，但在路上，马却被盗了。据说这支大约有10人的手枪队一直和马寸步不离，也不是手枪队监守自盗，这究竟是怎么回事呢？

答案

盗贼把整个车厢都盗走了，把马和手枪队一块弄走了。

劳伦太太的办法

今天早上，在劳伦太太的商店里来了一个鬼鬼祟祟的人。他走进商

店，东看看，西瞧瞧，逗留了一会儿就走了。

中午，劳伦太太清点货物时，发现多了一条项链，原来的 8 条变成了 9 条，而且旁边写了一行字：在这些项链里面，有一条是假的，它比其余的项链都轻，你只能在一个没有砝码的天平上称两次，就得把假的项链挑出来，如果没有做到，你的商店就等着关门吧。劳伦太太看着这些字，心里马上就有了主意，很快就做到了纸条上的要求。

答案

先把所有的项链分为 1、2、3 三个组，每组 3 条。第一次：先称 1 和 2 两个组，如果天平是平衡的话，那假项链肯定就在第 3 组；如果不平衡，那么假项链肯定就在较轻的一组。第二次：从有假项链的那组中拿出两条分放在天平两边，如果是平衡的，假的就是没有称的那条项链，如果不是平衡的，那么轻的就是假项链。

男子的失误

一位男子关灯后上床睡觉了。第二天早晨，他打开收音机，听到发生了一场可怕的惨剧——100 多人遇难了。他知道这全是他的错。可整个晚上他既没有醒来也没有梦游，这是怎么回事？

答案

这名男子是灯塔控制员，他的任务是让灯塔上的灯永远亮着。上床睡觉前，他心不在焉地关掉了导航灯，一艘船撞到了礁石上，导致了严重的后果。

消失的金属球

魔术师的桌子正冒出二氧化碳气体，气体来自水中的干冰。当他用魔杖敲打一个正在冒烟的金属球，并把它放在一个大小正合适的木盒子中时，奇迹出现了。盒子放在大家都能看见的盘子里，过了一会儿球不见了。

你对此怎样做出科学的解释？

提示：

（1）这是一个固体金属球。

（2）在盒子的底部有一个小洞。

（3）球的直径是小洞的 30 倍，不能穿过小洞。

（4）盒子是热的。

答案

这个球是由凝固的水银制成的，水银融化后，从底端的小洞流进了玻璃容器中。盒子内部仍保持干爽。

汽车起点

你坐在一辆汽车里，汽车头朝东停在一条笔直的马路上。你沿着马

路向前行驶，一段时间后到达距离出发点以西 2.7 英里的地方。这是怎么回事？

提示：

（1）这辆车没有盘旋能力。

（2）这辆车没有在拖车上，也没有被牵引。

（3）你没有在环绕地球。

（4）你不能让汽车转弯。

答案

先向前开，再倒车。

查理的挑战

在当地一个酒吧里，查理向本发出了挑战：“我把这块普通的手帕放在地板上，你面对着我站在手帕的一个角上，我站在另一个角上。如果我们中的一个人不撕破手帕或者将它割开、拉扯或移动，我敢打赌你就不能碰到我。”这是怎么做到的？

答案

查理将手帕放在门的下面，自己站在门另一边的角落里。

聪明的孩子

有一家三口要去另外一个城市工作。他们要在那个城市租房住，但是那里的游客特别多，所以一时找不到租房。这天，他们总算找到一个价格合理、条件不错的房子。但是当他们要租住的时候，房东却告诉他们，这房子不租给带着孩子的用户。丈夫和妻子听了，一时不知如何是好。这时，他们的孩子对房东说了一句话。房东听了之后，高声笑了起来，并把房子租给了他们。你能猜出这个孩子说了什么话吗？

答案

小孩说：“先生，我要租这间房子，我没有孩子，我只带来两个大人。”

脚底的伤痕

某天清晨，有人在一堵围墙外的大树下发现了一具尸体。死者赤着脚，脚底板有几条从脚趾到脚跟的纵向伤痕，而且还有血迹，旁边有一双拖鞋。

“死者是想爬树翻入围墙，但不小心摔死了。他可能是想行窃。”有人这样推断。但是老练的警长却说：“不，这个人不是从树上摔下来的，而是被人谋杀后放在这里的，凶手是想伪装成被害者不慎摔死的假象。”

试问：警长为什么这样说呢？

答案

死者脚底板的伤痕是从脚趾到脚跟，是纵向的，若他只是爬树时从树上摔下来的，那么脚底板不会有纵向的伤痕。因为爬树时要用双脚夹住树干，脚底受伤也只能是横向的。

卑鄙的购物者

有一个男人收入并不高，但他却想为家人购买更多的东西，尽管他不能承担这些费用。于是他设计了一个方案，并认为这个方案可以帮他实现这个愿望。

他对电脑比较熟悉，清楚超市的电脑系统是如何运作的。到了超市之后，他就开始实施设想好的计划。他选了满满一手推车的商品，准备按照出纳机上显示的商品价格买单。然而，他被捕了。为什么？

（1）出纳机上显示，他要支付120.25美元。

（2）他买的都是些罐装、瓶装或者盒装的商品，没买水果和蔬菜。

（3）他设计得很好，做手脚的时候没有被店中的安全摄像头拍到。

（4）他把每样商品都交给收银台扫描了，身上和手推车中没藏匿东西。

答案

他更换了商品的条形码，把相同商品的小包装条形码换到了大包装上。收银员发现条形码不正确，就按响了警铃。

警方的根据

警察在后院发现了一个鞋印，那里最近发生了一起凶杀案。这座房子的主人由于头部被靴子重击而死亡。

警方找遍了死者的房间却并未发现能留下这样鞋印的靴子，而这个鞋印的尺码与死者的脚的尺寸也不相符，所以警察断定这个鞋印是杀人犯留下的。警方为什么会如此肯定？

答案

重击死者头部的凶器正是在现场留下鞋印的那只靴子。

双胞胎的球赛

拉里和彼得是一对双胞胎。他们早晨起床后，在仓库门上用油漆画了一个大靶子。油漆干了后，他们连续几小时对着门投球，每投一次立刻就能知道成绩，并且还没有留下任何污渍，所以也用不着清洗。当然，画的靶子也没有遭到破坏。在什么情况下这是可能的？

说明：

（1）球没有颜色也没有沾上泥土。

（2）球没有弹性。

（3）双胞胎被要求在玩球前要清扫院子。这项要求对他们也有好处。

（4）孩子们的身上也很干净。

前一天晚上下了一场雪，因此他们打扫干净院子玩雪球。雪球打在仓库门上，不久就融化了。

保龄球比赛杀人案

保龄球职业大赛正在进行，两个著名的选手A和B正进行着冠军争夺战。比赛还没有结束，A突然倒地丧命。大批警察立即赶到现场，探长认真地听取裁判费尔的叙述："当时，A正在打第五球，但球竟然失准，滚到球道侧入坑，当球由运输带运回后，她打了一个补中时，球又失去控制，再滚入坑，她看了看中指尖，有一个小孔。"

"她用的是私家球吗？"探长问。

"当然，这是职业大赛，球在这里。"教练把球递过来，探长小心查看，这只是一个普通的保龄球，手指插入的孔中，也没有针状之类的东西。通过进一步调查，警方查出了一点儿线索，

知道A的对手B的弟弟杰克，竟是这个球场的自动机管理员，警方相信，他为了姐姐能争得名誉，而不惜下毒手。但他是怎样下毒手的呢？

杰克在A发第五球失准后，把毒针插在球的指孔中，运回球轨，待A再打补中后，又偷偷把针拔去，又运回球轨去，所以警探没有在球中发现任何针状物体。

阿米斯的问题

有7幢房子，每幢养了7只猫，每只猫吃了7只老鼠，每只活的老鼠会吃掉7个麦穗，而每个麦穗可以产7单位面粉。

问这些猫挽救了多少单位面粉？

16807，就是$7\times7\times7\times7\times7=16807$。这个问题来自古埃及的"莎纸游戏"，由阿米斯记载于公元前1850年。这或许是世界上最早的智力题，它激发了后人的许多灵感。

地毯的长度

有一个人想装修刚刚建成的房子，在所有的材料都购买齐全之后，他突然想到应该在一楼与二楼之间的

楼梯上铺一条地毯，但是现在楼梯尚未安装，阶梯的数量、高度和宽度，他还不知道，在这样的情况下，请问你能帮他把所需要的地毯的长度计算出来吗？

答案

其实，我们只需要把要与楼梯构成直角三角形的地面长度和墙壁的高度测量出来就可以了，这两者之和就是所需地毯的长度。

因为每个台阶的高度之和就等于墙壁的高度，台阶的宽度之和就等于地面的长度，所以说只需知道这两者就可以了。

啤酒的体积

一般啤酒瓶的下半部分都是圆柱形的，占瓶子高度的3/4；而上半部分不规则的形状占瓶子高度的1/4。如果这里有这样一个啤酒瓶，里面只有一般的啤酒，如何只借助一根直尺，来判断瓶子里的酒占整个瓶子容积的百分之几？

答案

先量一下瓶子中酒的高度，然后把瓶子上下颠倒，再量出这时瓶子中在圆柱部分的空气的高度。这样，酒的高度加上空气的高度就是瓶子的体积在这个圆柱状态下的总高度，所以很容易就可以算出百分比了。

亲朋好友合影

在祖父70大寿的时候，爸爸把所有的亲戚都叫过来合影。爸爸发现，如果给每个人照4张照片的话，他需要2卷胶卷，因为他所需照的相片数比一卷胶卷多4张。然而，如果给每个人照3张照片的话，胶卷将会剩下12张。

那么，爸爸叫了多少亲戚呢？一卷胶卷可以照出多少张照片呢？

答案

爸爸一共邀请了16个亲戚朋友，一卷胶卷可以照出60张照片。

纳塔兄弟

卡希斯城最著名的纳塔兄弟是双轮脚踏车赛的冠军，他们总是在4个长为1/3千米的椭圆形轨道上进行赛前练习。兄弟4人从中午开始每人沿着一个轨道进行骑车练习，他们各自的速度分别为每小时6千米、9千米、12千米以及15千米。直到他们第4次在圆圈中央相遇时才停下来。

那么，他们需要骑多长时间呢？

答案

四兄弟骑车行走1千米所用的时间分别是1/6小时、1/9小时、1/12小时和1/15小时。所以，他们行走一圈所用的时间就分别是1/18小时、1/27小时、1/36/小时和1/45小时。这样，他们会在1/9小时之后第一次相遇（即20/3分钟）。4乘以20/3分钟得出80/3分钟，即他们第四次相遇所需要的时间。

砝码的妙用

天平是用来称量物体重量的，但用几个砝码可以在天平上称出从1克到40克的全部整克数的重量呢？经过验证，用4个砝码就可以了。请问应该用4个几克的砝码呢？

答案

使用1克和3克两个砝码，就可以测量出4克的重量，也可以测量出2克的重量。依据这个道理，所选择的砝码必须互相利用。

计算周全后，即可得出需要的4个砝码分别为：1克、3克、9克以及27克。

它们加起来正好是40克。可是其他重量的物体怎样称呢？就要像前面举的例子那样互相配合利用。比如称20克时，右秤盘放上1克和9克的砝码，左秤盘放上3克和27克的砝码就行了。照此方法，一直可以称到40克。

10人排队

问10个人要站成5排，每排要有4个人，怎么站？

答案

站成五角星的形状，5个顶点和5个交叉点各站一个人。

仙女吃仙桃

4个仙女手中拿着仙桃，每个人的数量不同，在4～7个之间。然后，4个人都吃掉了1个或2个仙桃，结果每个人剩下的仙桃数量还是各不相同。

4个人吃过仙桃后，说了如下的话。其中，吃了2个仙桃的人撒谎了，吃了1个仙桃的人说了实话。

西西："我吃过红色的仙桃。"安安："西西现在手里有4个仙桃。"米米："我和拉拉一共吃了3个仙桃。"拉拉："安安吃了2个仙桃。""米米现在拿着的仙桃数量不是3个。"请问：最初每人有几个仙桃，吃了几个，剩下了几个？

答案

西西最初有6个，吃了2个，剩下4个；安安最初有7个，吃了1个，剩下6个；米米最初有5个，吃了2个，剩下3个；拉拉最初有4个，吃了2个，剩下2个。

需要多少只鸡

姥姥家养了很多鸡，李宏观察了几天，发现5只鸡5天下了5只蛋。如果100天内要下100个蛋，需要多少只鸡？

答案

仅需 5 只鸡。

王小姐的困惑

王小姐由于工作太累，想休假一周，但是下周她还有一些活动必须安排：陪儿子参观博物馆；去税务所缴税；去医院陪妈妈做体验；去宾馆见一个朋友。她想在一天内完成这些事，于是对这些情况进行了调查：住宾馆的朋友下周三外出办事，其他时间都在；税务所周六休息；博物馆只有在周二、周三、周五开放；体检医生每逢周二、周五、周六值班。那么，她应该在周几做这些事情呢？

答案

周二和周五。

从四楼到八楼要多长时间

某人到一栋 10 层高大厦的八楼办事，恰巧大厦停电了，所以他没办法搭乘电梯。如果他走楼梯，从一楼上到四楼需要 48 秒。

请问：他从四楼上到八楼需要多长时间？（假设上每层楼所需的时间相同。）

答案

64 秒。

长角的蜥蜴

伯沙撒是我们镇上的自然博物馆从某个地方得到一只长角的蜥蜴，它十分神奇。工作人员特意把它放在爬行动物观赏大厅新建的一个圆形有顶的窝里。刚放下，伯沙撒就马上开始考察它的新领地了。从门口开始，它向北爬行了 4 米到达圆的边缘；然后，它急忙转身向东爬行了 3 米，这时它又到达了围栏边。那么，你能否根据这些信息计算出它这个窝的直径吗？

答案

这只蜥蜴爬行时正好是一个直角三角形。如果一个直角三角形的三个点都与一个圆的边相接触，那么，这个直角三角形的长边，即斜边就等于这个圆的直径。所以，圆（窝）的直径就是 5 米（直角三角形的斜边的平方等于两条直角边的平方和，即 42+32=25，25 的平方根等于 5）。

谁是真牧师

有三个人被关在牢房里，其中一个是被误关的牧师；另外两个人，一个是骗子、一个是赌棍。三个人中，骗子不说实话；赌棍说不说实话，要看情况对他是否有利；牧师说实话。探长问1号牢房里的人："你是谁？"那个人回答："我是赌棍。"问3号牢房里的人："一号牢房里的人是谁？"那个人回答："是牧师。"你能推断出牧师在几号牢房吗？

答案

牧师在2号牢记、骗子在1号牢记、赌棍在3号牢房。推断过程如下：①假设牧师在1号牢房，因为牧师说实话，因此不成立。②假设牧师在2号牢房，无法判断是否成立。③假设牧师在3号牢房，也不成立。用排除法，可以知道牧师在2号牢房。

课堂问答

生物课上，老师问小明："什么是生命？"小明答："生命是有机体的新陈代谢。"

"那么，什么是有机体？"老师又问。小明答："有机体是有生命的个体。"

老师说小明的回答犯了一个严重的逻辑错误。

你知道是什么错误吗？

答案

小明对"生命"的解释中使用了"有机体"的概念，而在对"有机体"的解释中又使用了"生命"的概念，他犯了"循环定义"的逻辑错误。

几桶水

古代有一个大名鼎鼎的老学者，他的弟子都是出了名的年轻学者。一天，众弟子陪着老学者在城外散步，老学者瞧着面前的一个水池，忽然心血来潮，问："这水池里共有几桶水？"这个问题问得稀奇古怪。几桶水？就像一座山有多少斤重一样，谁答得确切？众弟子一个个面面相觑。老学者很不高兴，便发旨："你们回去考虑三天。"

三天过去了，弟子中仍无人能解答得出这个问题。老学者仰天长叹，觉得很扫兴。他干脆写了一张布告，声明谁能回答这个问题，就收谁做弟子，免得有人说他的弟子都是一帮庸才。

布告贴出后的第三天，一个10岁模样的男孩子走进老学者的授课大殿，说他知道这水池有几桶水。弟子们一听，觉得好笑，堪称安邦治国的栋梁之才都答不出来，小孩子怎么行？

老学者将那问题讲了一遍后，便示意一名弟子领小孩到池塘边去看一下。不料，那孩子笑道："不用去看了，这个问题太容易了。"他眨巴几下眼睛，凑到老学者耳边说了几句话。

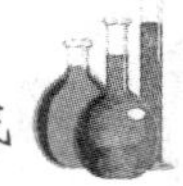

老学者听得连连点头，露出了赞许的笑容。

你知道小孩子是怎样答出来的吗？

答案

孩子说："要看是怎样的桶，若桶和水池子一样大小，只有一桶水；若桶只有水池一半大，则有两桶水；若桶有水池的 1/3 大，则有三桶水，依此类推。"

三天的天气预报

下面是前天的天气预报：今天的天气与昨天的天气不同。如果明天的天气与昨天的天气一样的话，则后天的天气将和前天的天气一样。但如果明天的天气与今天的天气一样的话，则后天的天气与昨天的天气相同。

尽管这个天气预报很拗口，但是非常准确。事实上今天和前天都下了雨。

请问，昨天的天气到底怎么样？

答案

由于这个天气预报是前天的，所以预报中的后天就是今天。

由于前天下了雨，故大前天的天气是无雨。因为今天（下雨）和大前天（无雨）的天气不同，所以昨天的天气和前天的天气（下雨）不同，昨天为无雨。

带宝渡江

洪吉童听说江对面那个村里的崔太监在后山上藏了宝物。"太好了！把那些宝物找出来分给贫穷的人们。"洪吉童心想。于是，洪吉童借了一艘渡船来到江对面村子的后山寻宝。正值深秋，落叶把整座山覆盖得严严实实，每走一步，都会发出"哗啦哗啦"的声音。洪吉童拿了一根长木棍在落叶中捅来捅去地找，最后，他停在了一棵柿子树下，这个地方的落叶尤其多。

"肯定就藏在这个地方。"

洪吉童把落叶翻开一看，果然，这个地方的泥土格外新鲜，还有不久前挖过的痕迹。洪吉童在这里一挖，果然发现了一个装金子的箱子。箱子非常沉，搬起来十分吃力，洪吉童使出了吃奶的劲儿好不容易才把箱子搬到江边。可是一到江边，洪吉童就发现了一个问题"哎呀！应该借一只大点的船啊……"，因为借来的船太小，如果把装金子的箱子放上去肯定会把船压沉。但是就在这个节骨眼上，崔太监家的下人们从山梁上追过来了。这下可怎么办呢？丢掉箱子逃跑又太可惜，洪吉童想了一会，然后用旁边的草绳把箱子紧紧地捆了起来。不一会，洪吉童就带着箱子安全地渡江了。洪吉童是用什么方法安全渡江的呢？

答案

在水里，由于浮力的作用，物体都会比原来轻一些，人能浮在水上游泳也是因为有浮力的缘故。聪明的洪吉童就是利用了浮力原理，他把装金子的箱子绑好后拴在船上，然后把箱子沉进了水里，这样由于浮力的作用，箱子就不会把船压沉，虽然还是会把船坠得歪歪斜斜，但是可以安全渡江了。

研究证词

某日深夜，游泳馆外的路上发生一起拦路抢劫杀人案，正巧被游泳馆内跳水队的教练目睹。

这位教练是退役的跳水运动员，他报称：案发现场离他住宿的房间阳台约50米，当时他正巧站在阳台上，他看见凶手是个理小平头的青年，月光下可看到青年右眼眼睑有一道疤痕。

于是，游泳馆附近有相似特征的青年王涛被传讯，并在秘密搜查时起获一把与受害人伤口相吻合的大号弹簧刀，可王涛坚决不承认做过此案。

久审不下之后，侦察员对教练的证词重新进行了研究，终于恍然大悟，原来教练才是真正的凶手。

侦察员发现了教练的什么疑点？

答案

跳水运动员的职业病是眼角膜损伤较严重，视力较差，即使戴眼镜也无济于事。教练是退役跳水运动员，故不可能在深夜看见50米远的人左眼睑下的疤痕，所以他在说谎。

六顶帽子

有6顶帽子，其中3顶是红色的，2顶是蓝色的，还有1顶是黄色的。甲、乙、丙、丁四人闭上眼睛站成一排，甲在最前面，乙其次，丙第三，丁最后。老师给他们每人戴了一顶帽子，他们不知道自己的帽子的颜色，但后面的人可以看到前面人的帽子的颜色。当老师问丁，丁说判断不出自己戴的帽子的颜色。丙听了丁的话，也说不知道自己戴什么颜色的帽子。乙想了想，也摇摇头，不知道头上是顶什么颜色的帽子。听完他们的话，甲笑着说知道自己戴了一顶某种颜色的帽子。你知道甲到底戴了一顶什么颜色的帽子吗？

答案

甲、乙、丙三人戴的帽子的颜色（不一一对应），有下面6种可能：红红红、红红蓝、红红黄、红蓝黄、红蓝蓝、蓝蓝黄。站在最后的丁说不出自己戴了什么颜色的帽子，说明前面三人肯定不是蓝蓝黄，则他可以推出自己戴的是红帽子。丙前面两人戴的帽子的颜色可能是：红蓝、红黄、红红、蓝黄、蓝蓝。但他也说不出自己戴的帽子的颜色，所以前面两人不可能是蓝蓝、蓝黄。因为如果是蓝蓝、蓝黄，丙就能推出自己戴的是红色的帽子。根据上面的推理，甲、乙帽子的颜色只能是红蓝、红黄、红红，如果甲的帽子的颜色是蓝或黄，乙一定能推出自己帽子是红色的。因为乙没有推出自己的帽子的颜色，所以甲的帽子的颜色一定是红色的。

血型辨凶手

这是个十分奇妙的案件。兄弟俩感情破裂，原因是为了争夺家产，见面也像仇人似的。一天，哥哥被发现死在街头，而弟弟从此后失踪。警方在现场侦查，发现了以下一些资料：死去的哥哥的血型是A型，而在他身上，还发现另外一些血液，是属于凶手的，则为AB型。警方发现死者父亲的血是O型，母亲的血是AB型，但失踪弟弟的血型却不清楚。凭以上的资料，你认为失踪的弟弟会不会是凶手呢？

答案

凶手不是弟弟。AB型和O型血液的人结婚，子女不会有AB型血。

标签怎样用

狗妈妈生了9只狗宝宝。9只狗宝宝长得都很相像，分不出哪只是哪只。有10张带数字的标签，却只有1号到5号的5种。那么，区别9只狗宝宝最少要用几种数字标签？

答案

正确答案是一种。当然用9个数字标签也可以轻易地区分出狗宝宝，但是，即使只有一种卡片也是可以把狗宝宝区分开的。只要把方向和贴的部位区分开，不要说是9只，就是再多的狗宝宝也可以清楚地区分开。举个例子，比如我们有写有“1”的卡片，就可以在第一只肚子上横着贴，第二只背上竖着贴，以此类推……除此之外还有很多方法。

特殊的桌面

这张椭圆桌面上有一个台球，另一个焦点是一个球洞。球和洞间有障碍物，有没有可能把球打进洞？

答案

无论如何击放在一个焦点上的球，它都会落进放在另一个焦点的洞里（当然别撞到障碍物）。另一方面，如果球放在两焦点之间，那无论如何击球，都不会落进放在另一焦点的洞。椭圆的这种反射特性被利用在一种叫做“回声长廊”的建筑中。这是一间椭圆房间，在一焦点发出的任何微弱声音都可以在另一焦点被清楚地听见。

男生还是女生

一个班有90个人排成一队去植物园。他们的排列顺序是这样的：男、女、男、男、男、女、男、男、男、女、男、男、男、女、男、男、男、女……那么，最后一个学生是男还是女呢？

答案

最后一个学生是女生。

掷骰子

掷一次骰子，出现3点的几率是1/6。连续掷二次出现3点的几率是1/36；连续掷三次出现3点的几率是1/216。假定现在掷三次，三次都出现了3点，接着再掷，第四次出现3点的几率是多少？

答案

六分之一。无论掷第几次，那一次出现3点的几率，和掷一次出现3点的几率同样都是六分之一。

答对的把握

李勇参加考试。考题是30道三选一的选择题，一题一分，只要答对15题以上就算及格。

以几率来说，随便答也可以答对1/3——10题。李勇有把握答对的题目有六题。

李勇想这样他起码可以及格，他的想法正确吗？

答案

不对。随便答而答对的几率有1/3，这1/3是对扣除了他有把握答对的六题剩余的24题而言。所以就几率上来说，李勇答对的题目共有14题（6+8），如此一来，他没办法及格。

猜小球

五个盒子里分装有红、绿、黑、黄、灰五种颜色的小球。小苗让甲、乙、丙、丁、戊五个人来猜，猜对者有奖。

甲说：第二盒灰色，第三盒黑色。

乙说：第二盒绿色，第四盒红色。

丙说：第一盒红色，第五盒黄色。

丁说：第三盒绿色，第四盒黄色。

戊说：第二盒黑色，第五盒灰色。

五个人都猜对了一盒，且每人猜对的颜色都不同。请问，每盒都装了什么颜色的小球？

答案

假设甲猜第二盒是灰色的是正确的，那第三盒就不是黑色的。乙猜第二盒是绿色的就是错误的，那第四盒就是红色的。这样丙猜第一盒是红色的错误，那第五盒就是黄色的。那么戊猜第五盒是灰色的就是错误的，第二盒应是黑色的。这与假设相矛盾，可见甲猜第二盒是灰色的是错误的，那么第三盒应是黑色的。由此可推理出第一盒是红色的，第二盒是绿色的，第四盒是黄色的，第五盒是灰色的。

泄密年龄的公式

一位神奇的魔术师声称他拥有一个带魔力的公式，只要女士把自己的出生日期和年龄带入这个公式的相应位置，魔术师就能知道这个人的年龄，这对于想要保密的大龄女士来说是一个坏消息。

这个公式是：〖（出生月日）×10+20〗×10+165+（你的年龄）=？

不信，你来试一试，在不让魔术师看到的情况下，把你的出生日期和年龄对号入座，然后将最后的数字告诉魔术师，魔术师就能说出你的年龄。

你能想到其中的秘诀是什么吗？

答案

这是一个通用的式子。把最后的数字扣掉365，前四位数就是你的出生年月日，剩下的十位与个位数就是你的年龄。

止痛药

有时为了医治一些危重病人，医院允许使用海洛因作为止痛药。其实，这样做是应当禁止的。因为，毒品贩子会通过这种渠道获取海洛因，对社会造成严重危害。

以下哪个如果为真，最能削弱以上的论证？（　　）

A. 有些止痛药可以起到和海洛因一样的止痛效果。

B. 用于止痛的海洛因在数量上与用于做非法交易的比起来是微不足道的。

C. 海洛因如果用量过大就会致死。

D. 在治疗过程中，海洛因的使用不会使病人上瘾。

答案

B。本题是最能削弱型题目，可以直接去找答案，就是找到与题干唱反调的选项。我们回到题干，题干的论点是医院不要使用海洛因作为止痛药，理由是毒品贩子会通过这种渠道获取海洛因。我们从选项出发，A 说有些止痛药可以替代海洛因，正好加强了题干。选项 D 虽然也是没有必要禁止使用海洛因的理由，但是却是与贩毒无关的，所以排除掉；选项 C 说海洛因用量大就会使病人致死，但是即使用量小，那么毒贩子也可以获得，应该还是不能削弱题干论述，只有 B 是说用于止痛的海洛因在数量上与用于做非法交易的比起来是微不足道的最能反驳题干的论证，所以选择 B。

营养素

虽然菠菜中含有丰富的钙，但同时含有大量的浆草酸，浆草酸会有力地阻止人体对钙的吸收。因此，一个人要想摄入足够的钙，就必须用其他含钙丰富的食物来取代菠菜。

以下哪个如果为真，最能削弱题干的论证？（　　）

A. 大米中不含钙，但含有中和浆草酸并改变其性能的碱性物质。

B. 奶制品中的钙含量要高于菠菜，许多经常食用菠菜的人也食用奶制品。

C. 在人的日常饮食中，除了菠菜以外，事实上大量的蔬菜都含有钙。

D. 菠菜中除了钙以外，还含有其他丰富的营养素；另外，浆草酸只阻止人体对钙的吸收，并不阻止其他营养的吸收。

答案

A。要削弱题干，就是要指出，不必用其他含钙丰富的事物来取代菠菜，食用菠菜就可以补钙。但达到这样结果就需要将阻止人体对钙吸收的浆草酸中和掉。选项 A 正好起到这样的作用。选项 B 和 C 都意味着可以用其他含钙丰富的食物来取代钙，所以都不能削弱题干。选项 D 是无关选项。因此，正确答案是 A。

接线员系统

全国各地的电话公司目前开始为消费者提供电子接线员系统，然而，在近期内，人工接线员并不会因此减少。

除了下列哪项外，其他各项均有助于解释上述现象？（　　）

A.需要接线员帮助的电话数量剧增。

B. 尽管已经过测试，新的电子接线员系统要全面发挥功能还需进一步调整。

C. 如果在目前的合同期内解雇人工接线员，有关方面将负法律责任。

D. 新的电子接线员的工作效率两倍于人工接线员。

答案

D。本题是解释题干型题目，而且是找不能解释题干现象的选项，我们就可以先找出能解释的选项，题干说全国电话公司开始使用电子接线员系统，但近期人工接线员不会减少，为什么呢？我们看选项，A 说需要接线员帮助的电话数量巨增，可能是需要人工接线员的理由，可以解释，排除掉；B 说明新的电子系统不完备，还需要人工接线员工作，可以解释，排除掉；C 有助于解释不能减少人工接线员，排除掉；只有 D 是不能解释，反而是应该减少人工接线员的理由，所以选择 D。

化妆品大战

今年 M 市开展了一次前所未有的化妆品广告大战。但是调查表明，只有 25% 的 M 市居民实际使用化妆品。这说明化妆品公司的广告投入有很大的盲目性。

以下哪项陈述最有力地加强了上述结论？（　　）

A. 化妆品公司做广告是因为产品供过于求。

B. 去年实际使用化妆品的M市居民有30%。

C. 大多数不使用化妆品的居民不关心其广告宣传。

D. 正是因为有25%的居民使用化妆品，才要针对他们做广告。

答案

C。本题是加强型题目，题干的论述是化妆品公司广告投入盲目，因为只有四分之一的人使用化妆品。可见，选项A、B、D都不能加强题干的论述，只有C是说大多数不使用化妆品的居民不关心广告宣传，所以说广告投入盲目，加强了题干论述，所以选择C。

遭袭击的商船

第二次世界大战期间，海上航行的商船常常遭到轰炸机的袭击，许多商船都先后在船上架设了高射炮。但是，商船在海上摇晃得比较厉害，用高射炮射击天上的飞机是很难命中的。战争结束后，研究人员发现，从整个战争期间架设过高射炮的商船的统计资料看，击落敌机的命中率只有4%。因此，研究人员认为，商船上架设高射炮是得不偿失的。

以下哪个如果为真，最能削弱上述研究人员的结论？（　　）

A. 在战争期间，未架设高射炮的商船，被击沉的比例高达25%；而架设了高射炮的商船，被击沉的比例只有不到10%。

B. 架设了高射炮的商船，即使不能将敌机击中，在某些情况下也可能将敌机吓跑。

C. 架设高射炮的费用是一笔不小的投入，而且在战争结束后，为了运行的效率，还要再花费资金将高射炮拆除。

D. 一般来说，上述商船用于高射炮的费用，只占整个商船的总价值的极少部分。

答案

B。本题是削弱型题目。题干研究人员的结论是商船上架设高射炮是得不偿失的，原因是击落敌机的命中率只有4%。其实找削弱这个结论的选项，也就是找出能说明架设高射炮是有必要的选项。我们看选项，选项A虽然能削弱，但是因为这两个比例差距不大，不是强有力的反驳；选项C实际上是加强研究人员的结论，排除掉；D是说费用，没有说作用，是不相关的，排除掉；B正好说明了架设高射炮的威慑力，所以很有必要，这样比较A和B可见，B是最能削弱研究人员结论的，所以选择B。

烟草价格

政府应该不允许烟草公司在其营业收入中扣除广告费用。这样的话，烟草公司将会缴纳更多的税金。烟草公司只好提高自己的产品价格，而产品价格的提高正好可以起到减少烟草购买的作用。

以下哪项是题干论点的前提？（　　）

A. 烟草公司不可能降低其他方面的成本来抵消多缴的税金。

B. 如果它们需要付高额的税金，烟草公司将不再继续做广告。

C. 如果烟草公司不做广告，香烟的销售量将受到很大影响。

D. 烟草公司由此所增加的税金应该等于价格上涨所增加的盈利。

答案

A。本题是前提型题目，使用了三段论，论证的结论是政府应该不允许烟草公司在营业收入中扣除广告费用。整理成“政府不允许烟草公司扣广告费”。前提是烟草公司会提高产品价格抵消多缴税金。我们要找另一个大前提，很显然应该是烟草公司不可能通过其他渠道来抵消多缴税金，所以A是我们找的前提条件。B、C、D选项均为干扰项，不是前提，排除掉。所以选择A。

巧克力与心脏病

以前有几项研究表明，食用巧克力会增加食用者患心脏病的可能性。而一项最新的、更为可靠的研究得出的结论是：食用巧克力与心脏病发病率无关。估计这项研究成果公布以后，巧克力的消费量将会大大增加。

上述推论基于以下哪项假设？（　　）

A. 尽管有些人知道食用巧克力会增加患心脏病的可能性，却照样大吃特吃。

B. 人们从来也不相信进食巧克力会更容易患心脏病的说法。

C. 现在许多人吃巧克力是因为他们没有听过巧克力会导致心脏病的说法。

D. 现在许多人不吃巧克力完全是因为他们相信巧克力会诱发心脏病。

答案

D。本题是前提型题目。题干的论述涉及三段论。题干的结论是巧克力消费量将大大增加；小前提是使用巧克力与心脏病发病率无关。找另一个大前提我们看选项，只有D说许多人不吃巧克力是完全相信巧克力会诱发心脏病，现在既然研究显示巧克力与心脏病无关，这样以前不吃巧克力的也会吃，带来销量的变化，所以D正是我们要找的大前提。其他选项均不是论述的前提假设，所以应排除掉。

评奖大会

在评奖会上，A、B、C、D、E、F、G、H竞争一项金奖。由一个专家小组投票，票数最多的将获金奖。

如果A的票数多于B，并且C的票数多于D，那么E将获得金奖。

如果B的票数多于A，或者F的票数多于G，那么H将获得金奖。

如果D的票数多于C，那么F将获得金奖。

如果上述断定都是真的，并且事实上C的票数多于D，并且E并没有获得金奖，以下哪项一定是真的？（　　）

A.H获奖。

B.F的票数多于G。

C.A的票数不比B多。

D.B的票数不比F多。

答案

C。本题是关系型题目。解答这类题应从题干出发，结合选项排除判断，从而得出正确得选项。题干第一句话整理成如果A>B且C>D，E获奖；第二句如果B>A或F>G，H获金奖；第三句话如果D>C，F获金奖；事实是C>D，E未获金奖，我们知道充分条件的假言命题的规则是否定后件可以推出否定的前件，所以既然E未获奖，那么前面应用联言命题的负命题，则应是并非“A>B且C>D”等值于“非A>B或者非C>D”；事实C>D，那么可以推出A得票数不会多于B，可见只有选项C是真的，所以选择C。

律师事务所

某律师事务所共有12名工作人员。（1）有人会使用计算机；（2）有人不会使用计算机；（3）所长不会使用计算机。这三个命题中只有一个是真的，以下哪项正确地表示了该律师事务所会使用计算机的人数？（　　）

A.12人都会使用。

B.12人没人会使用。

C.仅有一人会使用。

D.不能确定。

答案

A。可以应用直言命题的反对关系来解题，我们知道题干中的（1）和（2）是属于下反对关系，互为下反对关系的命题可以同真，但是不能同假。根据题意，三个命题中只有一个是真的，那么（1）和（2）必然有一真一假，那么（3）就肯定是假的，说明所长会使用计算机，那么（1）就是真的，（2）就是假的，所以可以推断出该所12人全会使用计算机。所以选择A。

实验辣椒

在一项实验中，实验对象的一半作为实验组，食用了大量的某种辣椒。而作为对照组的男一半没有吃这种辣椒。结果，实验组的认知能力比对照组差得多。这一结果是由于这种辣椒的一种主要成分——维生素E造成的。

以下哪项如果为真，则最有助于证明这种辣椒的成分造成这一实验结论？（　　）

A. 上述结论中所提到的维生素E在所有蔬菜中都有，为了保证营养必须摄入一定量这种维生素E。

B. 实验组中人们所食用的辣椒数量是在政府食品条例规定的安全用量之内的。

C. 第二次实验时，只给一组食用大量辣椒作为实验组，而不高于不食用辣椒的对照组。

D. 实验前两组实验对象是按认知能力均等划分的。

答案

D。本题属于前提型题目。让考生找出支持实验结论的选项，我们看题干中结论是实验组认知能力不如对照组，小前提是实验组吃了含维生素E的辣椒，而对比组没有吃。找出大前提，我们从选项可以知道，D选项是说两组的认知能力实验前均等划分了，这样结论就会是因为吃辣椒所引起的，所以，只有D是有助于证明实验的结论。其他选项都无助于证明实验结论，所以选择D。

民主选举

某单位在林和张两位候选人中民主选举经理。在选举的前10天进行的民意测验显示，受调查者中36%打算选林，42%打算选张。而在最后的正式选举中，林的得票率是52%，张的得票率仅是46%。这说明选举前的民意测验的操作上出现了失误。

以下哪项如果是真的，最能削弱上述论证的结论？（　　）

A. 选举前20天进行的民意测验显示，林的得票率是32%，张的得票率是40%。

B. 在进行民意测验的时候，许多选举者还没拿定主意选谁。

C. 在选举的前7天，林为厂里要回了30万元借款。

D. 林在竞选中的演说能力要比张强。

答案

C。本题属于削弱型题目。要削弱题干，就要指出，选举前的民意测验操作没有失误，是其他临时因素造成这样的选举结果。选项C正好是这样的原因，由于林在选举前7天为厂里要回了30万元借款，所以威信开始提高，可能在选举时胜出，而不是由于以前的民意测验失误。选项A、B、D都不是最佳选项，所以，选择C。

保护大熊猫

为了挽救濒临灭绝的大熊猫，一种有效的方法是把它们都捕获到动物园进行人工饲养和繁殖。

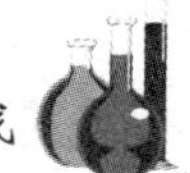

以下哪项能对上述结论提出质疑？（　　）

A. 近五年在全世界各动物园中出生的熊猫总数是9只，而在野生自然环境中出生的熊猫的数字，不可能准确地获得。

B. 只有在熊猫生活的自然环境中，才有它们足够吃的嫩竹，而嫩竹几乎是熊猫的惟一食物。

C. 动物学家警告，对野生动物的人工饲养将会改变它们的某些遗传特性。

D. 提出上述观点的是一个动物园主，他的动议带有明显的商业动机。

答案

B。本题是削弱型题目。题干说为了挽救大熊猫可以把他们在动物园中进行人工养殖，要想质疑这种做法，就是要找到动物园中的环境不能使熊猫适应，难以生存。我们看选项，A是不能置疑的，排除掉；C是一个不确定的论断，所以不能质疑论述，排除掉；D听起来像能质疑，但是却不是问题的关键所在，只有B才是最可能的原因，因为缺少自然环境中的惟一食物嫩竹，熊猫是无法生存的，所以选择B。

保护臭氧层

在世界范围内禁止生产各种破坏臭氧层的化学物质可能仅仅是一种幻想，大量这样的化学物质已经生产出来，并且以成千上万台冰箱的冷却剂的形式而存在。当这些化学物质到达大气层中的臭氧层时，其作用不可能停止。因此，没有任何方式可以阻止这类化学物质进一步破坏臭氧层。

以下哪项如果为真，则能最严重地削弱以上论证？（　　）

A. 不可能精确地测量冰箱里冷却剂这种破坏臭氧层的化学物质的量是多少。

B. 不会破坏臭氧层的替代品还未开发出来，并且替代品可能比冰箱目前使用的冷却剂昂贵。

C. 即使人们放弃使用冷藏设备，已经存在的冰箱里的冷却剂也是对大气臭氧层的一个威胁。

D. 当冰箱的使用寿命结束时，冰箱里的冷却剂可完全回收并且重新利用。

答案

D。本题是属于削弱型题目。我们直接找与题干唱反调的选项。题干主要是说没有办法阻止大量以冰箱冷却剂形式存在化学物质破坏大气臭氧层。而如果我们采取措施使冰箱中的冷却剂不进入大气层，那么就不能破坏臭氧层了，就削弱了题干，而选项D正好是解决这个问题的方法，所以我们可以直接选择D。

健康食品

高脂肪、高糖含量的食物有害人的健康。因此，既然越来越多的国家明令禁止未成年人吸烟和喝含酒精的饮料，那么，为什么不能用同样的方法对待那些有害健康的食品呢？应该明令禁止18岁以下的人食用高脂肪、高糖食品。

以下哪项如果为真，最能削弱上述建议？（　　）

A. 许多国家已经把未成年人的标准定在16岁以下。

B. 烟、酒对人体的危害比高脂肪、高糖食物的危害要大。

C. 禁止有害健康食品的生产，要比禁止有害健康食品的食用更有效。

D. 高脂肪、高糖食品主要危害中年人的健康。

答案

D。本题属于削弱型题目。题干建议明令禁止18岁以下的人食用危害人们健康的高脂肪、高糖食品。要想削弱这个建议，就必须说明这些高脂肪、高糖食品对18岁以下的人危害不大，可见只有D是说这些食品主要危害中年人健康，对18岁以下的少年危害不大，所以没有必要明令禁止食用，所以，选择D。

第八章

判断类思维游戏

虽然生活中远没有那么多“生存还是死亡”的抉择，但不可否认的是，生活中处处充满了选择。非此即彼，或者是中间地带，所谓“一失足成千古恨”，恰恰反映了判断推理能力的重要性。你想让自己的判断能力提升吗？一起来做下面的游戏吧！

男女之分

一户人家有A、B、C、D、E、F、G兄弟姐妹7人，只知道A有3个妹妹；B有1个哥哥；C是女的，她有2个妹妹；D有2个弟弟；E有2个姐姐；F也是女的，但她和G没有妹妹。请你说一说，这7个人中哪个是男的，哪个是女的。

答案

C、D、F是女的，其余是男的。

谁的任务量大

国家重点企业江州柴油机厂有黄、刘、洪、赵四位师傅加工同一种零件。结果是：

1. 赵师傅比洪师傅加工得多；

2. 黄、刘二位师傅加工的数量合在一起，赵、洪二位师傅加工的数量合在一起，恰好一样多；

3. 刘、洪二位师傅加工的数量合起来，比黄、赵二位师傅合起来的要多。

请问，哪位师傅完成任务最多？谁第二？谁第三？

答案

刘师傅完成任务最多，其次是赵师傅，洪师傅第三。

同住一楼的邻居

甲、乙、丙、丁同住一幢18层大楼。他们当中有会计、工程师、医生和演员。甲住在丙的上面、丁的下面；乙住在医生的下面；丁住的那层，是演员住的那层的层数的五倍。如果工程师从现在住的这层楼往上搬两层，正好搬到医生和会计住的中间；如果他往下搬到现在楼层的1/2那层，就会搬到医生和演员住的中间。请判断一下甲、乙、丙、丁各从事什么职业，各住在哪一层？

答案

先排出从上到下四个人所住的楼层顺序。只有在丙是医生的情况下，题中所说的现象才合理。因此，四个人所住楼层的上下顺序为丁、甲、丙、乙。知道了这个顺序后，问题就简单了。因为丙是医生，可以推知，甲是工程师、乙是演员、丁是会计。工程师住第八层、演员住第三层、医生住第五层、会计住第十五层。

排扑克牌

在桌子上有三张扑克牌，排成一行，我们已经知道：

（1）K右边的两张牌中至少有一张是A。

（2）A左边的两张牌中也有一张是A。

（3）方块左边的两张牌中至少有一张是红桃。

（4）红桃右边的两张牌中也有一张是红桃。

请将这三张牌按顺序写出来。

答案

假设桌上的三张牌为甲、乙、丙，由条件（1）K 右边有两张牌，所以，甲必是 K，且乙、丙中至少有一张是 A。

由条件(2),A 的左边还有 A,那么，必然乙、丙都是 A。

同样，可推出，由（4）可知：甲为红桃。由（3）得丙为方块，再由（4）即得乙是红桃。

三张牌的顺次为：红桃 K，红桃 A，方块 A。

15 个星期三

已知某个月份共有 5 个星期三，而且其中的第三个星期六是 18 号。那么：

（1）这个月共有多少个星期一？

（2）这个月的最后一个星期天是几号？

（3）这个月的第三个星期三是几号？

（4）23 号是星期几？

（5）7 号是星期几？

答案

从第三个星期六是18号可以得知，第三个星期三是 15 号，即第一个星期三是 1 号，第二个星期三是 8 号，第四个星期三是 22 号，第五个星期三是 29 号……如果你愿意，你甚至可以将这个月份中的每一天是星期几都表示出来。

（1）4 个。

（2）26 号。

（3）15 号。

（4）星期四。

（5）星期二。

重要的会议

张先生参加了一场很重要的会议，与会者围坐在一个大圆桌旁边，这时张先生发现，每个人都与两个性别相同的人是邻座。

如果这场会议共有 12 个女士参加，那么，你能算出一共有多少人参加会议吗？

答案

一共有 24 人参加会议。因为每个人都与两个性别相同的人相邻，所以张先生旁边的两个人可以是男士也可以是女士，如果是男士的话，那么所有与会者都是男士，这与题目不符，所以他旁边是两个女士，那么可以判断这张桌子旁的女士和男士是交替坐着的。

卡洛尔的难题

英国剑桥大学数学讲师卡洛尔曾出过下面这道题目来测验他学生的逻

辑思维能力。题目是这样：

（1）教室里标有日期的信都是用粉色纸写的。

（2）丽萨写的信都是以“亲爱的”开头的。

（3）除了约翰外，没有人用黑墨水写信。

（4）皮特没有收藏他可以看到的信。

（5）只有一页信纸的信中，都标明了日期。

（6）未作标记的信都是用黑墨水写的。

（7）用粉色纸写的信都收藏起来了。

（8）一页以上信纸的信中，没有一封是做标记的。

（9）约翰没有写一封以“亲爱的”开头的信。

根据以上信息，判断皮特是否可以看到丽萨写的信。

答案

不能。由（1）知：标有日期的信——用粉色纸写的；（2）知：丽萨写的信——“亲爱的”开头；（3）知：不是约翰写的信——不用黑墨水；（4）知：收藏的信——不能看到；（5）知：只有一页信纸的信——标明了日期；（6）知：不是用黑墨水写的信——做标记；（7）知：用粉色纸写的信——收藏；（8）知：做标记的信——只有一页信纸；（9）知：约翰的信——不以“亲爱的”开头。

综上所知：丽萨写的信——不是约翰写的信——不是用黑墨水——做了标记——只有一页信纸——标明了日期——用粉色写的——收藏起来——皮特不能看到。所以，皮特不能看到丽萨写的信。

玻璃是谁打的

妈妈外出，回来后发现厨房窗户的玻璃被打破了。

她问四个女儿，得到以下的回答：

A：“我没有打破。”

B：“是我打破的。”

C：“A 没打破”

D：“B 没打破。”

嫌犯就在四个女儿中，打破玻璃的人一定在撒谎，玻璃到底是谁打破的呢？

答案

A 和 C。打破窗户玻璃的人一定说“没打破”，由此可知 B 并没有打破玻璃。D 说出了事实，所以她也没有打破玻璃。剩下的就是 A 和 C。假设 A 没有打破玻璃，表示 C 说的是真话，C 也没有打破，但四个人都没有打破玻璃不符题意。因此，是 A 和 C 打破玻璃并说谎。

选择B医生的理由

有一个病人需要动手术，他打听到两位在这方面的权威医生。根据过去的记录资料得知，A医生动这种手术的成功率是70%，B医生是65%。病人希望手术成功，毫不犹豫地选择了B医生。两位医生执行这种手术的次数、费用、地理条件和医德等，完全相同。这究竟是为什么呢？

答案

假没两位医生做过20次这种手术。A医生为第一位到第十四位病人动的手术十分成功，但是后面的六次完全失败。B医生为第一位到第七位病人动手术完全失败，但是后面的十三次手术非常成功。虽然B医生的成功率较低，但是如果是您，您一定会选B医生吧，此乃人之常情。

嫉妒的丈夫

三个嫉妒心极强的丈夫带着他们的妻子一起过河，但只有一条小船。小船一次只能载两个人，而六个人中只有三人会划船。任何一位妇女除了与自己丈夫或别的妇女一起外，都不能与别人的丈夫单独在一起，那么怎样安排才能使大家过河？

答案

男子用ABC代替，他们的妻子分别用abc代替，会划船者为B，a，c，依次安排：

此岸	船上	彼岸
Acac	Bb	没人
Acac	B	b
ABC	ac	b
ABC	a	bc
Aa	BC	bc
Aa	Bb	Cc
Ab	AB	Cc
Ab	c	ABC
ba	c	ABC
b	B	Acac
没人	Bb	ACac

罗斯林勋爵赌博法

两个小伙子，身上带着同样多的钱，打算在赛马中采用罗斯林勋爵赌博法，即把赌注押在最孬的马身上，而且押下的赌金等于赌博公司开出的这匹马对1美元的赔率。

吉姆把赌注押在劣马科希努尔身上，赌它赢得第一，而杰克则认为它可得第二，于是他们根据不同的赔率押下了不同的赌注，尽管这两笔赌注

相加起来花去了他们所带赌金之和的一半。

结果，他们居然都赢了。赢了钱后，吉姆身上的钱现在是杰克的两倍了。

注意赌注必须是以整美元下的（不准有几角几分等零钱），你能否猜出他们各赢了多少钱？

答案

每个小伙子开始时手头都有 25 美元，吉姆以 15 ∶ 1 的赔率押下赌注 15 美元，赚到了 225 美元，使他的赌本增至 250 美元。杰克以 10 ∶ 1 的赔率押进赌注 10 美元，赚了 100 美元，使其赌本增至 125 美元，正好是吉姆的一半。

传染病时期

某传染病流行时期，一个玩具生产厂中所有与该病患者接触过的人都被隔离了，所有被隔离的人都与小张接触过。

如果上述命题是真的，那么，以下哪项命题也是真的？

A. 小张是该病患者。

B. 小张不是该病患者。

C. 可能有人没有接触过该病患者，但接触过小张。

D. 所有的该病患者都与小张接触过。

E. 所有与小张接触过的人都被隔离了。

答案

应该选择 C。

对题干进行整理：所有被隔离的人都与小张接触过；所有与该病患者接触过的人都被隔离了。所以，所有与该病患者接触过的人都与小张接触过。

因此，与小张接触的人可能包括被隔离者和未被隔离者（没有接触过该病患者的人）。

贫困学生的烦恼

高校 2007 年秋季入学的学生中有些是免费师范生。所有的免费师范生都是家境贫寒的。凡是贫困学生都参加了勤工助学活动。

如果以上说法是真的，那么，请找出以下对此错误的看法：

A. 有些参加勤工助学活动的学生不是免费师范生。

B.2007 年秋季入学的学生中有人家境贫寒。

C. 凡是没有参加勤工助学活动的学生都不是免费的师范生。

D. 有些参加勤工助学活动的学生是 2007 年秋季入学的。

答案

A。

在选项 B 中，有免费师范生入学，一定有贫困生入学，因为免费师范生家境贫寒。C选项免费师范生一定贫寒，一定参加勤工助学，没参加勤工的一定不是免费师范生。D有些参加勤工的指的就是那些2007秋季入学的免费师范生。因此得知A错误，原因在于那年勤工助学的可能就是那几个免费师范生，没其他人。

三个保镖的谈话

拿破仑身边有A、B、C、D、E、F、G、H八个保镖。一次，有个杀手谋杀拿破仑未遂，正在逃跑的时候，八个保镖都开枪了，杀手被其中一个人的子弹击中了，但不知道是谁击中的，下面是他们的谈话：

A：“可能是H击中的，或者是F击中的。”

B：“如果这颗子弹正好击中杀手的头部，那么是我击中的。”

C：“我可以断定是G击中的。”

D：“即使这颗子弹正好击中杀手的头部，也不可能是B击中的。”

E：“A猜错了。”

F：“不会是我击中的，也不是H击中的。”

G：“不是C击中的。”

H：“A没有猜错。”

事实上，8个保镖中有3个人猜对了。你知道谁击中了杀手吗？假如有5个人猜对，那么又是谁击中了杀手呢？

答案

如果8个保镖中有3人猜对，杀手是C击中的；如果8个保镖中有5人猜对，杀手是G击中的。

三枚硬币定凶手

小野刚回到家里，就接到一个报警电话，说晚上10点有个学生死在宿舍楼门前。

小野赶到现场，只见死者倒在学生宿舍楼正门外，头朝门，脚朝大道，匍匐在地上，背部垂直射进一支羽箭。显然，死者是外出归来正要开门的时候，背后中箭倒下死去的。

小野轻轻地翻动了一下尸体，发现尸体下面有3枚100元的硬币，在灯光的照耀下闪闪发光。小野随即检查了死者的衣兜，发现死者的钱夹里整整齐齐地放有10元和100元的硬币。

小野站起身，问站在一旁的大楼管理员，“这栋楼有多少学生居住？”

“现在正是暑假期间，学生们都回家了，只剩下小西和清远两人。这两人都是射箭选手，听说下周要进行比赛。”管理员讲到这里，抬头看了看学生楼，指着对着正门的二楼房间介绍说：“那就是清远的房间。”

“10点左右，清远从二楼下来过吗？”“没有，一次也没有。”管理员摇头答道。

小野来到清远的房间。清远刚刚

睡醒，揉着朦胧的睡眼，吃惊地说：“怎么，你们怀疑我杀害小西吗？请不要开玩笑，小西是正要开门的时候，背后中箭死的嘛！就算我想杀死他，但从我的窗口里只能看到他的头顶，是无法射到他的背部的啊！”

小野走到窗口，探出身子，看了一眼，便转过身，拿出3枚100元的硬币，对清远说：“这是不是你的？也许上面印着你的指纹！”

清远一看，结结巴巴地说：“可能是我傍晚回来，不小心从兜里掉下来的。”

小野摇摇头，对清远冷冷一笑，说：“不，不是无意中掉出来的，是你故意设下的陷阱！”说完，小野便以杀人罪逮捕了清远。

小野如何判定清远是凶手的？

答案

清远事先把钱扔在地上，等小西回来发现硬币弯腰拾钱时，他从二楼窗口朝下射箭。他是杀死小西的凶手。

教授·球迷·预算委员会

学校的教授中有一些是球迷。学校预算委员会的成员一致要求把学校的足球场改建为一个科贸写字楼，以改善学校的收入状况。所有的球迷都反对对将学校的足球场改建为科贸写字楼。如果以上各句陈述均为真，则下列哪项也必定为真？

A. 学校所有的教授都是学校预算委员会的成员。

B. 学校所有的教授都不是学校预算委员会的成员。

C. 学校预算委员会中有的成员是足球迷。

D. 并不是所有的学校教授都是学校预算委员会的成员。

答案

由题干可推知，学校老师有的是球迷，有的不是球迷；而学校预算委员会的成员都不是球迷。所以，学校预算委员会的成员有三种可能：都是非足球迷教授；都不是教授；非足球迷教授和非教授混合。由这个推理可以看出，只有D正确。

专家的专业

六个不同专业的专家一起乘火车旅游。他们分成两组，每组三人，面对面地坐在一起。他们分别是杂文家、考古学家、音乐家、小说家、剧作家和诗人。他们每个人带着自己专业的专著，但现在都正读着别人的专著。根据以下事实，你能断定每个专家的专业吗？

A正在读杂文。C正在读他对面的人的专著。B坐在杂文家和音乐家之间。E坐在剧作家的边上。杂文家坐在考古学家的对面。D正在读剧本。A坐在靠近窗户，并且对考古没有兴趣。D坐在小说家的对面。E正在读一本音乐专著。F从未读过一本诗集，显然，他不是诗人。

答案

A是小说家；B是诗人；C是剧作家；D是音乐家；E是考古学家；F是杂文家。

一家人

有4个男孩（童童、壮壮、可可、丁丁），分别是两对兄弟：童童和壮壮是兄弟，可可和丁丁是兄弟。他们四个人说了如下的话，如果是兄弟的话都是真实的，如果不是兄弟的话都是假的。

跑步的男孩说：

“拿着长笛的男孩是可可。”

拿着长笛的男孩说：

“溜冰的男孩是丁丁。”

溜冰的男孩说：

“拿着书的男孩是童童。”

拿着书的男孩说：

“拿着长笛的男孩不是丁丁。”

根据以上对话，说出这几个男孩分别是谁，谁和谁是一家的？

答案

如果拿长笛的和跑步的是兄弟的话，根据跑步的人的发言，拿长笛的就是可可。拿书的所说不是关于兄弟的话就变成了真话，这就相互矛盾了。所以拿长笛的和跑步的不可能是兄弟。

如果拿长笛的和溜冰的是兄弟的话，根据拿书人的话（假话），可知拿长笛的人就是丁丁。拿长笛的关于是兄弟的话却成了假话，这相互矛盾了。因此拿长笛的和拿书的不可能是兄弟。

所以，拿长笛的和拿书的是兄弟，跑步的和溜冰的是兄弟。

谁是贫困生

Jane、Kate和Lily是同一所大学的学生，她们中有两位非常聪慧，有两位非常有气质，有两位是才女，有两位家境富裕。每个人至多只有三个令人注目的特点：

——对于Jane来说，如果她非常聪慧，那么她家境富裕。

——对于Kate和Lily来说，如果她们非常有气质，那么她们也是才女。

——对于Jane和Lily来说，如果她们是家境富裕的，那么她们也是才女。

学校需要找出一名贫困生给予助学金，你知道她们三人中谁是贫困生吗？

答案

Lily并非家境富裕，她是贫困生。

不懂得逻辑者不得入内

亚里士多德学院的门口竖着一块牌子，上面写着“不懂得逻辑者不得入内”。这天，来了一群人，他们都是懂得逻辑的人。如果牌子上的话得到准确的理解和严格的执行，那么以下各断定中，只有一项是真的。这一真的断定是（　　）

A. 他们可能不会被允许进入。

B. 他们一定不会被允许进入。

C. 他们一定会被允许进入。

D. 他们不可能被允许进入。

答案

A。

本题的逆反命题是“可以入内的一定是懂得逻辑者”，这也是一个真命题，但两个命题都无法直接推出“懂得逻辑者是不是一定可以入内”。

故选 A。

几个香港人

某公司广告部共有包括主管在内的 8 名职员。有关这 8 名职员，共有如下三个判断：

（1）有人是香港人。

（2）有人不是香港人。

（3）主管不是香港人。

以上三个断定中，只有一个是真的。那么以下哪项为真?

A.8 名职员都是香港人。

B.8 名职员都不是香港人。

C. 只有一个人不是香港人。

D. 只有一个人是香港人。

答案

A。

断定(1)和断定(2)不能同时为真，必有一假，由此可判断(3)是假的。“主管不是香港人”为假，则主管是香港人。由此可知“有人是香港人”是真，则(2)为假。所以选项 A 一定是真的。

真实身份

一个部落分为诚实人和说谎者两部分，诚实人只讲真话，说谎者只讲假话。后来，这个部落里迁来一批外来人，这些外来人有时讲真话，有时讲假话，也就是说，他们讲的每一句话要么是真的，要么是假的。

如果有一天你来到这里，看到甲、乙、丙三个人，其中一个是诚实人，一个是说谎者，一个是外来人，他们三个人各说了一句话：

甲说：“我是外来居民。”

乙说：“甲说的没错。”

丙说：“我不是外来人。”

你能从这三句话里判断出他们各自的身份吗?

答案

能。

甲不可能是诚实人，因为诚实人

不会承认自己是外来人。如果甲是外来人，则乙说的是真话，因而是诚实人。这样，丙就是说谎者。但丙说的是真话，不可能是说谎者。因此，甲不是外来人，而是说谎者。因为甲是说谎者，所以乙说的是假话，因而，要么是说谎者，要么是外来人。由于甲是说谎者，所以乙是外来人，丙就是诚实人。

都说谎的日子

王东和李平是两个性情很奇怪的人。王东在星期一、星期三、星期五说谎，李平在星期二、星期四、星期六说谎。其余的日子两人都说实话。有一天，有一个人分别向他们两人提出关于日期的问题。两人都说："前天是我说谎的日子。"以下哪项判断最可能为真？

A. 这一天是星期五或是星期日。

B. 这一天是星期二或是星期四。

C. 这一天是星期一或是星期三。

D. 这一天是星期四或是星期五。

答案

C。

经验证，如果这一天是星期一，前天（星期六）则是王东说实话的日子，但在星期一他又说谎，因此，在星期一，王东会说"前天我说谎话"。而星期六是李平说谎的日子，但在星期一是他说实话的日子，所以，在星期一李平会说"前天我说谎话"。所以，正确选项应该是C。

投毒者是谁

一天，甲、乙、丙、丁四人在饭店里一起就餐。突然间，丁大叫了一声："有人在饭菜中下毒！"就倒地毙命了。警察接到报案后火速赶到现场，传讯了与丁一起就餐的三个人。三个人在警察局里都录了口供。由于每个被审问的人都说两句真话，一句假话，使案情一时难以水落石出。

甲说："我没有毒死丁"、"我是同丙坐在一起的"、"专职服务员正在为我们上菜。"

乙说："丁坐在我的对面"、"现在我们又有了新的服务员"、"服务员没有毒死丁。"

丙说："乙没有犯罪"、"是服务员毒死丁的"、"凶手就在我们中间。"

甲在说"专职的服务员正在为我们上菜"之前说了一句假话。如果你是警察，你能否根据这些口供，判断出谁是凶手呢？

答案

丙是凶手。

根据提示，因甲讲"专职的服务员正在为我们上菜"之前说了一句假话，可以判断出，"专职的服务员正在为我们上菜"这句话是真话。那么，乙的口供中"现在我们又有了新的服务员"是假话，由此断定，他说的另外两句是真话。因此乙也不是凶手。再回过头来看甲的口供，"我是同丙坐在一起的"是假话，"我没有毒死丁"

是真话。综上所述，甲、乙与服务员都不是凶手，所以丙是凶手。

真正的白马王子

芳芳心中的白马王子是高个子、小麦肤色、相貌英俊的人。她认识的甲、乙、丙、丁四位男士，其中有一位符合她要求的全部条件。

四位男士中，有三人是高个子，只有两人是小麦肤色，又只有一人是相貌英俊。

每位男士都至少符合一个条件：

（1）甲、乙肤色相同。

（2）乙、丙身高相同。

（3）丙、丁并非都是高个子。

你知道谁是芳芳心中的白马王子吗？

答案

丙。

根据（1），有三位男士是高个子，另一位不是高个子。接着，根据（2）（3），丙和丁都是高个子。再根据（2）（3），丁不是高个子。

根据（2），丁至少符合一个条件，既然他不是高个子，那么他一定是小麦肤色的人。只有芳芳心中唯一的白马王子才是相貌英俊，但他必须是个高个子。

根据（1），只有两位男士是小麦肤色。于是根据（3），甲、乙要么是小麦肤色，要么都不是。由于丁是小麦肤色，所以甲、乙都不是小麦肤色的人，否则就有三位男士都是小麦肤色了。根据（1）以及丁是小麦肤色的事实，丙一定是小麦肤色的人。

由于丁个子不高，甲、乙都不是小麦肤色，而丙既是高个子又是小麦肤色，所以丙是唯一能够符合芳芳全部条件的人，因而他一定是英俊的。

由此可以归纳出：

甲是高个子。

乙是高个子。

丙是高个子、小麦肤色、相貌英俊。

丁是小麦肤色的人。

所以，丙可能成为芳芳的白马王子。

张三有罪吗

某商店失窃，警方经过侦察拘捕了三个重大嫌疑犯，分别是张三、李四、王五。经审讯，查明了如下事实：

（1）罪犯是带着赃物乘汽车逃跑的。

（2）如果不伙同张三，王五决不会作案。

（3）李四不会开车。

（4）罪犯就是这三个嫌疑人中的一个或一伙。

请问，在这个案子中，张三有罪吗？

答案

张三有罪。

假设李四无罪，根据（1）（3）

和（4），那么张三或王五有罪；根据（2），王五只有伙同张三才作案。这样，张三必定有罪。如果李四有罪，根据（3），他也必定要伙同张三或王五作案；如果伙同张三作案，张三必定有罪；如果伙同王五作案，由于（2），张三也必定有罪。

所以，不论李四有没有罪，张三都有罪。

出生率辩论

就男婴的出生率，小明和小亮展开了辩论。

小明说："人口统计学发现一条规律，男婴的出生率总是在22/43这个数值附近波动，而不是1/2。"

小亮说："不对。许多资料表明，多数国家，如俄罗斯、日本、美国、德国，都是男人比女人多。可见，认为男婴出生率总在22/43上下波动是不成立的。"

分析两个人的对话，确认下列哪个选项能说明小亮的逻辑错误。

A. 小明所说的统计规律并不存在。

B. 小明的统计调查不符合科学。

C. 小亮的资料不可信。

D. 小亮混淆了概念。

E. 小亮犯了自相矛盾的错误。

答案

"男婴出生率"高，并不意味着男人一定比女人多，决定男女人数的还有存活率、相对寿命等因素。所以，小亮陈述观点时混淆了概念。因此，选项D为正确答案。

找　贼

从前，有一支商队，每人带着一袋金子，他们穿过一片森林时，忽有一个商人大声叫了起来："不好了，有人把我的一袋金子偷走了。"

同行的几个人都说没有拿。这时，有位聪明的老人骑着一匹白马走来，那个商人要求老人帮他找回金子。

老人说道："你看到我的这匹白马了吗？它能帮你找出偷金子的贼。偷金子的人只要一拉它的尾巴，它就会叫。"说着，老人就下了马，将马牵进帐篷里。

这几个人分别进去拉了马尾巴，但马都没有叫。老人又嗅了嗅每个的手。当他把第五个人的手凑近自己面前时，说："你就是偷金的贼！"

这个人马上跪下来说："请饶恕我吧！是我偷了他的金子，就藏在一棵大树旁边的洞子里。"

你知道老人根据什么断定第五个人就是偷金子的贼吗？

答案

老人抓住偷金人做贼心虚的心理，言"偷金子的人只要一拉马的尾巴，它就会叫"，这样让几个人分别去拉马尾巴时，偷金者便不敢去拉，因此他的手上不会沾有马尾巴上的气味，老人一嗅便知道谁是偷金贼了。

乔太守点鸳鸯谱

一天，本辖区的四名书生各携带妻子前往衙门戏弄乔太守，8 人分别姓赵、钱、孙、李、周、吴、郑、王。一阵惊堂鼓后，乔太守升堂坐定，命衙役带上众人。

8 人上堂，连忙跪拜堂："小的们昨夜在一起聚会，喝了一些酒，不知怎的，谁与谁是夫妻也弄不清了，现在特来请老爷明断。"

"嘻嘻！"乔太守说。"天下哪有这等怪事，明明是想刁难我，不过本太守就爱断奇案。"

乔太守让每人报了姓氏，又巡视一遍，看到李、钱两人的装束不一样，就问李道："结婚之前，在这些人中，你常和谁来往？"

李回答："我常和孙某、王某在一起玩耍。有时天晚了，我们就睡在王家的一个大炕上。"

乔太守又问赵："你结婚时，这些人中请了谁去做客？"

赵答："请了李某做客。"

乔太守又问孙："这些人中有你家的亲戚吗？"

孙答："我家的那位是吴某家那位的表兄。"

乔太守再问吴："听说去年你们夫妻赴京，当时谁为你们饯行？"

吴答："三家各有一人，是郑某、王某和李某家的那位都来给我们饯行。"

问到这里，乔太守哈哈大笑起来，并说道："我知道了！"接着，点起鸳鸯谱来。这一次可是正打正中了。

那么，谁与谁是夫妻？乔太守又是怎样判定的？

答案

吴与钱是夫妻；郑与孙是夫妻；赵与王是夫妻；周与李是夫妻。乔太守是这样判定的：

首先确定性别。先采用联言推理把钱、李、孙、王联系在一起，再采用假言推理断定她们是女的。推理的依据是：

①李与钱的装束一样。

②李、孙、王家住在一起。

③孙的"那位（爱人）是吴某家那位的表兄（男的）。"

孙的爱人既然是男的，那么孙就是女的。既然孙是女的，那么根据①②钱、李、王也是女的。

其次确定夫妻关系。主要采用选言推理。

①先确定吴的妻子是谁？

A. 吴氏夫妻赴京，王某、李某家的那位去饯行。因此，王和李不是吴的妻子。

B. 孙的"那位是吴某家那个的表兄"，因此，孙也不是吴的妻子。

C. 排除王、李、孙，只能钱是吴的妻子。

②郑的妻子又是谁?

A. 确定钱后还有孙、李、王。

B. 吴氏夫妻赴京，饯行的是郑某、王某和李某家的那位。既然3家各有一人，那么王和李不是郑的妻子。

C. 排除王和李，只能孙是郑的妻子。

③赵的妻子又是谁?

A. 只剩下李、王二人。

B. 赵结婚时，李做客，因而不是李。

C. 赵的妻子是王。

④最后，剩下李，只能是周的妻子。

吹破了牛皮

莎莉有吹牛的坏毛病，一天她向邻居们炫耀说："我昨天刚发明了一种液体。无论是什么东西，它都可以溶解，这是最好的溶剂了，我明天就要去申请专利，我很快就要发财了。"邻居们觉得很惊讶。虽然不信，但是不知道如何反驳。这时，一名小孩说了一句话，莎莉立刻傻眼了，谎言不攻自破。

你知道小孩是怎么说的吗?

答案

小孩说："那么，你用什么去装这种液体呢?"

脸上的煤灰

在一节列车车厢里，有两个打扮时髦的女郎相对而坐。她俩互不认识，所以并不说话。不久，列车驶入隧道，又出了隧道，一个女郎满脸煤灰，黑乎乎的，大概是因为坐在逆风位置的缘故。而另一个女郎的脸一点儿都不脏。但是，最后去洗脸的却是那位脸不脏的女郎，脸上沾满煤灰的女郎却仍若无其事地坐在那里。

你能说出她俩做出这种奇怪行为的原因是什么吗?

答案

看见对方脸脏的那位女郎，以为自己的脸也和她一样脏，便去洗脸，而看见对方脸干净的那位女郎认为自己的脸也是干净的。解题首先要正确分析题目给出的条件。这个问题的关键在于"互相之间不说话"。

狄利克雷的房间

有一个关于"狄利克雷房间分配法"的故事。

有一家旅店，共有12个房间，依次为1号、2号、3号……12号。一天，来了13位客人，要求各自单独住一间房间。

旅店老板思索一番，想出了一个解决办法：他先让两个客人暂时住进1号房间，然后把其余的客人按顺序依次分配到剩余房间里。于是1号房间住进了两个人，3号客人住在2号房间，4号客人住在3号房间，5号客人住在4号房间……12号客人住在11号房间。最后，再把最先安排的13号客人从1号房间转到空着的12号房间里。于是皆大欢喜，13位客人都满意地单独住进了12个房间里。

这样的安排显然不怎么对劲儿，可问题出在哪儿呢？

答案

这个问题的关键在于将2号客人与13号客人相混了。

这是一种“无中生有”的认知模糊，当我们的思路随着旅店老板走时，已经认可了他的安排。

问题是，暂时住进1号房间的两个人是谁？“1号房间住进了两个人”的判断，是个模糊判断，它既可能被理解为“住的是1号客人与13号客人”，也可能被理解为“住的是1号客人与2号客人”。在这种模糊判断的误导下，人们很容易在安排过程中，以“相信”的认知心理，最终把2号客人给遗忘了。

但是，当最终的结果与事实相矛盾时，跟随旅店老板的思路就应该戛然而止，把有疑问的“相信”变为批判性的分析：先假定让13号客人住进1号房间，然后又按顺序把1号客人安排在1号房间，这样，1号客人就同13号客人住进1号房间。接下来的安排理应是：2号客人住2号房间，3号客人住3号房间，4号客人住4号房间……12号客人住12号房间。

问题变得清晰了，由此我们也发现，我们的头脑太容易被他人的思维所左右，尤其是那些貌似合理的逻辑。

个个撒谎

一个精神病医生在寓所被杀，他的四个病人受到警方传讯。警方根据目击者的证词得知，在医生死亡那天，这四个病人都单独去过一次医生的寓所。在传讯前，这四个病人共同商定，每人向警方提供的供词条条都是谎言。

每个病人所提供的两条供词分别是:

甲：

1. 我们四个人谁也没有杀害精神病医生。

2. 我离开精神病医生寓所的时候，他还活着。

乙：

3. 我是第二个去精神病医生寓所的。

4. 我到达他寓所的时候，他已经死了。

丙：

5. 我是第三个去精神病医生寓所的。

6. 我离开他寓所的时候，他还活着。

丁：

7. 凶手不是在我去精神病医生寓所之后去的。

8. 我到达精神病医生寓所的时候，他已经死了。

从否定这8条供词入手，就可以判定这四个病人到达医生寓所的先后顺序以及医生被害的时间，你能判断出这四个病人中是谁杀害了精神病医生吗？

答案

根据“每个人的供词都是虚假”这一条，我们可以从反面得出以下八条真实的情况：

1.这四人中的一个人杀害了医生。

2. 甲离开医生寓所的时候，医生已经死了。

3. 乙不是第二个去医生寓所的。

4. 乙到达医生寓所时，医生仍然活着。

5.丙不是第三个到达医生寓所的。

6. 丙离开医生寓所的时候，医生已经死了。

7.凶手是在丁之后去医生寓所的。

8. 丁到达医生寓所的时候，医生仍然活着。

根据这里的真实情况1、4、8、2、6可知，乙和丁是在甲和丙之前去医生寓所的。根据真实情况3，丁必定是第二个去的，从而乙是第一个去的。根据真实情况5，甲必定是第三个去的，从而丙是第四个去的。

精神病医生在第二个去他那儿的丁到达的时候还活着，但在第三个去他那儿的甲离开的时候已经死了。因此，根据真实情况1，杀害医生的是甲或者丁。

再根据真实情况7,可确定甲是凶手。

帽子的颜色

首先，三个人位于垂直于墙的一条直线上，眼睛被蒙上。然后从装有三顶红色帽子和两顶黑色帽子的箱中取出三顶让他们三人戴上，并将以上信息告知他们。接着把他们眼睛上的蒙布拿掉，要求每人确定各自所戴帽子的颜色。

离墙最远的那个看到前面两人帽子的颜色后说：“我不知道我所戴帽子的颜色。”离墙第二远的那个人听到上面的回答，又看了前面一个人戴的帽色，也回答自己不知道。第三个人虽然看到的只是墙，但他听到了前面两人的回答后，说：“我知道自己所戴帽子的颜色。”

试问，他戴的帽子是什么颜色？他又是怎样确定的呢？

答案

离墙最远的那个人必然看到了两顶红色的帽子，或者一顶红色的帽子和一顶黑色的帽子。因为如果他看到的是两顶黑色的帽子，便能知道自己戴的是红色的帽子。

中间的那个人看到的必然是红色帽子，因为如果他看到的是黑色帽子，他就能从第一个人的回答中知道自己必然戴着红色帽子。因此，面对墙的最前面的那个人便能推断出自己只能戴着中间那个人看到的红色帽子。

发牌的判定

你和三个朋友一起玩扑克，轮到你发牌时，依照惯例，按逆时针顺序发牌，第一张发给你的右手邻座，最后一张是你自己的。当你正在发牌时，电话响了，你不得不去接电话。打完电话回来，你忘了牌发到谁了。现在，不允许你数任何一堆已发的和未发的牌，但仍须把每个人应该发到的牌准确无误地发到他们的手里。

你如何做到这一点？

答案

假设全副牌不包括大、小王，即总数是52张，则把未发的牌从最后一张开始由下往上发，第一张先发给自己，然后按顺时针顺序把牌发完即可；如果全副牌总数是54张，则第一张牌先发你的对家。

如果正面思考得不到答案，逆向思考也是个好主意。

死　囚

一位法官判处一个人为死罪，这个人听到消息后非常恐惧。法官下令：从明天开始，到第七天傍晚，必须把这个死囚拖到刑场绞死。但如果在处决他的那一天早晨，死囚知道了自己要被处以绞刑，那么这一天就不能处死他。

死囚听到这个规定后非常高兴，认为自己不可能被处死了。你觉得可能吗？

答案

不可能，死囚会被处死。因为执行绞刑的日期可以放在规定日期内的任何一天。如果死囚提出“今天不能执行绞刑，因为我已经知道了今天要被处以绞刑，按照法官的命令，今天就不能执行绞刑了”的反对时，行刑者可以这样回答“要是这样的话，说明你还没有想到今天要执行绞刑，按照规定，你没有想到今天被处死，所以今天能够对你执行绞刑。”

谁说了真话

我抓了5个犯罪嫌疑人，对他们的谈话做了记录：

A说：5个人中有1人说谎。

B说：5个人中有2人说谎。

C说：5个人中有3人说谎。

D说：5个人中有4人说谎。

E说：5个人都在说谎。

最后我只释放了说真话的人，你知道释放了多少人吗？

答案

1人。只有D被释放了，其他人都在说谎。假定A说了真话，其他4个人之中的5人必须和A说相同的话，如此分析B、C，说真话的只能是D。如果假设E说真话则陷入自相矛盾之中。

他们是什么关系

A、B、C、D、E是亲戚，其中四个人每人讲了一个真实情况，如下：

（1）B是我父亲的兄弟；

（2）E是我的岳母；

（3）C是我女婿的兄弟；

（4）A是我兄弟的妻子。

上面说话的每个人都是这5人中的一个。

请问，这5人分别是什么关系？

答案

B和C是兄弟，A是B的妻子，E是A的母亲，D是C的子女。

可知B、C是男，A、E是女，则B、C为兄弟不难推出。（4）为C所说，A是B的妻子。

家庭谋杀案的凶手

一个四口之家中发生了谋杀案。一对夫妇和他们的一儿一女中，有一个人杀死了另一个人，第三个人是谋杀的目击者，第四个人是从犯。此外，这四个人中：

（1）从犯和目击者是异性；

（2）年龄最大者和目击者是异性；

（3）年龄最小者和死者是异性；

（4）从犯比死者年龄大；

（5）父亲年龄最大；

（6）凶手不是年龄最小者。

这家的四口人中，谁是凶手？

答案

由年龄最小者和死者是异性，可知死者不是年龄最小者。又，从犯比死者年龄大，可知从犯是父或母。又，年龄最大者和目击者是异性，而父亲年龄最大，因此，目击者是女性。又，从犯和目击者是异性，故从犯是男性，因而是父亲。

如果死者是女性，则由年龄最小者和死者是异性，可知年龄最小者是男性并且是凶手（因为目击者也是女性），但根据条件，凶手不是年龄最小者，因此，死者是男性即儿子，并且年龄最小者是女性，即女儿。同样，因为凶手不是年龄最小者，所以，凶手是母亲，女儿是目击者。

猫的主人

四个喜欢猫的好朋友，分别用一个朋友的名字来给自己的猫取名。下面的线索中有一个是真实的，其余的是虚假的。

（1）玛丽的猫取名要么是海伦，要么是艾莉；

（2）露茜的猫取名是艾莉；

（3）海伦的猫取名要么是玛丽，要么是露茜；

（4）取名为露茜或者玛丽的猫都不是艾莉的；

（5）取名为海伦的猫不属于玛丽或者露茜。

请问，哪个朋友有哪一只猫？

答案

（1）艾莉的猫名字叫露茜；

（2）露茜的猫名字叫玛丽；

（3）玛丽的猫名字叫海伦；

（4）海伦的猫名字叫艾莉。

谁当上了记者

A 报社决定在 B 公司招聘一名业余记者，B 公司推荐赵、钱、孙、李、周、吴 6 人应试。究竟谁能被录用，公司甲、乙、丙、丁四位领导各自做出了自己的判断。

甲：赵、钱有希望；

乙：赵、孙有希望；

丙：周、吴有希望；

丁：赵不可能。

而结果证明：只有一个人的判断是对的。

请问，谁当上了业余记者？

答案

推理这道题的关键是“只有一个人的判断是对的”。甲、乙都说“赵有希望”，则赵被排除了。丁说“赵不可能”，意味着其他 5 人都可能，那么根据题意，钱被排除了（甲也说钱有希望），孙被排除了（乙也说孙有希望），周、吴也被排除了（丙说他们有希望）。这样，只有李当上了记者，才符合题意（只有丁一人的判断是对的）。

谁拿了谁的伞

一天，甲、乙、丙、丁、戊五人聚会。由于下雨，各人带了一把雨伞。聚会完回到家后，每个人都发现自己拿回来的雨伞是别人的。

现已知：

（1）甲拿回去的雨伞不是丁的，也不是乙的；

（2）乙拿回去的雨伞不是丁的，也不是丙的；

（3）丙拿回去的雨伞不是戊的，也不是乙的；

（4）丁拿回去的雨伞不是丙的，也不是戊的；

（5）戊拿回去的雨伞不是丁的，也不是甲的。

另外还发现没有两个人互相交换了雨伞（例如甲拿乙的，乙拿甲的）。

试问，丙拿回去的雨伞是谁的？丙的雨伞又被谁拿去了？

答案

由条件可知，甲拿去的伞只可能是丙或戊的；乙拿去的只可能是甲或戊的；丙拿去的伞只可能是甲或丁的；丁拿去的只可能是甲或乙的；戊拿去的只可能是乙或丙的。

先假设甲拿去的是丙的雨伞。这时戊拿去的只能是乙的，丁拿去的只能是甲的，丙拿去的只能是丁的，乙拿去的只能是戊的。这样，乙和戊互换了雨伞，与题意不符，因此假设不成立。

既然甲拿去的不是丙的，那便肯定是戊的了，于是可知乙拿去的是甲的，丙拿去的是丁的，丁拿去的是乙的。戊拿去的是丙的，此结果满足题目的一切条件。所以题目的答案是：丙拿去了丁的雨伞，丙的雨伞被戊拿去了。

你能猜出他们各属于哪一个部落吗？

答案

当旅行者问高个子是不是说实话时，得到的回答必定是“是”。因为如果高个子是个说实话的人，他一定会如实地答复“是”；而如果他是个说谎话的人，他一定隐瞒真相，仍然回答“是”。

那么，矮个子土著人告诉旅游者说，高个子说的是谎话，这样矮个子说的就是实话。

结论就是，高个子的人是说谎的人，矮个子的人是说实话的人。

两个部落

说谎比识别谎言容易多了，不过这两种情况都考验人的智慧。说谎者更像艺术家，辨谎者更像哲学家。下面题中说谎者的谎言毫无艺术可言，这只是想让你成为一个善于辨别谎言的人。

有个海岛上住着两个部落，一个部落的成员总是说实话，另一个部落的成员总是说谎话。

一位旅游者碰到两个土著人，一位是高个子，另一位是矮个子。

“你说的是实话吗？”旅行者问高个子。

“是。”高个子回答道。

“他是一个说谎部落的人。”矮个子对旅游者说。

小岛方言

一个晴朗的日子，一条船由于缺乏饮用水，在一个岛上靠了岸。这个岛上的人一部分总是说真话，另一部分总是说假话。可是，从表面上却无法将他们区分开来。他们虽然听得懂汉语，却只会说本岛方言。船员们登陆后发现一眼泉水，可是，不知这里的水能不能喝。这时，恰巧碰到一个土族人，便问道：“今天天气好吗？”土族人答道：“梅拉塔——迪。”再问：“这里的水能喝吗？”土族人答道：“梅拉塔——迪。”已知“梅拉塔——迪”这句话是岛上方言的“是”或“不是”中的一个。

你认为这里的水究竟能喝吗？

答案

能喝。这天是晴天，这个土族人如果是说真话的，那么关于“好天气”的回答为“是”，“梅拉塔——迪”就是“是”的意思了，则“能喝吗？”的回答为“是”。

如果说的是假话，问天气时回答的“梅拉塔——迪”就是“不”的意思。那么，“能喝吗？”回答的是“不能”，固为他说的是假话，所以水池的水是能喝的。

结论是这个土族人不管是说真话的人还是说假话的人，水都是能喝的。

猫和鸽子

赵、钱、孙、李和陈五个单身老头是养鸽迷，每人都有一只心爱的鸽子。另有五个单身老太太是养猫迷，每人都有一只宠猫。猫对鸽子是严重的威胁。后来，这五对老人分别结了婚，这给了老头们控制老伴的猫以保护自己的鸽子的机会。然而，结果是，他们之中虽然每对老夫妻自己的猫和鸽子之间相安无事，但最终还是每只猫都吃掉了一只鸽子，每位老头都失去了自己心爱的鸽子。

事实上，赵夫人的猫吃了某位老先生的鸽子，而这位老先生正是和吃了陈老先生的鸽子的猫的主人结了婚。赵老先生的鸽子是被钱夫人的猫吃掉的。李老先生的鸽子是被某位老太太的猫吃掉

的，而这位老太太正是和被孙夫人的猫所吃掉的鸽子的主人结了婚。

李夫人的猫吃了谁家的鸽子？

答案

李夫人的猫吃了钱先生的鸽子。

首先，我们分析，赵夫人的猫吃了哪位先生的鸽子。赵夫人的猫吃的不是赵先生的鸽子；赵夫人的猫吃的也不是钱先生的鸽子，否则，钱夫人的猫吃的就是陈先生的鸽子，但事实上，钱夫人的猫吃的是赵先生的鸽子；赵夫人的猫吃的也不是陈先生的鸽子，否则，陈先生的夫人就会是赵夫人；赵夫人的猫吃的也不是李先生的鸽子，否则，赵先生的鸽子就会是被孙夫人的猫吃掉的，但事实上赵先生的鸽子是被钱夫人的猫吃掉的。因此，赵夫人的猫吃了孙先生的鸽子。这样，李夫人的猫吃的或是陈先生的或是钱先生的鸽子。李夫人的猫吃的不是陈先

生的鸽子，否则，李夫人的丈夫就会是孙先生。所以李夫人的猫吃的是钱先生的鸽子。

少数民族

甲、乙、丙、丁、戊五位小朋友一起去看画展。在一幅少数民族画像前，五位小朋友津津有味地指点起来：

甲说：A 是回族，B 是苗族。

乙说：C 是苗族，E 是回族。

丙说：B 是藏族，D 是傣族。

丁说：B 是高山族，C 是藏族。

戊说：A 是高山族，D 是藏族。

讲解员听了他们的议论，笑了笑说："你们五位小朋友都各自说对了一半。"

那么，究竟哪半对了，哪半错了，也就是说，究竟 A、B、C、D、E 五个头像各属于什么少数民族呢？

答案

A、B、C、D、E 五个头像依次为高山族、苗族、藏族、傣族和回族。

记错的血型

甲、乙、丙、丁四人的血型分别是 A 型、B 型、O 型、AB 型四种血型中的一种，而且各不相同。根据四个自述：

甲说："我是 A 型。"

乙说："我是 O 型。"

丙说："我是 AB 型。"

丁说："我不是 AB 型。"

其中有三人讲的是对的，只有一人把自己的血型记错了。

你能推理出究竟是谁记错了吗？

答案

先做如下分析：

（1）假如甲记错，那么甲不是 A 型，而乙是 O 型，丙是 AB 型，因此甲必为 B 型，丁必为 A 型。与丁说的"我不是 AB 型"没有矛盾。

（2）假如乙记错，这种情况实质上与（1）相同，没有矛盾。

（3）假如丙记错，那么丙不是 AB 型，而甲是 A 型、乙是 O 型，于是丙是 B 型，丁是 AB 型。这与丁说的话不符，这也是不可能的。

（4）假如丁记错了，那么丁是 AB 型，于是丙不是 AB 型，这与丙说的话不符，这也是不可能的。

由上可知，四人中要不是甲记错，便是乙记错，所以可能是上述两种情况中的一种。

各是第几名

某学校举行了一次马拉松赛跑，A、B、C、D、E、F、G、H 共八人参加了比赛。比赛结束后，他们有这样一段对话：

A 说："B 得了第一名；G 不在我的前面。"

B说："E没有G跑得快；D不在H的前面。"

C说："H不比我跑得快；F不在D的前面。"

D说："我得了第二名；C不是最后一名。"

E说："我不在F的前面；B不在我的前面。"

F说："A得了第一或者第二名；E不是第四名。"

G说："有两人同时到达了终点；D不在我前面。"

H说："A不在我的前面；B不在D的前面。"

这八名运动员每人都讲了两种情况。据一位观看了这次比赛的人说，在他们讲述的这16种情况中，只有一种是正确的。

试问，哪一种是正确的？这八名运动员分别得了第几名？

答案

对16种发言逐一假设是正确的，可推知只有在E所说的"我不在F的前面"是正确的时，其他15种发言才都有可能是错误的。因此，我们可以说在16种发言中，只有E说的"我不在F的前面"是正确的。

进而在E的这句话正确、其他15种发言全错的情况下，便可以很容易推知在这次比赛中得第1~8名的顺序依次是F、B、D、E、G、A、H、C。比如从D的话中可推知D不是第二名，C是最后一名；从F的话中可以推知A不是第一或第二名，E是第四名。余下的依此类推。

是谁闯的祸

有甲、乙、丙、丁四个小朋友在踢足球。其中一个孩子不小心把足球踢到楼上打碎了一位邻居家的玻璃。邻居非常生气地走下楼来，问是谁干的。甲说是乙干的，乙说是丁干的，丙说他没干，丁说乙在撒谎。他们四个当中，有三个说了假话。

你知道是谁打碎了邻居家的玻璃吗？

答案

是丙干的。乙和丁中一定有一个小孩在说谎。假设乙没有说谎，那么这件事就是丁做的。而丙说的话也同样正确。因为只有一个孩子说了实话，所以乙在说谎。也就是说，这4个孩子中，只有丁说了实话。因此可以断定，是丙打碎了邻居家的玻璃。

汽车是谁的

甲、乙和丙每人都拥有三辆车：一辆双门、一辆四门、一辆五门。每个人也都分别有一辆别克、一辆现代、一辆奥迪牌汽车。但是，同一品牌的汽车的门的数量却各不相同。甲的别克汽车的门的数量与乙的现代汽车的门的数量一样；丙的别克汽车的门的数量与甲的现代汽车的门的数量一样；甲的奥迪汽车为双门，而乙的奥迪汽车则有四门。

请问：

（1）谁拥有一辆双门的别克汽车？

（2）谁拥有一辆四门的别克汽车？

（3）谁拥有一辆五门的别克汽车？

（4）谁拥有一辆五门的现代汽车？

（5）谁拥有一辆五门的奥迪汽车？

答案

（1）乙；

（2）丙；

（3）甲；

（4）乙；

（5）丙。

家庭成员中的男女

有这样一个家庭，其成员只有甲、乙、丙、丁、戊、己、庚兄弟姐妹七人。在七人中，只知道：

（1）甲有三个妹妹；

（2）乙有一个哥哥；

（3）丙是女的，她有两个妹妹；

（4）丁有两个弟弟；

（5）戊有两个姐姐；

（6）己是女的，她和庚都没有妹妹。

你能判断出这个家庭中有几男几女，谁是男，谁是女吗？

答案

有四男三女。甲、乙、戊、庚是男人，丙、丁、己是女人。从（6）得知：己是女的，庚是男的。从（1）（3）（5）（6）可知：这7个人中只有3个人是女的。从（3）（5）可以肯定丁是女的。从而可知，其余四个人，即甲、乙、戊、庚一定都是男的。

兄弟排座次

有老大、老二、老三、老四、老五、老六六个兄弟。这六兄弟都和与自己年龄最接近的哥哥和弟弟关系不好，他们围在一个圆桌上吃饭时绝对不能相挨坐在一起。

假如老三的旁边坐的不是老五，那么在老二的旁边坐着的是谁和谁呢？

答案

老五和老四。

侦探的行动

甲是一名侦探，最近，他查到了一伙抢劫犯。这伙抢劫犯现在锁定了一个目标——火车，现在他必须解救这辆车的旅客。他想发信号使刚刚从隧道中出来的火车停下，但是距离太远。正好，有辆汽车冲出隧道另一端的入口进入，这辆汽车正以75千米/小时往前行驶，这条隧道长为0.5千米，而火车需要6秒钟才能完全进入隧道。如果甲以最快的速度跑，他到达隧道的出口需要27秒的时间。

那么，要使火车司机在看到信号后停车，他是否足够快呢？

答案

以75千米/小时的速度，客车穿过0.5千米的隧道需要24秒（1小时为3600秒，除以75千米/小时，得出火车行驶1千米需要48秒的时间。这样，穿过0.5千米的隧道就需要24秒）。这就是说，当甲到达隧道出口时，火车头已经从隧道口出来并行驶了3秒，因此时间太晚，他无法引起司机的注意。但是，由于火车完全进入隧道需要6秒的时间，所以等最后的车厢从隧道出来也需要6秒的时间。从甲开始向隧道出口跑，整个火车需要30秒才能驶出隧道。而甲跑到隧道出口需要27秒，这足够可以吸引煞车手的注意，从而拯救乘车的旅客。

八个牌手

在一次大家庭的聚会上，四对夫妇在两个桌子上打扑克牌。他们的搭档分别是：

（1）甲太太与她的女婿搭档；

（2）乙先生的搭档是他妻子的弟弟；

（3）乙太太与她的妹妹是对手；

（4）甲先生与他的岳父是对手；

（5）丙太太的搭档是她的女儿；

（6）丁太太和她的爷爷搭档；

（7）甲先生的搭档是个男士，他们坐在桌子1。

你能猜出这八个扑克牌手是如何组合的，桌子1和桌子2上各是哪些人吗？

答案

根据陈述（5），丙太太的搭档是她的女儿，也就是说搭档可能是甲太太、乙太太，或者是丁太太。根据陈述（1），甲太太的搭档是她的女婿，根据陈述（6），丁太太的搭档是她的爷爷。因此，丙太太的搭档是乙太太。

根据陈述（6），丁太太的搭档是她的爷爷，也就是说可能是乙先生、丙先生，或者是甲先生。根据陈述（7），甲先生的搭档是一个男人，因此，丁太太搭档是丙先生。

根据陈述（1），甲太太的搭档是她的女婿，也就是说可能是乙先生、丙先生，或者是丁先生。我们知道，乙先生的搭档是他妻子的弟弟，而丙先生的搭档是丁太太。因此，甲太太的搭档是丁先生。

乙先生和甲先生是一对搭档。

根据陈述（4），甲先生和他的

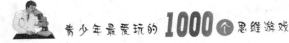

搭档乙先生的对手是他的岳父丙先生（丙太太的女儿是乙太太）和丁太太，他们在桌子1。根据陈述（5），乙太太（她的搭档是丙太太）的对手是她的妹妹、甲太太和丁先生，他们在桌子2。

所以，桌子1：丙先生和丁太太对，甲先生和乙先生；桌子2：丙太太和乙太太对，丁先生和甲太太对。

邻居的房子

有五家邻居，他们分别是甲夫妇、乙夫妇、丙夫妇、丁夫妇和戊夫妇。他们或者是隔壁邻居，或者是街对面的邻居。他们中有两家的房子是白色的，一家是灰色的，一家是绿色的，还有一家是蓝色的。

（1）两座白色的房子分别在街的两边，都在街道的西头；

（2）甲夫妇的房子与别的房子都不对着；

（3）乙夫妇的房子与甲夫妇的房子在街的同一边；

（4）蓝色的房子在东边紧挨着乙夫妇的房子，两家房子在街的同一边；

（5）丙夫妇的房子不是白色的，也不是灰色的，挨着戊夫妇的房子，而戊夫妇的房子在街的南边；

（6）丁夫妇的房子在丙夫妇的房子对面。

猜猜各家的房子在街道的哪边，各是什么颜色？

答案

甲：街的北边；灰色

乙：街的北边；白色

丙：街的南边；绿色

丁：街的北边；蓝色

戊：街的南边；白色

国王释放犯人

有10名犯人被带到国王那里，他们都戴着彩色帽，而且，自己看不见自己的帽子，只能看见别人的。国王对犯人说：“你们好好看看周围的人，如果谁看见3个以上戴黄帽子的人，我就当场释放他。”说完，让人给几个犯人戴上了黄帽子。

你知道国王最后释放了几个人吗？

答案

被释放的犯人数只能有如下三种情况：

（1）有四个以上的人戴黄帽子一全体释放；

（2）有三个人戴黄帽子释放七人；

（3）有两个以下的人戴黄帽子一个也没有释放。

海底谋杀案

日本有一个世界著名的机构，叫做海洋生物科学院，它座落在一个美丽的小岛上，是专门为了观察和研究海洋生物而建造的。

海洋生物科学院的实验室有三个研究员，他们专门负责喂养这些海洋生物。每天早上，他们就要穿上厚厚的潜水衣，戴上氧气面罩，慢慢地潜到海底，进入实验室。如果要回到海面上来，仍然要穿戴好潜水设备，缓慢地上升。在上升的时候，半途中还要停留 4 次，每次 10 分钟。这是因为在这样深的海底，海水的压力太强了，人如果很快地升上来，身体里的内脏就会受不了，导致人立刻死亡。

有一天，该实验室里一个叫村上的研究员被人枪杀了！警方得到消息后，立即派藤井探长前往调查。

藤井探长跟着潜水员，下潜到实验室，展开调查。他了解到，村上死亡的时间，是在下午 17 ：00 左右，当时实验室里还有两个研究员，一个叫中田，一个叫江户。藤井探长分别询问了这两个人。以下是询问的结果：

中田说：“今天是我女朋友的生日，她约我晚上 18 ：00 到她家参加她的生日 Party。村上请了假，提早下班了。我在 16 ：30 离开研究室，村上是 17 ：00 被杀害的，我当时已经到了地面，所以，杀手不可能是我。”江户说：“我 17 ：00 的时候，正在给海豚喂食，回到实验室的时候，是 17 ：30，正准备下班呢，看到村上倒在地上，浑身是血。”

根据这两人的口供，藤井探长很快就查出了真凶。

那么，你知道谁是真正的凶手吗？

答案

凶手是中田，因为从海底上升到地面，中途至少需要 40 分钟的时间。按照中田的说法，他 30 分钟就到了地面，这不符合海底上升的科学规范，也就是说如果他是 30 分钟就上升到地面的话，他早就死了。这说明他在撒谎，实际上是他杀害了村上。

偷钱者的疏忽

一艘日本货船在航行。船长离开房间 5 分钟，抽屉里的钱就不见了。船长很快就锁定了甲、乙、丙三个嫌疑人。

船长分别问他们同样的问题：“你刚才到我房间去过吗？”他们的回答如下：

甲说：“去过。我送报表去，见你不在房间，我就走了。”

乙说：“我刚才看见你的抽屉开着，正找你报告呢。”

丙说：“5 分钟前我在船尾。我看见我们国家的国旗挂倒了，就爬上去挂正了。”

船长抬头看看国旗，立即断定丙在说谎，并说出了理由让丙认罪。

请问，船长为什么断定是丙偷的钱呢？

答案

因为日本的国旗不论倒着还是正着，都没有区别。

口供是假的

A是一个嗜酒如命的人。这天早上8点左右，B发现他倒毙在房中，于是马上报案。警探立即来到现场，仔细观察了案发现场，看到桌上有一瓶啤酒，A的手中还握着一杯酒，酒还有气泡，而他的头则被人用硬物打了一个大洞，淌了很多血。他是躺在血泊中死去的。

B向警员做了如下的口供："今天凌晨3点左右，我还在睡觉，隐约听到A的房间传出吵闹声，后来又传出打斗声。但是我太疲倦，就没有起来去看个究竟，之后再没有听见声音了。我很快就睡熟了，直到8点多起床后，想起半夜的打斗声，我才走到A房中，结果就见到这种情况。"

警员听完后立即说："你是在作假口供。"

请问，警员是如何确定B在作假口供的？

答案

如果A是在凌晨3时许死去的，啤酒不应该还有泡。

辨骨斑破案

"叮铃铃……"某镇的警察局长给艾立克博士打来电话，请求协助侦破一起无名死尸案。

原来，这具无名尸体是在这个镇旁边一口水塘中打捞上来的，尸体已经腐烂，面目无法辨认。

当时正值盛夏，警察局长只好把尸体送到火葬场焚化了，留下的仅有几张照片和简单的验尸记录。

随同尸体打捞出来的其他一些物品表明死者大概是本省人。

艾立克博士经过仔细地观察，注意到这具男尸的骨头上有一些明显的黑色斑块。

他问警察局长："贵省有没有炼铅厂之类的冶炼工厂？"

得到肯定的回答后，艾立克博士果断地说："局长先生，您尽管派人去炼铅厂所在的地区去调查好了。死者生前很可能是那儿的人。"

警察局长按照艾立克博士的指点，果然在某炼铅厂查到了无名尸的姓名、身份，并以此为线索迅速破了案。

受到上级嘉奖的警察局长十分纳闷，艾立克博士依据什么从骨斑中判断出死者身份的呢？

答案

死者骨骼上的黑斑通常是硫化铅的痕迹，证明死者生前曾接触过大量含铅尘毒。

侵入体内的铅有90%～95%会形成难溶的磷酸铅沉积于骨骼中。

由于无名尸体沉泡在塘底，塘泥与尸体腐败后产生的硫化氢气体与骨骼中的沉积铅发生化学反应，生成硫化铅，从而形成黑色骨斑。

艾立克博士就是据此断定死者应是重金属冶炼厂的操作工人或附近的居民。

音乐会上的阴谋

直到音乐会开幕的当晚，格雷对他的两个得意门生巴蒂和埃利谁将首次登台独奏小提琴，仍然犹豫不决。开幕前15分钟，他告知巴蒂准备出场演奏，然后将这个决定告知埃利，埃利感到很遗憾。

10分钟之后，格雷去叫巴蒂准备出场，却发现巴蒂倒毙在小小的化妆间，头部中弹，血流满地。格雷慌忙敲开舞台侧门，将这一惨案报告给尼克探长。

探长见开场时间已到，就极力劝格雷先别声张，继续演出，然后他走进埃利的化妆室。埃利听到最后决定让他登台时，没有询问情由，便拉拉领带，拿起琴和弓，随格雷登台去了。

当听众如痴如醉地沉浸在优美的乐曲中时，尼克探长却拿起电话通知警察前来逮捕这位初露头角的小提琴手。你知道探长为什么要逮捕埃利吗？

答案

埃利事先已做好演出准备的事实，说明他对巴蒂的死和自己将上场演出有准备，这就证明他涉嫌谋杀。如果他事前不知，他上场前就应做准备，用松香先擦擦弓，并调好琴弦。

谁是盗窃者

一天，某超市的监控器坏了，但仍在正常营业，店长在巡视的时候发现一个台灯被偷了。警方经过缜密地调查，认为甲、乙和丙是怀疑对象。三个人在不同的时间分别受到警方的传讯，于是各作了一条供词。具体如下：

（1）甲没有偷东西；

（2）乙说的是真话；

（3）丙在撒谎；

供词（1）是最先讲的。

供词（2）（3）不一定是按讲话时间的先后顺序排列的，但它们都是针对前面所作的供词。

目前只知道，他们每个人作的一条供词，都是针对另一个怀疑对象，而且盗窃者就是他们其中的一个。

请问：这三个人当中谁是盗窃者？

答案

根据他们提供的证词，可得出下面两种可能：

A

（1）乙说：甲没有偷东西。

（2）丙说：乙说的是真话。

（3）甲说：丙在撒谎。

B

（1）丙说：甲没有偷东西。

（2）乙说：丙在撒谎。

（3）甲说：乙说的是真话。

对于A而言，（2）支持（1）；而（3）否定（2），进而否定（1）。所以，供词就变成了：

（1）乙说：甲没有偷东西。

（2）丙说：甲没有偷东西。

（3）甲说：甲是有罪的。

显然，A是不可能的。

对于B而言，（2）否定（1），（3）肯定（2），进而（3）否定（1）。所以，供词就变成了：

（1）丙说：甲没有偷东西。

（2）甲说：甲偷东西了。

（3）乙说：甲是有罪的。

根据已知条件得知：假设“甲有罪”，那么甲说了真话且是有罪的，显然这是不可能的。

假设“甲没有偷东西”，那么甲是无辜的，且乙和丙都撒了谎，所以他们两个人必有一个人是有罪的。由于甲是无辜的，所以乙就是盗窃者。

家庭凶杀案

在一个偏远的国度里，住着一对夫妇和他们的儿子、女儿组成的四口之家。一天晚上，为了分财产，家里发生了一起谋杀案。家庭中的一个人杀害了另一个人；其他两个人，一个是目击者，另一个则是凶手的同谋。

（1）同谋和目击者性别不同。

（2）最年长的成员和目击者性别不同。

（3）最年轻的成员和被害者性别不同。

（4）同谋的年龄比被害者大。

（5）父亲是最年长的成员。

（6）凶手不是最年轻的成员。请问：这四人中，谁是凶手？

答案

母亲是凶手，父亲是同谋，儿子是被害者，女儿是目击者。

可以作证的烟头

甲原来是一名美术教师，后来终于成名了，成为一位著名的画家。这么多年来，甲只要一有空，就叼根香烟埋头作画。他觉得如果作画时不吸烟就没有什么灵感，尽管吸烟经常让他咳嗽。

一个周日的上午，甲先生接到一个电话，对方说：“您好，我是保险公司的业务员，想占用您一点儿时间……”虽然不太愿意，不过也没有推辞，甲就和那个业务员约定了下午2点在甲家中见面。

甲刚刚放下电话，电话又响了起来。甲一接，是他的一个老朋友，就和对方也约在了下午见面，一起喝茶聊天。

然而，就在这天下午，甲却被发现死在了家中。一名探长到了一看，发现屋中的烟灰缸里有几支烟头，门口也有一支吸了一半的烟。另外，他还了解到这天下午来过两个人，一个是保险公司的业务员，另一个就是甲的朋友。探长想了想，就知道谁是凶手了。

那么，你能猜到谁是凶手吗？

答案

是那个业务员。

如果凶手是画家的老朋友，他是没有必要在门口把烟弄灭了的。

珍珠项链的启示

警察甲与乙在讨论刚刚接手的谋杀案：一个寡妇死在了梳妆台前，头部被击中，几乎没有线索。

“你注意了吗？死者的手里抓着一串珍珠项链。”

“人是死在梳妆台前的，她是正在打扮时候被害的，当然拿着项链了。”

“不，死者脖子上有项链，她不会再戴一条啊！”

“可能凶手也是个女人，死者在同凶手搏斗中揪下了凶手的项链。”

“不对，项链很完好，不像是打斗时揪下来的。我觉得这可能是死者在向我们暗示什么，一定是与凶手有关。”

“凶手？刚刚邻居说这个女人信

佛讲道，接触的除了和尚就是算命的道士，谁能戴项链啊？”

“谁戴项链？……我好像明白了。”

那么，读者朋友，你猜到凶手是什么人了吗？

答案

凶手是和尚。项链就是暗示和尚的念珠。

小学生买文具

某小学校快开学了，一个同学的家长给了该同学两张 50 元的钞票，让他去商店里买文具。他一共买了 10 块钱的橡皮擦、10 块钱的铅笔、3 张 4 块钱一张的纸。付完账，老板找了他 65 元钱。

你知道这个小学生是多赚了钱呢，还是被坑了钱呢？

答案

整整多赚了 50 元。因为他只买了 35 元的东西，没理由拿两个 50 元让老板找。既然他给了老板 50 元，却找回 65 元，可见他多赚了老板 50 块钱。

买鸡赚了多少

春节快到了，一个人到市场上买了很多年货，最后他想起过年餐桌上少不了鸡，就花8元钱买了一只鸡。买完后，他到别的摊位去看，发现不划算，就以9元钱的价格把鸡卖了。卖掉之后他突然又觉得还是想吃鸡，于是又花10元把卖掉的鸡买了回来。

等他拿着一大堆年货回到家，老婆已经买好了鸡，于是他又以11元的价钱把鸡卖掉了。在这个过程中，这个人赚了多少钱？

答案

第一次9元钱卖鸡时赚了1元，第二次11元卖掉时又赚了1元，总共赚了2元。

列车上的抢劫案

一列正在行驶的列车上，价值5000万元的旧纸币被洗劫一空。案发时间是凌晨2点左右。负责押运纸币的安全队长甲头部受伤。经验丰富的警官乙奉命调查此案，在案发的第3节车厢的5号包厢里只发现了两根吸了一半的香烟。

乙问案发时候的情况，甲说：“我从上车开始就没有离开过这个包厢半步。凌晨2点左右，忽然有两个人闯了进来。他们一高一矮，都蒙着面，只是露出眼睛。没有等我反应过来，他们就把我打倒在地，用枪指着我的

头，然后就用什么东西把我打昏了。我醒来的时候就发现钱不见了，就报了案。”

警官乙问：“地上的烟头是你丢的吗？”

甲回答说：“不是，是他们两个丢的。”

乙警官说：“既然是这样，那么我就知道谁是犯人了。”说完就让手下把甲抓了起来。那么，你知道警官乙为什么要抓甲吗？

答案

既然两个劫匪都是蒙面，他们怎么抽烟呢？显然是甲在说谎。

体育公寓的凶杀案

新一届的运动会就要举办了，每个运动员都在抓紧练习。住在体育公寓的运动员也不例外。甲是国家体操运动员，曾经两次得到世界冠军，所以这次的运动会，大家都对他期望很大。

周日，甲很早就起床了。他住在

公寓的5楼，有一个很大的阳台，阳台一角放着运动器械。他来到阳台上，压压腿，做些倒立。对面阳台上，有个小朋友看得直叫好，可是就在这时，只听见“砰”的一声，运动员甲就倒在阳台上不动了。

探长乙闻讯赶来。他检查了尸体，发现子弹是从背后射入的。有一颗弹头嵌在阳台的地板上，和死者的伤口完全吻合。探长捡起弹头，仔细辨认了一下，发现这是专门用于射击比赛的子弹。

经过进一步调查，得知这栋楼的2楼住着一个射击运动员丙，就对他进行了调查。丙生气地说：“你们这是在怀疑我？看看，子弹是从他后背进去，下腹出来的。显然凶手是从上面向下射击，可是我是住在2楼，怎么可能呢？”

经过对丙周围邻居的调查，证实早上丙确实没有出门，那么凶手会是谁呢？探长乙想了想，心中有了答案。

那么，你知道凶手是谁吗？

答案

凶手就是丙。

他是趁运动员甲练习倒立的时候从2楼阳台射击的。

凶手到底是谁

甲是一名女教师，为人谦善，深受学生和同事的喜爱，经常被评为“优秀教师”。她还有一个大她3岁的姐姐乙，可是相比之下，大家都更喜欢甲。

一天早上，已经过了上课的时间，可是甲还没有来。老师和学生都觉得奇怪，就给甲的家里打电话，可一直没有人接听，于是就到她家里去看，可是无论怎么按门铃，就是没有人应答，最后只好找来了经验丰富的探长丙。

丙问清楚了情况后，凑近房门，看了看门上的“猫眼”，那是一个探视孔，房间里的人可以通过它看到外面的情况，而外面的人却看不到里面。

最后，丙叫大楼保安把房门打开，发现甲穿着睡衣倒在地上，已经死了。检查后得知死亡时间大概为前一天晚上8点。探长丙又看了大楼的监控录像，知道了昨天晚上有两个人来找过甲。一个是她的姐姐乙，另外一个是她的同事丁。可是两个人都说她们按门铃的时候没有人开门，以为甲不在，就走了。

探长丙沉思了一会，突然说道：

“我知道谁是凶手了，就是她的姐姐——乙！”

经过审问，凶手果然是乙。

那么，探长是怎么知道的呢？

答案

有人敲门后，甲会通过“猫眼”看是谁。如果是同事，甲自然会换好衣服再接待，只有是自己的姐姐时才会穿着睡衣开门。

狂人日记

鲁迅的多数著作篇幅都很长，不是一天能读完的，《狂人日记》是鲁迅众多著作中的其中一本著作集，所以《狂人日记》不是一天可以读完的。这句话：（1）正确。（2）错误。

答案

（2）。这句话是歧义错误，如果《狂人日记》指的是鲁迅著作中的其中的一篇，那么一天可以读完，如果是指整本集子，则不可以短期内读完。

卸运西瓜

载西瓜的船停在岸边，没有系缆绳就开始卸西瓜了。工人从船尾将西瓜向岸上的人抛去，这样会发生什么事情？

答案

船会离岸移开。当人在船尾向岸上抛西瓜的时候，人将受到方向相反的反作用力，使船向船头方向前进。

寻找冰红茶

有四个瓶子分别装有白酒、啤酒、可乐、冰红茶，但是在装有冰红茶的瓶子上的标签是假的，其他瓶子上的标签是真的。每个瓶子里分别装的是什么东西呢？甲瓶子上的标签是：“乙瓶子里装的是白酒。”乙瓶子的标签是：“丙瓶子里装的不是白酒。”丙瓶子上的标签是：“丁瓶子里装的全是可乐。”丁瓶子的标签是：“这个标签是最后贴上的。”

答案

甲瓶子：可乐。

乙瓶子：白酒。

丙瓶子：冰红茶。

丁瓶子：啤酒。

哪三人是一家

有三户人家，每家有一个孩子，他们的名字是：小平（女）、小凤（女）、小虎。孩子的爸爸是老赵、老钱和老孙；妈妈是张玉、李玲和王芳。说起这三家人，邻居风趣地说：（1）老赵家和李玲的孩子都参加了少年女子游泳队；（2）老钱的女儿不是小凤；（3）老孙和王芳不是一家。请问：哪三个人是一家？

答案

李玲、老钱和小平是一家人，王芳、老赵和小风是一家，张玉、老孙和小虎是一家人。

女性解放

大西洋的哈娃哈娃岛是一座实行女性解放的小岛，因此，女人也分君子、小人、凡夫。1001年，刚继位的哈娃哈娃岛女皇忽发奇想，批准了一条非常奇怪的法令：君子必须跟小人通婚，小人必须跟君子通婚，凡夫只准跟凡夫通婚。这么一来，不管是哪一对夫妻，要么双方都是凡夫，要么一方是君子，一方是小人。

某一年的“咖啡节”和“可可节”，哈娃哈娃岛上，发生了两个故事。

“咖啡节”的故事：舞会上，有一对夫妻A先生和A夫人，他们站在舞台上说了如下的两句话：

A先生：我妻子不是凡夫。

A夫人：我丈夫也不是凡夫。

你能断定A先生和A夫人是何种人吗?

“可可节”的故事：有A先生和A夫人，B先生和B夫人4个人，在“可可节”的舞会上，同坐在一张圆桌上喝酒。微醉时，4个人中有3个人说了如下的3句话：

A先生：B先生是君子。

A夫人：我丈夫说得对，B先生是君子。

B夫人：你们说得对极了，我丈夫的确是君子。

你能断定这4个人各是何种人?这3句话中，哪几句是真的?

答案

第1个故事：A先生不可能是小人，因为，如果那样的话，他妻子该是君子，不是凡夫，这样，A先生的话反倒会成了真的。同样，A夫人也不可能是小人。所以，他俩也都不是君子（否则其配偶理应是小人），可见他俩都是凡夫，同时又都是在撒谎。

第2个故事：原来这4个人都是凡夫，3句话全都是谎话。首先，B夫人必定是凡夫。这是因为，假使她是君子，她丈夫应该是小人，既然她是君子，就不会谎称自己的丈夫是君子。假使她是小人，她丈夫该是君子，这时她也是不肯道破真情的。所以，B夫人是凡夫。因此，B先生也是凡夫。这意味着A先生和夫人都在撒谎。所以，他俩都不是君子，也不可能都是小人，因此都是凡夫。

继续发牌吗

杰瑞和三个朋友一起玩扑克牌。杰瑞发牌，他将第一张牌发给了自己，然后按顺时针顺序将牌分别发给三位朋友。牌发到一半时，杰瑞家的电话铃响了，他放下手中的扑克牌接听电话。可是，当他打完电话重新拿起牌时，却忘记了下一张牌该发给谁。他问三位朋友，可三位朋友都你看看我，我看看你，答不上来。一位朋友笑道："算了，重新开始发牌吧！"另一位朋友急忙说："不行，不行，我们还是数数手中的牌吧！"你判断一下是否需要重新发牌呢？

答案

一副扑克牌一共有54张牌。最后一张牌应该发给杰瑞左手邻座。所以，杰瑞只要把未发完的牌从最后一张开始由下往上发，第一张先发给他的左手邻座，然后按逆时针顺序把牌发完即可。

判断正误

下面的三个论断中，有一个是正确的，你知道是哪个吗？（1）这里正确的论断有一个。（2）这里正确的论断有两个。（3）这里正确的论断有3个。同样，下面的三个论断中，也只有一个正确，请选择出来。（1）这里错误的论断有一个。（2）这里错误的论断有两个。（3）这里错误的论断有三个。

答案

第一个题目中，正确的是（1）；第二个题目中正确的是（2）。

养鱼的是谁

在一条街上，并排有五座房子，每个房子都喷了不同的颜色。而且，每个房子里面住着不同国籍的人。他们喝不同的饮料，抽不同品牌的香烟，养不同的宠物。根据下面的条件，你能判断出谁养鱼吗？

（1）英国人住红色房子；

（2）瑞典人养狗；

（3）丹麦人喝茶；

（4）绿色房子在白色房子左边；

（5）绿色房子主人喝咖啡；

（6）抽 PallMall 香烟的人养鸟；

（7）黄色房子主人抽 Dunhill 香烟；

（8）住在中间房子的人喝牛奶；

（9）挪威人住第一间房；

（10）抽 Blends 香烟的人住在养猫的人隔壁；

（11）养马的人住抽 Dlmhill 香烟的人隔壁；

（12）抽 B1ueMaster 的人喝啤酒；

（13）德国人抽 Prince 香烟；

（14）挪威人住蓝色房子的隔壁；

（15）抽 Blends 香烟的人有一个喝矿泉水的邻居。

答案

德国人养鱼。据题可以判断的情况如下，从左向右排列：挪威人住黄房子，抽 Dunhill 香烟，喝矿泉水，养猫；丹麦人住蓝房子，抽 Blends 香烟，喝茶，

养马；英国人住红房子，抽 PatlMall 香烟，喝牛奶，养鸟；德国人住绿房子，抽 Prince 香烟，喝咖啡，养鱼；瑞典人住白房子，抽 BlueMaster 香烟，喝啤酒，养狗。

距离更近

有一个人从 A 地骑自行车到 B 地去，而另一个人开车从 B 地驶往 A 地。在路上，他们相遇了，你知道这个时候谁离 A 地更近吗？

答案

他们离 A 地的距离是一样的。因为他们相遇时是在同一个位置。

衣服的数量

某大学宿舍有四名女生，她们分别是庆庆、元元、英英和新新，在她们四个人当中，新新的衣服比英英的多；庆庆的衣服和元元的衣服数量加在一起，英英的衣服和新新的衣服数量加在一起，恰好是一样多；元元和英英的衣服加在一起比庆庆、新新的加在一起要多，那么，你能判断出谁的衣服最多吗？谁的是第二多？

答案

元元的衣服最多，新新的衣服第二多。

成才与独生

一项研究报告表明，在具有高级职称的科技人员中，在兄弟姐妹中排行老大的占48%，排行老二的占33%，排行老三的占15%，其余排行的占2%。由此我们可以得出下列哪一个结论？

A. 排行老大的一般都能成才。

B. “成才”的科技人员多数是独生子女。

C. “成才”的可能性与其在兄弟姐妹中排行次序无关。

D. 在兄弟姐妹中排行越大，“成才”的可能性越大。

答案

D。

分辨姐妹

有姐妹俩人一个胖、一个瘦，姐姐上午很老实，一到下午就说假话；妹妹则相反，上午说假话，下午却很老实。有一天，一个人去看她俩，问：“哪位小姐是姐姐？”胖小姐回答说：“我是。”而瘦小姐回答说：“是我呀。”再问一句：“现在几点钟了？”胖小姐说：“快到中午了。”瘦小姐却说：“中午已经过去了。”请问，当时是上午还是下午？哪一个是姐姐呢？

答案

假设当时是下午，可下午姐姐是说假话的，那么姐姐（虽然还不清楚哪一个是）理应说出："我不是姐姐。"但没有得到这个回答，因此，显然是上午。只要把上午的时间定下来，那么说真话的就是姐姐，由此可知胖小姐就是姐姐。

小偷被偷

有一个职业小偷。一天，他溜到公交车上去作案，先偷了一位时髦小姐的钱包，等他下车后，又接连偷了一位西装革履的男子和一位白发苍苍的老太太的钱包。他兴高采烈地下了车，躲在角落里清点了一下，发现3个钱包里总共不过200元。接着他又惊叫起来，原来与这三个钱包放在一起的他自己的钱包不翼而飞了，那里面装着700多元呢！他口袋里还有一张纸条，上面写着："让你这该死的小偷尝尝我的厉害，看看你偷到谁头上来了！"猜猜看，那三个人中，究竟是谁偷了他的钱包呢？

答案

时髦小姐。因为如果是另两个人的话，他们应该连那位小姐的钱包一块儿偷走才对，就算他们不全偷，也不知究竟哪个钱包是职业小偷的。

英语过级

有一次学校要统计一下英语四级过级的人数。中文专业共有学生32人。经过统计，可以有这么三个判断：（1）中文专业有些学生过了英语四级；（2）中文专业有些学生没有过英语四级；（3）中文专业班长没有过英语四级。如果只有一个判断是正确的，那么你可以判断出什么？

答案

中文专业所有人都过了英语四级。

缺页的书

图书馆的书经常因为一些品行不端的人破坏而出现缺页现象。这次，新进的书中有一本关于世界名胜的书，共200页。在经过几次借阅后，管理员发现第11页到第20页被人撕去了，现在书剩下190页。又过了一段时间，这个管理员又发现，第44页到第63页又被人撕去了。那么现在这本书剩下多少页了？

答案

现在这本书还剩下168页。因为撕下第44页到第63页，等于撕下了第43页到第64页。所以第二次被撕了22页。

判断复句

复句是指由两个或几个意义上相关、结构上互不包含的单句形式组成的句子。根据上述定义，判断下列属于复句的是：

A. 最后的结果证明，不能仅仅依靠聪明才智，还需付出努力才会成功。

B. 远山青翠，晚霞夕照，是这里最美的景色。

C. 小张原来是个工人，他搞技术开发，是受了师傅的指点。

D. 树林里，三三两两的少先队员正在分头采集蘑菇。

答案

C。

手中是谁的名字

一个人在手上用圆珠笔写了 A、B、C、D 四个人中的一个人的名字，他握紧手后，对四个人说："你们猜猜我手中写的是你们当中哪个人的名字？"

A 说："是 C 的名字。"

B 说："不是我的名字。"

C 说："也不是我的名字。"

D 说："不是 A 的名字。"

四个人说完之后，这个人说："你们四个人之中只有一个人猜测对了，其他的人全说错了。"

这四个人听了之后，很快就知道他手上写的是谁的名字。

你知道写的是哪个人的名字吗？

答案

B 的名字。这是因为 A 和 C 之间有一个人是对的，因为他们的判断是矛盾的。如果 A 说的是正确的，与这个人所说的只有一个人是对的就产生了矛盾，所以 A 的话是错误的，这样只有 C 所说的是正确的，B 的判断是错的，那么他的相反判断就是对的。所以这个人手上写的是 B 的名字。

镜子里的影像

在照镜子时，你在镜子中的影像与你自己相比，左右颠倒了方向。比如你的左手，在镜子中就成了你的右手，而你的右手，在镜子中则成了你的左手。由此看来，镜子中的影像是可以左右颠倒的。

但是如果你在镜子前面侧身躺下，你会发现镜子中的影像并没有左右颠倒，比如你头和脚的位置看上去依然与你躺下的实际方向是一致的。为什么不会出现左右颠倒的情景呢？

答案

判断左右是人的一种视觉习惯。实际上，视觉分辨左右和分辨上下的概念不同。当人侧身躺下时，头的方向为右，脚的方向为左，那么你会发现，原本在腹部“右边”的头，在镜子中则变成了在腹部的“左边”。

聪明的大臣

有一个皇帝把王法当做儿戏。一天，他别出心裁地下了一道圣旨：犯人可以当着他的面摸生死卷，摸到“生”字者当场释放，摸到“死”字者立即处死。

当朝宰相是个倚仗权势、无恶不作的酷吏。他为了拔掉眼中钉，便在皇帝面前诬告一位大臣有谋反之心。皇帝听信谗言，立即命禁卫军将那位大臣拘禁，并令其次日摸生死卷当场定生死。

宰相随后买通掌管纸卷箱的小吏，要他在两张纸卷上都写上“死”字。这样一来，那位大臣注定难逃一死。

这一阴谋被一位忠良之臣得知，深夜以探监为名，告知了那位受冤的大臣。

第二天，皇帝临朝，为了制造一种恐怖气氛，特意在生死卷箱前架起了油锅，如果摸出的是“死”字，当场就会把那位大臣投入滚烫的油锅中。

在众大臣忐忑不安的目光中，那位大臣从容不迫地把手伸进纸箱中。

想想看，那位大臣怎样才能免于一死呢？

答案

那位大臣摸出一张纸卷后，装作不小心的样子投入油锅下的灶火中。这样，要判断他刚才摸出的是什么字，只有开箱验看。当皇帝看到箱中剩下的纸卷上是“死”字，立即就会断定大臣刚才摸出的纸卷上是“生”字。

找出国际间谍

在一列国际列车的车厢内，有四个不同国籍的旅客A，B，C，D，他们身穿不同颜色的上衣，坐在一张桌子的两边，其中两人靠着窗户，另两人则紧靠过道。现在已经知道，他们中有一个身穿蓝色上衣的旅客是个国际间谍，并且又知道：

（1）英国旅客坐在B先生的左侧；

（2）A先生穿褐色上衣；

（3）穿黑色上衣者坐在德国旅客的右侧；

（4）D先生的对面坐着美国旅客；

（5）俄国旅客身穿红色上衣；

（6）英国旅客把头转向左边，望着窗外。

请问：谁是穿蓝色上衣的间谍？

答案

坐在D座上身穿蓝色上衣的英国人就是间谍。

从条件（1）和（6）可知，英国旅客面向桌子坐在B先生的左侧，窗子在英国旅客的左边，所以英国旅客坐在靠窗一边，而B先生是挨着过道坐的。

从条件（3）“穿黑色上衣者坐在德国旅客的右侧”，可推出德国旅客坐在B先生对面靠过道一边；穿黑色上衣的旅客坐在英国旅客对面，也是靠窗坐的。

条件（4）指出“D先生的对面坐着美国旅客”。由于四人中英、德两国籍的旅客的位置已确定，所以他俩对面的旅客绝不可能是D先生，D先生只可能是德国和英国旅客两者中的一个。假定德国旅客是D先生，那么根据条件（4），B先生便是美国人了，于是坐在D先生旁边的穿黑色上衣的便是俄国旅客。据条件（3），上述推论显然与条件（5）“俄国旅客身穿红色上衣”相矛盾，所以假设不成立，D先生绝不是德国旅客，而是英国旅客。既然英国旅客对面坐的是美国旅客，那么他旁边坐的B先生便是身穿红色上衣的俄国旅客。

从条件（2）知道，A先生是穿褐色上衣的，他只能是德国旅客。剩下的C先生就是穿黑色上衣的美国人。

从上述推理可知，德国人身穿褐色上衣坐在A座，俄国人身穿红色上衣坐在B座，美国人身穿黑色上衣坐在C座，因此，坐在D座上身穿蓝色上衣的英国人就是间谍。

推断比赛结果

有A、B、C、D四个有实力的排球队进行循环赛（每个队与其他队各比赛一场），比赛结果，B队输掉一场，C队比B队少赢一场，而B队又比D队少赢一场。

关于A队的名次，下列哪一项为真？

A. 第一名

B. 第二名

C. 第三名

D. 第四名

E. 条件不足，不能断定

答案

D。

四个队单循环，每个队要赛三场。根据题干，“B队输掉一场”，可得出B队赢两场；

“C队比B队少赢一场”，可得出C队赢一场，

“而B队又比D队少赢一场”，得出D队赢三场。也就是D第一名，A全输，第四名，就是倒数第一。

养虾场损失的原因

由于连续的干旱和高温，导致海湾盐度增加，引起了一些海洋生物的死亡。海虾虽然可以适应高盐度，但盐度高也给养虾场带来了损失。

有可能的原因是什么？

A. 持续的干旱会使海湾的水位下

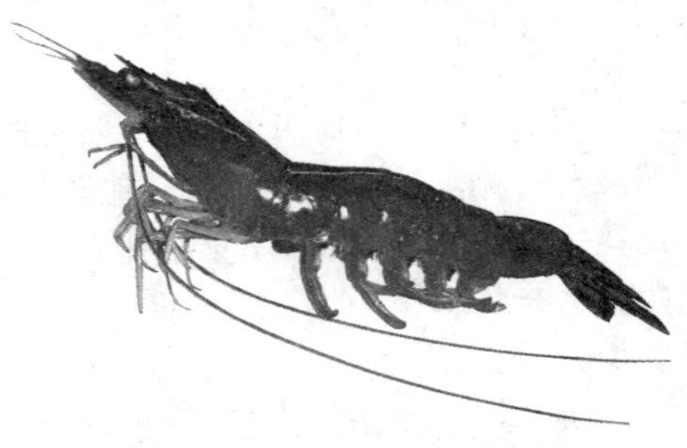

降，这已经引起了有关机构的注意。

B. 幼虾吃的有机物在盐度高的环境下几乎难以存活。

C. 水温升高会使虾更快速地繁殖。

D. 鱼多的海湾往往虾也多，虾少的海湾鱼也不多。

答案

本题正确答案为B。

海虾虽然适应高盐度，但盐度高也给养虾场带来了损失，似乎是矛盾的现象，具体是什么原因造成的呢？肯定还存在一个别的原因，使虾在这样的环境难以生存。

A是无关选项，排除掉；

B是可以说明这个结论，是正确答案；

C不仅不能解释，反而更矛盾了，所以排除掉；

D也无关，所以排除掉。

第九章 思考类思维游戏

所谓思考，就是人的大脑对客观事物的认识过程，包括了对于客观事物的感性认知与理性认知阶段。通过了思考的运用，我们才能深刻理解事物的本质，而这一过程，也正是人排除各种干扰，集中思维力，从客观事物获取大量的相关信息，再经过分析、综合的过程。

勤于思考可以很好地提升思维力，还等什么，快来游戏吧！

行驶的公交车

一个人在纽约看见一辆新型的公交车，如下图所示。车现在没有开，你能分辨出车将向哪个方向行驶吗？

答案

事实上这个人没有看到车门（就像插图中所画的那样）。这说明车门肯定是在另一侧——靠街边台阶的一侧。因为这是纽约，所以公交车向A方向开。

与众不同的字母

哪一项与其他四项都不同？

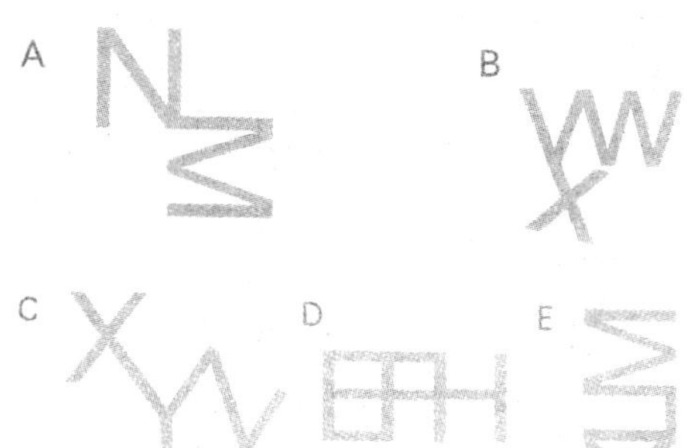

答案

D。D里面包含E、F、H这三个字母。而其他项里面的字母在字母表中的顺序都是相连的。

有惊无险

一名窗户清洁工正在清洗一座摩天大楼第15楼的窗户，不料却坠落下来，但他只受了点轻微的擦伤。他当时没系安全带，也没有东西接住他。发生这种情况可能吗？

答案

他正在清洁窗户里面的玻璃。

载鸽过桥

一位司机驾车来到一座桥前，他注意到桥的最大承重量是20吨。他知道自己的空车重量是20吨，但是他车上有200只鸽子，每只重1磅。由于鸽子已经在栖木上睡着了，司机只好停下车，“砰砰”地敲击车厢把鸽子惊醒。鸽子开始围着栖木上下乱飞，司机驾驶汽车过了大桥。

他的做法正确吗？

答案

不正确。鸽子在飞的同时重量仍然是200磅，那些向上飞的鸽子会使

重量减轻，但那些向下飞的鸽子会使重量增加。所以总的重量不变。

走向何方

火车正沿着AB方向前行。一位乘客在火车车厢的一侧沿着AC方向往前走。以地面为参照物，这位乘客正沿着哪个方向往前走，1、2、3还是4？

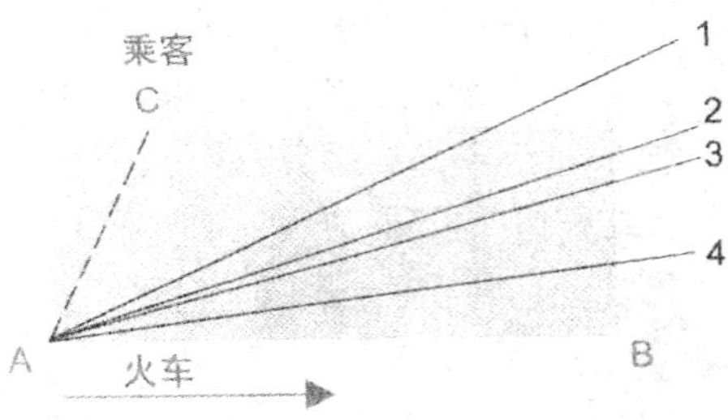

答案

2。

一线到底

用一条线连续画出下图。这条线既不能与自己交叉，也不能重复出现。

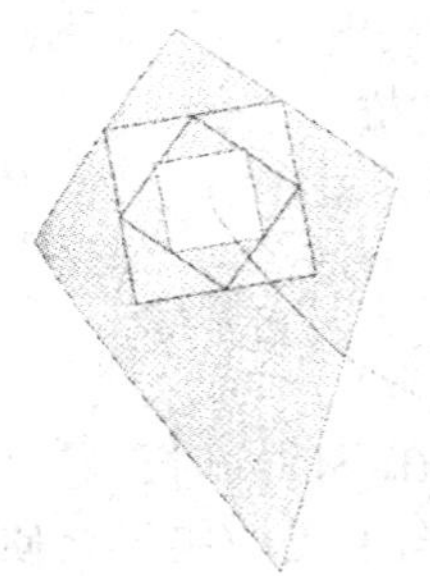
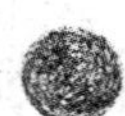

你必须从线团开始画，然后到风筝的正中央结束。

答案

如图：

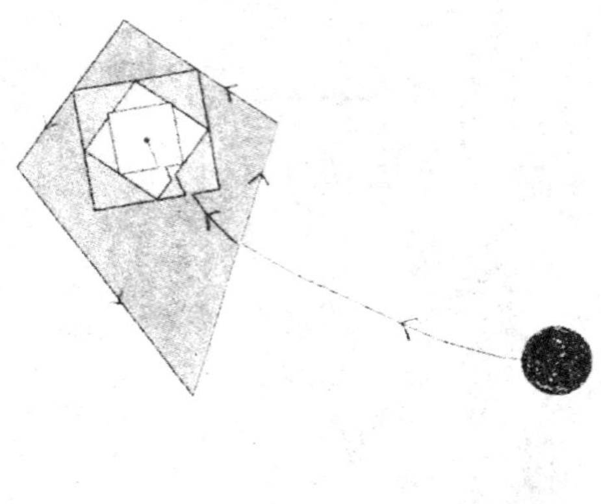

运输难题

如下图所示。一辆火车将货物A运到B处，将货物B运到A处，但不能让它们穿越公路，最后让货车回到原先的位置。

怎样解决这个问题呢？

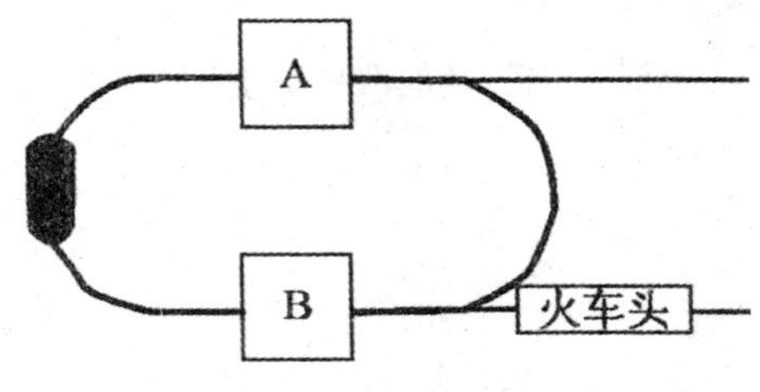

答案

如图：（见下页）

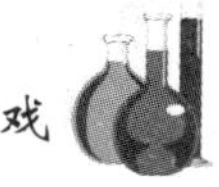

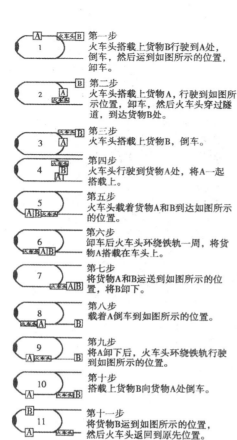

第一步
火车头搭载上货物B行驶到A处，倒车，然后运到如图所示的位置，卸车。

第二步
火车头搭载上货物A，行驶到如图所示位置，卸车，然后火车头穿过隧道，到达货物B处。

第三步
火车头搭载上货物B，倒车。

第四步
火车头行驶到货物A处，将A一起搭载上。

第五步
火车头载着货物A和B到达如图所示的位置。

第六步
卸车后火车头环绕铁轨一周，将货物A搭载在车头上。

第七步
将货物A和B运送到如图所示的位置，将B卸下。

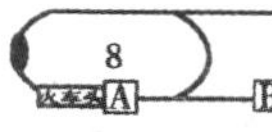

第八步
载着A倒车到如图所示的位置。

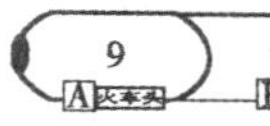

第九步
将A卸下后，火车头环绕铁轨行驶到如图所示的位置。

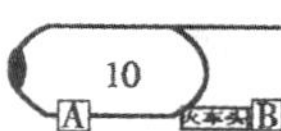

第十步
搭载上货物B向货物A处倒车。

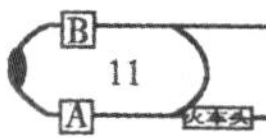

第十一步
将货物B运到如图所示的位置，然后火车头返回到原先位置。

幸福的马

如图，这是用17根火柴做成的马，只要变动其中两根火柴，就可以再添一头小马，你认为可能吗？

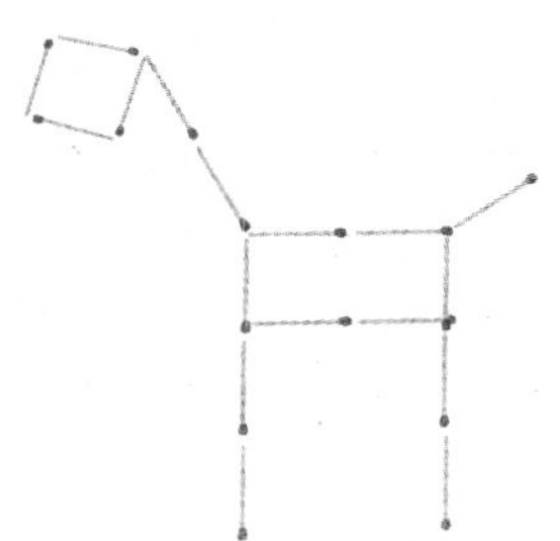

答案

如图：

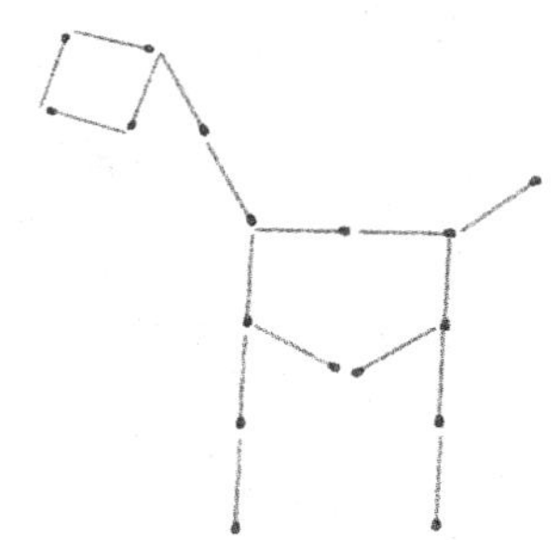

奇怪的回答

A问B："我要泡咖啡。你想喝热的还是冷的？"B的回答是一串绕口令似的数字："147536912369874123580。"B的回答是什么意思？

答案

B想喝热咖啡。他所说的数字代入电话键盘，就成为如下图所示的"HOT"。

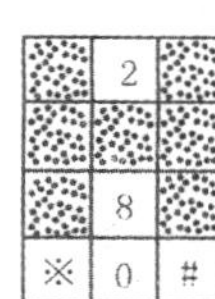

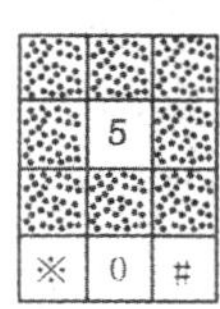

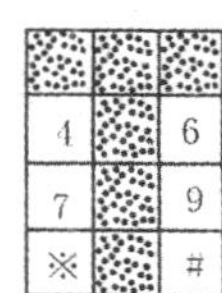

是非颠倒

小亮、小帆正在库房的楼上玩，这时库房倒塌了，两人摔到了地上。当他们拍掉了身上的尘土，小亮的脸弄脏了，小帆的脸却是干净的。可是只有小帆去洗脸了，这是为什么？

提示：

1. 他们都不需要用冷水去敷身上的肿块，两人都没有受伤。

2. 两个孩子都没用脏手去摸自己的脸。

3. 地上满是尘土，而他们都流了汗。

4. 他们的脸没有碰到地面。

答案

小帆是双脚着地，他的脸没有沾上尘土。当他看到小亮脸上沾了尘土，以为自己也一定弄脏了脸，而小亮只看到小帆的脸是干净的，没有意识到自己也需要洗脸。

篮球比赛

某县的五所中学进行篮球比赛，每所中学互赛一场进行循环赛。比赛的结果如下：

一中：2 胜 2 败

二中：0 胜 4 败

三中：1 胜 3 败

四中：4 胜 0 败

请问：五中的成绩如何？

答案

3 胜 1 败。

全部共有 10 场比赛，各校都必须跟其他四所学校对打一场，4×5=20 场，但是每场有两校出赛，所以 20÷2=10 场。也就是说，共应该会有 10 胜。一至四中合计共有 7 胜，那么剩下的 3 胜便是五中的了，并可以马上算出五中有一败。

喝了多少杯果汁

一个客人要了一杯果汁，当他喝到一半的时候找服务员兑满了开水，又喝去一半时再次兑满开水……又经过同样的两次重复过程，最终喝完了果汁。请问这位客人总共喝了多少杯果汁？

答案

一杯。因为他只叫了一杯果汁，兑满的都是开水而已。

能言善辨的王元泽

北宋神宗年间，王安石作为丞相，主持朝政，内政外交的大事无不取决于他。因而，求他办事的，献礼送物的，请示机宜的，来来往往，门庭若市。

一天，一个少数民族领袖派人扛一个很大的铁丝笼子进来。

“喔、哦，喔、哦，”笼子里发出一阵阵怪叫。众人惊疑地望去，里边关着两头蹦跳不定的小走兽：一头长着角，像鹿；一头也长着角，却也像鹿。客人等笼子停放在庭院后，笑着问一旁玩耍的王安石的小儿子王元泽：“王公子，笼里关着一头小鹿，一头小獐。你可知道，哪是小鹿，哪是小獐吗？”

五六岁的王元泽朝笼里打量起来，见里面的小走兽模样实在差不多，难以分辨清楚。但他很快地做出了回答。

聪明的王元泽是怎么回答的呢？

答案

王元泽道：“小獐旁边是小鹿，小鹿旁边是小獐。”

“哈哈！”众人哄然地欢笑着。客人心里暗暗称奇：小公子在不认识鹿、獐的情况下，做出如此回答，虽然有些滑头，可也难以驳斥，难以说他不对啊！

谁的照片

有一个人看照片。当有人问这个人在看谁的照片时，这个人回答说：“照片上的人的丈夫的母亲，是我丈夫的父亲的妻子的女儿，而我丈夫的母亲只生了他一个孩子。”请问：这个人在看谁的照片？

答案

这个人在看她丈夫的继母的外孙媳妇的照片。

可疑旅客

某夜，马尼拉—北京航线的一架班机降落在北京首都机场。海关人员开始检查旅客们的行李。检查员小刘发现从飞机上下来的三个商人打扮的人神色可疑：他们带有一个背包、一个纸箱子和一个帆布箱。小刘查看了他们的护照，他们来京的目的是旅游。当天早上从泰国首都曼谷出发，经过菲律宾首都马尼拉，再经我国广州，然后飞抵北京。小刘拿着护照看了一会儿，便让来客打开箱子检查，果然在夹层里发现了毒品海洛因。

是什么引起了小刘的怀疑呢？

答案

从曼谷有直达北京的航班，没有必要绕这么个大圈子。即使是旅游，哪有一天之内飞经那么多地方的？另外，进行途旅行，行李却非常简单，违背常理。

左轮手枪的子弹

一天，有五个手持左轮手枪的匪徒从一家银行向西逃窜。银行的警卫队长甲闻讯，立即驱车追赶。保安部的乙见状也带领几个警卫驾车追赶。

追着追着，一阵激烈的枪声将他们带到了一条小山沟。等赶到时，只见五个匪徒都倒在地上死了，而警卫队长甲的左臂也受了伤。保安部的乙赶忙从地上捡起被抢的箱子，扶着甲一起回来。当晚，大家为甲举行庆功会，并让他讲讲事情的经过。

甲带着几分醉意走上台，说："我追上的时候，他们正准备分赃。忽然一个放风的匪徒发现了我，向我开了两枪，打中了我的左臂。我看准机会冲过去，抢了他的枪，一枪把他打死，然后躲在石头后面，又连开 4 枪把其余的匪徒都打死了，这时救援的人就到了。"

话音未落，只听保安部的乙说："别演戏了，你和那些匪徒是一伙的！"

经过审问，甲和那五个匪徒果然是一伙的。

那么，乙是怎么知道的呢？你从警卫队长甲的叙述当中看出了什么破绽没有？

答案

歹徒用的是左轮手枪，左轮手枪只有 6 发子弹。警卫队长甲说匪徒向他开了 2 枪，他自己又开了 5 枪，一共是 7 枪，这怎么可能呢？所以警卫队长甲是在说谎。

钥匙在哪里

空空是个马大哈，经常找不着钥匙。这天姐姐想故意刁难他一下，就把钥匙放在书桌的抽屉里，并在三个抽屉上各贴了一张纸条。（1）左面抽屉的纸条上写着：钥匙在这里。（2）中间抽屉的纸条上写着：钥匙不在这里。（3）右面抽屉的纸条上写着：钥匙不在左右抽屉里。姐姐说："三张纸条只有一句是真话，两句是假话。你能只打开一只抽屉就取出钥匙吗？"

空空想了想，根据判断打开一只抽屉，钥匙果真就在那里。请你想想看，钥匙到底在哪一个抽屉里？

答案

钥匙在中间抽屉里。

首先，假如左面抽屉的纸条是真话，那么就是"钥匙在左面抽屉里"；右面抽屉上的纸条是假话，那么反过来就是"钥匙在左右抽屉里"；而中间抽屉的纸条反过来的意思则是"钥匙在中间的抽屉里"。得出的结论是，

钥匙在左面、右面、中间的抽屉里，但是，三个抽屉里都有钥匙是不可能的；因此，第一句话是假话。

其次，假如中间抽屉的纸条是真话，那么就是“钥匙不在中间抽屉里”，说明钥匙在左面或右面的抽屉里。左面抽屉的纸条是“钥匙在这里”，因为是假话，那么反之就是“钥匙不在左面抽屉里”，右面抽屉的纸条则应是“钥匙在左右抽屉里”，这就产生了矛盾，即左面抽屉的纸条说“不在”，右面抽屉的纸条说“在”，那么显然难以得到结论。因此，此句也是假话。

最后，假如右面抽屉里的纸条是真话，“钥匙不在左右抽屉里”，即知“钥匙在中间抽屉里”。而左面抽屉的纸条反过来的意思则是“钥匙不在左面抽屉里”。那么，这恰恰与右面抽屉上纸条的内容是一致的，即肯定了“左边抽屉没有钥匙”。中间的纸条说“钥匙不在这里”，因是假话，反之则是“钥匙在这里”，这正好与右面抽屉纸条的内容相符，因此证明：钥匙在中间抽屉里。

狡诈的走私犯

霍普是个国际走私犯，每年从加勒比海沿岸偷运大量钻石，从未落网。根据海关侦查，6个月前他曾在海关露面，开一辆新出厂的黑色高级蓝鸟敞篷车，海关人员彻底搜查了汽车，发现他的3只行李箱都有伪装的夹层，3个夹层都分别藏有一个瓶子：一个装着砾岩层标本，另一个装着少量牡蛎壳，第三个装的则是玻璃屑。人们不明白他为什么挖空心思藏这些东西。更奇怪的是，他每月两次定期开着高级轿车经过海关，海关人员因抓不到证据，每次都不得不放他过去。迷惑不解的海关总长找名探洛里帮助分析，洛里看着砾岩层、牡蛎壳、玻璃屑深思着。“这些东西有什么意义？”总长心急地问：“他到底在走私什么东西？”洛里点燃烟斗，沉思良久，恍然大悟，笑着说：“这个老滑头，你把他拘留起来好了。”霍普到底在走私什么东西？

答案

霍普走私的正是他每月定期开过海关的高级轿车，而他的那5个神秘的行李箱是迷惑转移海关视线的工具。当海关人员为此而头昏脑胀时，也就忽视了走私的轿车，他采用了障眼法。

紧急避免的车祸

有一辆没有开任何照明灯的卡车在漆黑的公路上飞快地行使，天还下着雨，没有闪电、没有月光，也没有路灯；就在这时，一位穿着一身黑衣的盲人横穿公路！在这千钧一发之际，汽车司机紧急地刹车了，避免了一次恶性事故的发生。为什么会这样呢？

答案

漆黑的马路是公路的颜色，当时是白天。

当看到这道题中“漆黑”两个字的时候，人们理所当然的就把它认为是用来形容黑夜的，这是惯性思维，要打破这种思维方式，才能更加有效地解决问题。

强盗分赃

五个海盗抢到了100颗同样大小且价值连城的宝石。他们决定这么分：

用抽签的办法决定自己的号码（1，2，3，4，5）。

首先，由1号提出分配方案，然后五人进行表决，当且仅当超过半数的人同意时，才能按照他的提案进行分配，否则1号将被扔入大海喂鲨鱼。

1号死后，再由2号提出分配方案，然后四人进行表决，当且仅当超过半数的人同意时，才能按照他的提案进行分配，否则像1号一样，他将被扔入大海喂鲨鱼。其他的分配方法以此类推。

因为每个海盗都是很聪明的人，所以都能很理智地判断得失，做出选择。他们的判断原则是：保命，尽量多得宝石，尽量多杀人。

请问第1个海盗提出怎样的分配方案才能够使自己的收益最大化？

答案

从后向前推，如果1～3号强盗都喂了鲨鱼，只剩4号和5号的话，5号一定投反对票让4号喂鲨鱼，以独吞全部金币。所以，4号唯有支持3号才能保命。3号知道这一点，就会提出（100，0，0）的分配方案，对4号、5号一毛不拔而将全部金币归为己有。因为他知道4号一无所获但还是会投赞成票，再加上自己一票，他的方案即可通过。

不过，2号推知到3号的方案，就会提出（98，0，1，1）的方案，即放弃3号，而给予4号和5号各一枚金币。由于该方案对于4号和5号来说比在3号分配时更为有利，他们将支持他，不希望他出局而由3号来分配。这样，2号将拿走98枚金币。

不过，2号的方案会被1号所洞悉，1号将提出（97，0，1，2，0）或（97，0，1，0，2）的方案，即放弃2号，而给3号一枚金币，同时给4号（或5号）2枚金币。由于1号的这一方案对于3号和4号（或5）来说，相比2号分配时更优，他们将投1号的赞成票，再加上1号自己的票，1号的方案可获通过。97枚金币可轻松落人囊中。这无疑是1号能够获取最大收益的方案了！

鹦鹉学舌

S太太想买一只鹦鹉来陪她，但她想要一只会说话的。

“这只鹦鹉会说话吗？”S太太问宠物店老板。

老板回答得很肯定：“这只鹦鹉会重复它听到的每一句话。”

于是S太太相信了，把鹦鹉买回家。但训练了几个月后，鹦鹉还是没有说过一句话。

老板是不是在撒谎，还是他有什么没说？

答案

卖鹦鹉的老板没提这只鹦鹉是聋子。

热水不见了

住在深山里的小静想吃速食面，她先把锅放到炉子上烧开水，这才发现面都吃完了，只好急匆匆到山下的超市去买。半个钟头后她回到家，把锅从火炉上拿下来。奇怪的是，热水一滴也没有了。她很生气地问：“是谁把热水用完了？”可是大家确实都没有用热水。这是怎么回事？

答案

因为全都变成水蒸气了。

车祸现场

马路上发生一起车祸，警察立即赶过去处理，虽然肇事司机全力相助，车上的人还是死了。按照司机的说法，此人并非死于车祸，而是因肺癌丧命。当时坐车的只有司机和死者两人，根本没有目击证人，但警察却立刻相信司机没有说谎。这是为什么？

答案

因为司机是灵柩车的驾驶员，负责运送这位因肺癌去世的人。

谁最聪明

宝宝和贝贝都认为自己最聪明，谁也不服准。一天，宝宝骄傲地对贝贝说：“你说吧，你有什么本领？你能做到的我都能做到！”贝贝想了想，说：“我可以坐到一个地方，而你永远不能坐到那里。”宝宝很不服气，他立刻回答：“不论你坐到哪里，我也能同你一样坐在那里，不然就算我输！”可是，当贝贝坐好以后，宝宝却只好认输了。猜猜看，贝贝坐到什么地方了？

答案

贝贝坐到了宝宝的身上。

捕杀极地熊

最初去南极的考察人员因为食物供应的问题，经常要挨饿，但他们从来不去捕杀极地熊，也没有人提出吃熊肉的要求，虽然他们都知道如何去捕杀极地熊。有人说这些考察人员有保护珍贵动物的意识，那你认为这是为什么？

答案

南极没有极地熊。极地熊是北极熊，并不生活在南极。所以即使他们想吃，在南极也吃不着，因为根本没有捕杀的机会。

说谎的路程计数表

一位农民路过一个池塘时发现池塘里漂着一具尸体，他立即向警方报了案。在池塘旁的泥地上，警方发现了一些汽车的痕迹。很显然尸体是被人从别处运来的。

根据车痕，警方很快查到，车子是属于离该地10千米的一家车辆出租公司的。车辆出租公司的人翻查记录，证实是一个叫麦克的男子租了这部车。警方马上找到麦克，但麦克说他的车子只走了16千米，从出租公司到池塘有10千米，来回一趟汽车要走20千米，所以他根本就不可能是凶手。后经调查，发现这部车按路程计数表的读数计算确实只走了16千米。麦克明明是杀人凶手，他用了什么诡计，改变了路程计数表的数字呢？

答案

路程计数表的千米数是可以改变的，所以路程计数表显示的数字并不可靠。通常路程计数表的转动分为机械式和传感器式，一般情况下在路程计数表附近巧妙地安装磁铁就可以轻松改变路程计数表的计数值。

麦克正是通过做这样的手脚改变了自己汽车的路程计数表，只可惜这一伎俩没能逃过警方的眼睛。

马尾巴的方向

民间有句谚语，叫“狗朝东，尾向西”。现以马为例。

有匹马走出马圈后，它向东长嘶一声，又调转头奔跑起来。后又右转弯飞奔；继而又向左飞奔；接着就地打了一个滚儿；接着又向西走了几步，开始低头在草地上吃起草来。请问现在这匹马的尾巴朝着哪个方向？

答案

马尾巴的方向当然是向下的。

足球的破绽

大毒枭沙文连闯四国，马上就要将价值100万美元的海洛因带进毒品价格最高的美国了。他把毒品藏在一只新足球内，足球上有好几个世界著名球星的签名，看到这样的足球，谁还会贸然剖开足球检查呢？然而当他在纽约机场遇到了反毒专家——警官波特，波特甚至没有掂一掂足球的分量，仅是看了看网兜里的足球，就说："先生，请你到毒品检查站来一趟，你的足球有问题。"沙文急坏了，大声说："球星签名的足球，有什么问题呀？"试问：波特是怎么说的呢？

答案

波特平静地说："球星中有英国人、德国人、巴西人、意大利人，怎么都用英文签名呢？"

与谁同班

一年级共有四个班，每个班都有正、副班长各一名，这8名班长没有两人是同姓的。平时召开年级的班长会议时，各班都只派一名班长参加。第一次参加会议的是洋洋、童童、丽丽、真真；第二次参加会议的是小美、童童、华华、真真；第三次参加会议的是洋洋、小美、童童、小方。三次会议小超都因病没有参加。请问，每个班各是哪两位班长？

答案

童童与小超同班，洋洋与华华同班，真真与小方同班，小关与丽丽同班。

洋洋参加了第一次会议和第三次会议，共参加了两次；童童三次会议全部都参加了；丽丽参加了第一次会议；真真参加了第一次和第二次会议；小关参加了第二次和第三次会议；华华参加了第二次会议；小方参加了第三次会议；小超一次会议也没有参加。按照题意，两人同班的必要条件是他们没有一次会议是同时出席的。按照这个条件，从以上叙述中首先可以发现，三次会议都出席的童童必然与三次都没出席的小超同班：然后从出席过两次会议的洋洋、真真、小关出发，不难发现洋洋与华华同班，真真与小方同班，小关与丽丽同班。

强渡危桥

甲、乙、丙、丁四人是职业军人，而且都在同一个部队服役。一天，上级派他们去执行任务，要连夜赶赴外地。不幸的是，途中雷雨交加，又碰到了一座危桥。由于时间紧迫，四人决定冒险过桥。

他们四人手中只有一把手电筒可用来照明，同一时间只能有两人走在危桥上，否则桥就会倒塌。

四人过桥所需时间如下：

甲1分钟，乙2分钟，丙5分钟，

丁10分钟。

他们如何在17分钟内安全渡过这座危桥?

答案

甲、乙一起过桥（需要2分钟），甲带手电筒回去（需要1分钟）。丙、丁一起过桥（需要10分钟）。乙带手电筒回去（需要2分钟）。甲、乙一起过桥（需要2分钟）。

所有时间加起来一共是17分钟。

青蛙蹦石头

池塘中有10块等距离排列的露出水面的石头，左侧相邻的两块石头上蹲着青蛙王子和青蛙公主，王子当然很希望自己能和公主蹲在同一块石头上，享受青蛙式的浪漫。不过王子一次能蹦过两块石头，落在第三块石头上；公主一次只能蹦过一块石头，落在第二块石头上。因为受到魔法的限制，它们只能同时起跳，并且只能始终按一个方向蹦跳，而青蛙公主的蹦跳方向是逆时针的。那么，为了尽快和青蛙公主跳到同一块石头上，王子应该选择什么方向蹦跳，顺时针还是逆时针?

答案

青蛙王子应该选择逆时针方向蹦跳，这样，它们分别蹦跳9次以后，就能跳到同一块石头上了。

胡说八道

有两个孩子，日子过得糊里糊涂的，弄不清楚今天是星期几了，于是停在上学的路上，想把事情弄清楚。“当后天变成昨天的时候，”一个孩子说道，“那么‘今天’距离星期天的日子，将和前天变成明天时的那个‘今天’距离星期天的日子相同。”

试问，这些“胡说八道”发生在星期几?

答案

两个孩子过日子实在是太糊涂了，竟在星期天早上去上学了。

带血的树叶

一天，某公司的电话接线员王女士摔死在公司的电话室楼下，警察老王接到报案后，立即带领助手明子赶到了现场。现场是这样的：二层总机值班室的窗户大开，死者显然是从楼上摔下来的，手中还抓着一条湿抹布。楼上电话总机值班室的暗锁和插销都完好无损。

从现场来看，死者很可能是在上面擦洗窗户时不小心跌下来摔死的。

老王并没有草率地下结论，他让明子到群众中去调查，自己则开始勘察现场。

老王先验查了楼上办公室的门，接着又来到楼下，很快，在一楼外阳台上发现了一片树叶，这片树叶引起了他的注意。他轻轻地把树叶拿起，仔细地观察，发现树叶上有一小块红点，他判断这个红点一定是血迹。

这时，助手明子走了过来，向他说道："老王，认识死者的人向我反映，最近根本没有发现死者情绪有什么反常现象，所以，我想可以排除自杀的可能性。另外，大家还反映说，死者生前作风正派，群众关系非常好，所以，他杀的可能性也不大。"

老王认真听了明子的意见后说："明子，你的调查和分析都有道理，但是，我要告诉你，我发现了一个非常重要的证据，我估计这个证据可以证明死者是被谋杀的。"当然，老王所说的重要证据就是那片带有血迹的树叶。

后来，老王把那片带有血迹的树叶送去局里进行化验，发现树叶上的血迹与死者的血型完全吻合。而明子则到死者家进行调查，发现死者生前与丈夫关系极不和睦，其丈夫一直对王女士不肯离婚而耿耿于怀，有杀人动机。后经查明，王女士确系被其丈夫所杀。其丈夫杀死她后，故意制造了一个死者不小心摔死的假象。

现在有一个很关键的问题：请问老王是如何从树叶上的血迹就可以看出来此案是谋杀呢?

答案

一楼外窗台上那片树叶上的一滴血迹，说明死者在掉到地面上以前已经负伤或死亡，是在从二楼下坠过程中，死者的血滴洒在一楼外窗台上的树叶上，因此是他杀。如果是不慎失足坠到地面上以后出血的，那么血迹就不会落到上面的窗台上了。

眼睛的颜色

有一个很古老的村子，这个村子的人的眼睛分两种颜色，红眼睛和蓝眼睛。这两种人并没有什么不同，小孩在没生出来之前，没人知道他是什么颜色的眼睛。这个村子中间有一个广场，是村民们聚集的地方。现在这个村子只有三个人，分住三处。在这个村子，有一个规定，就是如果一个人能知道自己眼睛的颜色并且在晚上自杀的话，他就会升入天堂。这三个人不能够用语言告诉对方眼睛的颜色，也不能用任何方式提示对方的眼睛是什么颜色，而且也不能用镜子、水等一切有反光的物质来看到自己眼睛的颜色。当然，他们不是瞎子，他们能看到对方的眼睛，但就是不能告诉他！他们只能用思想来思考，于是他们每天就一大早来到广场上，面对面地傻坐着，想自己眼睛的颜色，一天天过去了，一点进展也没有。

直到有一天，来了一个外地人，他到广场上说了一句话，改变了他们的命运。他说：

"你们之中至少有一个人的眼睛是红色的。"说完就走了。这三个人听了之后，又面对面地坐到晚上才回去睡觉。第二天，他们又来到广场，又坐了一晚上，就有两个人成功地自杀了！第三天，当最后一个人来到广场，看到那两个人没来，知道他们成功地自杀了，于是他也回去，晚上，也成功地自杀了！

根据以上，请说出三个人的眼睛的颜色，并能够说出推理过程！

答案

先自杀的两个是红眼睛，后自杀的是蓝眼睛。

1. 假设只有一个红眼睛，则他第一天晚上就应该自杀，因为他看见了两个蓝眼睛。因此该假设不成立。

2. 第二天大家来到广场，发现三个人都在，就知道至少有两个红眼睛。此时两个红眼睛的人各看见一个红眼睛一个蓝眼睛，因此至多有两个红眼睛，所以只能有两个红眼睛，并且这两个红眼睛就是他们自己，因此晚上他们自杀。

3. 第二天蓝眼睛并不能判断自己眼睛颜色，但因为前两个自杀，第三天他也可以推断出不是三个红眼睛，只能是两个红眼睛，自己是蓝眼睛。

4. 如果三个红眼睛，那么他们三个人会在第三天晚上一起自杀。

英国商人与印度画主

有一次，在比利时一家画廊里，美国商人正在同一个印度画主讨价还价。印度画主说：

“这批画共有 15 幅，如果整批出售，平均价每幅为 100 美元。”美国商人却说：

“我不需要购买这么多画，只要其中的三幅。“如果那样，每幅画售价为 250 美元。”

“你怎么可以任意变价呢？我要的画也并不比其他的画好啊！”

美国人认为印度人在敲他竹杠，大为生气，两人为此争执了起来。印度人在恼怒之际，居然当着美国人的面将其挑好的三幅画中的一幅烧掉。这使得美国人非常着急，忙问道：

“你这是干什么？”

“我不卖了！”印度人说着又烧掉了一幅画。

这个印度商人为何要烧自己的画呢？他不担心美国人不买吗？

答案

此时美国人需要的画只剩下一幅了，他非常喜爱这画，这正是他寻觅已久不可得的珍品，于是他的口气缓和下来。商量地说：

“请不要再把这最后一幅画烧掉，我愿出 250 美元收购。”

“那两幅画虽是我烧掉的，但这是和你做生意引起的，我不能白白损失那两幅画。”印度人执意不卖。

美国人为了要成交这一幅仅存的画，最后只得花费 500 美元，买下了这幅画。其实印度人的烧画也是一种经营谋略。他吃准美国人非常喜欢这三幅画，不会让其全部烧掉，结果，虽然只卖了一幅画却比三幅画的平均值还多赚了 200 美元。

狐狸的纸牌

狐狸为了消磨时间，就和邻居聚在一起玩牌了。狐狸的牌是这样的：

（1）正好有 13 张牌。

（2）每种花色至少有一张。

（3）每种花色的张数不同。

（4）红桃和方块总共 5 张。

（5）红桃和黑桃总共 6 张。

请问：狐狸的牌中，红桃、黑桃、方块、梅花这 4 种花色的纸牌各有多少张？

答案

根据（1）（2）（3），可以推出狐狸大婶手中的牌的花色分布有下面的三种情况：

① 1237

② 1246

③ 1345

根据条件(4),红桃和方块有5张，所以排除了③，要么有其中的花色相加都不能成为 5。

根据条件（5），红桃和黑桃总共 6 张，所以排除了①，因为其中的花色相加都不能成为 6。

因此，确定了②为花色的分布情况。

根据条件（5），其中要么有两张红桃和 4 张 4 张黑桃，要么有 4 张红桃和两张黑桃。

根据条件（4），其中要么有 1 张红桃和 4 张方块，要么有 4 张红桃和 1 张方块。

综合以上的分析，狐狸大婶手里一定有 4 张红桃、1 张方块、两张黑桃，剩下的就是 6 张梅花。

贵族的酒

在时尚与品位相结合的今天，品酒已成为上流人物的一大爱好。布莱恩是芝加哥北部最厉害的红酒商，他靠给上流社会提供转手酒发了大财。现在，我们看到布莱恩正把店里最好的 20 箱酒送到他选出的 4 个客户那里。他是这样分配的：

汉拉迪家族获得的酒比荷兰人的咖啡厅多 2 箱。

埃德娜家族比萨尔家族少 6 箱。

萨尔家族比汉拉迪的家族多2箱。

荷兰人的咖啡厅比埃德娜家族多 2 箱。

那么，这几个家族各自获得几箱酒呢？

答案

萨尔家族获得 8 箱，汉拉迪家族获得 6 箱，荷兰人的咖啡厅获得 4 箱，埃德娜家族获得 2 箱。

环球飞行

某航空公司有一个环球飞行计划，但有下列条件：每个飞机只有一个油箱，飞机之间可以相互加油（没有加油机）；一箱油可供一架飞机绕地球飞半圈。为使三架飞机绕地球一圈回到起飞时的飞机场，至少需要出动几架次飞机（包括绕地球一周的那架在内）？

注意：所有飞机从同一机场起飞。而且必须安全返回机场，不允许中途降落，中间没有飞机场。加油时间忽略不计。

答案

假设三架飞机分别为A、B、C。

三架（ABC）同时起飞，飞行至1/8处，其中一架（A）分油后，安全返航；剩余两架（BC）飞行到1/4处时，其中一架（B）分油后，安全返航；A降落后加完油，在B返回后马上起飞，逆向接应C；同样B降落后加完油，也立即逆向起飞，接应AC；两架（AC）在逆向1/4处相遇，分油后同飞行；三架（ABC）飞机在逆向1/8处相遇，分油后继续飞行，这样就可以完成任务了。

所以，三架飞机飞5次就可以完成任务。

兼职生活

独立一向是米兰和安瑞最讲究的事情，她们俩从小就非常独立，读小学的时候，她们就开始了兼职生涯。星期天，她们俩将家里养的小鸡拿到集市上去卖。安瑞每天卖30只，两只卖1元，回家时她可以卖15元；米兰每天也卖30只，3只卖1元，一共可以卖10元。有一天，米兰生病了，于是她请安瑞帮她卖小鸡。安瑞带了60只小鸡去了集市，并以5只2元的价钱卖。当她回家时，她一共卖了24元。因此，这要比两人分别卖所赚的钱少了1元。

那么，为什么会少1元呢？是安瑞拿走了吗？

答案

如果按照正常计算，米兰和安瑞分别会卖得15元和10元，一共是25元。当安瑞带60只小鸡去集市时，每5只小鸡中，2只是自己的，3只是米兰的，这样直到把米兰的小鸡卖完。接下来，她开始卖自己剩下的10只小鸡。按理说，她自己的5只小鸡应该价值2.5元，但是，在最后两笔交易中她每次都损失了5角。所以，最终少了1元。

赛马的难题

贝特萨罗特教授是赛马爱好者。现在他正研究有关下一场比赛的赛马新闻，他把比赛的胜者限定在3匹马：斯威·贝利，赔率4∶1；杨特·萨拉，赔率3∶1；桑德·胡弗斯，赔率2∶1。教授想计算出应该给每一匹马下注多少钱，这样不论哪一匹马获胜他都可以赢13元。

比如，如果给每匹马下注5元，

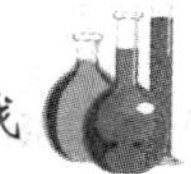

当斯威·贝利获胜时，他可以在它身上赢20元，而在另外两匹马身上输10元。请你试试，看能否在比赛开始之前解决教授的这个难题。

答案

贝特萨罗特教授应该按以下方式下注：斯威·贝利，12元；杨特·萨拉，15元；桑德·胡弗斯，20元。当然，如果别的马获胜的话，教授就太不走运了。

进了多少个台球

库申斯·哈利布尔顿即将打进制胜一球，他随后获得了1903年曼哈顿花式台球锦标赛的冠军。5轮之后，他用球杆打进了100个球。而每轮他都要比前一轮多打进6个球。那么，你能否计算出他5轮中的各轮进球数吗？

答案

这5轮中，分别打进了8、14、20、26、32个球。

魔术剧场

故事发生在1905年著名的斯芬克司魔术剧场，当时它正在迎接热情的观众。这个剧场有100个座位，第一天剧场卖出了所有门票，并赚了整整100元。票价为：男士每位5元，女士每位2元，儿童每位1角。那么，你能否根据这些信息计算出参加首演的男士、女士以及儿童各有多少人吗？

答案

具体的入场费可以分为：11位男士。共55元；19位女士，共38元；70名儿童，共7元。这样，总共有100个人，整整100元。

巧移数字变等式

62−63=1这个等式是错的。要求：只移动一个数字（不能动符号）变成将此等式变成正确的等式。

答案

将62的6移动到2的上方，即：2的6次方（64）−63=1。

铁匠的工钱

一个人有6条链子，他想把它们连成一条有29个节的链子。他去问铁匠这个需要花费多少钱。铁匠告诉他打开一个环要花1元，而要把它焊接在一起则要花5角。请问，让铁匠做这条链子最少要花多少钱？

答案

把那条带4个环的链子拿出来，将上面的4个环都打开，这样会花费

4元。接着，利用这4个环把剩余的5条链子连在一起；然后，把这4个环焊接在一起，这会花费2元。所以，一条29个节的链子一共会花费6元。

管理员的难题

这是一个有关管理员的游戏，它来自非洲的肯尼亚。有个管理员决定计算一下公园里的狮子和鸵鸟的数量。出于某种原因，他是通过计算这些动物的头和腿的数目来统计动物数量的。最后，他算出一共有35个头和78条腿。那么，你知道公园里分别有多少狮子和鸵鸟吗？

答案

公园里有4只狮子、31只鸵鸟。以下是解题的方法：因为他算出有35个头，所以，最少有70条腿。但是，他算出一共有78条腿，也就是比最少的数多了8条腿，因此，多出的8条腿必定是狮子的。8除以2便是四条腿的动物数量。这样，狮子的数量是4。

猜想推理

我说五句话，你能找出我说的是什么吗？

A. 用中文表达是5个字。

B. 地理名词。

C.900万平方千米。

D. 三毛。

E. 干草原、沙丘、矿质荒漠。

现在知道了吗？

答案

撒哈拉沙漠。

一共5个字，它的面积是900万平方千米。著名作家三毛的作品，写的大部分与撒哈拉有关。撒哈拉沙漠的地表主要是干草原、沙丘、矿质荒漠和荒山等。

真假谚语

我们常说：“福无双至，祸不单行。”这句话在现实生活中经常发生。如果你有5副手套，一不小心丢了两只，最好的情况是丢的两只是同一双的，那么你还有4副手套；最坏的情况就是它们不是一双的，那么，你只剩下3副手套。

你能用计算概率的方法证明谚语的正确性吗？

答案

五双袜子丢了两只，即为10只中丢了2只，共有45种可能性。在这45种可能性中，是同一对的有5种，剩余的40种都是不同双的。所以，坏情况出现的可能性是好情况的8倍，由此可以证明那句谚语的正确性。

如何称粉末

梅在实验室做实验，她要用3克的一种粉末作为溶质，但是她的手边只有一袋标着56克的没有拆封的这种物品，还有一架只有一个10克砝码的天平。这时已经很晚了，隔壁实验室没有人，所以不能借到其他的称量工具，在现有的条件下，她该怎么称出3克这种粉末来呢？

答案

第一步，先把10克的砝码放在天平的一端，然后把这袋粉末分别放在天平的两端使天平平衡，这时，天平两端的粉末分别是33克和23克。

第二步，把两边的粉末取下，然后仍然把10克的砝码放在天平的一端，然后从23克粉末中取出粉末放在天平的另一端，并使天平平衡，这时23克中剩下的粉末就是13克。

第三步，重复第二步的动作，剩下的粉末就是3克。

沙漏计时

现在有10分钟和7分钟的沙漏计时器各一个。如果用这两个计时器计量18分钟的时间，采用何种步骤最简单？当然，翻转沙漏计时器的时间是忽略不计的。

答案

可以把两个沙漏计时器相互翻转使用，来完成总共18分钟的计时。

首先让两个沙漏计时器同时开始计时。

在7分钟计时器中的沙子漏完的同时，将它翻转过来。

在10分钟计时器中的沙子漏完的同时，也将它翻转过来。

在7分钟计时器中的沙子再次漏完的同时，不翻转7分钟计时器，而是把10分计时器翻转过来。

当10分钟计时器中的沙子再次漏完的时候，总共就是18分钟了。

用算式表示即为：$2\times7+4=18$。你看出4是怎么来的了吗？

“沙漏”是中国古代的一种计量时间的仪器，它根据流沙从容器的一部分漏到另一部分的数量来计量时间。

白猫的噩梦

一只白猫在主人家生活得非常惬意，每天不用去捉老鼠，就有鲜美的鱼入口。可是，有一天，它却做了这样一个梦：它被13只老鼠（12只黑老鼠，1只白老鼠）层层围住，13只老鼠叽叽喳喳地一起朝它吼叫：“大笨猫，凭你的本事可以吃掉我们吗？”白猫不服地说：“虽然我久未捕鼠，对付你们几个还是不成问题的！”领头的

大老鼠说："有本事你就顺一个方向每数到第13只就把这只老鼠吃掉，而最后被吃掉的老鼠一定要是那只白色的老鼠。"听到这么离奇的要求，白猫一下子从梦中醒了过来。

如果白猫想吃到这顿"大餐"，应该从哪一只老鼠数起呢？

答案

从白老鼠起（不包括白老鼠）顺时针方向数到第6只。必须从这一只老鼠开始，朝一个方向（顺时针方向）绕着圈数。如果要预先确定从哪只老鼠数起，只要按圆画12个点和1个十字叉，再从十字叉开始数。按圆圈朝一个方向数，把每次数到的第13个点划去（如果第13个轮到十字叉，那就把十字叉划去），一直数到剩下最后1点为止。现在可以把最后这1点作为白老鼠，而十字叉位置就是应该开始数起的那只黑老鼠。

巧捕毒虫

妈妈发现一只有毒的虫子钻进了电视机后面的墙洞里。由于担心孩子的安全，她希望清除掉这一危险物。此时已经是深夜了，她没有可以杀死这只虫子的药物，因为她讨厌杀任何活着的东西。她又不希望把东西砸进墙里而使房子遭到破坏。她有什么办法可以不杀死虫子而又能把它弄出来？

答案

可以利用屋里的灯光。她拿一个玻璃杯子扣在洞口上，然后把一束光透过玻璃杯射进洞里。当虫子从洞里爬出来，爬进玻璃杯后，就用一张硬纸片把杯口盖住。

风吹蜡烛

在日本有一道著名的关于蜡烛的智力题：

一个房间中，有10支已经点燃的蜡烛，风吹来，有两支被吹灭了，过了不久，又有一支被风吹灭了。为了挡住风，女主人把窗子关了起来，从此后，再没有一支蜡烛被吹灭。请问，最后还剩下几支蜡烛？

答案

没有被风吹灭，一直点燃着的7支蜡烛，最后也要自已燃尽。因此，在房间里最后只剩下那3支被风吹灭的蜡烛。

水多还是白酒多

桌子上放着两个同样大小的杯子，第一个杯子里装着白酒，第二个杯子里装着水，白酒和水一样多。先用小勺从第一个杯子中取出一勺白酒倒入第二个杯子中；把第二个杯子中的液体搅匀后，再从第二个杯子中舀一勺酒和水的混合液体倒回第一个瓶子中。

请问：这时，白酒中的水和水中的白酒，哪一个更多呢？

答案

一样多。

因为两次从两个杯子中舀出的液体体积一样，所以都设为 X。假设从第二个杯子中舀出的混合液中白酒所占体积为 Y，那么，倒入第一个杯子中的水的体积为 X–Y。因为第一次倒入水中的白酒体积为 X，第二次倒回白酒杯子中的白酒是 Y，所以留在水杯中的白酒体积为 X–Y。所以，白酒中的水和水中的白酒一样多。

手表的精确度

小王买了一只新手表，经过精确测量，新手表比十年前买的手表每小时快 2 分钟，心里很不高兴。想了想，又去与 GPS 作精确比较，结果发现那十年前买的手表比 GPS 每小时慢 2 分钟。新手表是不是与 GPS 一样精确？为什么？

答案

新手表不是与 GPS 一样精确。

因为，十年前买的手表比 GPS 每小时慢 2 分钟，所以十年前买的手表每小时所走的时间相当于 GPS 标准时间 58 分钟，即 58/60 小时。

又因为，新手表比十年前买的手表每小时快 2 分钟，所以新手表每小时所走的时间相当于十年前买的手表 62 分钟，即 62/60 小时。

所以，新手表每小时所走的时间相当于 GPS 标准时间：（58/60）×（62/60）=899/900 小时。新手表不是与 GPS 一样精确，而是比 GBS 慢 4 秒。

如何称体重

三位小朋友的体重大都在 40 千克左右，可是称体重的秤只能称出 50 ~ 100 千克内的质量。怎样才能称出他们的体重？

答案

假设三位为甲、乙、丙。

第一步：甲 + 乙称得为 X

第二步：乙 + 丙称得为 Y

第三步：甲 + 丙称得为 Z

X+Y–Z=（甲 + 乙）+（乙 + 丙）–（甲 + 丙）= 乙 + 乙

那么 X+Y–Z=2 乙。

继而解决问题。

黑夜过桥

漆黑的夜晚，四位旅行者走到一座狭窄而且没有护栏的桥边。如果没有手电筒照路的话，大家是无论如何也不敢过桥的。但很不巧，四个人一共只带了一只手电筒，而桥窄得只够让两个人同时通过。如果各自单独过桥的话，四人所需要的时间分别是3、4、6、9分钟；而如果两人同时过桥，所需要的时间就是走得比较慢的那个人单独行走时所需的时间。你能设计一个方案，让这四人用最短的时间过桥吗？

答案

假设这四人分别为甲、乙、丙、丁。

甲、乙一起过桥用4分钟；

乙留在桥那边，甲返回用3分钟；

丙、丁一起过桥用9分钟；

留在桥那边的乙返回用4分钟；

甲、乙一起过桥用4分钟。

一共是4+3+9+4+4=24分钟。

你把所有可能的方案都列举一遍，就会发现这是最快的方案了。其实不用列举对比，掌握了方法就可以马上设计出最佳方案。解决这个问题的思路是：应该让两个走得最慢的人同时过桥，这样他们花去的时间只是走得最慢的那个人花的时间，而走得次慢的那个就不用另花时间过桥了。

真假钻石

年事已高的国王想从众多儿子当中挑选继承人。为了考验儿子们的智慧，国王拿出10颗钻石，其中带有标记的一颗才是真钻石。然后将这10颗钻石围成一圈，由大家轮流按规则挑选。即任选一颗为起点，接着按照顺时针的方向数，数到17的时候这颗就被淘汰，依次类推，继续数下去。直到最后只剩下一颗，这样谁得到那颗真钻石，谁就可以做皇位的继承人。

假如你是皇子，你该怎么数才可以得到那颗真钻石呢？

答案

这里有一个规律：无论从哪一颗钻石开始数起，每次拿走第17颗，依此进行，最后剩下来的，必然是最初开始数的第3颗钻石。

文献考察年龄

亚当·斯密是英国著名的经济学家，他以一部剖析资本主义经济体制的《国富论》而名扬天下。一天，亚当·斯密翻阅一本古代文献时看到一个记载。他无意中就把这个记载变成了一个有趣的题目：一个人在公元前10年出生，在公元10年的生日前死去。你能够判断出这个人的年龄是多大吗？

答案

这个人去世时的年龄是 18 岁。因为年号里没有称为 0 年的年，而且生日前一天或者后一天之差，在年龄上就是差一岁。

倒牛奶的学问

有两个桶，一个桶里盛着纯净的矿泉水，另一个桶里盛着牛奶，由于乳脂含量过高，必须用水稀释才能饮用。现在把 A 桶里的液体倒入 B 桶，使其中液体的体积翻了一番，然后又把 B 桶里的液体倒进 A 桶，使 A 桶内的液体体积翻番。最后，将 A 桶中的液体倒进 B 桶中，使 B 桶中液体的体积翻番。此时发现每个桶里盛有等量的液体，而在 B 桶中，水要比牛奶多出 1 升。现在问你，开始时有多少水和牛奶，而在结束时，每个桶里又有多少水和牛奶。

答案

开始时，A 牛奶桶里有 5 又 1/2 升水，B 桶里有 2 又 1/2 升牛奶。在倒来倒去的过程结束时，A 桶中有 3 升水和 1 升牛奶，而在 B 桶中有 2 又 1/2 升水和 1 又 1/2 升牛奶。

几个酒徒比酒量

一群酒徒聚在一起要比酒量。先上一瓶，各人平分。这酒真厉害，一瓶喝下来，当场就倒了几个。于是再来一瓶，在余下的人中平分，结果又有人倒下。现在能坚持的人虽已很少，但总要决出胜负来。于是又来一瓶，还是平分。这下总算有了结果，全倒了。只听见最后倒下的酒徒咕哝道：“嗨，我正好喝了一瓶。”

你知道一共有多少个酒徒在一起比酒量吗?

答案

一共有 6 个酒鬼。

葛朗台的遗嘱

老葛朗台是个吝啬鬼，他在遗嘱中声明，要与自己的财产一起火化，不把财产留给他的亲戚。遗嘱公布的时候，亲戚们声称，葛朗台立遗嘱时神志不清。法官判定，葛朗台立遗嘱时神志清醒，要按照他们的愿望执行遗嘱。

然而，法官实际上找到了一个解决方法，既遵守了葛朗台的遗嘱，同时又使亲戚们非常满意。你知道法官是怎么做的吗?

答案

法官的判决是，葛朗台的财产平均分给各位亲戚，但是，每个亲戚都要给葛朗台开具一张相应款额的汇票。如果这些汇票在葛朗台火葬的一年内没有人来兑现，那么这些亲戚就可以拥有这些钱。

谁捡的钢笔

甲、乙、丙、丁四个同学把捡到的一支铅笔交给了老师，可谁都说不是自己捡到的。甲说："是丙捡的。"丙说："甲说的与事实不符。"乙说："不是我捡的。"丁说："是甲捡的。"这四个人中，只有一个人说了真话。你能判断出铅笔是谁捡的吗?

答案

已知四个人中只有一个人说的是真话，推断如下：假如甲说的是真话，那么乙说的也是真话，与条件不符，排除了丙捡笔的可能。同理，丁说的不是真话，所以捡笔的也不是甲。假如是丁捡的，则丙和乙说的都是真话，也与条件不符。可见，捡笔的一定是乙。

他们是什么专业

张家有三个孩子分别在甲、乙、丙三所大学上学，学的分别是历史、化学和生物三个专业。已知，老大不在甲大学；老二不在乙大学；在甲大学的，不是学历史的；在乙大学的是学化学的；老二不是学生物的。你能推断出老三上的是哪个大学，学的是什么专业吗?

答案

已知，在甲大学的，不是学历史的；在乙大学的，是学化学的，可以推理出，在甲大学的是学生物的、在丙大学的是学历史的。已知，老二不在乙大学、不是学生物的，那么，老二只能是在丙大学学历史了。又因为老大不在甲大学，显然是在乙大学学化学。余下的老三，便肯定是在甲大学学生物了。

答题时间

佳佳下午某整点开始参加考试，完成全部试题只用了一个多小时。监考老师一看表，佳佳完成试题花的时间（分钟数）正好是开始考试时间点数的立方。请推断一下，佳佳几点钟参加考试，又是几点完成试卷的。

答案

开始考试的时间是下午4点；佳佳5点零4分完成试卷（用了64分钟）。

"花雕"先生的礼品

有五个酒鬼，他们的绰号分别是"茅台"、"五粮液"、"西凤"、"花雕"和"二锅头"。某年春节，他们之中的每一个人，都向其他四个人中的某一个人赠送了一件礼品：没有两个人赠送的是相同的礼品；每一件礼品，都是他们中某个人的绰号所表示的酒；没有人赠送或收到的礼品是他自己的绰号所表示的酒。

“茅台”先生送给“二锅头”先生的是花雕酒；收到二锅头酒的先生把西凤酒送给了“茅台”先生；其绰号和“花雕”先生所送的礼品名称相同的先生把自己的礼品送给了“西凤”先生。

“花雕”先生所收到的礼品是谁送的？

答案

“花雕”先生所收到的礼品是“西凤”先生送的。“茅台”先生送给“二锅头”先生花雕酒；“二锅头”先生送给“西凤”先生五粮液；“西凤”先生送给“花雕”先生茅台酒；“花雕”先生送给“五粮液”先生二锅头；“五粮液”先生送给“茅台”先生西凤酒。

通门的按钮

某个名人家的门铃声整天不断，令其苦不堪言。于是，他请一位朋友想办法解围。

这位朋友帮名人在大门前设计了一排6个按钮，其中只有一个是通门铃的。来访者只要摁错了一个按钮，那怕是和正确的同时摁，整个电铃系统将立即停止工作。

在大门的按钮旁边，贴有一张告示，上面写着：

“A在B的左边；B是C右边的第三个；C在D的右边；D紧靠着E；E和A中间隔一个按钮。请摁上面没有提到的那个按钮。”

这六个按钮中，通门铃的按钮处于什么位置？

答案

通门铃的按钮是从左边数第五个。如果令F表示该按钮，则六个按钮自左至右的位置依次是DECAFB。

情人节的黄昏

情人节的黄昏，你站在一条陌生的街道上，想要找一家花店为你的她买一大束鲜艳的玫瑰。在你的对面是五家连在一起的店面，都没有招牌也没有玻璃橱窗，你看不到里面的任何东西。

你知道这五家店分别是茶店、书店、酒店、旅店和你要找的花店，并且知道：

茶店不在花店和旅店的旁边；

书店不在酒店和旅店的旁边；

酒店不在花店和旅店的旁边；

茶店的房子是上了颜色的。

你的另一半还在等着你，你没有足够的时间一家一家地进去看，你能在最短的时间里找出花店，为正在等着你的她买到娇艳的玫瑰吗？

答案

花店就是从右边数的第二家。

根据前三个的条件，旅店不在茶店、书店和酒店的旁边，所以旅店应该是两头的两家店里的一家。而它的旁边就是茶店、书店和酒店以外的花店了。花店的旁边不是茶店或酒店，那就是书店了。

根据第二的条件，酒店不在书店的旁边，所以下一家应该是茶店。那么，剩下的酒店就是在两头的两家店中的一家。但是，茶店的墙是上了颜色的，所以茶店应该是左数过来的第二家。

依此类推，就可以推出答案的顺序了。

热胀冷缩

一枚硬币中间钻了一个孔，如果将硬币加热，孔径是变大还是变小？有人说："金属受热后膨胀，就把有孔的地方挤小了。"他说得对吗？

答案

说得不对。加热后孔将变大。这是因为，孔外面的金属可以看成是由一个条形的材料弯成的圈。加热的时候，金属条伸长，所以原来的孔变大了。轮子加热后套入轴，就是利用这个原理。

谁对谁错

小明宣布："前天我 17 岁，但今年我就 19 岁了。"爸爸摸了摸小明的脑门说："这孩子是不是发烧了，连数也不会算了。"妈妈却在一旁说："小明说的没错。"到底谁对谁错呢？

答案

妈妈与小明对。昨天，也就是新年的前一天正好是他 18 岁的生日。他说这句话的时候是在新年的第一天，所以他今年还会再过一次生日。

唐寅卖画

传说，唐伯虎有一张画要出卖，画面是一条长着黑毛的狗。画旁有文字说明："此画是谜语画，打一字。买者付银三十两，猜中者分文不取。"这种出卖方式吸引了众多文人墨客，但无人猜中。一天，一位秀才上前取画便走。唐伯虎忙问："买画吗？"秀才摇头。"你猜中谜底了吗？"秀才点头。"请你把谜底说出来。"秀才不语。唐伯虎说："你猜中了。"

你知道谜底吗？

答案

默。

"抄袭"无罪

马克·吐温是美国著名的作家，幽默风趣。有一次，一位牧师在讲坛说教，陈词滥调，令人厌烦。正当牧师讲得眉飞色舞时，马克·吐温站了起来打断他的"布道说教"：

"牧师先生，你的讲词实在妙得

很，只不过你所说的每一个字，我都曾经在一本书上看见过。”

牧师听了以后，非常不高兴地回答说：“这不可能，我的演讲词绝不是抄袭的，我以上帝的名义发誓！”

“但是，你说的每一个字确实都在那本书上面啊。”

“那么，什么时间请你把那本书借给我看一看。”牧师愤怒地说。

过了几天，这位牧师果然收到了一本马克·吐温寄给他的“书”，牧师看后哭笑不得。

不过，马克·吐温和牧师谁也没说假话，那马克·吐温寄了本什么书给牧师呢？

答案

他寄的是一本字典。牧师讲的每一句话中的每一个字，字典里怎么会没有呢？

佛印巧合

大才子苏东坡一次去找好友佛印聊天，进寺中，他左顾右盼，却不见一人，苏东坡脱口喊道：“秃驴何在？”佛印在禅房中听得明明白白，便随口答道：“东坡____。”顿时，苏东坡放声大笑，暗暗佩服佛印才智过人。

请问，佛印是怎么回答苏东坡的？

答案

东坡吃草。

灭绝的动物

你是否相信假设有一种动物已经灭绝了，它所有的后代子孙也已经被杀死了，但这种动物在两年之内又可以重新出现？

答案

任何杂交的动物，比如驴骡、马骡等。

汽车插曲

一个冬天，老王坐大客车回家，车里人都爆满了。老王在那样的情况下忍不住放了一个无声的屁，屁非常臭，乘客们都不知道是谁放的屁。但售票员说了一句话，乘客们就马上知道了是谁放的屁。那位售票员说了什么呢，请猜一猜。

答案

售票员说：“放屁的人买票了吗？”老王一时冲动，傻傻地说：“买了。”

永不消失的字

舒克家的隔壁在盖房子，因为隔壁的人在建筑地以外的地方竖立起一块很厚的木板，算是违法建筑。舒克看到这种情况后非常生气，就用墨汁在纸上写着大大的“违法建筑”四个字，贴在木板上，可是到了第二天，这四个字不见了。于是，舒克又想了一个办法，不管他们再怎么擦，或是用其他办法覆盖，或者挖掉，都没能让字从木板上消失。请问舒克用了什么办法？

答案

舒克在自己家中，用幻灯机里的强光把“违法建筑”四个字打到隔壁家的木板上，这么一来，只要这个木板不拿走，不管是擦，还是覆盖，或者挖掉，都不会让这四个字消失。

为什么营业员是罪犯

市区的一家银店遭劫。营业员指控欧文是作案者：“银店刚开门，欧文就闯了进来。当时我背对着门，他用枪抵在我背上，命令我不准转过身来，并叫我把壁橱内的所有银器都递给他。我猜他把银器装进了手提包，他逃出店门时，我看见他提着手提包。”

警长问：“这么说，你一直是背对着罪犯的，他逃出店门时又背对着你，你怎么知道他就是欧文呢？”营业员说：“我看见了他的影像。我们的银器总是擦得非常亮，在我递给他一个大水果碗时，我见到他映在碗上的头像。”

在一旁静听的亨利探长说：“你别装了，你就是罪犯。”

探长为什么断定营业员是罪犯？

答案

依据在银碗中见到的影像，营业员不可能认定罪犯是谁，因为碗中反射出来的影像是个倒影。

沙漠卖水

有一个用大皮囊装着25升水的商人，行经沙漠时，碰到一位要买19升水的客人和一个要买12升水的客人。商人的水不够同时卖给两个人，只能卖给其中一人，而且他希望在这酷热的沙漠中，尽快结束交易。

假设商人从皮囊中倒出1升水需要10秒，那么他会卖给哪位客人呢？

答案

卖给要买12升水的客人。乍看之下，可能会让人觉得只要由25升的皮囊中例出6升水，再把剩下的卖给第一位客人即可。但是，皮囊装有25升水的事情，只有商人自己知道，客人并不知晓。

任何事都可视为大前提。在交易方面，让客人了解就是大前提。这个问题或许会出现多种解答方法，但首先能满足大前提者，才是正确的解答。

自恃聪明

一个被警察追踪多年的盗墓者突然有一天前来自首。他声称他偷来的

100块法老壁画被他的25个手下偷走了。这些人中最少的偷走1块，最多的偷了9块。而这25人各自偷了多少块壁画，他说他也记不清了，但可以肯定的是，他们都偷走了单数块壁画，没人偷走双数块的。他为警方提供了25个人的名字，条件是不能判他的刑。警察答应了。但当天下午，警长就下令将自首的盗墓者抓了起来。猜猜为什么？

答案

假如100这个数可以分成25个单数的话，那么就是说奇数个单数的和等于100，即等于双数了，而这显然是不可能的。

事实上，这里共有12对单数，另外还有一个单数。每一对单数的和是双数——12对单数相加，它们的和也是双数，再加上一个单数不可能是双数，因此，100块壁画分给25个人，每个人都不分到双数是不可能的。自首的盗墓者出这一招是想嫁祸给他的手下，好让自己一人私吞赃物。

谁是电影主角

亚历克斯·怀特有两个妹妹，分别叫贝尔和卡斯。亚历克斯·怀特的女友费伊·布莱克有两个弟弟，分别叫迪安和埃兹拉。

亚历克斯、迪安、贝尔是舞蹈家。埃兹拉、卡斯、费伊是歌唱家。

六人中有一位担任了一部电影的主角；其余五人中有一位是该片的导演。

1. 如果主角和导演是亲属，则导演是个歌唱家。

2. 如果主角和导演不是亲属，则导演是位男士。

3. 如果主角和导演职业相同，则导演是位女士。

4. 如果主角和导演职业不同，则导演姓怀特。

5. 如果主角和导演性别相同，则导演是个舞蹈家。

6. 如果主角和导演性别不同，则导演姓布莱克。

谁担任了电影主角？

答案

担任电影主角的是埃兹拉。

根据给出的假设，1和2中只有一个能适用于实际情况。同样，3和4，5和6，也是两个陈述中只有一个能适用于实际情况。根据给出的结论，1和5不可能都适用于实际情况。同样，2和3，4和6，也是两个陈述不可能都适用于实际情况。因此，要么1、3和6组合在一起适用于实际情况，要么2、4和5组合在一起适用于实际情况。

如果1、3和6适用于实际情况，则根据这些结论，导演是费伊，一位布莱克家的艾歌唱家。根据假设，担任电影主角的是埃兹拉，一位布莱克家的男歌唱家。

如果 2、4 和 5 适用于实际情况，则根据陈述中的结论，导演是亚历克斯，一位怀特家的男舞蹈家。于是，根据陈述中的假设，担任电影主角的是埃兹拉，一位布莱克家的男歌唱家。

因此，无论是哪一种情况，担任电影主角的都是埃兹拉。

储钱罐里的硬币金额

杰克第一次拿到储钱罐的时候非常兴奋，他从自己的贴身小口袋里拿出了 3 枚 5 分硬币和 3 枚 1 角硬币，大声对小朋友们说："我把这些硬币分别存放在 3 只小狗储钱罐中，每只存 2 枚。"

有个聪明的小朋友对杰克说："把数标起来吧，要不待会你就忘了。"杰克很得意地说："怎么会？"然后他就放进去了？因为小朋友们都很好奇，挤来挤去，杰克居然真的把存钱罐里的硬币金额数弄混了，虽然都贴上存放的金额了，可小朋友们叽叽喳喳地说："显然每个都印错了嘛。"这时，那个提了第一个建议的聪明小朋友再一次发言了："如果只允许我从其中某一只储钱罐里倒出 1 枚硬币，那么，我就能从这枚硬币推出它们各自存放的金额了！"

小朋友们惊呆了，杰克脸上也露出不可思议的神情。

你认为可能吗？如果能，请解释那个小朋友是怎么帮助杰克做到的呢？

答案

从标有"15 分"的储钱罐中取出硬币，就可以在所有储钱罐上贴上正确的金额标签了。

因为都贴错了便说明它不可能存着值 15 分的硬币，那它只可能放 2 枚 5 分的或 2 枚 1 角的硬币。比如，掉出了 2 枚 1 角硬币，那么还有 3 枚 5 分硬币和 1 枚 1 角硬币，在标有"10 分"和"20 分"的储钱罐中不可能有 2 枚 5 分硬币，所以一定是 1 枚 5 分硬币和 1 枚 1 角硬币，剩下的那个就存着 2 枚 5 分硬币。同理，其他的也可以如此推出。

谁是扒手

派出所民警讯问公共汽车上的一桩盗窃案的嫌疑人甲、乙、丙、丁，笔录如下：

甲说："反正不是我干的。"

乙说："是丁干的。"

丙说："是乙干的。"

丁说："乙是诬陷。"

他们当中有三人说真话，扒手只有一个，那么这个扒手是谁呢？

答案

扒手是乙。

100米冠军

田径场上正在进行100米决赛。参加决赛的是ABCDEF共六个人。关于谁会得冠军，看台上甲、乙、丙谈了自己的看法：

乙认为冠军不是A就是B。

丙坚信冠军绝不是C。

甲则认为D，E，F都不可能取得冠军。

比赛结束后，人们发现他们三个中只有一个人的看法是正确的，请问谁是100米决赛冠军？

答案

C。

如何辨雌雄

一棵大松树上住着松鼠一家10口，有雄有雌，雄鼠说假话，雌鼠说真话。一天，一只麻雀与它们攀谈起来："你们家有几只雄鼠？"第一只松鼠说："有1只雄鼠。"第二只松鼠说："有2只雄鼠。"……第十只松鼠说："有10只雄鼠。"究竟有多少只雄鼠呢？

答案

一共有9只雄鼠，1只雌鼠，第九只是雌鼠。假设第一只松鼠是雄鼠，则它回答的那句"有1只雄鼠"为假，那就肯定不止1只雄鼠；如果第一只松鼠是雌鼠，则回答为真，那么有9只雌鼠，这样其余的9只雌鼠回答都应真，这样每一只的回答显然产生冲突。因此，第一只松鼠应是雄鼠。依此理推论下去，可得答案。

真正的盗贼

一个规模庞大的珠宝展在国际商贸大厅举行，其中最引人注目的是一颗巨大的钻石，价值超过千万元。为了防止这颗钻石被人偷去，珠宝商特邀一家防盗公司设计制作橱柜，上有防盗玻璃，可以抵御重锤乃至子弹袭击，不会破裂。同时在会场中有防盗设施如摄像探头等。在开幕的那天，人山人海，一个男子迅速地走到了玻璃柜前，用一个重锤向柜子一击，玻璃竟然破裂，男子抢去钻石，乘乱逃去。警方事后到现场调查发现，玻璃的确是防盗玻璃，而摄像头则刚好只拍到盗贼的手，看不见他的真面目。那么到底谁是盗贼，又用什么方法打破了防盗玻璃呢？警方根据防盗玻璃的特性，很快捉到了盗贼。你能判断出谁是盗贼吗？为什么？

答案

防盗玻璃整体是难以毁坏的，但如果玻璃上有个小小的缺陷，被人用锤在那里一击，防盗玻璃一定会破碎，知道这个破绽的人，只有设计制造防盗玻璃柜的那个。

“选”小偷

一位老师，因自己班上丢了东西，又一时查不出是谁偷的，竟荒唐地让全班同学投票“选小偷”。当被“选举”出来的同学问有什么证据时，这位老师竟摇晃着那一叠“选票”说：“大家选你，你就是小偷。”

这位老师的推论犯有什么逻辑错误？

答案

犯有“以人为据”的“推不出”的逻辑错误。因此，某次“丢东西”只是一次独立的事件，就算某个人以往有过“偷东西”的经历，但他以往的经历与这一次“丢东西”之间却没有必然的联系。经验中的因果联系充其量只是一种“可能”，但这种“诉诸公众”的“以人为据”显然把本不必然的“可能”联系当做“确凿的证据”，从而将毫不相关的两件事情扯在了一起。

经济专业毕业生

一项对某大学国际经济专业99届毕业生的调查结果看起来有些问题，当被调查者被问及其在校时学习成绩的名次时，统计资料表明，有60%的回答者说他们的成绩位于班级的前20名。

如果回答者说的都是真话，那么，下面哪项能够对上述现象给出更合适的解释？（　　）

A. 未回答者中也并不是所有人的成绩都在班级的前20名之外。

B. 虽然回答者没有错报成绩，但不排除个别人对于学习成绩的排名有不同的理解。

C. 成绩较差的毕业生在被访问时一般没有回答这个有关学习成绩名次的问题。

D. 在校学习成绩名次是一个敏感的问题，几乎所有的毕业生都进行略微的美化。

答案

D。本题是解释型题目。题干中给出了“当被调查者被问及其在校时学习成绩的名次时，有60%的回答者说他们的成绩位于班级的前20名”似乎矛盾的现象，是什么原因造成这种现象呢，选项A不能解释这种现象，反而使之更矛盾了；B与题干无关，排除掉；选项C也不能解释，排除掉；只有选项D能够解释这个矛盾现象，因为大家都对成绩敏感，回答时会美化，所以有可能不是前20名的学生也说是前20名，所以选择D。

教师工资

据最近的统计，在需要同等学历的10个不同职业中，教师的平均工资5年前排名第九位，而目前上升到第六位；另外，目前教师的平均工资是其他上述职业的平均工资的86%，而5

年前只是55%。因此，教师工资相对偏低的状况有了较大的改善，教师的相对生活水平有了很大的提高。

上述论证基于以下哪项假设？（　　）

Ⅰ.近五年来的通货膨胀率基本保持稳定。

Ⅱ.和其他职业一样，教师中的最高工资和最低工资的差别是很悬殊的。

Ⅲ.学历是确定工资标准的主要依据。

Ⅳ.工资是实际收入的主要部分。

A. Ⅰ、Ⅲ

B. Ⅱ、Ⅳ

C. Ⅲ

D. Ⅲ、Ⅳ

答案

D。本题是前提型题目；题干中的结论是“教师工资相对偏低的状况有了较大的改善，教师的相对生活水平有了很大的提高”，从题干中教师与其他同等学历的9个职业工资对比情况看，我们应该假设学历是确定工资标准的主要依据，而教师生活水平有了较大提高我们应假设工资是实际收入的主要部分，只有这样才能得出这个结论，否则就谈不上教师工资偏低和生活水平得到提高。所以正确答案是D。

求职面试

面试在求职过程中非常重要。经过面试，如果应聘者的个性不适合待聘工作的要求，则不可能被录用。

以上论断是建立在哪项假设的基础上的？（　　）

A. 必须经过面试才能取得工作，这是工商界的规矩。

B. 面试主持者能够准确地分辨出哪些个性是工作所需要的。

C. 面试的唯一目的就是测试应聘者的个性。

D. 若一个人的个性适合工作的要求，他就一定被录用。

答案

B。本题属于假设前提型题目。题干中从“应聘者的个性不适合待聘工作的要求”推出“不可能被录用”的结论，还需要假设一个大前提“面试主持者能够准确地分辨出哪些个性是工作所需要的”，即要找到一个能够把题干中的小前提和结论连接起来的选项。选项A是无关项，C是讲面试的目的，D是说的意思和题干的前提一样，都不能把前提和结论连接起来，不能起到保证题干论证成立的作用。所以正确答案是B。

地质探勘

有的地质学家认为，如果地球的未勘探地区单位面积的平均石油储藏量能和已勘探地区一样的话，那么，目前关于地下未开采的能源含量的正确估计因此要乘上1万倍，如果地质学家的这一观点成立，那么，我们可以得出结论：地球上未勘探地区的总面积是已勘探地区的一万倍。为使上述论证成立，以下哪些是必须假设的？

Ⅰ．目前关于地下未开采的能源含量的估计，只限于对已勘探地区。

Ⅱ．目前关于地下未开采的能源含量的估计，只限于石油含量。

Ⅲ．未勘探地区中的石油储藏能和已勘探地区一样得到有效的勘探和开采。

A. 只有Ⅰ

B. 只有Ⅱ

C. 只有Ⅰ和Ⅱ

D. Ⅰ、Ⅱ、Ⅲ

答案

C。本题属于假设前提型题目，结论为地球上未勘探地区的总面积是已勘探地区的1万倍。理由是如果地球的未勘探地区中单位面积的平均石油储藏量能和已勘探地区一样的话，那么，目前关于地下未开采的能源含量的正确估计因此要乘上1万倍。由于从平均储藏量到能源含量，到勘测面积，上述比例关系需要判断Ⅰ和Ⅱ必须作为必要条件，至于判断Ⅲ由于不涉及开采问题，所以不是必需假设的。

财富公正

有人认为，一个国家如果能有效率地运作经济，就一定能创造财富而变得富有；而这样的一个国家要想保持政治稳定，它所创造的财富必须得到公正的分配；而财富的公正分配将结束经济风险；但是，风险的存在正是经济有效率运作的不可或缺的先决条件。

从上述观点可以得出以下哪项结论？（　　）

A. 一个国家政治上的稳定和经济上的富有不可能并存。

B. 一个国家政治上的稳定和经济上的有效率运作不可能并存。

C. 一个富有国家的经济运作一定是有效率的。

D. 一个政治上不稳定的国家，一定同时充满了经济风险。

答案

B。本题属于假言连锁推理型题目。

从题干命题出发可以进行如下推论：

（1）如果想保持政治稳定，那么结束经济风险；

（2）如果风险不存在，那么经济不能有效率运作；

（充分条件命题否定后件，可得到否定前件）

（3）如果想保持政治稳定，那么经济不能有效率运作。

所以政治稳定与经济有效率运作不能同时并存。选择B。

职业判断

一次聚会上，麦吉遇到了汤姆、卡尔和乔治三个人，他想知道他们三人分别是干什么的，但三人只提供了以下信息：三人中一位是律师、一位是推销员、一位是医生；乔治比医生年龄大，汤姆和推销员不同岁，推销员比卡尔年龄小。

根据上述信息麦吉可以推出的结论是（　　）。

A. 汤姆是律师，卡尔是推销员，乔治是医生。

B. 汤姆是推销员，卡尔是医生，乔治是律师。

C. 汤姆是医生，卡尔是律师，乔治是推销员。

D. 汤姆是医生，卡尔是推销员，乔治是律师。

答案

C。应从题干出发，乔治比医生大，说明他不是医生，排除A；汤姆和推销员不同岁，说明汤姆不是推销员，排除B；推销员比卡尔小，说明卡尔也不是推销员，排除D，所以我们看，不用再继续推断了，只剩下C是正确的选项。

瘦子和胖子

在一辆飞速行驶的火车上，一胖一瘦两个旅客为了开不开车窗的事而吵了起来。周围的旅客被他们的争吵弄得心烦意乱，就更别提什么休息不休息的了。就在他们两个人越吵越凶的时候，列车长走了过来。在多次规劝无效后，这位列车长只是说了一句话，就让两个人都哑口无言、不再争吵了。

那么，你能猜到这位列车长对这两名旅客说了一句什么样的话吗？

答案

这位列车长对两位旅客说的话很简单：

“既然你们吵得这么厉害还没个结果，那就干脆先打开窗子，把身体瘦弱的先冻死；然后再关上窗子，把身体肥胖的也热死。这样，大家就可以安安静静地休息了。你们看好不好呢？”听列车长这么说，两个人才意识到自己的争吵妨碍了其他人的休息，所以也只好就此作罢了。

爱因斯坦的旧大衣

世界著名物理学家爱因斯坦在成名之前一直过着清贫的生活。有一次，当一位反对他的理论的同行在街上遇到他的时候，爱因斯坦正穿着他的那件破旧的大衣。这个人嘲笑他为什么穿了这样的一件衣服。爱因斯坦满不在乎地回答说：

“反正这里的人都不认识我。”

等到爱因斯坦因为他的相对论而享誉物理学界的时候，这个人又一次在街上遇到了他。而此时的爱因斯坦还是穿着那件破旧的大衣。于是这个人便又假惺惺地问爱因斯坦为何还穿得这么寒酸。聪明的爱因斯坦稍加思索，便用一句话再次驳倒了那个人。

那么，爱因斯坦到底是如何对自己的旧大衣做出解释的呢？

答案

爱因斯坦还是笑着回答说：

“是呀，反正现在这里的人都认识我了，穿什么也就真的无所谓了。”

铁桶江山

有一年，乾隆皇帝为了庆贺即将到来的生日，就发给每个大臣千两黄金，让他们为自己准备寿礼。为了讨皇帝欢心，大臣们各自都搜集了大量的奇珍异宝。

而刚正的老臣刘统勋却没有这样做。虽然他也领到了黄金，可他却把这些黄金发放给了那些镇守边疆的官兵，并告诉他们说这是皇上犒赏的。然后，他又在一个铁桶里装满了很多的姜，把它作为礼物献给了乾隆皇帝。

到了乾隆生日的那天，当刘统勋把自己这份寿礼中的含义说出来以后，乾隆不仅没有生气，还连声说这是自己今年收到的最好的礼物。

那么，你能想到这份礼物中究竟有着怎样的含义吗？

答案

刘统勋在禀告乾隆的时候，说自己的这份寿礼有着很深的含义，那就是他会尽自己所有的忠心送给皇帝一个“铁桶一样的江（姜）山”。乾隆听了这番解释后，立刻就理解了刘统勋的意思，同时也为他的足智多谋与忠心耿耿所感动，自然就很高兴了。

李世民机智救父

唐太宗李世民早在十几岁时，就凭着聪明才智从隋炀帝的手里救过父亲的命。

原来隋炀帝的手下有个得宠的奸臣与李渊不和，于是，就在隋炀帝要兴建宫殿的时候建议应该责成李渊在百日之内修建一座颇具规模的宫殿。

为了能在100天的时间里修好一座宫殿，李渊父子花费了很多心血。可等到宫殿建成后，那个奸臣却说李渊根本不可能在如此短暂的时间内建成这么一座宫殿，一定是他早就在暗中偷偷建好了，所以李渊必有谋反篡位的野心。

关键时刻，正是李世民用几个从宫殿的连接处拔下的钉子证明了父亲的忠心，救下了父亲的生命。

那么李世民到底用的是怎样的办法呢？

答案

李世民对隋炀帝说：

“这些钉子就是最好证据，它们可以证明这座宫殿确实是在百日之内刚刚建好的。因为如果宫殿是早就建好的，那么这些钉子就会或多或少地生出锈迹。而自己手里的这些钉子都是刚刚从宫殿的各个地方拔出来的，却都是一样的崭新，这就说明宫殿建好的时间并不长，而父亲自然也就是个忠臣了。”

庞振坤智惩店老板

庞振坤是历史上很有名气的一位智者。

有一年，他和几个朋友一起进京去赶考，途中暂住在一家饭店里。当时饭店的大门上写着“明天吃饭不要钱”几个大字。朋友都觉得很有意思，就故意在第二天吃饭的时候点了很多的菜。可等吃完了饭，店老板还是要收饭钱。当有人就门上的那些字问这位店老板时，他竟狡辩说：

“我说的只是明天，却没说是从哪一天算起的明天啊！”

聪明的庞振坤觉得店老板的这种做法应该受到惩罚。所以等到下次吃饭的时候，当店老板来结账时，庞振坤却对他说：

“明天再给。”连续几天他都这样说。店老板终于沉不住气了。这时，庞振坤只说了一句话，就让店老板无言以对了。

请问，庞振坤究竟对店老板说了什么呢？

答案

庞振坤看了看店老板，然后不紧不慢地说：

“你家店门上不是写着‘明天吃饭不要钱’吗？我就要等到那一天才和你结账！”

玩具手枪

戚君在昆明圆满地完成了一笔业务的洽谈任务。朋友送给他两件礼品：一只密码箱和一支玩具手枪。

密码箱新式而漂亮，正好用来放合同书和有关文件资料。玩具手枪也很精致逼真，而且功能奇特，一按扳机就能冒出火花，点燃枪口的电热丝，实际是只手枪形的打火机，他就放在裤袋里，以备抽烟之需。

飞机票和卧铺票都买不到，为了赶时间，他就只好坐硬席火车回来。那只密码箱放在货架上，和众多的旅行袋、提包杂在一起，非常引人注目，确实增添了他这个苏南乡镇企业供销员的风度和气派。但也给他带来不少麻烦——几乎每上来一个旅客都要对它侧目而视。他不得不时时警惕、刻刻戒备。车过山区，上来了几个山民打扮的彪形大汉。他们向货架上扫视了一下，很快就发现了那只密码箱，就相约着挤了过来，明明前面有几个空位，他们偏偏不坐，却围站在戚君的座位四周。看来他们要来偷甚至抢这只密码箱。戚君经常出差，知道这一段铁路治安状况很差，甚至听说最近出现了路匪。他想把这只密码箱从货架上取下来抱在胸前，以防不测。但又想，这样做反而露了形迹，会弄巧成拙的。他们乡里有个采购员“老于世故”，乘车时将1万元现款装在蛇皮袋里坐在屁股下面，但照样被盗匪劫走。此刻他又想去找乘警帮忙，但夜间行车，乘警不知道哪里去了！怎么办呢？戚君怎么办呢？

答案

他脑子里忽然闪过了一个念头，便假意将身体和头侧向旁边一个漂亮的女乘客身上，像是瞌睡的样子。那正昏昏欲睡的女乘客被他粗鲁的动作惊醒了，厌恶地推了他一把，还咕噜了一声：

“不懂礼貌！”

戚君像是被惊醒的样子，一手从裤袋里带出了那支玩具手枪，又“欲盖弥彰”地赶紧将“手枪”塞进裤袋。

但这一细微动作已被几个彪形大汉发现了。他们吃不准这个“带枪的人”是什么角色，总之那锃锃亮、闪闪发光的铁疙瘩可是个真家伙，他们不敢鲁莽，尽管自己身强力壮人多势众，但也经不住真枪实弹的，于是彼此交换了几句耳语，在火车到达一个小站时，依次下车了。

火车开出了山区，天已微明，戚君这才松了口气，拿出了那只玩具手枪打火机，按动扳机，燃着了电热丝，抽了一支烟。他向旁边的漂亮的女乘客道歉地说：

“对不起，刚才有所冒犯，我也有不得已的苦衷啊！”

韩信的去向

传说萧何月下追韩信，追到了虚实村。穿过村子，是一个二岔路口，不知韩信从哪条路走的。此时只见两个当地老乡在月下饮酒，他们显然目睹了韩信的经过。萧何知道，虚实村中的人，不是老实头子，平生言语决无半点虚假，就是狡猾分子，宁可掉了脑袋也决不吐露半句真言。萧何从二人的相貌判定，两人中有一人是老实人，另一人是大滑头。萧何只能问一句话，问多了下棋的人就不耐烦了，但萧何不知道自己问的那个人说真话还是说假话。

按照萧何的聪明，自不难打听出韩信的去向。他是如何得知韩信去向的呢？

答案

萧何问其中一个人：

“如果我问你的朋友：

‘刚才过去一位将军从哪条路走的？’他会指哪条路给我？”这个问题巧妙地将两个人都拉了进来，结果不管他问的人说真话还是假话，结果这个人都会指一条错误的路。萧何只需要走另一条路去追韩信就可以了。

寻找线索

英国女作家阿加莎·克里斯蒂塑造了大侦探赫尔克里·波洛的形象。

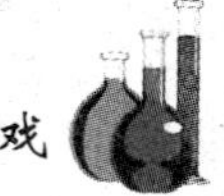

一个炎热的晚上，法国夏纳海滩边的一座旅游大厦里，突然传出两声枪响，划破了这夜的宁静。大厦里顿时一片混乱。等到警察赶到枪响处——大厦715房间时，发现刚住进大厦的贵族后裔安娜夫人已身中两枪而亡。

大名鼎鼎的比利时侦探波洛当时也正住在这里，应警长米洛克的邀请，也赶到715房间。在案发现场，安娜夫人斜靠在面向海滩的落地窗前，洁白的纱裙被鲜血染得斑斑驳驳，脚下掉有一支已经开了盖的口红膏。撩开浅绿的窗帘，窗玻璃上留有口红写下的一组数字：

“809”。

根据现场情况，波洛和米洛克都一致推断出，凶手是在安娜正在窗前的梳妆台上化妆时突然闯进来的，猝不及防的安娜背靠落地窗，在凶手一步步逼近时，急中生智，用身体挡住凶手视线，背着手用口红在窗玻璃上写下追查凶手的线索。可是809究竟是指什么呢？

海风带着咸腥味飘进房来，浪涛不停地冲刷着海边的石头，发出阵阵此起彼伏的撞击声。也冲刷着他们疑惑的心，许多推理被他们一次又一次自我推翻。在继续搜查中，从安娜手提袋的夹缝里，发现了一个卷紧的纸筒，里面写着：

“因为父亲的冤仇，几个家族的后裔都打算谋害我。我若遇害，请追查以下三人，其中一人是凶手：M·科波菲尔——806，CT·凯菲茨——608，D·米歇尔——908”。

米洛克一阵高兴，可是当他比较了纸条和窗玻璃上的数字后，失望地直摇头：

“这些号码哪个也不是809，难道是别人干的？”

波洛想了想，笑着对米洛克说：

“警长先生，不是别人干的，凶手就是CT·凯菲茨——608。”“可数字不一样呀？”米洛克疑窦未开。这是怎么回事呢？

答案

渡洛解释道：

“当时，安娜背着玻璃窗，只能反手写。由于反手关系，她写的608，从正面看，就成了809。”“对呀，我怎么就没有想到呢？”米洛克拍着后脑勺，恍然大悟。自然，警方按照这条线索，迅速抓住了那个杀害安娜夫人的凶手。

第十章 综合类思维游戏

综合思维能力主要是指综合地利用创造性思维方法的能力，他要求我们掌握逻辑思维技巧、演绎思维技巧、发散思维技巧、以及判断思维技巧等，尤其是要学会通过多种思考方法的交叉整合。下面就让我们通过游戏来提升我们的综合思维能力吧！

堵冰缝

有 27 块浮冰，一只小蜜蜂正在冰缝处四处观望。

你知道哪块浮冰能正好堵住这个冰缝吗？

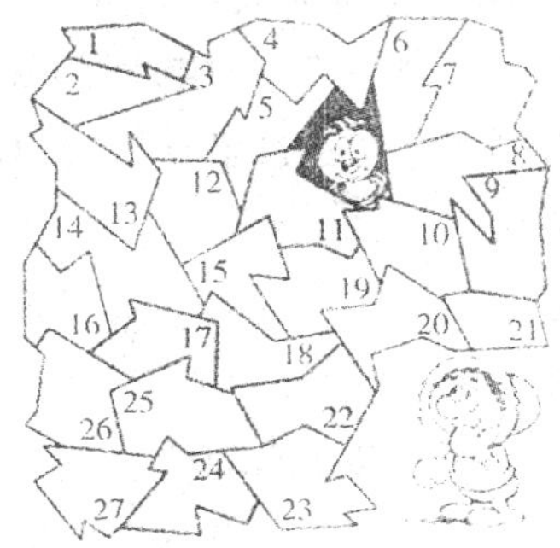

答案

第 27 块浮冰。

奇妙的形象

在如图所示的一系列图画中，每一幅图都包含有两种不同的画面。你能将它们找出来吗？一定要集中注意力进行观察哦！

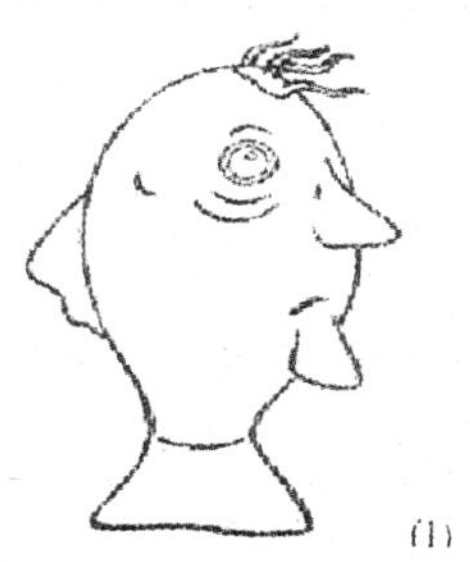
(1)

(2)
(3)
(4)
(5)
(6)

答案

（1）一个可以看到脸的人和一条鱼。

（2）突出的天鹅的头也是一只大尾巴的小松鼠。

（3）走进雪屋的爱斯基摩人的背影和印第安人侧着的脸。

（4）巫婆的鼻子也是年轻女子的下巴。

（5）往右飞的隼和往左飞的野鹅。

（6）兔子的耳朵也是鸭嘴。

找硬币

三个日本孩子翻衣兜，他们把兜里所有的钱都掏出来，看看一共有多少钱。结果一共有320日元。其中有两枚硬币是100日元的，两枚是50日元的，两枚是10日元的。每一个孩子所带的硬币中没有相同的。而且，没带100日元硬币的孩子也没带10日元的硬币，没带50日元硬币的孩子也没带100日元的硬币。你能弄清楚这三个日本孩子原来各自带了什么硬币吗？

答案

100、50、10；100、50、10；0。

巧移水杯

安杰的妈妈是豫林水泥厂的化验员。一天，安杰来到化验室做作业，做完后想出去玩。“等等，妈妈还要考你一个题目，”她接着说，“你看这6只做化验用的玻璃杯，前面3只盛满了水，后面3只是空的。你能只移动1只玻璃杯，就使盛满水的杯子和空杯子间隔起来吗？”爱动脑筋的安杰，是学校里有名的“小机灵”，他只想了一会儿就做到了。请你想想看，“小机灵”是怎样做的？

答案

安杰在3只盛水的玻璃杯中，把中间的那只里的水，倒入3只空杯中间的那只里，然后把空杯放回原处就行了。

相互握手

王叔叔、李伯伯、周叔叔、林阿姨和张阿姨一起参加会议，开会前他们相互握手问好，王叔叔和4人都握了手；李伯伯和3人都握了手；周叔叔和2人都握了手；林阿姨和1人握了手。你能知道张阿姨和哪几个人握了手吗？

答案

张阿姨和王叔叔、李伯伯两人握了手。

跳棋玩法

甲一个人用跳棋子在棋盘上摆图形玩，他先摆了 4×4 排棋子，每排都是一黑一白，如图。他现在突然想改变棋子的排列形状，让这 16 颗棋子分成黑的一排、白的一排，而不是一黑一白，在不减少棋子数目的情况下，他最少要移动多少颗棋子才能做到呢？

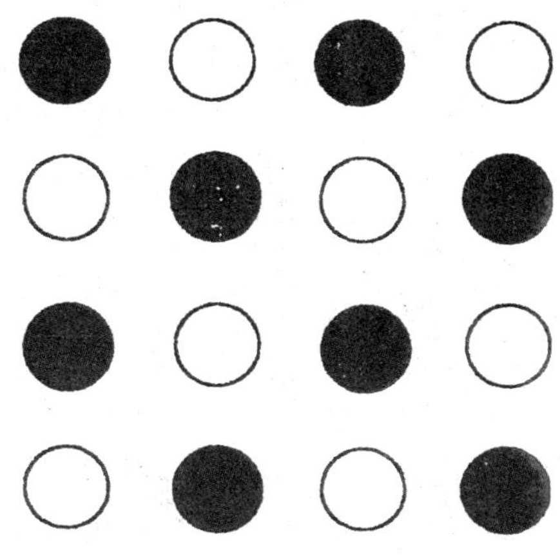

答案

他最少要移动 4 颗。

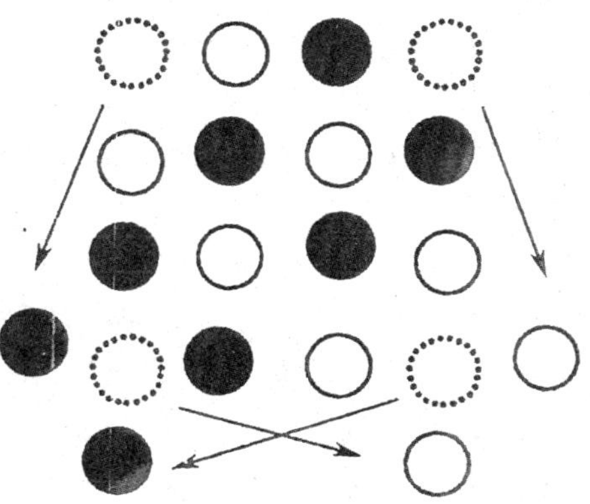

蜂巢迷宫

你能否找到穿过这个蜂巢的最短路线？

答案

如图。

纸环想象

用两条宽度和长度相同的纸带做成两个圆环。把这两个圆环相互粘在一起，然后沿虚线剪开来，如图所示。

剪开之后的形状是什么样子？

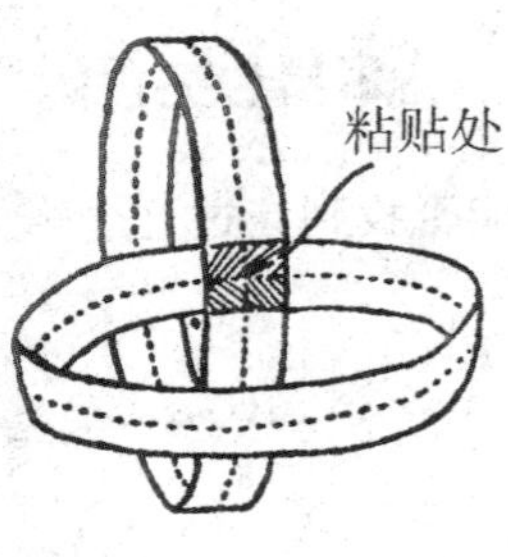

答案

剪开后是一个正方框，形状如图所示。

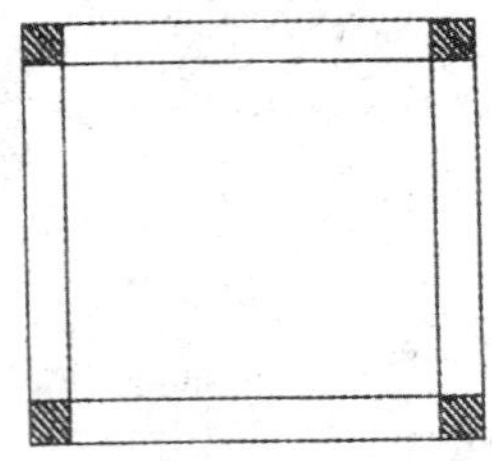

巧拼桌子

有如图的三组木板，要分别把它们拼装成最简单形状的桌面，请问应该怎样设计拼装为好？

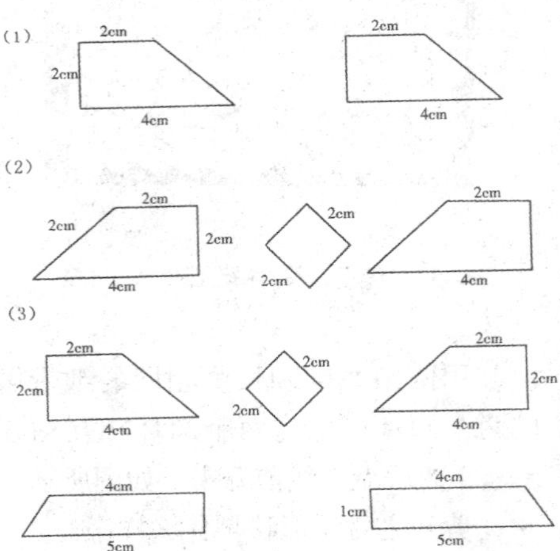

答案

第一组图形的拼装比较容易，凭借第一感觉就能做到。只要将其中的一块木板翻转就可以了。

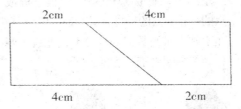

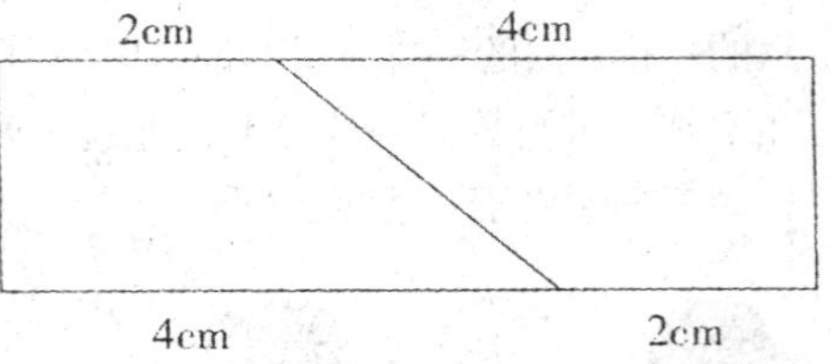

问题是在第一组图形拼装好以后，思维很容易在第一组图形的拼装顺序基础上继续向前滑行。将第二组图形拼装成如下形状：

这种形状虽然也可以称得上是“简单”，但还不应算做是“最简单形状”。

如果思维满足于第二种拼装，无形中会加剧思维单一的惯性。从而不再改变对事物结构的认识，让思维继续向前滑行，用既定的思路认识第三组图形，从而更加剧了原有思维的框架，将第三组图形拼装成如下形状：

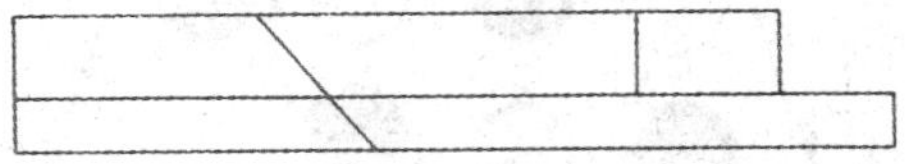

如果说第二组图形还能够称做简单图形，可以当桌子用，那么，第三组图形就不能称其为“桌子”了。

正确答案应按以下方法拼装：

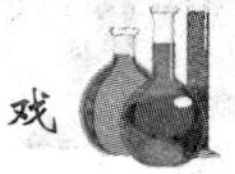

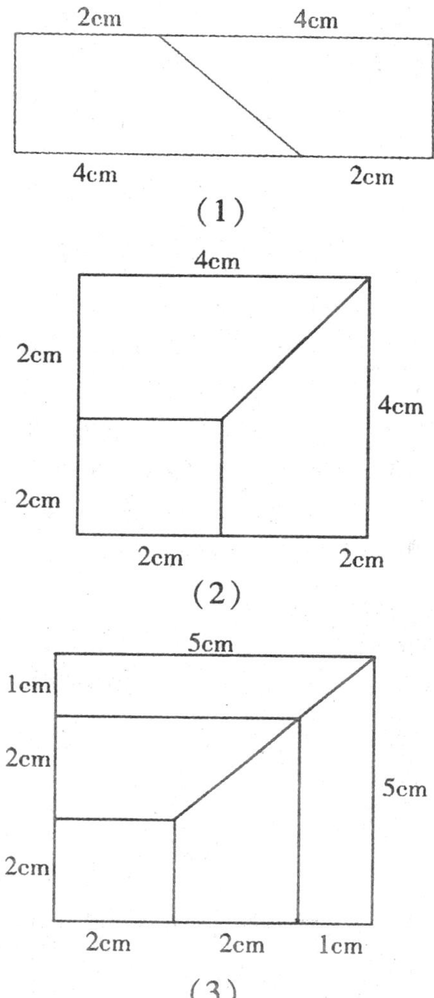

莫里三角形

如图所示，分别在三条边上把三角形三等分。注意，这些直线中有三个交点构成一等边三角形。是不是任何三角形这样三等分后都会构成这样一个等边三角形？

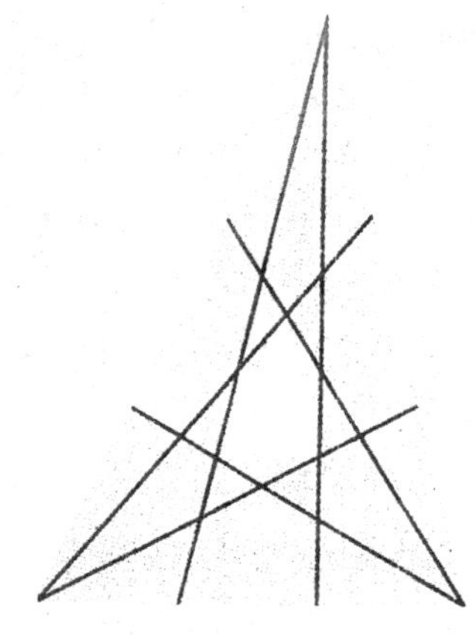

答案

是。这个完全意想不到的事实是由英国数学家弗兰克·莫里在1899年发现的。这也是这个三角形被称为“莫里三角形”的原因。

复杂的碑文符号

考古人员在希腊进行发掘工作时，使一批奇异的古代遗迹重见天日。他们发现很多纪念碑的碑文上反复出现下面这个由圆和三角形组成的符号。

这个图可以一笔画出，线条都不重复地画过两次以上。不过，如果采

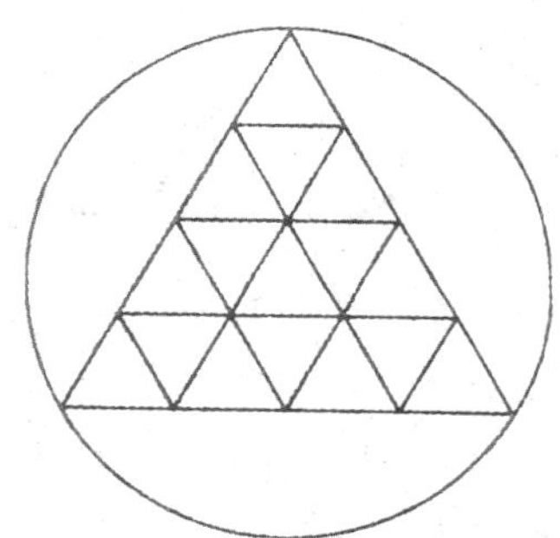

取那种更为一般的，允许同一线条可以随意重复画过的画法，只是要求用尽可能少的转折一笔画出这个图形，它无疑会成为很好的一道趣味题。你知道怎么画吗？

答案

这个图可以经过13个转折一笔画成：

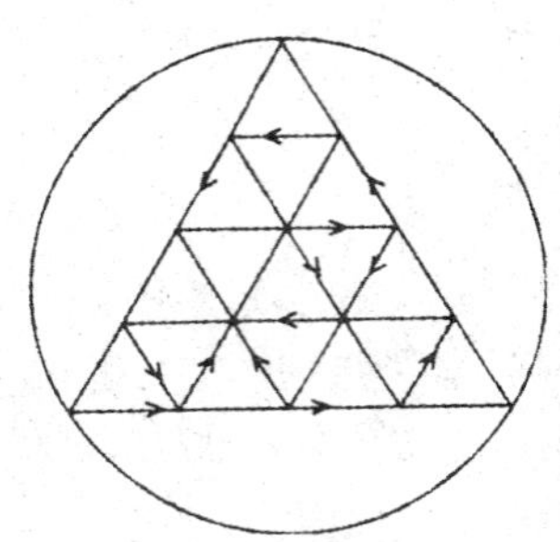

到底是什么

有一个问题很奇怪，那就是：5比0强，2又比5强，但0却又比2强。这到底是怎么一回事？

答案

它是“石头、剪刀、布”的猜拳游戏。

头发怎么没湿

一位女子既没撑伞，也没有戴帽子、穿雨衣，却能在倾盆大雨的原野上散步10分钟，头发仍没有淋湿。请问这是为什么呢？

答案

因为她是位尼姑，没有头发。

为什么不肯让座

小田是个年轻力壮，对老人又有爱心的小伙子。这天他踏上公交车，才坐下不久，就已经座无虚席。这时上来了一位头发花白的老婆婆，她在小田的座位旁摇摇晃晃，站得十分辛苦。可是，距离终点站还有好长一段路，小田却不肯让座，这是为什么呢？

答案

因为小田是这辆公交车的司机，所以实在无法让座。

阮小二吹牛

在黄河的渡口，既没有桥，也没有船。阮小二对时迁说：“别看水面这么宽，我上午一气儿横渡了5次呢！”时迁说：“游完你就回家了？”阮小二说：“那当然了！”时迁说：“你吹牛！”阮小二是梁山有名的水中好汉，时迁不是不知道，可是他为什么不相信阮小二呢？

答案

因为在横渡5次黄河之后，人应该在河的对岸，不可能立即回家。

硬币如何落下

找一个广口瓶，将一根火柴棒折成“V”形（不用完全折断，使一部分纤维连着），放在瓶口上，再取一枚比瓶口小一点的硬币放在“V”形火柴棒上。

在不用手或者其他工具接触火柴棒及硬币的情况下，用什么办法能使硬币掉落到瓶子里呢？

答案

在火柴棒上滴几滴水，使水分沿着木质纤维的导管渗进去。待火柴弯曲处的纤维受潮膨胀后，火柴棒自然就会渐渐伸直，硬币便可自动掉进瓶中。

何时送出鱼翅宴

元旦时，企业的 10 个同事一起到海鲜楼聚餐。在雅间里，有的人希望按年龄大小就座，有的建议按资历就座，还有的人要求按个头就座，大家争论不休。

大堂经理说：“大家先任意坐下吧，我有个好办法。”

10 个同事听了大堂经理的话，不再吵吵嚷嚷，随意坐了下来。大堂经理继续说：“大家记下这次座位的次序。等第二次来这里进餐时，再按别的次序就座；第三次再按新的次序就座，以后每次来都按新的次序，直到每个人把所有的位子都坐过为止。如果有一次正好每个人又坐在现在所安排的位子上，我将用本店最昂贵的鱼翅宴免费招待你们。”大家听了，都觉得这是一个好办法。

你认为这个办法怎么样？大堂经理隔多久会送出鱼翅宴呢？

答案

实际上是不可能的。因为隔的日子太久了，是 362800 天，相当于 1000 年。

阿东寻宝

阿东是一个寻宝高手，不管是谁丢了贵重东西，他都能根据线索将它们找出来。可是有一样东西一旦遗失了，阿东也没有办法找回。你知道这是什么东西吗？

答案

他戴的隐形眼镜。

熊的颜色

一只熊向南走了一里，又向东走了一里，然后又向北走了一里，回到起点。这只熊是什么颜色？

答案

只有在北极，才能往南走一里，东走一里，北走一里，又回到起点。

而北极只有北极熊，北极熊的颜色也只有白色一种。所以那只是北极熊，是白色。

站立的两个人

两个人一个面向南一个面向北站立着，不允许回头，不允许走动，也不允许照镜子，她们怎样才能看到对方的脸?

答案

“一个面向南一个面向北站立着”，如果你认为两个人是背对背而立，那就得不到答案了。两个面对对方站立的人，也可以一个面向北，一个面向南啊!

陌生人的来信

有一个人在看一封信。当一个人问这个人看谁写来的信时，这个人说：“我无姐妹，写信人的女儿是我母亲的孩子。”

读信的是男是女，此人在看谁写来的信?

答案

读信的人为女性，她在读自己的父亲或母亲的来信。

火车在哪里

一列火车由保定开到北京需要1个半小时，行驶30分钟后，这列火车应该在哪里?

答案

铁轨上。

没有双眼的人

一个没有双眼的人看到树上有苹果，他摘下了苹果又留下了苹果。这是为什么呢?

答案

没有双眼，但有一只眼。

香港小姐的选择

在一次“香港小姐”的决赛中，主持人出了这样一道有趣的题：“假如必须在音乐家肖邦和战争狂人希特勒两个人中，选出一个作为终身的伴侣，你会选择哪一位呢?”

有一位小姐这样回答：“我会选择希特勒，如果……”，这位小姐的回答新颖、独特而且富有爱心和勇气，立即赢得了阵阵掌声。

你知道这位小姐是怎么回答的吗?

答案

香港小姐回答说："如果我嫁给他的话，我相信我可以感化他，那么第二次世界大战就不会爆发了。"

男人怎么进去的

有个歹徒成功地绑架了某公司的经理，并且将其关在一个隐秘的库房。

库房只有一个入口，而且这个入口一整天都有人在这里把守，并且外面的人都不准进入。但是，到了第二天，库房内除了老总之外，还有另一个男人被关在里面了。

你知道这个男人是怎么进入的吗？

答案

因为被关在库房的是即将分娩的女总经理，她生下了一名男婴。

时钟怎么没停

马先生帮朋友修理时钟。修理完毕时，时间正好为12点，并确认时钟已能再走动了。可是过了3小时后再看，时钟只走了15分。时钟并没有停，为什么会这样？

答案

马先生修理时将时针与分针装错了。

有一件事情

有一件事，人们在夏天一定不会提起，但春、秋、冬季却会想到。请问：这件事是什么事呢？

答案

像"还有多久夏天才会来？"以及"夏天怎么不早来呢？"之类的事。

奇怪的存钱罐

小华有红色和蓝色两个钱罐。一天，他把钱罐给妈妈，让妈妈帮他算一算，妈妈说："红色钱罐里的钱比蓝色钱罐多10元。"

过了一个星期，妈妈又算了一遍钱罐，却说："蓝色罐里的钱比红色罐多5元。"小华一听吓了一大跳。因为这个礼拜，他既没有从钱罐里拿钱出来，也没有存进一毛钱，所以钱的数量是丝毫不会变的，但是为什么两边的金额竟然会有变化呢？

答案

因为小华的钱罐里面含有外币，随着汇率的变动，钱罐里钱的金额也会变化。

为什么要转杯子

阿旦说了一件很不可思议的怪事。

“昨天，我家来了几位客人，我就泡茶招待他们。平常，大家都是端起来就喝，但是，昨天我却使他们把杯子转了一下才喝。当然，大家都不等我开口就乖乖地照做了。”

为什么会发生这种事情呢？当然，这和茶道之类的规矩是扯不上关系的。

答案

阿旦使用咖啡杯之类有把手的杯子倒茶，端茶给客人时，故意将把手朝向客人的左手边，所以客人只好把杯子转了半圈，让把手朝右边，才能端起来喝。

没有秘密捷径

李小姐从A市开车到距离400千米的B市。她的车每跑300千米必须加一次油，但是这一天她没加一次油就抵达了B市。

A市到B市既没有秘密捷径，也没有很长的下坡路。当然她也不是更换另一种耐用汽油。原因到底是什么呢？

答案

A市和B市之间有海，必须搭乘渡轮，乘渡轮时，车子不必用油，所以她可以用只能跑300千米的汽油到达距离400千米的B市。

蒂多公主的智慧

在很久以前，欧洲某个王国被另一个国家灭亡了。国王和王后、王子都被侵略者杀死了，只有小公主蒂多带领一些武士突出包围，逃到了非洲的海岸。

蒂多公主带了一些金币登上海岸，拜访了酋长：“我们都是失去祖国的逃难人，请允许我们在您神圣的领土上买一块土地生活吧。”

酋长见蒂多公主只有几枚金币，便轻蔑地说：“才这么一点儿金币就想买我们的土地？那你只能买下用一张牛皮所圈出的土地。”

大家听了都很沮丧，可是蒂多公主却说：“大家不必丧气，我有办法用牛皮圈出一块面积很大的土地。”

蒂多公主真的做到了。你知道她是怎么办到的吗？

答案

蒂多公主和大家上岸后，向酋长买来一张野牛皮，用小刀把它割成细细的牛皮条，然后把这些牛皮条一条条都连接起来。接着，在平直的海岸上选好一个点作圆心，以海岸线作直径，在陆上用牛皮绳圈起了一个半圆来。酋长一看，大吃一惊，自己部落的一半领土都被蒂多公主圈起来了。他只得表示同意。

摸黑装信

当当有四位好朋友，他们之间经常用书信联系，感情非常亲密。

有一天晚上，当当分别给四位朋友写信。他刚写好信正准备分装的时候，突然停电了。当当摸黑把信纸装进信封里，因为要赶着明天寄出去。妈妈说他这样摸黑装信会出错，当当说最多只有一封信装错。

你觉得当当说得正确吗？

答案

不正确。如果出错的话，至少有两封信出错。

螃蟹比赛

两只螃蟹在一起争论不休，红螃蟹说自己体长20厘米，如果与黑螃蟹赛跑一定可以取胜。黑螃蟹不服气，认为自己虽然只有15厘米长，也不是没有获胜的机会。

你认为它们谁会取得胜利？

答案

黑螃蟹赢，因为红螃蟹已经被煮熟了。

选择哪只钟

爷爷总是敝帚自珍，你看，他有两只钟，一只钟每天只准一次，另一只钟一天慢一分钟。爷爷想把其中一只钟送给朋友。如果是你，你会选择要哪一只钟？

答案

你可能会想：“唉，既然都这么不准，如果非要不可的话，还是选择一天只慢一分钟的钟吧！”我们来想想：那只钟一天慢一分，那么两年内要走慢12个小时（即720分钟），之后才能重新走得准，因此它在两年内只会准确一次。现在你会不会改变主意呢？

同颜色的糖块

爸爸出差回来，送给小敏一盒糖作为礼物。这盒糖非常漂亮，有红、黄、蓝三种颜色。小敏觉得很开心，她蒙上眼睛，伸手去糖盒里抓糖。请问：至少要抓多少块，才能确保小敏抓到的糖中至少有两块是同样颜色的？

答案

如果小敏抓3块糖，可能是红、黄、蓝3种颜色的糖各一种；只有抓4块，就一定能保证有两个同样颜色的糖。

互相矛盾

何先生从超市里选完东西后，到柜台付钱。收银员问他："刚刚好吗？"何先生干脆地说："刚刚好！"然后他从钱包里掏出300元付账，收银员还找给他7元。

何先生与收银员的对话和实际动作相矛盾，这是怎么回事呢？

答案

因为他们之间的对话，说的是商品的尺寸是否刚刚好，没有说付款的金额。

自动售货机

老王从来没有用过自动售货机。一次，他非常想吃罐头，又懒得跑到远处的超市，就向楼下的自动售货机中投入10元硬币，试试这个新鲜事物。他按下按钮，可果汁罐头并没有出来。之后，老李走过来买东西，他在同一个自动售货机的同一个地方投入10元硬币，然后按下和老王相同的按钮，这次果汁罐头出来了。

自动售货机并没有坏，这是怎么回事呢？

答案

自动售货机里果汁罐头每罐卖20元。因为老王投的10元硬币还在，所以老李再投入10元后，果汁罐头就会出来。

电话骗局

崔经理到某地要账，可是对方一见是他的手机号就根本不接听。没办法，崔经理只有到公用电话亭打电话。谁料对方的电话中传出"本机已暂停使用"的信息，他无奈地挂掉电话。但不久他就发现这是一个骗局。

信息确实是电信局语音机播放的，电话也没有呼叫移转，为什么崔经理会发现是骗局呢？

答案

崔经理挂断电话后，硬币并没有退回来。这表明电话与对方接通了，而对方却使用答录机来骗人。欠债的人在答录机的留言记录上录下电信局播放"本机已暂停使用"的信息，以躲开崔经理。

加薪方案

在年终总结大会上，公司公布了两个加薪方案：第一个方案是12个月后，在20000元年薪的基础上每年提高500元；第二个方案是6个月后，在20000元年薪的基础上，每半年提高125元。不管选哪一种方案，公司都是每半年发一次工资。

员工对这两种方案议论纷纷，支持哪一个的都有。

如果你是工会代表，那么你应该向职工推荐哪一个方案呢？

答案

第二个方案比较有利。

第一个方案（每年提高500元）：

第一年：10000+10000=20000元；

第二年：10250+10250=20500元；

第三年：10500+10500=21000元；

第四年：10750+10750=21500元；

第二个方案（每半年提高125元）：

第一年：10000+10125=20125元；

第二年：10250+10375=20625元；

第三年：10500+10625=21125元；

第四年：10750+10875=21625元；

砝码的变化

一个滑轮上吊着一根绳子，摩擦力忽略不计。绳子的右端挂着一只砝码，重500克，一只小松鼠攀在绳子的左端，恰好能与砝码保持平衡。

如果此时松鼠开始顺着绳子向上爬，绳子右端的砝码会如何变化呢？

答案

不管松鼠爬的速度、方式如何，松鼠与砝码总是处在面对面的位置。松鼠不可能高于砝码，也不可能低于砝码。

飞离北极

一架飞机从北极点出发，往南飞行了50千米后又往东飞行了100千米。此时，飞机离北极点多远？

答案

很多人在这里可能又要动用你复杂的大脑了，其实这是一个非常简单的题目。飞机离北极点的距离是50千米，它向东飞行时与北极点的距离不变。

垂吊在水面上的绳梯

在一艘轮船上，向水面垂吊着一个绳梯。现在，水面正好在第9磴处。假如海水以每小时40厘米的高度不断上涨，那么2小时后水面该在绳梯的第几磴处？（绳梯磴与磴间的距离是30厘米）

答案

水面与最初一样，仍在绳梯上第9磴处。因为船浮在水上，所以无论涨潮水面升高还是退潮水面降低，绳梯都会与船一起升降。“水涨船高”这个大家谁都明白，但人们常常会忽略这种简单的常识，理论与现实的脱节是生活中随处可见的情形。

巧妙的方法

在一张纸上，有一个直径为3厘米的圆洞。现在要求从这个圆洞中穿过去一枚直径为4厘米的纪念币，应采用什么方法？

答案

将纸在圆洞处对折，向左右两方牵拉，使圆洞变成椭圆形状。此时，纪念币就很容易地竖着穿过去了。

怎么样做才公平

三名学生参加了学校组织的野外训练营。第一天中午吃饭时，李梅拿出5个面包，王强拿出3个面包。张伟没有带面包，想与李梅和王强一起分吃面包，并表示愿意按照面包的价格付钱，得到李梅、王强的同意。于是三人平分了所有的面包。

吃完后，张伟一共给李梅、王强8角钱。王强给李梅5角钱，但李梅认为她应该得到7角钱，王强只该得1角钱才公平。

你认为李梅的观点对吗？

答案

正确。虽然李梅与王强的面包数之比为5 ∶ 3，但是他们分给的面包数的比例为：8个面包3个人分，每个人得到了8/3个面包。也就是说，李梅贡献了7/3个，王强只贡献了1/3个，所以王强应该拿1角钱，而李梅则应该分到7角钱。

破案秘决

某国两名男子因涉嫌盗窃罪被逮捕，之后在不同的房间接受审讯。两个人都知道这个国家的法律是只要犯罪嫌疑人招供就能减轻刑罚，但是无论刑警如何审问，两人都一直保持沉默。

不过，在刑警分别对两人耳语了一件事情之后，两人立刻转变态度，招出了事情的真相。你知道刑警到底说了什么吗？

答案

刑警说：“那家伙开始招认了。”两人的确是共同犯罪，如果两人都拒不承认，犯罪事实就有可能被掩盖。但如果其中一人为了减轻自己的罪行，声称自己只是共犯而认罪，另一人的罪就会比共犯重。刑警正是利用犯罪嫌疑人的这种心理，成功引诱两人招供。

专业的刑警

霍米先生是一名经过专业训练的刑警。基于他出色的表现，上司让他去欧洲免费度假。一天，他在海滩上享受完日光浴后，回到了宾馆。正在这时，走廊上传来女人的呼救声。他循声找去，在213房间门前站着一个年轻妇女在哭喊着。从开着的门看到房间里一个男人倒在安乐椅上。对尸体做了简单检查后，确认此人刚死，子弹穿入心脏。

当地警署也派人来了。那个年轻妇女边哭边说："几分钟前，听到有人敲门。我打开门时，门外一个戴面具的人，朝我丈夫开了枪，把枪扔进房间就跑了。"地毯上有一支装着消音器的手枪，左侧两个弹壳相距不远，在死者身后的墙上有一个弹洞。

霍米告诉警署人员："把这位太太带回去训问。"

霍米为什么对死者的妻子产生了怀疑呢？

答案

如果真像她所讲的那样，歹徒是在门外朝她丈夫开枪，弹壳就不会落在房间里，也不会落在左侧。因为从自动手枪里飞出的弹壳应该落在射手的右后方几米处。

去农场的路

斯特去农场时，要经过一条没有桥的河，而且河水很深。可斯特却能够迅速地从河的一侧跑到另一侧，并且他的身上是干的，没有一滴水。

你知道这是为什么吗？

答案

河结冰了，斯特是在冰上走的，所以身上没有水。

狙击手的绰号

刑事局干事历经千辛万苦，总算取得有关A、B、C、D、E五名狙击手的部分情报，再通过仔细分析，旋即理解B狙击手的绰号。其资料如下：

（1）大牛的体型比E狙击手壮硕。

（2）D狙击手是白猴、黑狗的前辈。

（3）B狙击手总是和白猴一起犯案。

（4）小马哥和大牛是A狙击手的徒弟。

（5）白猴的枪法远比A狙击手、E狙击手准。

（6）虎爷和小马哥都不曾动过E狙击手身边的女人。

请问，B狙击手的绰号是什么？

答案

大牛。

从（1）、（5）、（6）项情报得知，E狙击手就是在这些项目中均未提及绰号的某人，换言之，从A狙击手到D狙击手都不是此人。根据上述这个分析结果和（4）、（5）项情报作推敲，我们可以知道：A狙击手就是指"虎爷"。再从这个结果和（2）项情报作推敲，我们便可以知道：D 狙击手就是指“小马哥”。然后，再根据这个结果和（3）项情报作推敲，我们又可以知道：C 狙击手其实就是指“白猴”。知道 A、C、D 三名狙击手的绰号之后，剩下的 B 狙击手无疑就是指“大牛”了。

钢笔的位置

普伦德加斯特先生在一所中学教数学，在他衣服最上面的口袋上总是别着四支不同颜色的钢笔。有一名学生，在老师讲解毕达哥拉斯定理时总是走神，却注意到这个星期中从星期一到星期四，每一支笔每天所在的位置都不相同。他的观察为你推断每支钢笔每天所在的位置提供了线索。

线索：

（1）星期一，蓝色钢笔紧挨在红色钢笔的左边。但是到了星期二，却变成了红色钢笔紧挨在蓝色钢笔的左边。

（2）绿色钢笔在星期一与红色钢笔在星期三所处的位置相同，并且绿色钢笔在星期二与黑色钢笔在星期三所处的位置相同。

（3）绿色钢笔在星期三时的位置位于在星期二时的位置的左边，在星期四时的位置位于在星期一时的位置的左边。

（4）星期二红色钢笔位于从左边开始的第三个位置上。

解题提示：首先推断星期四时，处于各位置的钢笔颜色。

答案

红色钢笔星期二处于 C 位置（线索 4），因此很显然它星期四不在这个位置，并且蓝色钢笔星期四也不可能处于 D 位置（线索 1）。同样，根据线索 I，红色钢笔星期四也不可能处于 D 位置，绿色钢笔星期四也不可能处于 D 位置（线索 3），那么，星期四处于 D 位置的一定是黑色钢笔。因此，星期三处于D位置的一定不再是黑色钢笔，也不是蓝色钢笔（线索 1）或绿色钢笔（线索 3），那它一定是红色钢笔。那么星期一处于 D 位置的一定是绿色钢笔（线索 2）。运用排除法可知，星期二处于 D 位置的一定是蓝色钢笔。根据线索 1，星期三处于 C 位置的是蓝色钢笔。根据我们刚才已经确定的位置，星期一处于 C 位置的钢笔不可能是红色、蓝色或绿色，那么一定是黑色，星期四位于 C 位置的钢笔是绿色。根据线索 1，星期一处于 A 位置的是蓝色钢笔，处于 B 位置的是红色钢笔。现在根据线索 3，绿色钢笔星期二处于 B 位置，星期三处于 A 位置，黑色钢笔星期二处于A位置,星期三处于B位置。运用排除法可知，星期四红色钢笔处于 A 位置，蓝色钢笔处于 B 位置。

总结如下：

星期一：蓝色、红色、黑色、绿色

星期二：黑色、绿色、红色、蓝色

星期三：绿色、黑色、蓝色、红色

星期四：红色、蓝色、绿色、黑色

巧妙反驳

从前，有位母亲对想趁着乱世称雄的儿子这么说：“如果你正直的话，就会被大众所背叛；但如果你不正直的话，就会被神遗弃。反正都没有好下场，你就别强出头了。”

这位坚强的儿子不但不放弃，还利用这番话中的盲点说服了他母亲。

你知道他是如何反驳的吗？

答案

儿子说：“如果我正直的话，就不会被神遗弃；如果我不正直，就不会被大众所背叛。所以不论如何，我都不会被背叛的。”

太空人打赌

有两个太空人在火星上探测。一个人和他的同伴打赌，说他可以闭上眼睛，在上面走上整整1千米而且距离完全正确。他能做到吗？

答案

他能做到。因为他闭着眼睛，那就是做梦呗！——梦里什么都能做到！

瞎子买剪刀

一个哑巴在商店买钉子，他先把右手食指立在柜台上，左手握拳向下做敲击的动作，售货员给他拿来了一把锤子，哑巴连连摇头，于是售货员明白了他想买钉子。哑巴买完钉子后高兴地走了。这时又进来了一个瞎子，他想买一把剪刀，他会怎么做呢？

答案

瞎子说：“我要买剪子。”

公安局长

有个公安局长在公园与人下棋。这时，跑来一个孩子，着急地说：“你爸爸和我爸爸吵起来了。”这时，旁人问这个公安局长：“这是你的什么人？”公安局长回答说：“是我的儿子。”

吵架的两个人与这个公安局长是什么关系？

答案

这两个人一个是公安局长的爸爸，一个是公安局长的丈夫。

围困孤岛

有一个人在散步时，从桥上走到了小岛。不料在返回时，刚走了两三步，桥就发出“嘎吱嘎吱”的响声，好像就要断了似的，他只好返回岛上。这个人不会游泳，四处呼叫也无人理会，他只能呆在这个岛上，搜肠刮肚地想尽办法，竟在岛上困了10天，到第11天，他才渡过此桥回到对岸。你说这是怎么回事？

答案

这个人在流沙堆积成的小岛上呆了十天，这简直与绝食生活差不多。正因为这样，他的身体变得骨瘦如柴，体重轻得可以过这座桥了。

紧急时刻

有一个聋子看到一个男孩在一座危墙下玩耍，墙就快要倒下来了，过去抱开那个男孩已经来不及了，他该怎么告诉那个男孩并让他跑开呢？

答案

喊他离开，是聋子又不是哑巴。

喝酒难题

有半瓶酒，瓶口用软木塞塞住。不敲碎酒瓶，不拔去塞子，也不准在塞子上钻孔，如何将瓶内的酒喝光？

答案

把软木塞塞进去。

蒙住眼睛的神枪手

有一个人，并不擅长射击。现在让他蒙住眼睛，拿上一支手枪；另一个人把他的帽子挂了起来以后，让这个人向前走了 30 米，反身开枪，结果子弹打穿了那顶帽子，这有可能吗？

答案

帽子就挂在枪口上。

患者的疑问

我们去找牙科大夫，内科医生却从里边出来了，这是怎么一回事？

答案

内科医生刚看完牙。

飞行员的姓名

你是从北京飞往广州的一架飞机上的飞行员。北京距离广州 1970 千米。这架飞机每小时飞行 900 千米，中途在武汉做了半小时的停留。这位飞行员的名字叫什么？

答案

名字就叫从北京飞往广州的一架飞机上的飞行员。

漏房子

张奶奶是一个孤寡老人，她的房子上面有几个地方破了，但是，这房子有的时候漏雨，有的时候不漏雨，你知道这是为什么吗？

答案

下雨时漏雨，不下雨就不漏。

机器猫谜题

机器猫说："在一个星球上，当你扔出一块石头后，它只在空中飞一小段距离后就停顿在半空中，再向你的方向飞回来，当然它绝不是碰到了什么东西被弹回来。"

你知道机器猫说的是哪个星球吗？

答案

地球，往上扔。

谁在敲门

地球上唯一存活下来的女人，正坐在桌旁准备写遗书，突然听见外面有"咚咚"的敲门声，人类以外的动物早就死光了，也不可能是石子被风吹起打在门上的声音。当然，外星人也没有入侵地球，那么，到底是谁在敲门呢？

答案

人类以外的动物全都死光了，还有男人吧。

有趣的故事

甲耳朵听不见，但他却不愿让别人知道自己是聋子。

一天，甲请几位朋友吃饭，一位朋友讲了一个有趣的故事，大家都笑了，甲也跟着大笑，并说这真是一个有趣的笑话。然后甲又郑重地宣布说："我也要给你们讲一个更有趣的故事……"

果然，当甲把故事讲完，大家的确笑得更厉害了。

你知道甲讲的是一个什么故事吗？

答案

同一个故事。

沙滩上的脚印

在一个没有月亮的傍晚，丁某在海边的沙滩上看到一个小孩，她一个人孤独地、忧伤地走着。丁某对那个小孩产生了好奇心，这时那个小孩回头看了一眼，他也顺着那个小孩的眼神看着她身后的沙滩，居然没有看到脚印。这是怎么回事呢？

答案

女孩是背对丁某的，她身后的路还没有走。

继承财产

史密斯夫妻没有兄弟、姐妹，史密斯的父母也早死了。他们只有一个儿子，也没有养子、养女。按本国规定财产只能由直系亲属继承，可他们死后，他们的儿子打开遗书一看，发现自己只能得1/3。这是怎么回事？

答案

他们还有两个女儿。

商人的钱币

有个地方有这样一个规定：商人在带着商品每经过一个关口时，都要被没收一半的钱币，再退还一个。有一个商人在经过10个关口之后，只剩下两个钱币了，你知道这个商人最初有几个钱币吗？

答案

两个。

算命问题

有一名男子听说一位算命先生占卜特别灵验，他就赶来拜访算命先生，想请他替自己占卜一下事业、婚姻、运气和健康状况，但他到达算命先生家后才知道，算命先生每回答两个问题需要收费用20元。但偏偏他身上只带了23元，所以他就问："不管我的问题有多长，也算是一个问题吗？"算命先生说："当然。"他想了想又问："不管我的问题有多短，也算一个问题吗？"先生回答："是的。"

他可以问几个他原本想问的问题？

答案

他已经问过两个问题，所以不能再问问题了。

学习时间

小明这次的考试成绩特别糟糕，父亲对他的表现很不满意，于是他对父亲说："你知道吗，我的时间太紧张了，以至于我没有学习的时间。你看，我每天要睡觉8个小时，这样一年的睡眠时间就是122天。我们寒假和暑假加起来又有60天。我们每星期休息2天，那么一年又要休息104天，我每天吃饭还要3个小时，那么一年就需要46天，我每天从学校到家走路共需要2个小时，这些又有30

天。你看看，所有的这些加起来有362天了。”他停了一下说：“我一年只有3天的时间学习，那能有什么成绩呢？”父亲给他说蒙住了，很久没有反应过来。

你知道他的解释中错误的地方在哪吗？

答案

小明在计算时间的时候重复计算了很多的时间，比如说假期中的睡眠时间和吃饭时间，星期中的睡眠和吃饭时间，以及他多算了很多上学的走路时间。

朝北的窗户

有一个最出色的建筑师老了，想收一名徒弟传授他毕生的经验，于是他贴出了告示，人们蜂拥而至。在考试的时候，有一道题难住了所有的人。那道题就是：怎么建造一间房子，可以使房子四面的窗户都面朝北。

最后，只有一个没有建筑经验的年轻人答出了这道题，他最后成了老建筑师的学生，并且也成了一位伟大的建筑师。你知道他是怎么回答的吗？

答案

把房子建在南极点上，这样每个窗户都是朝北的。

顾客的问题

有一个顾客来理发店理发，他对理发师说：“昨天，我们学院的篮球队和另外一个学校的篮球队进行了一场比赛，我们胜利了，比分是89 ∶ 60，但是，我们这边没有一个男球员投球，你知道我们为什么赢吗？”

理发师困惑不解。顾客告诉理发师说：“因为我们球队都是女球员。”

理发师笑了，对他说：“你知道吗，我宁可给两个外地人理发，也不愿意给一个本地人理发，你知道是为什么吗？”现在该这名顾客困惑不解了。你知道是为什么吗？

答案

因为给两个人理发比给一个人理发要得到的钱多。

步行多长时间

某公司的办公大楼在市中心，而公司总裁Q先生的家在郊区一个小镇的附近。他每次下班以后都是乘同一次市郊火车回小镇。小镇车站离家还有一段距离，他的私人司机总是在同一时刻从家里开出轿车，去小镇车站接总裁回家。由于火车与轿车都十分准时，因此，火车与轿车每次都是在同一时刻到站。

有一次，司机比以往迟了半个小时出发。Q先生到站后，找不到他的车子，又怕回去晚了遭老婆骂，便急匆匆沿着公路步行往家里走，途中遇到他的轿车正风驰电掣而来，立即招手示意停车，跳上车子后也顾不上骂司机，命其马上掉头往回开。回到家中，果不出所料，他老婆大发雷霆地说："又到哪儿鬼混去啦！你比以往足足晚回了22分钟……"

你知道Q先生步行了多长时间吗？

答案

假如Q先生一直在车站等候，那么由于司机比以往晚了半小时出发，因此，也将晚半小时到达车站。也就是说，Q先生将在车站空等半小时，等他的轿车到达后坐车回家，从而他将比以往晚半小时到家。而现在Q先生只比平常晚22分钟到家，这缩短下来8分钟，如果总裁在火车站死等的话，司机本来要花在从现在遇到Q先生总裁的地点到火车站再回到这个地点上的时间。这意味着，如果司机开车从现在遇到总裁的地点赶到火车站，单程所花的时间将为4分钟。因此，如果Q先生等在火车站，再过4分钟，他的轿车也到了。也就是说，他如果等在火车站，那么他也已经等了30-4=26分钟了。但是惧内的Q先生总裁毕竟没有等，他心急火燎地赶路，把这26分钟全都花在步行上了。

因此，Q先生步行了26分钟。

游戏大转盘

游戏大转盘成了奸商发财的诀窍，玩法就是在一个转盘里放着10个写有字的纸团，但有9张是写着"死"，一张写着"生"的。如果你可以抽到那张有"生"字的纸条，就可以拿到1000元的资金。如果抽到"死"的话，就得罚1000元。其实，萨尔知道里面全部都是"死"字，但他还是拿到奖金。

你知道萨尔是怎么做的吗？

答案

萨尔抽完纸条后，没有打开，就把纸条吞下肚中，所以判断纸条上写的是什么字，只能看剩下的9张纸条了。但剩下的纸条里写的全是"死"，这就可以证明小李抓的字是"生"，所以奸商只能乖乖地奉上1000元钱了。

爱迪生测灯泡体积

爱迪生在发明制造了第一个灯泡之后，继续研究如何提高灯泡的质量，延长其使用寿命。有一天，爱迪生想研究一下灯泡的体积与灯泡的质量有没有关系。要想弄清这个问题，就必须测量出灯泡的体积，以检测它们的发光强度和使用时间有什么不同。

爱迪生让助手去测量一下灯泡的体积。他的助手接受任务后就忙着测量灯光的直径、高度，然后再算出灯泡的体积。但由于灯泡形状很不规则，所以算了很长时间也没有算出来。但是爱迪生只用了几分钟，就把灯泡的体积测出来了。你知道爱迪生是如何测出灯泡的体积吗?

答案

可以。

爱迪生只需拿起灯泡往里灌满了水，然后他把灯泡里的水倒入了一只量杯中，看着杯里水的量数，灯泡的体积就测出来了。因为灯泡的体积与储存在灯泡里的水的容积是等量的。这样根本不需要经过繁琐的计算。

塔尖玄秘

警方根据线人的举报，成功截获了一条关于毒品贩子进行交易的密信，上面写道："明天晴，下午3点半整，请到西山寺佛塔尖取密码纸夹。"

警方根据这一线索，组织大批警力赶到西山寺，却发现塔尖又高又长，难以攀援。正当他们苦苦思索如何才能拿到密码纸夹时，负责犯罪心理学研究的高警官说了一句话，大家才恍然大悟。警方不仅拿到了密码纸夹，而且按照密码上的联络方式抓到了所有参与交易的毒贩。那么，高警官是怎么发现塔尖的玄秘呢?

答案

高警官是从密信上得到启示。"明天晴"说明光线强，而下午3点半正是投影比较长的时段。所以密码纸夹应藏在下午3点半时，塔尖的投影处。

女窃贼

女窃贼成田久子越狱逃跑了，女看守辛吉慌慌张张地向她的上司银次警长报告了这一惊人的消息。银次警长赶到104号女监一看，牢门敞开着，打开的铁锁掉落在水泥地上，锁上还插着一把用旧铁片锉成的钥匙。显然，女窃贼成田久子就是用这把钥匙打开铁锁逃跑的。

银次警长记得很清楚，昨天他把成田久子送入女子监狱时，曾经指令女看守辛吉脱去成田久子的衣服进行检查。事后辛吉向他报告没有发现任何夹带之物。再说，女窃贼事先并不知道将她关押在女监104号，她不可能事先准备好这间牢房的钥匙。那么，这把铁片锉成的钥匙是哪里来的呢?

"在你值班期间，有人和成田久子接触过吗？"银次警长厉声问女看守辛吉。

"没有……啊不，有过的，但他并未和成田久子直接碰面呀！"辛吉结结巴巴地说。

"那人是谁，他来干什么？"

"啊，是这样的。"辛吉回忆说：

"昨晚，和尚伸助来找我，说他送碗面条来给她充饥。我把面条捞起来细细地检查了一番，没有发现碗里有其他东西，就亲自送给成田久子吃了，空碗也是我拿回来交还给伸助的。伸助根本没有和成田久子见面，他也不可能给她钥匙。可是……等我上完厕所回来，只有几分钟的光景，女窃贼就打开铁锁逃跑了。”辛吉显得非常难过。

“这是你的疏忽。”银次警长严肃地说。

“你对那碗面条检查不严格。就是那个伸助和尚，在你的眼皮底下把仿制的牢房钥匙送给了成田久子，让她打开牢房的门逃跑了，你难道还不明白吗？”

“我……”辛吉并没有明白银次警长的意思。

请问伸助和尚是怎样把仿制的牢房的钥匙送给女窃贼的？

答案

伸助和尚用胶布把仿制的牢房的钥匙贴在碗底。因为碗里装着面条，女看守辛吉不可能将碗底翻过来检查，女窃贼成田久子吃着面条，当然会想到伸助和尚可能是来帮她越狱的。她会仔细地摸索碗底，偷偷地将钥匙取下来。

财产保险

在一个住宅小区的居民中，大多数中老年人都办理了人寿保险，所有买了四居室以上住房的居民都办理了财产保险。所有办理人寿保险的都没有办理财产保险。

如果上述说法是真的，那么以下哪种说法是正确的？

（1）某些中老年人买了四居室以上的房子。

（2）某些中老年人没有办理财产保险。

（3）没有办理人寿保险的是买四居室以上房子的人。

A.（1）、（2）和（3）

B.（1）和（2）

C.（2）和（3）

D.（1）和（3）

答案

C。

（2）正确，因为肯定有中老年人办理了人寿保险，所以肯定没办理财产保险。（3）正确，买了四居室以上住房的居民都办理了财产保险，办理人寿保险的没办理财产保险，办理财产保险的也肯定没办理人寿保险，所以这些买四居室以上住房的居民都没办理人寿保险。（1）不能断定，大多数办理人寿保险，也可以有人买了四居室以下住房没办理人寿保险的。

古物的拥有者

孙鹏和张先是考古学家李教授的学生。有一天，李教授拿了一件古物来考验两人，两人都无法验证出来这件古物是谁的。李教授告诉了孙鹏拥有者的姓，告诉了张先拥有者的名，并且在纸条上写下以下几个人的人名，问他们是否知道谁才是拥有者？

纸条上的名字有：沈万三、岳飞、岳云、张飞、张良、张鹏、赵括、赵云、赵鹏、沈括。

孙鹏说：如果我不知道的话，张先肯定也不知道。

张先说：刚才我不知道，听孙鹏一说，我现在知道了。

孙鹏说：哦，那我也知道了。

请问那件古物是谁的？

答案

岳飞。

孙鹏说："如果我不知道的话，张先肯定也不知道。"那名字和姓肯定有多个选择，排除沈万三和张良，把姓沈的和姓张的也同时排除。现在剩下：赵括、赵云、赵鹏、岳飞、岳云。张先说："刚才我不知道，听孙鹏一说，我现在知道了。"所以肯定是多选的排除：那就是"云"，剩下：赵括、赵鹏、岳飞。最后，孙鹏说："哦，那我也知道了。"那么姓肯定是唯一的，正确答案是"岳飞"。

三人分汤

两个犯人被关在监狱的囚房里，监狱每天都会给他们提供一小锅汤，让这两个犯人自己来分。起初，这两个人经常会发生争执，因为他们总是有人认为对方的汤比自己的多。后来他们找到了一个两全其美的办法：一个人分汤，让另一个人先选。于是争端就这么解决了。可是，现在这间囚房里又加进来一个新犯人，现在是三个人来分汤。因此，他们必须找出一个新的分汤方法来维持他们之间的和平。

请问他们应该如何分汤？

答案

想要使三个人都得到心理平衡，分汤的方法就必须要公平、公正、公开。因此，可以得出以下结论：

第一步：让第一个人将汤分成他认为均匀的三份。

第二步：让第二个人将其中两份汤重新分配，分成他认为均匀的两份。

第三步：让第三个人第一个取汤，第二个人第二个取汤，第一个人最后取汤。

公寓凶杀案

某公寓发生了一起凶杀案，死者是一个已婚妇女。探长来到现场观察。法医说：

"尸体经过检验后显示死亡时间不超过2个小时，被一把刀刺中心脏而死。"

探长发现桌子上有一台录音机，问其他警员：

"你们开过录音机没有？"众警员都说没开过。

于是，探长按下放音键，传出了死者死前挣扎的声音：

"是我老公想杀我，他一直想杀

我。我看到他进来了，他手里拿着一把刀。他现在不知道我在录音，我要关录音机了，我马上要被他杀死了……咔嚓。”录音到此中止。

探长听到录音后，马上对众警员说：

“这段录音是伪造的。”

你知道探长为什么这么快就认定这段录音是伪造的吗？

答案

如果真的是她老公杀的话，死者就不可能说：

“他不知道我在录音，我要关录音机了。”如果被杀者录音并不被杀人者所知，录音不会有咔嚓声，这样杀人者就可能知道录音机所在何处，离开时也会同时把录音机销毁，就不会存在这个录音了。

小和尚下山

曾经有座山，山上有座庙，只有一条路可以从山上走到山下。每周一早上8点，有一个聪明的小和尚去山下化缘，周二早上8点从山脚回山上的庙里。注意：小和尚的上下山的速度是任意的，但是在每个往返中，他总是能在周一和周二的同一钟点到达山路上的同一点。例如，有一次他发现星期一的9点和星期二的9点他都到了山路靠山脚的地方。

请问这是为什么？

答案

如果是一天早上8点，有“两个”和尚分别从山上的庙和山脚同时出发，并且只有一条路可走，你想他们是不是一定会相遇。换一种说法，就是小和尚在同一钟点到达山路上的同一地点。

回到问题，星期一和星期二都是8点出发，又是相向地走同一条路，如果能跨越时间思维的局限，星期一和星期二都8点出发看成是小和尚有分身之术，在同一天的8点分别从山上的庙和山脚出发，“今天的小和尚必然和昨天的自己”相遇就不难理解了。这样，就能证明小和尚能在同一钟点到达同一地点了。

高难度动作

动物园里，有一只猴子专爱模仿人的动作。人们逗它，它的姿势、手势简直像一面镜子，立刻模仿得毫无半点差错。

一个人走到猴子跟前，右手抚摸

自己的下巴，猴子就用左手抚摸下巴；人闭上左眼，猴子闭上右眼；人再睁开左眼，猴子睁开右眼。

可是，有人却说：“猴子再有本事，有时一个很简单的动作它却永远不会模仿。”请问，到底什么动作那么难呢？

答案

人紧闭两眼，猴子也两眼紧闭。可是，人什么时候睁开眼睛，猴子是永远不知道的。

三人考大学

约翰、汤姆、杰克逊同时参加了高考，考完后在一起议论。

约翰说：“我肯定能考上重点大学。”

汤姆说：“重点大学我是考不上了。”

杰克逊说：“要是不论重点不重点，我考上一般大学肯定没问题。”

发榜结果表明，三人中考取重点大学、一般大学和没考上大学的各有一个，并且他们三个人的预言只有一个是对的，另外两个人的预言都与事实恰好相反。那么，三人中谁考上重点大学，谁考上一般大学，谁没考上呢？

答案

汤姆考上了重点大学，杰克逊考上了一般大学，约翰没考上。

5 分钟煮鸡蛋

你必须恰好用 5 分钟煮 1 只鸡蛋，但你只有一个 4 分钟的沙漏计时器和一个 3 分钟的沙漏计时器，你可以用这两个计时器算准 5 分钟吗？

答案

可以，只要能够按照适当的顺序。

运动会比赛名次

1 号、2 号、3 号、4 号运动员取得了运动会 100 米赛跑的前 4 名。小记者来采访他们各自的名次。1 号说：

“3 号在我前面冲向终点。”另一个得第三名的运动员说：

“1 号不是第 4 名。”小裁判员说：

“他们的号码与他们的名次都不相同。”你知道他们的名次吗？

答案

第一名是 3 号，第二名是 1 号，第三名是 4 号，第四名是 2 号。

巧分飞机票

旅行社刚刚为三位旅客预定了飞机票。这三位旅客是荷兰人科尔、加拿大人伯托和英国人丹皮。他们三人一个去荷兰，一个去加拿大，一个去英国。据悉科尔不打算去荷兰，丹皮

不打算去英国，伯托则既不去加拿大，也不去英国。

问：这三张飞机票分别应该是他们谁的？

答案

科尔—英国；伯托—荷兰；丹皮—加拿大。

女儿的错

父亲打电话给女儿，要她替自己买一些生活用品，同时告诉她，钱放在书桌上的一个信封里。女儿找到信封，看见上面写着98，以为信封内有98元，就把钱拿出来，数也没数放进书包里。在商店里，她买了90元的东西，付款时才发现，她不仅没有剩下8元，反而差了4元。回到家里，她把这事告诉了父亲，怀疑父亲把钱点错了。父亲笑着说，他并没有数错，错在女儿身上。

问：女儿错在什么地方？

答案

把86看反了。

扑克牌换位置

1、2、3、4、5，五张扑克牌，每相临的两张可以互换位置，问怎么才能在三次互换中变成5、4、3、2、1的顺序？

答案

1、2、3、4、5中1、2和3、4互换，即成为3、4、1、2、5；

3、4、1、2、5中4、1和2、5互换，即成为3、2、5、4、1；

3、2、5、4、1中3、2和5、4互换，即成为5、4、3、2、1。

农夫做了什么动作

从前，有一对勤劳的夫妻在山坡上开垦了几块田地，种了小麦，可贪财的地主看见了，总想把地占为己有，便生出一条诡计，每天把家里的鸡全赶到农夫的地里。农夫看到自己的庄稼被糟踏，非常心痛。他惹不起财主，只能忍气去赶鸡，可是这边赶跑，那山又来，弄得他毫无办法。他愁眉不展地回到家中与妻子商量。妻子听完农夫的讲述，说：“明天，你只要到地里做个动作，要让地主看见，又不要让他看清，他就不会再放鸡了。”第二天，农夫一试，果然有效。请你猜猜，农夫做了个什么动作？

答案

农夫的妻子针对地主贪财的心理想了个办法：农夫把一篮鸡蛋悄悄放在地里，当地主放了鸡过来时，他提起篮子，做了捡起最后一个蛋的动作，然后匆匆地往家走去。地主虽未看清，但估计是自己的鸡在那里下了蛋，非常后悔，再也不把鸡赶到农夫的地里去了。

孙膑的办法

孙膑到了齐国以后，齐威王拜他为军师。

有一天，齐威王想找机会考一考孙膑，就率领大臣来到一座小山脚下。齐威王坐在石头上对众人说：

“你们谁有办法让我自己走到这座小山顶上去？”大家都说出自己的办法。田忌说：“现在正逢叶落草黄，在您的周围点一把大火，大王就得往山上走。”齐威王笑道：“用火攻，这办法太笨了。”另一位大臣说：“用水淹。”齐威王摇了摇头。还有的人说：“找外国军队来抓您。”大家说了一大堆办法，齐威王都一笑了之。

齐威王回头问孙膑有没有办法。孙膑说出了自己的办法，齐威王果然自己走了上去。这是什么办法呢？

答案

孙膑说：“大王，我没有办法让您自己从山脚下走到山顶上去。可是，让您从山顶上走到山下来，我倒有绝好的办法。”齐威王不信，就与大臣一起走到山顶。这时，孙膑才说：“大王，请恕我冒昧，我已经让您自己走到山顶上来了。”这时人们才恍然大悟。

聪明的奈德

尼古丁·奈德看起来十分落魄，甚至连买一盒好烟的钱都没有。他只能在著名的快速卷烟机的帮助下自己卷烟抽。至于烟草，他是从抽过的烟头里积攒下来的。他可以把 3 个烟头卷成一支烟。他攒了 10 个烟头，可是他却想卷 5 支烟。也许这个听起来好像是不可能的，但是奈德却卷成了。那么，你知道他是怎么做的吗？

答案

奈德可以把 10 个烟头中的 9 个卷成 3 支烟。这时，他只剩下一个烟头。当他满足自己的烟瘾之后，他又有 3 个新烟头，这样，他就可以卷第四支烟了。把这支烟吸完后，再加上原来第十个烟头，奈德就剩下两个烟头。他转到和自己相邻的桌子，并且问座位上的人是否可以从他们的烟灰缸里借一个烟头，这样，他就可以卷成第五支烟了。当他抽完这最后一支烟之后，他把这个剩下的烟头还给了刚才借他烟头的人。

故事接龙

经过几轮严格筛选，选美大赛已接近尾声，只剩下四位佳丽过关斩将。最后一轮是组委会准备的一项智力比赛，考一考四位佳丽的现场反应。

主持人神采奕奕，手持话筒饱含

激情地说：“下面有请四位佳丽做一个故事接龙游戏。首句是‘今晚的月光很好……’”

A小姐接过话筒，吐字清晰地说：“演出结束后，我独自一人走在回家的路上，忽然身后传来一声枪响……”

话筒传到B小姐手上，她几乎不假思索地说：“我慌忙回头一看，看到警察在追捕一个持枪的歹徒……”

C小姐更是胸有成竹：“经过几番搏斗，警察终于制伏了歹徒。”

观众和评委都觉得C小姐给D小姐出了一个难题，故事讲到这儿，似乎可以结束了。这时话筒已经传给了D小姐。D小姐灵机一动，想到了一个新颖而巧妙的结局，最后她获得了本次选美大赛的冠军。

你知道她是怎样接下去的吗？

答案

她接道：“写到这里，年轻的作家一把撕去稿纸。他不由地自言自语：‘如此俗套无聊的老故事，怎会出自我的手笔呢！’”

盒子里的宝贝

一位智者和他的女儿正在玩悖论游戏，智者对女儿说：“在你面前的这一排盒子里（共10个），分别编号为1号至10号，你转过身去，我将把一个宝贝放在其中的一个盒子里。依次打开盒子，我保证，你将在某个盒子里意外地发现宝贝。”

他的女儿想了想，显然父亲不能把宝贝藏进10号盒子里，因为在打开前9个盒子以后就会确知宝贝的位置，推演和反推依然成立。所以她说道：“爸爸，按照这样的推理，你根本无法把宝贝放在盒子里。”

智者却坚持说一定会让女儿感到意外。请问：这是为什么呢？

答案

按照智者女儿的推理，她坚信这个宝贝无法放在某个盒子里。然而不论她如何推测，当她的父亲把宝贝放在任意一个盒子里时，她依然会感到很意外。

计算机为什么发狂

有个青年用他的高智能计算机设计程序时，输入了一句指令，结果他的计算机因这句指令发狂，从而导致了崩溃。

请问：令计算机发狂的那句指令是什么呢？

答案

指令就是：“你必须拒绝我现在给你编的语句，因为我编的所有语句都是错的。”这是一个逻辑怪圈，既然所有的语句都是错的，那现在这句指令就不可能是正确的；如果这句指令是正确的，那就不是所有指令都是错的。计算机因为无法判断这句话的对错只能不断地重复工作直到死机。

快速得到氧气

冬天的早上，焊工眼看就快完成焊接任务时，氧气瓶里没有氧气了。焊工觉得很泄气，这么冷的天气，还要跑到其他车间去找氧气瓶。这时，焊工灵机一动，找到了一个迅速弄到氧气完成工作的方法。你知道是什么方法吗？

答案

可以给氧气瓶加热，使里面的压力升高，氧气就能继续送出。当然，这只是应急之法，靠这样的方法得到的只是剩下的一点点氧气。

难缠的主妇

有一位过于精打细算的家庭主妇，一天，她拿着两张50元钱的票子上街买东西。她想去5家商店买6种东西，把100元钱全部花掉。她要买的东西的价钱分别是：12元，21元，30元，15元，14元，8元。

这位主妇在5家商店买东西时，只有一家商店找钱给她，并且主妇自己不去把整钱换成零的。这种想法能实现吗？

答案

能够实现。她可以在最先去的商店里分别使用50元钱买12元和21元的商品，这样找回的钱在以后的四家商店里买后4种东西时就可以完全不用找钱了。

医生的诊断结果

非洲有个胖女人，胖得连路都走不动了。她去找医生，想要一些减肥药。医生让她坐下来，详细地问了她的病情。女人说，她越来越胖，担心总有一天身上要爆炸。

“大夫，我求你给我一种好药。”胖女人央求他。

“你先付了钱，明天再来找我！”医生对她说。女人付了许多钱就回去了。

第二天，胖女人又来找这个医生。医生把她从头到脚检查了一遍，看了看她的嘴，摸了摸她的手和脚，对她说：

“尊敬的太太，我读过21783本书，研究过1800万颗星星。我可以准确地告诉你，再过七天你就要死了，那还需要什么药呢？你就回家去等死吧！”

胖女人听了医生的这番话，吓得浑身发抖。在回家的路上，回到家里以后一直想着自己就要死了。她不停地数着，看她在人间还能活多少小时。她什么也不肯吃、不肯喝，到了晚上也不肯睡觉。她一天天、一小时一小时地瘦了下去。七天过去了。女人躺在床上，唉声叹气地等着自己的死期。可是，死亡根本没有降临。到了第八天、第九天，她还是没有死。

这个医生诊断错误了吗？

答案

女人忍不住了，就去找医生。这时候，她已经瘦了许多，走起路来步子已经很轻松了。

“你这个医生真坏！”她愤怒地说：

“你凭什么拿我那么多钱？你向我保证过，说我七天以后一定会死，可是今天已经是第九天了。我已经看透了，你是个骗子！”

医生冷静地听她说完，就问她：

“告诉我，你现在是胖了还是瘦了？”女人回答说：

“我可是瘦多了！一听说要死了，我吓得一天比一天瘦！”于是，聪明的医生就对她说：

“我这么一吓唬你，比最好的药还灵，可是你还说我是个坏医生！”已经变得苗条了的女人哈哈大笑，从此她和这个医生成了好朋友。

替罪羊

有一条船，载着12个特工人员去执行一项秘密任务。这12个特工人员是特殊挑选出来的，体重相同，互相间都不认识。为了保持船体的平衡，他们分成三组：第一组A、B、C、D四人坐在船头；第二组E、F、G、H坐在中间；第三组I、J、K、L坐在船尾。

一开船，这12个特工中的头儿发现情况有异：船体朝前倾斜。他因此推测，这12个特工中，有一个是冒名顶替的敌方间谍，他的体重同选择的标准体重不一样。他立即和总部联系，他的推测得到了总部刚截获的情报的证实。但问题在于，总部并不能确定这个混入特工队的间谍是谁。特工头儿对此有丰富的经验。他只作了两次测试，不但找出了这个冒名顶替者，而且还确定了其体重比标准是重还是轻。

每次测试是交换某些成员在船上所处的位置，这种交换可以在一对也可以在多对成员之间进行，但须仍然保持四人一组，然后观察船体的倾斜情况。在一次测试中，显然不允许对船体的倾斜情况作两次观察。

特工头儿是如何做出这两次测试的？

答案

间谍显然在前排A、B、C、D或后排I、I、K、L八人中，否则，船体不会倾斜。

第一次测试：

分别交换前排A、B、C三人和中排E、F、G三人的位置，再交换前排D和后排L的位置，然后观察船体的倾斜情况。

船体的倾斜有且只有以下三种情况：

（1）船体由朝前倾斜变为朝后倾斜。这说明间谍在D和L两人中；

（2）船体由朝前倾斜变为保持平衡。这说明间谍在A、B、C三人中；

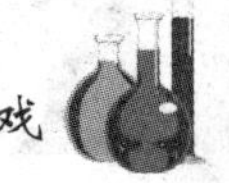

（3）船体继续朝前倾斜。这说明间谍在I、I、K三人中。

第二次测试：

分三种可能情况：

（1）如果间谍在D和L两人中，则不妨令D和中排的H交换位置。这时如果船体保持朝后倾斜，说明间谍是L，他的体重比标准较轻；如果船体变为平衡，说明间谍是D，他的体重比标准较重；如果船体变为朝前倾斜，说明间谍是L，他的体重较重。

（2）如果间谍在A、B和C三人中，则不妨令B和前排的E交换位置，c和后排的I交换位置。这时如果船体继续保持平衡，说明间谍是A；如果船体变为朝前倾斜，说明间谍是B；如果朝后倾斜，说明间谍是C。因为A、B、C三人原来都在前排，因此，三人中任何一人如果是间谍，其体重一定较重。

（3）如果间谍在I、J和K三人中，则不妨令J和中排的A交换位置，K和前排的E交换位置。如果船体保持朝前倾斜，说明I是间谍：如果船体变为平衡，说明J是间谍；如果船体变为朝后倾斜，说明间谍是K。因为I、I和K三人原来都在后排，因此，三人中任何一人如果是间谍，其体重一定较轻。

出逃的越狱犯

奇妙岛有一个死囚坐在牢房里策划越狱。

他的牢房是一条笔直长廊最里端的全封闭部分。这条长廊被五道自动拉启的铁门分成五个部分，也就是说，第一道门把他的牢房和长廊的其余部分隔开，最后一道门即第五道门把长廊和外界隔开。某个时刻，五道铁门会同时打开，这时，也只有在这时，第五道铁门外会出现警卫，他能把长廊一览无余，以确定死囚是否仍在牢房里。死囚只要离开牢房一步，都将被立即拉出去处死。在确定死囚仍在牢房里后，警卫即离开，直到下一次五道门同时打开时才又重新出现。

此后，五道门以不同的频率自动重复开启和关闭：第一道门每隔1分45秒自动开启和关闭一次；第二道门每隔1分10秒；第三道门每隔2分55秒；第四道门每隔2分20秒；第五道门每隔35秒。

每道门每次开启的时间间隔很短，这使得死囚一次至多只能越过一道门。同时，只要他离开牢房在长廊里的时间超过2分半钟，警报器就会报警。因此，他得设法尽快离开长廊。

结果，这个精于计算的死囚终于还是逃脱了。这个越狱犯是如何逃脱的？他越过第五道门时离警卫的出现还有多少时间？

答案

首先，我们注意到，每道门两次开启的时间间隔都是35秒的倍数。令35秒为一个时间单位，则第一道门是每3个时间单位开启一次，第二道门是每2个时间单位，第三道门是每5个时间单位，第四道门是每4个时间单位，第五道门是每1个时间单位。这样，五道门同时开启的时间间隔是60个时间单位，即1、2、3、4和5的最小公倍数。也就是说，从警卫的离开算起，要过60个时间单位他才会重新出现。

越狱犯穿过五道门的时间最多只允许有4个时间单位（2分20秒）。因为5个时间单位（2分55秒）将会惊动报警器。由于不可能一次穿过两道门，因此，要在4个时间单位中穿过五道门，只有在一种情况下才有可能，这就是说，从第一道门开启算起，按顺序每两道相邻的门之间的开启间隔是一个时间单位，例如，如果第一道门在1点15分开启，第二道门就须在1点15分35秒，第三道门就须在1点16分10秒，等等。在0和60个时间单位之间，即在警卫两次相邻出现的时间间隔内，五道门按顺序间隔一个时间单位连续开启的情况是存在的，并且是唯一的，这就是：33，34，35，36，37，它们分别是3，2，5，4，1的倍数。

因此，越狱犯一定是在从警卫离开时算起的33个时间单位后穿过第一道门，而后每过一个时间单位穿过一道门，在37个时间单位时逃脱，比警卫的再次出现早23个时间单位。

吃　枣

从前，有个穷人家的孩子在城里的一家食品店里做学徒，好不容易熬过了三年的学徒期，他终于成了店里的一名正式杂工。这一天，店里来了一位要买红枣的老太太。这个孩子把红枣称好后，却趁着老太太不注意的时候，偷吃了一颗红枣。虽然老太太并没发觉，可老板却把这一切都看在了眼里。

于是，一向就对杂工很苛刻的老板立刻让他马上离开食品店，因为偷吃顾客食品的做法是绝对不被容许的。眼看着好不容易才盼来的工作就这么没了，这个孩子当然很不情愿，他急中生智想到了一个为自己辩解的主意，而当他说出自己之所以要偷吃那颗红枣的原因后，老板不但没有开除他，反而还一个劲地夸他聪明能干。

你知道这个孩子对老板说了些什么话吗？

答案

这个孩子对他的老板说：

“刚才在给那个老太太称红枣的过程中，我看到其中的一颗红枣已经被虫蛀了。那么如果老太太把它买回家，就会认为我们店里的枣不好。如果她再跟别人说起这件事的话，那么就会对我们店的生意造成不好的影响。所以我趁着她不注意的时候，偷偷地把那颗红枣挑出来吃了，就是怕她发现啊！”

用总统做广告的书商

在国外，有位书商的手中存有一批滞销书。有一次，他在电视里看到了一个节目，里面介绍本国的总统很

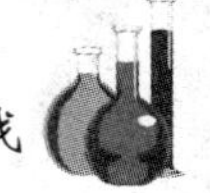

爱读书。这个消息使书商立刻想到了一个快速卖书的办法。他先是给总统送去了这批滞销书中的一本，然后又多次打电话给总统，询问他对这本书的看法。总统当然很不耐烦，便随便地说了一句“不错”。于是，书商就利用总统的这句话为自己的书做起了广告。结果书很快就销售一空。

接下来，书商又想用这个办法来推销他的另一批滞销书。可总统再也不肯轻易对书做出任何的评价了。然而聪明的书商还是很快卖光了自己的书。

你能想到这一次书商是如何利用总统来为自己的滞销书做广告的吗?

答案

这一次，书商打出的广告语是：这是一本连总统都无法轻易做出判断的书。既然连总统都不能轻易地做出判断，那么读者对这本书就更加的好奇，所以书又一次卖得很好也就不足为奇了。

歌星的策略

一位国外的著名歌星在郊区给自己购买了一座非常豪华气派的庄园。可由于庄园的面积实在太大，所以总是有人趁管理员不备进入其中散步或是玩乐，弄得庄园里常常是一片肮脏混乱的样子。为此，管理员们想了很多办法，可就是无法阻止这些人。

于是，当这位歌星再次来到自己的庄园时，管理员只好把事情的实际情况原原本本地告诉了她。聪明的歌星只是思考片刻，就想到了一个应付的办法。管理员们照着她的主意去做，果然很快就再也没有人私自潜入到庄园里去胡作非为了。

你能想到歌星究竟是用了一个什么样的办法吗?

答案

这位歌星只是让管理员们在庄园的四周都树立起很多的牌子，然后再在上面写着相同的一句话：

“园内常有毒蛇出没，而离此最近的医院在 10 千米外，所以一切后果自负。”这样一来，很快就没有人再敢私自到庄园里去了。

华佗巧计拜师

华佗是中国历史上极负盛名的名医，可他的童年却很不幸。在华佗 7 岁的时候，他的父亲死了，家中生活因此而变得非常贫困。无奈之下，小华佗只得找到了城里的蔡郎中，要求拜师学艺，以便将来可以谋生。

可蔡郎中却并不想收下华佗作为徒弟。于是就故意为难他，让他把自家院子里的那棵桑树上最高处的桑叶采集下来，否则，自己决不会收他为徒。

可让蔡郎中想不到的是，小华佗只是抬头看了看那棵桑树，然后竟站在树下毫不费力地把桑叶采集到了自己的手里。没办法，蔡郎中只好按照事先的约定收下了华佗这个徒弟。

请你想一想，小华佗是用什么样的办法采集到了高高在上的桑叶呢？

答案

聪明的小华佗取来了一根绳子，在绳子的一端拴上一块小石头，然后用力向上一抛，把绳子抛过枝条，然后再把绳子的两端都抓在手里。这样一来，只要他用力向下拉动绳子，自然就会使树枝被拉弯下来，直到人可以够得到的高度，就把桑叶毫不费力地采集到手里。

反应迅速的演员

曾经,某个村子搞了一次文娱演出，并由两个人来饰演剧中的一对邻居。

由于这两个演员之间最近刚刚闹了一点儿矛盾，所以第一个人就想趁着演出的时候让第二个人出丑。于是当他应该按照剧情将一份写有台词的纸交给第二个人来念的时候，就偷偷地将这张纸换成了一张白纸，并在演出时假模假样的交给了第二个人。这样一来，当第二个人发现了这件事情的时候就已经来不及了，因为台下不了解情况的观众还在等着他来念这张纸呢。这可怎么办呢？急中生智的他用最快的时间就想出了对策，不仅使自己摆脱了窘境，还惩罚了那个试图让自己出丑的人。

请你想一想，他到底用了什么办法呢？

答案

原来，他只是对着第一个人说：

“这里的光线实在太暗，我的视力又不好，还是请你代替我来读吧。”说完这句话，就又把那张空白的纸塞回了第一个人的手里。

门的故事

从前，有位高官，他的妻子为他生了一个男孩儿。可算命的先生却说这孩子有克父之相，还说一旦这个男孩儿将来长得跟门一样高的时候，也就是他的父亲失去生命的日子。

算命先生的一席话当然使得做官的父亲很担心。于是，他把孩子送到了外地的一座寺庙里寄养，再也不打算与其相见了。

几年以后，孩子终于长大。他很想回到家里。可眼看着自己已经长得快要和门一样高了，迷信的父亲又怎么会允许他再出现在家里呢？

一位长老想到了一个巧妙的方法，终于使一家人得以团聚。

那么，你能猜到长老想到的是一个怎样的方法吗？

答案

长老让孩子的父亲回家后派人把所有的门都装修得比原来高出了一丈有余，这样不管这个孩子今后再长多少，也就永远都不会达到门的高度了。

这样一来，算命先生的预言自然无法实现，而孩子的父亲也就没有什么理由再忧虑的了。

反应迅速的经理

在国外的一家大型百货公司的门前，立着这样一块大牌子，上面写着："本店百货，一应俱全，如有缺货，愿罚10万。"有个法国人看到这则广告很不服气，就找到这家百货公司的经理，说自己想要买一艘潜水艇。于是这位经理把他领到了百货公司的地下第三层，那儿果真有一艘潜水艇。接着法国人又说他还想看看直升机，于是经理又把他领到了第二十一层楼，一架直升机真的就停在那里。

最后，法国人突然要求要看看肚脐生在脚下面的人，并且以为这样一定会难住这位经理。可谁知道经理只是对着身边的一位店员耳语了几句，于是一个肚脐生在脚下面的人便很快地出现在了法国人的面前。

请你猜猜这位经理对店员说了些什么呢？

答案

急中生智的经理对店员说的是：

"你赶快做个倒立给这位客人看看！"这样一来，这位店员便成了肚脐长在脚下面的人。

孙元觉机智救祖父

古时候，有个孩子叫孙元觉，他不仅聪明伶俐，而且从小就知道尊敬长辈孝顺父母。可让孙元觉很失望的是，自己的父亲却对祖父极不孝顺。

一天，当孙元觉和父亲以及祖父一起路过深山里的一个悬崖时，父亲竟突然要把祖父装在随身携带的大筐里，然后再推下悬崖。孝顺的孙元觉跪着哭求父亲，可父亲却一定要这样做。

就在这危急的时刻，孙元觉突然停止了哭泣，接着又说了一句话。虽然只有短短一句，可他的父亲听了这话以后却突然取消了自己原来的打算。不仅如此，他还把孙元觉的祖父恭恭敬敬地背回家中，从此以后就变得很孝顺。

现在请你猜猜孙元觉到底说了一句什么话，才让他的父亲变得孝顺起来了呢？

答案

孙元觉只是告诉他的父亲：

"我要把父亲用来把祖父推下悬崖的大筐拾回来，将来留着用它再把你也推下悬崖去。"他的父亲听他这样说，突然为自己的不孝行为感到很恐惧，害怕儿子孙元觉将来真的会学着自己现在的行为来对待自己，所以自然就不敢再对老人不孝了。

不可信的广告

一个叫迈克的人，在一家报纸的广告里看到了一款很时尚的自行车的广告，而且每辆自行车的价格也只有50英镑，于是他就找到了那家商店，想要买下一辆自行车。

可当售货员推出一辆自行车给迈克看时，他却发现这辆自行车上少了车灯。售货员告诉他，车灯并不包含在这辆车的价格里，必须另付一些钱才可以。

汤姆认为这是一种欺骗行为，可这时的售货员只是简单地又说了一句话，便让迈克无话可说了。

你能猜到售货员对迈克说了一句什么样的话吗？

答案

看着有些气急败坏的迈克，售货员表现得很镇静：

“如果按照您的说法，那么我们在广告里刊登的那辆自行车上还坐着一个小孩儿呢，难道您希望我们再给您找个孩子来带回家去吗？”

铜币和猴子

从前，有个生意人因为要去外地处理一些事情，所以就把自己的一口袋金币托付给一位朋友代为保管。几个星期后，当这个生意人回来后，朋友就把口袋还给了他，可当他回到家里打开口袋后，却发现金币都变成了铜币。

半年以后，那位朋友因为一些事情而要出门一天，就把自己3岁大的孩子托付给生意人照看。可朋友走后，生意人就买来了一只猴子，把小孩儿身上的衣服和饰物穿戴在猴子的身上。等到朋友晚上回来时，生意人一脸真诚地说：“孩子已经变成了猴子。”

朋友当然不肯相信，于是大声地冲生意人喊道：

“人怎么能变成猴子？你快把我的孩子还给我！”

可这时的生意人却只说了一句话，就使得朋友乖乖地交还了那袋金币。

那么，他到底说了一句什么样的话呢？

答案

听了朋友的话以后，生意人立刻回答说：

“这有什么不可能的呢？在金币能够变成铜币的地方，人变成猴子又有什么好奇怪的呢？”于是，为了领回自己的儿子，生意人的那位朋友只好承认错误，然后又交出金币。

智脱险境

一次，在驶往另一座城市去的客船上，有位十分富有的商人在一言不发地低头看书。就在他偶尔抬起头来的时候，却发现有个年轻貌美的女人正在看着自己。这个女人总是时不时地流露出对商人的好感，并终于将禁不住诱惑的商人骗进了自己的房间。谁知刚一进门，这个女人就露出了她的本来面目，威胁商人如果不给她一笔数量可观的钱，那么就要大喊大叫，说商人竟敢对自己欲行不轨。

这时的商人才明白自己遇上了一个女诈骗犯，可既然自己在她的房间里，那么不管怎么解释这件事情，又有谁会相信呢？情急之下，商人突然想到了一个对策，并很快就摆脱了这个可恶的女诈骗犯。

请问，商人到底是如何使自己巧妙脱身的呢？

答案

因为在船上的时候，商人始终都没有对任何人说过任何一句话，也包括这个女诈骗犯。所以此时的他就装出一副又聋又哑的样子，并将一张纸递给了那个女诈骗犯。那个女人还以为他真的是个残疾人，就把自己刚才威胁商人的话写在了纸上。可这样一来，商人就等于是有了证明自己的凭证，所以当他拿到了那张纸后，就理直气壮地转身而去了。